M. TULLIUS CICERO

DE RE PUBLICA

ERLÄUTERUNGEN

von

Dr. Herbert Schwamborn

10. unveränderte Auflage

FERDINAND SCHÖNINGH · PADERBORN

Herstellung: Ferdinand Schöningh, Paderborn.

ISBN 3 506 10837 9

Inhalt.

Vorwort.

M. Tullius Cicero bezeichnet in einem Brief an seinen Bruder Quintus seinen Staats- und Verfassungsentwurf De re publica als „spissum sane opus et operosum“ (II 13, 1). In ähnlicher Weise darf man wohl auch einen Kommentar zu diesem Werk charakterisieren. Außerdem ist es nicht leicht, in unserer Zeit das otium, das eine solche Arbeit erfordert, zu finden. So haben viele und vielerlei Gründe dazu beigetragen, das Erscheinen des Büchleins zu verzögern. Um so größeren Dank schulde ich dem Verlage Ferdinand Schöningh in Paderborn für seine Geduld.

Herbert Schwamborn

Liste der wichtigsten Abkürzungen und Zeichen.

(Die in den Grammatiken gebräuchlichen und von da her bekannten Abkürzungen sind i. a. nicht mit aufgeführt.)

a. = *auch*
abstr. = *abstrakt*
ä. = *ähnlich* (*-es* usw.)
allgem. = *allgemein*
alqs = aliquis
alqd = aliquid
alcis = alicuius
alci = alicui
alqm = aliquem
alqo = aliquo
bes. = *besonders*
bzw. = *beziehungsweise*
dagg. = *dagegen*
eigentl. = *eigentlich*
eqs. = et quae sequuntur (= *und das, was folgt*)
Ev. = *Eigennamenverzeichnis* (im Textband)
f. = (*der, die, das* usw.) *folgende*
ff. = (*die* usw.) *folgenden*
Fw. = *Fremdwort*
i. a. = *im allgemeinen*
i. S. v. = *im Sinne von*
jm. = *jemand*
jds. = *jemandes*
jdm. = *jemandem*
jdn. = *jemanden*
klass. = *klassisch*
konkr. = *konkret*
Lw. = *Lehnwort*
meton. = *metonymisch*
nachklass. = *nachklassisch*
o. = *oben*
o. a. = *oben angeführt*
örtl. = *örtlich*
o. g. = *oben genannt*
opp. = oppositum (-a)
pl., plur. = *Plural*
s. = *siehe*
s. a. = *siehe auch*
sc. = scilicet (= *gemeint ist...*)
s. d. = *siehe dieser* (*diese, dieses*)
s. o. = *siehe oben*
sog. = *sogenannt* (*-er, -e, -es*)
spätlat. = *spätlateinisch*
s. u. = *siehe unten*
subst. = *substantivisch* (*substantiviert*)
s. v. = sub voce (= *unter dem Stichwort*)
t. t. = terminus technicus (-ni -ci)
u. a. = *unter anderem* (*-n*)
u. ä. = *und ähnlich* (*-es*)

übertr. = *übertragen*
übh. / überhpt. } = *überhaupt*
u. ö. = *und öfter*
urspr. = *ursprünglich*
usw. = *und so weiter*
u. U. = *unter Umständen*
vgl. = *vergleiche*
vorkl. = *vorklassisch*

Vorr. = *Vorrede*
Wv. = *Wörterverzeichnis* (im Kommentarband)
z. = *zu, zur, zum* usw.
z. B. = *zum Beispiel*
zeitl. = *zeitlich*
z. T. = *zum Teil*
z. Zt. = *zur Zeit*

Zeichen.

< > bedeutet: *Wort oder Wortgruppe wird vermutet.*
[ ] bedeutet: *Wort oder Wortgruppe ist verdächtig.*
> bedeutet: *Wort wird zu . . .*
< bedeutet: *Wort kommt von . . .*
√ bedeutet: *Sprachwurzel*

EINLEITUNG

I. Aufgabe und Struktur des Kommentars.

Die Frage, welche Aufgabe ein Schülerkommentar habe, wie er aussehen solle und wie er im Unterricht zu verwenden sei, ist seit eh und je unter Theoretikern und Praktikern der altsprachlichen Methodik umstritten. Liest man etwa die vorbereitenden Ausführungen Max Krügers zu diesem Thema („Methodik des altsprachlichen Unterrichts", Frankfurt am Main, 1930, S. 76 ff.) und die Zusammenfassung seiner Forderungen (a. a. O., S. 78), so kann man sich des Eindrucks nicht erwehren, daß dieser Meister der Methodik genau wußte, auf welch schwankendem Boden er sich bewegte — und das in einer Zeit, in der das Lateinische noch einen relativ sicheren Platz im höheren Schulwesen Deutschlands hatte. Tatsächlich gibt es keine undankbarere Aufgabe, als ein solches Werk zu verfassen, und es gibt wohl auch keinen einzigen Kommentar, der die uneingeschränkte Billigung aller Fachleute gefunden hätte. Die Vorstellungen vom Ziel und von der Art des Unterrichtens, die sehr persönlichen und sehr verschiedenen „hobbies" sprachlicher, historischer, philosophischer und anderer Art, die den Philologen jeweils am Herzen liegen, machen es dem Kommentator von vornherein unmöglich, allen gerecht zu werden. Der Kommentar ist zu ausführlich — er ist zu knapp; er gibt zu viele Vokabeln — er gibt zu wenige; die Sacherklärungen sind zu umfangreich — sie sind zu farblos; die Übersetzungshilfen gängeln zu sehr — sie geben zu wenig aus: diese und andere sich widersprechende und ausschließende Urteile kann man im engsten Kollegenkreise über ein und dasselbe Buch hören.

Es ist daher wohl angezeigt, daß der Verfasser einiges über Anlage und Absicht seiner Arbeit mitteilt.

1. Ein Schülerkommentar ist, das sagt sein Name, für Schüler, nicht für Lehrer bestimmt. Und zwar ist er in erster Linie für solche Schüler gedacht, die einen fremdsprachlichen Text verstehen („präparieren") sollen, ohne daß er im Unterricht behandelt oder vorbereitet ist. Außerdem kann er als Erinnerungsstütze für die häusliche Nacharbeit dienen, wenn in der Schule zügig gelesen („extemporiert") wird. Dagegen kann die optimistische Vorstellung, daß die Mehrzahl der Schüler ihn zur Vertiefung der schulischen Arbeit ernsthaft

und selbständig auswerte, kaum als Richtschnur für die Anlage eines Kommentars von Gewicht sein.

2. Ciceros Werk De re publica wird heute in allen mir bekannten Richtlinien, die von den Kultusministerien der deutschen Länder für den altsprachlichen Unterricht herausgegeben sind, direkt oder indirekt („Ciceros staatsphilosophische Schriften“ o. ä.) für die Primen empfohlen. Jedoch gehen die Primaner infolge der gelinde gesagt „komplizierten“ Verhältnisse im höheren Schulwesen der deutschen Bundesländer mit sprachlich und sachlich höchst unterschiedlicher Vorbildung an die Lektüre. Aus der Vielfalt der Möglichkeiten greifen wir einige Beispiele heraus. Lateinisch kann als erste, zweite oder dritte Fremdsprache gelehrt werden. Als zweite Sprache kann es in IV, U III oder O III beginnen; als dritte in O III, U II, O II. Bei gleicher Rangfolge ist die ihm zugewiesene Stundenzahl keineswegs konstant. Die verschiedenen Typen höherer Mädchenschulen haben ihrerseits verschiedene Rangstufen und Stundenzahlen. In manchen „Gymnasien“ bricht der Pflichtunterricht im Lateinischen nach O II ab und wird nur in freiwilligen Kursen weitergeführt. Schließlich wird lateinische Lektüre in (wieder: fakultativen oder obligaten) Arbeitsgemeinschaften mit anderem „Unterrichtsklima“ und daher unter anderen methodischen Aspekten betrieben.

3. Nur ein geringer Prozentsatz der Primaner, die sich mit De re publica befassen, wird Altgriechisch gelernt haben. Und doch ist die Kenntnis dieser Sprache und einiger Werke, die in ihr geschrieben sind, eigentlich die Voraussetzung zum vollen Verständnis der Schrift Ciceros.

4. Man muß bedenken, daß unsere „nervöse“ Zeit an sich, die allgemeine Reduzierung der Stundenzahlen im Lateinischen, die heutige Struktur der höheren Schule, durch die manche Fächer, die früher entweder überhaupt nicht gelehrt wurden oder aber nur einen verschwindend geringen Anteil an der Arbeitskraft der Schüler beanspruchten, sich weit in den Vordergrund gedrängt haben, und nicht zuletzt die vielseitigen außerschulischen Interessen der Jugend die relative Gedächtnisleistung im Lateinischen stark beeinträchtigen.

5. Der Schülerkommentar — das liegt in der Natur der Sache — kann und will nicht den wissenschaftlichen ersetzen. Im Gegenteil: die wissenschaftliche Arbeit ist im allgemeinen das notwendige Fundament für den, der einen Schülerkommentar verfassen will; denn er setzt es sich ja gerade zur Aufgabe, die Erkenntnisse und Ergebnisse der Fachgelehrten für die Arbeit der Schule fruchtbar zu machen, sie auszuwerten, auszuwählen und dem Verständnis der Schüler zugänglich zu machen. Nun gibt es zwar sehr viele Beiträge zu Einzelfragen der Textkritik und Interpretation von De re

publica, aber keinen vollständigen wissenschaftlichen Kommentar. Es existieren nur mehr oder weniger umfangreiche kommentierte Auswahlausgaben für den Schulgebrauch. Alle zusammen können das nicht leisten, was die Wissenschaft bisher versagt hat, und weite Partien der Schrift Ciceros sind bisher noch gar nicht bearbeitet worden.

6. Ein Kommentar hat Auskunft zu erteilen, nicht aber Fragen zu stellen. Das gilt vor allem für grammatische Erscheinungen und Worterklärungen. Damit, daß der Kommentator fragt: „Was für ein Ablativ?“ oder „Wohin gehört das Partizip?“, ist den meisten Schülern nicht geholfen; wenn sie über diesen Ablativ oder das Partizip stolpern, dann möchten sie ja gerade vom Kommentator erfahren, wie sich die Sache verhält. Anders steht es mit Denkanstößen zur vergleichenden oder vertiefenden Arbeit in stilistischer, inhaltlicher oder gehaltlicher Beziehung — wenn der Schüler über das notwendige Vergleichsmaterial verfügt oder der Kommentator es ihm bietet. (Der Schüler sollte aber nicht erwarten, im Kommentar formulierte Übersetzungen zu seiner persönlichen Bequemlichkeit vorzufinden. Auch Übersetzungshilfen wie „Übersetze durch ein Adverb!“, „Gib den Relativsatz durch ein Substantiv wieder!“ o. ä. können ihm nicht geboten werden; diese Seiten der Übersetzungstechnik muß er auf der Mittelstufe gelernt haben. Nur da, wo die grammatisch-stilistische Terminologie nicht ausreicht oder zu umständlich wäre, ist ganz ausnahmsweise einmal ein Übersetzungsvorschlag gemacht worden.)

7. Die vornehmste Aufgabe der höheren Schule besteht nach wie vor darin, auf das Universitätsstudium vorzubereiten. Daher wird ein Kommentar für Schüler der Oberstufe wenigstens elementare Anleitungen zu methodisch-wissenschaftlichem Arbeiten bieten müssen. Das ist natürlich ganz allgemein von der Art geisteswissenschaftlicher Tätigkeit gemeint und sollte nicht im Sinne des altphilologischen Fachstudiums mißverstanden werden. (Dazu noch eine Feststellung: Die Sprache des Kommentars richtet sich an Schüler der Oberstufe. Von ihnen wird immerhin erwartet, daß sie auch anspruchsvollere Formulierungen verstehen und vor Fremdwörtern nicht kapitulieren.)

8. Kein Schülerkommentar kann den lebendigen Unterricht und den Lehrer ersetzen. Der direkte menschliche Kontakt in der Diskussion, die allmähliche Erweiterung des Blickfeldes, die Varianten der Deutungsmöglichkeiten, die spontanen Einfälle und ihre kritische Prüfung, der Zwang, in Zusammenhängen zu denken, das vertiefende und aktualisierende Wort des Lehrers und die Forderung an den Schüler, zu einem begründeten Urteil zu kommen, hier und jetzt Stellung zu beziehen: das alles kann durch einen gedruckten Kommentar nicht erreicht werden.

Der Autor eines wissenschaftlichen Kommentars schreibt für Fachgelehrte ohne Rücksicht auf Raum und Zeit. Der Verfasser eines Schülerkommentars dagegen schreibt für eine ganz bestimmte, räumlich und zeitlich gebundene Schülergeneration mit der Absicht, wenn schon nicht allen, so doch möglichst vielen ausreichende Hilfe zu bieten. Daher muß er aus den vorstehenden Überlegungen einige entscheidende Konsequenzen ziehen, die sowohl die Struktur als auch die Benutzung des Kommentars betreffen.

1. Die **Worterklärungen** müssen umfangreicher sein als bei früheren Schülerkommentaren. Zwar könnte man mit vollem Recht einwenden, der Schüler solle ein Lexikon zur Hand nehmen. Aber für Schüler mit geringen Sprachkenntnissen ist das heute einfach zu zeitraubend. Dem Verfasser wäre wohler, wenn er die Wort- von den Sacherklärungen abtrennen und sie in einem gesonderten Vokabular zusammenfassen könnte. Davon wurde vorläufig lediglich aus Ersparnisgründen Abstand genommen.

2. Für diejenigen Schüler, die das **Griechische** nicht verstehen, müssen die zur Erklärung notwendigen Begriffe in die lateinische Schrift transponiert und übersetzt werden. Zitate aus griechischen Schriftstellern müssen auch dann, wenn die Stellen an sich leicht sind und der Text sogar zum „Kanon" der Schullektüre altsprachlicher Gymnasien gehört, gleich in der Übersetzung geboten werden. (Einzige Ausnahme ist das Zitat aus Platons „Phaidros" in Buch VI, weil Cicero es in engster Anlehnung an das Original ins Lateinische übersetzt hat.)

3. Soweit **Werke lateinischer Autoren** zitiert werden, die mit großer Wahrscheinlichkeit dem Primaner bereits bekannt sind oder für ihn (etwa in Lehrer- bzw. Schülerbüchereien) leicht zugänglich sein dürften, sind sie nicht ausgeschrieben worden. Bei den anderen Werken ist dann, wenn der lateinische Text leicht faßlich oder aus irgendwelchen Gründen zum Vergleich wichtig erschien, das Original, sonst die Übersetzung abgedruckt.

4. **Ein Schülerkommentar kann niemals „perfekt" sein.** Er wird sich bemühen, für das ganze Werk möglichst viele Interpretationsgesichtspunkte aufzuweisen. An den einzelnen Stellen und Abschnitten wird er aber, einmal aus Gründen des Umfanges, der zugleich den Preis mitbestimmt, zum andern, um zum selbständigen Arbeiten anzuleiten, nur das Wichtigste betonen. Gewisse Interpretationsaspekte (z. B. Stilistisches, grammatische Eigentümlichkeiten usw.) wird er nur an entscheidenden Stellen „exemplarisch" beleuchten können in der Erwartung, daß die Schüler bei der weiteren Lektüre ihr Augenmerk systematisch auf diese Dinge lenken. (Manches davon wird unten unter Punkt III, anderes im Kommentar selbst erläutert.)

5. Für die **Benutzung** des Kommentars ist daher folgendes zu beachten:

a) Die sog. **„Hinweise“** innerhalb des Kommentars gehen mit ganz wenigen Ausnahmen von den späteren Stellen auf die früheren zurück, d. h., daß i. a. eine Erklärung dort, wo sie zum ersten Male erforderlich ist, gegeben wird und dann später immer wieder auf diese Stelle verwiesen wird. Diese Hinweise sind sehr zahlreich, weil damit zu rechnen ist, daß De re publica meistens nur in Auswahl gelesen wird, diese Auswahl aber im Ermessen des Lehrers liegt und daher der Kommentator nicht wissen kann, ob die erste Erklärung überhaupt gelesen worden (ebensowenig, ob sie gegebenenfalls behalten worden) ist. Außerdem sollen die Hinweise dazu anleiten, sich mit der Struktur des Werkes und mit dem sprachlichen Ausdruck Ciceros (s. u.) zu befassen.

b) Besondere Sorge macht die **Vokabel- und Begriffserklärung.** Auf die Etymologie kann nur in ganz seltenen Ausnahmen hingewiesen werden. Auch die Semasiologie muß zurücktreten. Gelegentlich erscheint es angezeigt, einiges aus dem Bedeutungsfeld eines Wortes und damit auch den psychologischen Weg, auf dem es zum akuten Sinngehalt innerhalb des gerade besprochenen Textes gekommen ist, anzudeuten. Aber auch das kann nur selten geschehen; meistens muß sich der Kommentar für abseitige Bedeutungen mit der Festellung „hier: . . .“ begnügen. Allerdings gibt er auch in diesem Bereich noch speziellere Hilfen und Anweisungen. In einem „Wörterverzeichnis“ (Wv. I) sind die Wortfelder einiger wesentlicher Begriffe abgesteckt. Es handelt sich dabei um Wörter, die Cicero in De re publica verhältnismäßig oft, und zwar teilweise in sehr differenzierter Bedeutung gebraucht. Auf dieses Wv. I wird dann immer wieder verwiesen. Jedoch schien es angezeigt, in schwierigen Partien zusätzlich noch die aktuelle Bedeutung beizufügen. Schließlich ist auch bei solchen Wörtern, die nicht ins Wv. aufgenommen werden konnten, auf solche Stellen hingewiesen, in denen sie eine ganz andere Bedeutung haben. (Das gilt gelegentlich auch für Wörter des Wv.) Es soll dem Schüler zu Bewußtsein gebracht werden, wie Cicero mit dem Vokabular seiner Sprache umgeht. Das etwas lästige Nachschlagen und Blättern kann dem Primaner daher nicht erspart bleiben. (Dagegen sind gelegentlich Vokabeln, bei denen ein Hinweis nicht erforderlich schien, einfach zum zweiten Male mit ihrer Bedeutung geboten worden.)

c) Es wird als selbstverständlich vorausgesetzt, daß ein Primaner sich einmal einen Überblick über die **Syntax** der lateinischen Sprache verschafft hat und daß er sich in seiner Grammatik zurechtfindet. Daher wird von der grammatischen Terminologie ausgiebig Gebrauch gemacht, zumal die meisten Schulgrammatiken sich stark nach Ciceros Sprache orientieren.

d) Näheres über die **stilistischen Mittel** findet sich unter Punkt III dieser Einleitung. In den Kommentar selbst konnten nur hin und wieder hinweisende Bemerkungen aufgenommen werden (besonders zu Buch I und VI). Im übrigen gebietet der fragmentarische Charakter des Werkes in dieser Beziehung Vorsicht.

e) **Realien** können natürlich nur in dem Maße gegeben werden, wie es das unmittelbare Textverständnis erfordert. Was darüber hinausgeht, ist, wenn es dem Lehrer wichtig scheint, dem Unterricht oder sonst der persönlichen Initiative des interessierten Schülers vorbehalten.

f) Zu den **Zitaten:** Ein Schülerkommentar kann nicht eine Sammelstelle aller Belege für eine Wort- oder Sacherklärung (z. B. erstmaliges Vorkommen eines Wortes, Parallelstellen für eine bestimmte Wortbedeutung usw.) sein. Das ist Aufgabe der wissenschaftlichen Arbeit. Er muß aber den „geistigen Standort" des antiken Autors bestimmen. Das geschieht durch eine (wieder: „exemplarische") Auswahl von „Quellen" und Quer- bzw. Längsverbindungen. Jedenfalls soll der Primaner die Aussagen Ciceros nicht als „absolut", sondern als geistesgeschichtlich geworden verstehen. Der Kommentar hat aber nicht die Absicht, alles und jedes zu bringen, was griechischer und römischer Geist an Voraussetzungen und „Parallelen" geschaffen haben. Für das unmittelbare Verständnis müssen seine Angaben genügen. Was für die jeweilige Klasse nach ihren Kenntnissen, ihrer Aufnahmefähigkeit und ihren Interessen noch hinzugefügt werden kann, hat der Lehrer zu entscheiden.

II. M. Tullius Cicero.

Leben und Werk.

Vorbemerkung:

Selbstverständlich wird in den folgenden Ausführungen nicht der Versuch unternommen, eine vollständige Skizze, geschweige denn eine ausführliche Darstellung des Lebens, der Persönlichkeit und der Leistung Ciceros zu geben. Vor allem besteht nicht die Absicht, eine Würdigung vorwegzunehmen, die sich der Lehrer vorbehalten muß. Sondern es sollen nur diejenigen Tatsachen, die zum Verständnis des Werkes De re publica beitragen könnten, notiert werden. Dazu gehört allerdings auch manches aus Ciceros Biographie, seiner Bildung, seiner Lebenserfahrung, seiner allgemeinen Bestrebungen und Ziele und einige wesentliche Züge seiner Persönlichkeit; es gehört auch ein, wenn schon flüchtiger und fragmentarischer, Überblick über sein Schaffen hierhin, vor allem über seine literarische Produktion. (Dazu zählen auch Reden und Buchtitel, die dem Schüler höchstwahrscheinlich irgendwann begegnen. Übrigens muß darauf hingewiesen werden, daß die Chronologie von Abfassung und Veröffentlichung der Schriften und damit auch deren zeitliche Beziehung zueinander nicht immer mit Sicherheit feststeht. Da den Schüler diese Fragen nicht beschäftigen können, hat der Verfasser die Datierungen, die ihm als die richtigsten erschienen, benutzt.) Auch hierbei wird wie sonst keineswegs Vollständigkeit oder endgültige Stellungnahme, sondern lediglich Hilfeleistung angestrebt.

Neben **C. Iulius Caesar** ist wohl kaum ein Römer so umstritten wie **M. Tullius Cicero.** Zwischen den Extremen leidenschaftlicher Bewunderung und abgrundtiefer Verachtung bewegen sich die Urteile der Cicero-Interpreten durch die Jahrhunderte. Renaissance und Humanismus sahen in ihm das Vorbild eines Sprachkünstlers schlechthin, und zwar bis zu dem Grade, daß die Cicero-Imitation jede organische Weiterentwicklung des Lateinischen als Weltsprache unterband. Für Universität und Schule, für die Verständigung in der gelehrten Welt blieb sein Stil weiterhin maßgebend.

Die **Cicero-Dämmerung** begann mit der vernichtenden Kritik des Historikers **Theodor Mommsen** an dem Menschen und Politiker: „Wir haben dieses vielseitigen Mannes schon mehrfach gedenken müssen. Als Staatsmann ohne Einsicht, Ansicht und Absicht, hat er nacheinander als Demokrat, als Aristokrat und als Werkzeug der Monarchen figuriert und ist nie mehr gewesen als ein kurzsichtiger Egoist. Wo er zu handeln schien, waren die Fragen, auf die es ankam, regelmäßig eben abgethan: so trat er im Prozeß des Verres gegen die Senatsgerichte auf, als sie bereits beseitigt waren; so schwieg er bei der Verhandlung über das gabinische und verfocht das manilische Gesetz; so polterte er gegen Catilina, als dessen Abgang bereits feststand, und so weiter. Gegen Scheinangriffe war er gewaltig und Mauern von Pappe hat er viele mit Gerassel eingerannt; eine ernstliche Sache ist nie, weder im Guten noch im Bösen, durch ihn entschieden worden und vor allem die Hinrichtung der Catilinarier hat er mehr geschehen lassen als selber bewirkt.“ (Römische Geschichte III 619.) Doch die Einsicht, daß dieses Cicerobild einseitig verzerrt sei, stellte sich bald ein. Viele Gelehrte trugen dazu bei, eine **Revision** einzuleiten. Vielleicht ist man heute hier und da versucht, die Ehrenrettung zu weit zu treiben und, wenn auch anders als die Humanisten, in Cicero vieles zu suchen und zu sehen, was nicht der Wirklichkeit entspricht.

Die grundsätzliche Verschiedenheit der Urteile von Lobeshymnen bis zur Verdammung erklärt sich zum großen Teil aus den jeweiligen **Aspekten**, unter denen man Cicero betrachtete: Man sah den vielseitigen Mann als Advokaten, als politischen Redner, als Sprachkünstler, als Sprachschöpfer, als Theoretiker der Rhetorik, als Juristen, als Staatsmann, als Vermittler griechischer Bildung, als Philosophen oder als Freund und Familienvater; man beurteilte ihn nach seinem politischen Erfolg oder Mißerfolg, man prüfte seine Haltung als Mensch. Und nicht zuletzt verglich man ihn mit Caesar und stellte fest, daß er in seinem Schatten gestanden habe. Man vergaß im Übereifer vielleicht, daß beide in ihrer Zeit und an ihr scheiterten: Für Cicero und seine Bestrebungen war sie bereits überfällig — für die Absichten Caesars noch nicht reif. Es kommen natürlich weltanschauliche und politische Vorurteile, Fehlinterpretationen historischer und literarischer Überlieferung und manche weiteren subjektiven Momente hinzu. Ein abschließendes Urteil über Cicero ist erst bei genauer Kenntnis und bei sorgfältigem Abwägen seiner Persönlichkeit und der Gesamtheit seiner objektiven und subjektiven Beziehungen im Rahmen seines Lebens erlaubt. Das ist für den Wissenschaftler ein gewagtes Unternehmen, für den Schüler aber von vornherein unmöglich. Wir begnügen uns also damit, einige Fakten ins Gedächtnis zurückzurufen und sie um ein paar andere zu ergänzen, einige glaubwürdige und bestätigte, direkte oder indirekte Selbst- und Fremdzeugnisse aufzunehmen und so mit aller Vorsicht ein vorläufiges, pragmatisch bestimmtes Bild vom Verfasser der Staatsschrift entstehen zu lassen.

Um die **Zeitverhältnisse**, in denen **Cicero** aufwuchs, zu verstehen, muß man schon ein Geschichtsbuch bemühen. Er selbst war wie sein Vater, der dem Ritterstande angehörte, körperlich wenig widerstandsfähig. Während aber der Vater für seine Person damit zufrieden war, sich in der Zurückgezogenheit des Volskerstädtchens **Arpinum** (etwa 100 km Luftlinie OSO von Rom) mit literarischen Studien zu befassen, unterstützte er schon früh die ehrgeizigen Neigungen seines hochbegabten Sohnes.

Wer im **imperium Romanum** zur Spitze der gesellschaftlichen und politischen Hierarchie vordringen wollte, konnte das nur in der **Hauptstadt.** Er mußte eine Ausbildung genießen, die ihn zu einem ausgezeichneten **Redner** und **Juristen** machte; denn das öffentliche Leben spielte sich auf dem **forum Romanum** ab, und das Instrument der Meinungsbildung und Massenbeeinflussung war das gesprochene Wort, gleichgültig, ob es um privatrechtliche Auseinandersetzungen, Kriminalgerichtsbarkeit oder Politik ging. Auch die notwendigen Beziehungen konnte man nur in Rom selbst herstellen. So zog Vater Cicero mit seinen beiden Söhnen **Marcus** (geboren am **3. Januar 106**) und dem vier Jahre jüngeren **Quintus** nach **Rom.** Marcus entwickelte einen ungeheuren Fleiß. Er war von Anfang an fest entschlossen, ein großer, nein, der größte Redner seiner Zeit zu werden. Seine Wortgewandtheit, seine Freude an treffenden Formulierungen waren zugleich seine Stärke und seine Schwäche. Da, wo er sie für ernsthafte Zwecke einsetzte, ermöglichten sie ihm großartigen Erfolg; da aber, wo Selbstgefälligkeit ihn hinriß, konnte er mit ätzendem Witz ohne Rücksicht auf Person und Wirkung zutiefst kränken und sich dauernde Feindschaft zuziehen. Seine Redegabe in Verbindung mit seinem Ehrgeiz und seiner Eitelkeit bestimmten weithin sein Schicksal. Alles das vereinigte sich zu einer Ruhm-„Sucht“, die das normale Maß weit überschritt und schon auf seine Zeitgenossen, für die der Ruhm doch einen uns unverständlich hohen Wert hatte (vgl. das Proömium zum bellum Catilinae des **Sallustius**), penetrant wirkte. Allerdings wird seine Haltung menschlich durchaus verständlich, wenn man bedenkt, daß er als homo novus et ignotus jahrelang gegen den heftigsten Widerstand aus den Reihen der snobistischen Optimaten um seinen Aufstieg, um seine Anerkennung gekämpft hat und daß er ohne Adelstitel oder ungewöhnlich großes Kapital aus eigener Kraft über den Platz im Senat bis zur Spitze des Weltreichs, dem Konsulat, gelangte. Das war zweifellos eine überdurchschnittliche Leistung seiner Energie und Intelligenz. Daher erklären sich auch sein Standesbewußtsein und sein (trotz aller Geldknappheit und zeitweise beängstigender Verschuldung) lebhafter Eigentumssinn; denn nur der Grundbesitzer konnte erwarten, von der „Gesellschaft“, eben den Optimaten, wenigstens nicht von vornherein absolut boykottiert zu werden. Als er dann durch die Ereignisse von der politischen Bühne hinweggeschwemmt wurde, verlor das Leben seinen Sinn für ihn, und er jammerte nach der Zeit, in der er maßgebend auf die Geschicke Roms Einfluß genommen hatte; und nicht einmal ohne subjektive Berechtigung: hatte er doch in ehrlicher Überzeugung seine ganze Kraft für das Gemeinwohl, wie er es verstand, eingesetzt. Denn zu den genannten, etwas problematischen Antriebskräften seiner bewußt gesteuerten Entwicklung kamen andere hinzu. So sein uneingeschränkter Patriotismus, seine konservative Gesinnung und sein unbegrenzter Bildungsdrang. War sein Streben auch zunächst auf die Ausbildung seiner rednerischen Begabung gerichtet, so sah er diese doch schon frühzeitig im Rahmen künftigen, verantwortungsvollen politischen Handelns. Und er war nicht nur bemüht, sondern auch befähigt, alles, was er tat, ins Geistige zu heben. So schreibt er bereits im Vorwort zu seinem rhetorischen Erstlingswerk **De inventione** (I 1): „Saepe et multum hoc mecum cogitavi, bonine an mali plus attulerit hominibus et civitatibus copia dicendi ac summum eloquentiae studium. Nam cum et nostri rei publicae detrimenta considero et maximarum civitatum veteres animo calamitates colligo, non minimam video per disertissimos homines invectam partem incommodorum; cum autem res ab nostra memoria propter vetustatem remotas ex litterarum monumentis repetere instituo, multas urbes constitutas, plurima bella restincta, firmissimas societates, sanctissimas amicitias intellego cum animi ratione tum facilius eloquentia comparatas. Ac me quidem diu cogitantem ratio ipsa in hanc potissimum sententiam ducit, ut existimem sapientiam sine eloquentia parum prodesse civitatibus, eloquentiam vero sine sapientia nimium obesse plerumque, prodesse numquam. Quare si quis omissis rectissimis atque honestissimis studiis rationis et officii consumit omnem operam in exercitatione dicendi, is inutilis sibi, perniciosus patriae civis alitur; qui vero ita sese armat eloquentia, ut non oppugnare commoda patriae, sed pro his propugnare possit, is mihi vir et suis et publicis rationibus utilissimus atque amicissimus civis fore videtur." Darüber hinaus war Cicero von einem geradezu „missionarischen" Drang besessen; das gilt sowohl für seine politischen Überzeugungen und Pläne, für seine Vorstellung vom richtigen **Redner** und der richtigen **Rhetorik** als auch für die **Bildungsgüter**, die er den Griechen verdankte und seinen Mitbürgern zu vermitteln wünschte. Dazu kamen seine Menschlichkeit, seine Friedensliebe, sein Familiensinn, seine für einen Römer erstaunliche Fähigkeit zur Freundschaft und viele andere, verbürgte liebenswerte Züge seines Charakters.

In Rom fand Cicero hervorragende Redner, Männer wie **L. Crassus** und **M. Antonius**, denen er sich immer verpflichtet fühlen sollte. In die Dichtkunst führte ihn **Archias** ein. Die Jurisprudenz erlernte man weniger theoretisch, sondern mehr als Zuhörer und Beobachter praktischer Juristen. So schloß er sich zunächst dem hochbetagten **Augurn Q. Mucius Scae-**

vola und nach dessen Tode dem gleichnamigen **pontifex maximus** an. Seine Absicht, sich auch die philosophische Bildung der Griechen anzueignen, verwirklichte er dadurch, daß er bei dem Akademiker **Philon** und dem Stoiker **Diodotos** studierte; mit diesem war er aufs engste befreundet; er nahm ihn schließlich bis zu seinem Tode im Jahre 59 in sein Haus auf.

Mit 16 Jahren hatte er die toga virilis empfangen. Ein Jahr später nahm er als Rekrut am Bundesgenossenkrieg teil. Nach seiner Rückkehr setzte er seine Studien fort. Während der politischen Wirren von 88 bis 82 hielt er sich vorsichtig zurück. Erst nach dem endgültigen Siege **Sullas** (82) wagte er sich im Jahre **81** zum ersten Male als Anwalt in die Öffentlichkeit; das war für einen ehrgeizigen jungen Römer ziemlich spät. Es handelte sich um einen Zivilprozeß mit politischem Hintergrund. Im nächsten Jahre wurde ihm bereits die Verteidigung in einem Kriminalprozeß — ebenfalls mit politischer Färbung — übertragen: er sprach für **S. Roscius** aus Ameria, den er gegen die Anklage des Vatermordes zu schützen hatte. Die Rede richtete sich gegen Sullas Günstling **Chrysogonus** und wurde zu einem überragenden Erfolg, durch den er in die vorderste Reihe gesuchter Anwälte gebracht wurde. Er war unermüdlich tätig, bis seine an sich schwache Konstitution ihn zwang, seine Arbeit für einige Zeit zu unterbrechen. Vor allem mußte er seine Sprechtechnik verbessern, wenn er nicht Gefahr laufen wollte, aus Gesundheitsgründen seine Karriere aufgeben zu müssen. So begab er sich auf eine **Studien- und Bildungsreise**, die ihn zunächst mit seinem Bruder Quintus und einigen Freunden nach **Griechenland** führte. In **Athen** studierte er bei dem Akademiker **Antiochos von Askalon** und hörte daneben auch Vorträge von **Epikureern.** Seine rhetorischen Studien unterbrach er dabei nicht. Intensiver widmete er sich diesen bei seinem Aufenthalt in Kleinasien und vor allem bei **Apollonios Molon** auf **Rhodos**, durch dessen überragende Kunst er schon zweimal in Rom zutiefst beeindruckt worden war (87 und 81). Hier auf Rhodos genoß er auch den Unterricht des genialen Stoikers **Poseidonios.** Übrigens besuchte er auf dieser Reise auch **P. Rutilius Rufus**, seinen angeblichen Gewährsmann für das Gespräch De re publica. Seine Abwesenheit von Rom dauerte von **79** bis **77**.

Nach seiner Rückkehr nahm er, jetzt Mitglied des Senats, zunächst seine Anwaltstätigkeit wieder auf. Er heiratete **Terentia**, von der er sich später scheiden ließ (s. weiter unten). Seine Kinder hießen **Tullia** und **Marcus.**

Im Jahre **76** begann er seine politische Laufbahn mit der **Quästur**, und zwar als Gehilfe des Proprätors **S. Peducaeus** im Westen **Siziliens.** Hier machte er sich durch seine korrekte Amtsführung einen guten Namen, so daß sechs Jahre später die Sizilianer ihn mit ihrem Rechtsschutz gegen den auf Erpressung verklagten ehemaligen Proprätor **C. Verres,** der sich während seiner Amtszeit rücksichtslos bereichert und wertvolle Kunstschätze geraubt hatte, betrauten. Er gewann den Prozeß gegen **Hortensius,** der Verres vertrat und damit seinen Ruf als bedeutendster forensischer Redner Roms zugunsten Ciceros einbüßte. Übrigens war dieser besonders stolz darauf, daß er bei seinem Aufenthalt in Sizilien das Grab des **Archimedes** entdeckt hatte.

Ciceros Hauptinteresse bestand in jener Zeit darin, die Anerkennung der Optimaten zu gewinnen, seinen Ruhm als Redner zu festigen und sich so allmählich eine sichere Basis für seine politischen Ambitionen zu schaffen.

Die weiteren Ämter konnte er zu seinem Stolz **„suo anno"**, also im frühesten gesetzlichen Lebensalter antreten. Im Jahre **69** wurde er kurulischer **Ädil.** (Dieses Amt war seit langem nicht mehr den Patriziern vorbehalten, stand aber in höherem Ansehen als die plebejische Ädilität.) Seine Anwaltstätigkeit lief weiter. Für das Jahr **66** wurde er trotz der reichlich turbulenten Verhältnisse in Rom einstimmig zum **Prätor** gewählt und dann nach seinem Amtsantritt mit der Leitung des Repetundengerichtshofs (Erpressungsangelegenheiten) beauftragt. In diesem Jahre hatte er Gelegenheit, sich mit der Rede **De imperio C. Pompei** diesem ehrgeizigen und tüchtigen General, der dadurch nach seinem Sieg über die Seeräuber den Oberbefehl im Kriege mit **Mitridathes** in Kleinasien erhielt, zu empfehlen. Das war zugleich Ciceros erste, im engeren Sinne politische Rede.

Bereits vor der Übernahme der Prätur trat er in einen regen brieflichen Gedankenaustausch mit seinem Freunde, dem Verleger **T. Pomponius Atticus**, der ihn übrigens schon auf seiner Reise nach Athen begleitet hatte. Wir besitzen eine Sammlung dieser **epistulae ad Atticum** aus den Jahren **67—44** in **16 Büchern.** In ihnen spricht sich Cicero vorbehaltlos über alles aus, was ihn politisch, weltanschaulich, literarisch und persönlich bewegt. Diese Offenheit, die uns tiefe Einblicke in Ciceros Leben und Charakter sowie in die Politik der Zeit gewähren, hat ihm im Urteil der Nachwelt oft und viel geschadet.

Daneben sind **epistulae ad familiares,** Briefe an verschiedene Freunde und Bekannte, in ebenfalls **16 Büchern** aus den Jahren **62—43** erhalten; in dieser Sammlung befinden sich auch 90 an Cicero gerichtete Briefe. Außerdem besitzen wir **drei Bücher** seines Briefwechsels mit seinem Bruder Quintus, **epistulae ad Quintum fratrem,** aus den Jahren **60—54** und **zwei Bücher** Briefe an M. Brutus, **epistulae ad M. Brutum,** aus dem Jahre **43.**

Mit aller Energie strebte er nun sein höchstes Ziel an, nämlich gegen den Widerstand der Optimaten als homo novus Konsul zu werden; das beweisen neben anderen Selbstzeugnissen gerade die Briefe an Atticus aus dieser Zeit. Und er setzte sich durch. Wieder wurde er, nachdem er seinen Mitbewerber **Catilina** unmöglich gemacht hatte, einstimmig gewählt. So war er im Jahre **63 Konsul,** sein Amtsgenosse war **C. Antonius,** ein Freund Catilinas. Er hatte sich gegen die führende Clique, zugleich aber auch gegen den korrupten Adligen, der angeblich die Interessen der breiten Masse vertrat, durchgesetzt und befand sich nun **„inter principes civitatis“.**

Gleich bei seinem Amtsantritt verhinderte er eine von den Volkstribunen geplante, wahrscheinlich von **Caesar** und **Crassus** inaugurierte Bodenreform in Italien durch seine Reden **De lege agraria.** Damit stützte er die Autorität des Senats — allerdings vielleicht nicht zum Segen der innerpolitischen Entwicklung in Rom; sein rednerischer Triumph ließ vergessen, daß tatsächlich der innere Friede durch die soziale Notlage breiter Volksschichten gefährdet war; Cicero war das wohl bekannt, er fand aber nicht die Mittel und Wege, den Notstand zu beseitigen.

Einige Zeit danach verklagte **T. Labienus,** damals Volkstribun und später General im Heere Caesars, den angeblichen Mörder des Tribunen Saturninus, C. Rabirius; damit sollte der vom Senat seit der Gracchenzeit geübte Brauch, bei innerpolitischen Krisen die Konsuln mit absoluter Vollmacht auszustatten, und damit zugleich auch der Sieg der Nobilität über die Popularen im Jahre 100 als rechtswidrig erwiesen werden. Cicero verteidigte zusammen mit Hortensius den alten Mann und bewirkte durch seine Rede **Pro C. Rabirio** den Freispruch.

Seinen größten, aber schließlich für ihn verhängnisvollen politischen Erfolg bescherte ihm gegen Ende seiner Amtszeit die Verhinderung der Revolution des **L. Sergius Catilina.** Die Vorgänge sind allzu bekannt durch die **vier Reden In Catilinam** und des **Sallustius** Darstellung des Komplotts und seiner Vorgeschichte, als daß hier näher darauf eingegangen werden müßte. Mögen Vertreter der Geschichtswissenschaft (ob mit Recht, soll hier nicht untersucht werden) behaupten, es habe sich um eine mehr oder weniger geringfügige Episode gehandelt, — Cicero selbst war maßlos stolz auf seine Leistung. Er fühlte sich nicht nur als Retter, sondern als neuen Gründer Roms (In Catilinam III 1 f.) und brach in einem Gedicht über sein Konsulat in den verzückten Ruf aus: **„O fortunatam, natam me consule Romam!"** Er war sicherlich ehrlich überzeugt, etwas Großartiges, das den Vergleich mit den größten Siegen über auswärtige Feinde Roms aushalten konnte, vollbracht zu haben. Und verständnislos sah er, daß gerade diese Heldentat, auf die er in fast allen seinen späteren Werken irgendwie und irgendwo anspielt — was, wie bereits oben erwähnt, sogar den Alten, die sonst durchaus Sinn für Ruhmsucht hatten, zu viel wurde —, sein politisches und auch sein menschliches Schicksal besiegelte. Er hatte die Höhe seines Lebens in jeder Beziehung überschritten.

Mag man zu Ciceros Politik stehen, wie man es für richtig hält, — man wird ihm wenigstens einräumen müssen, daß er, der an sich so friedliebende Mann, aus echter Vaterlandsliebe gehandelt hat, und daß er sich bemüht hat, während seiner Amtszeit dem Ideal nachzuleben, das er acht Jahre später so formulierte: „Is vir, quem quaerimus et quem auctorem publici consilii et regendae civitatis ducem et sententiae atque eloquentiae principem in senatu, in populo, in causis publicis esse volumus.“ (De oratore III 63.)

Durch die in gutem Glauben durchgesetzte, jedoch sicherlich staatsmännisch unkluge und überstürzte Hinrichtung der Anhänger Catilinas gab er der Opposition ein Kampfmittel in die Hand, das sie sich nicht entgehen lassen konnte. Schon wenige Tage nach dem Prozeß begannen die neuen Volkstribunen eine allgemeine Stimmungsmache gegen den Konsul, der das Recht des Volkes, Todesurteile zu bestätigen, mißachtet hatte. In der Folge kämpft Cicero zunächst mit wechselndem Erfolg, schließlich verzweifelt um seine Anerkennung bzw. seine Rehabilitierung.

Im Jahre **62** verteidigt er seinen ehemaligen Lehrer **A. Licinius Archias**, von dem er sich, allerdings vergeblich, ein Gedicht zur Verherrlichung seines Konsulats erhoffte. Sein Klient war angeklagt, sich das römische Bürgerrecht angemaßt zu haben. Cicero sprach mehr über das Wesen der Bildung und die Bedeutung der Dichtkunst als über die Rechtslage; er konnte sich das im Vertrauen auf den Prätor, der den Vorsitz führte, seinen Bruder **Quintus**, leisten. Dieser ist in den drei folgenden Jahren (61 bis 58) Proprätor in Kleinasien. In dieser Zeit schwindet der politische Einfluß Ciceros mehr und mehr. Sein gutes Verhältnis zu Pompeius macht ihn den Optimaten verdächtig. Zwar hatte er in seiner Amtszeit die Parteischranken niederreißen wollen; aber er fühlte sich doch als Angehörigen der Oberschicht und war deswegen durch das Verhalten vieler Senatsmitglieder um so mehr gekränkt.

Inzwischen war im Jahre **60** das sog. **„erste Triumvirat“** von dem kommenden Konsul **Caesar**, dem Kapitalisten **Crassus** und dessen ehemaligem Kollegen im Konsulat (im Jahre 70) **Pompeius** gegründet worden. Im Jahre **59** wurde **P. Clodius Pulcher** Volkstribun. Er war ein Abenteurer und Unruhestifter mit reichlich bewegter Vergangenheit, stand jetzt unter der Protektion **Caesars** und hatte sich, Angehöriger der alten patrizischen gens Claudia, von einem Plebejer adoptieren lassen, um Tribun werden zu können. Cicero hatte ihn in einem Skandalprozeß schwer belastet und dadurch zu seinem Todfeinde gemacht. Beharrlich verfolgte Clodius sein Ziel, sich an Cicero zu rächen. Er fühlte sich unter dem Schutz der popularen Triumvirn sicher; denn selbst Pompeius entzog sich einer eindeutigen Fürsprache. Die Stimmung des Volkes war gegen Cicero aufgeputscht, seine Haltung wurde drohend. Da verließ der ehemalige Konsul im **März 58** Rom. Am nächsten Tage wurde sein Verfahren gegen die Catilinarier rückwirkend durch einen Gesetzesantrag des Clodius verurteilt; seine Villa auf dem Palatin, die er inzwischen erworben hatte, zugleich sein Haus in Tusculum wurden geplündert und zerstört. Die Flucht schien offensichtlich gegen ihn zu sprechen; so konnte Clodius kurz darauf seine förmliche Ächtung erwirken. Cicero mußte Italien verlassen und wandte sich nach Osten. In der ihm verpflichteten, freien Stadt **Dyrrhachion** und zeitweise in **Thessalonike** fand er sicheren Aufenthalt. Er ist nun völlig verbittert. Seine Freunde, allen voran **Atticus**, betreiben intensiv seine Rückkehr. Aber erst, als Clodius mit den Triumvirn zerfiel, befürwortete sie der Senat; ein Volksbeschluß bestätigte diesen Akt.

Bei seiner Ankunft in Italien und auf seinem Wege zur Hauptstadt wurde er triumphal begrüßt. In Rom selbst feierte ihn die wankelmütige Menge bei seinem Einzug am **4. 9. 57** jubelnd. Er stieg aufs Kapitol, um den Göttern zu danken. Seine Freude war jetzt so maßlos wie vorher sein Schmerz. Er fühlte sich restlos rehabilitiert und glaubte, seinen ehemaligen Einfluß wiedergewonnen zu haben. Überschwenglich bedankte er sich zwei Tage später bei Senat und Volk in den beiden Reden **Cum senatu gratias egit** und **Cum populo gratias egit.** Um nur ja keinen Fehler zu machen und niemanden zu übergehen, las er entgegen seiner Gewohnheit die Rede an den Senat ab. Besonders Pompeius galt sein überströmender Dank. Aber auch dieser neuerliche Anschluß an den Triumvirn nützte ihn nichts. Er erkannte nicht, daß die Politik Roms endgültig von Kräften und zu Zielen gesteuert wurde, die er weder mit seiner politischen Konzeption vereinbaren noch aufhalten konnte. Zudem verhält er sich so ungeschickt und undiplomatisch wie möglich.

Während er sich mit allen gut stellen will, verscherzt er sich alle Sympathien. So wird er isoliert. Einen Ausgleich für seine politische Tätigkeit sucht er in der Anwaltspraxis.

Zuerst prozessiert er um die Wiedergutmachung des ihm zugefügten Eigentumsschadens in der Rede **De domo sua**, immer wieder verfolgt und körperlich bedroht von Clodius, der auf Grund senatorischer Intrigen gegen Pompeius im Januar 56 zum kurulischen Ädil gewählt wurde.

Ciceros Rede **Pro P. Sestio**, die er im **März 56** hielt, war im Grunde auch eine politische und enthielt ein ähnliches Programm wie die Reden des Konsuls gegen Catilina: die Parteiunterschiede sind überfällig, die viri boni finden sich in allen Volksschichten. Aber das war eine Illusion. Die Parteikämpfe wurden heftiger, die Parteien-Verhältnisse immer undurchsichtiger, weil **Caesar**, mit den Kämpfen in Gallien und der Verwaltung seiner Provinzen beschäftigt, durch seine Mittelsmänner eine immer eigenwilligere Politik trieb.

In der Rede **Pro M. Caelio Rufo** richtete Cicero den Ruf einer Zeugin, der **Clodia**, Schwester des verhaßten Clodius, zugrunde.

Sein Ehrgeiz, irgendeine politische Rolle zu spielen, veranlaßte ihn zu einem Kurswechsel. Er setzte sich in der Rede **De provinciis consularibus** für **Caesar** ein, dem er schon im Vorjahre die außergewöhnliche supplicatio von 15 Tagen ermöglicht hatte. (Das sehr differenzierte Verhältnis zu Caesar kann hier nur am Rande gestreift werden. Es gibt keinen Zweifel, daß Caesar ihn in mancher Beziehung geschätzt hat. So hat er u. a. seine sprachtheoretische Schrift **De analogia** dem großen Wortkünstler gewidmet. Er hat sich auch lange um Ciceros Hilfestellung bemüht. Aber in sein endgültiges Konzept paßte der Konservative nicht hinein.)

Ciceros politischer Einfluß war dahin. Zeitweise wollte er es nicht wahrhaben. Aber schließlich sah er ein, daß er nun besser daran tue, sich anderen Aufgaben zu widmen. Trotzdem erlag er immer wieder der Versuchung, in Prozessen mehr oder weniger deutlich seinen politischen Vorstellungen Gehör zu verschaffen. So wurde er in der Rede **Pro L. Cornelio Balbo** programmatisch, und erst recht in seiner heftigen Invektive

In L. Calpurnium Pisonem Caesonium, wobei er nie versäumte, seine eigenen Verdienste im Jahre 63 stark zu unterstreichen. Aber seine Bemühungen waren vergeblich. Daher begann er, politisch kaltgestellt, in diesem Jahre, **55**, mit seinem — nach der stark philosophisch ausgerichteten Schrift **„De inventione"**, die er als junger Mann von etwa 20 Jahren verfaßt hat — ersten größeren wissenschaftlichen Werk **„De oratore"**; in drei Büchern legt er seine Überzeugung, Rhetorik und Bildung müßten sich gegenseitig durchdringen und ergänzen, dar. Er gibt unumwunden zu, daß er seine Schriftstellerei als zweitrangig empfinde (wie **Sallustius** seine Geschichtsschreibung; vgl. bellum Catilinae 4, 1 f.); in ihr sehe er nur einen einigermaßen befriedigenden Ersatz für die aktive Teilnahme am politischen Geschehen. Sein Ideal ist der Mann, der in einer Person den **Staatsmann**, den **Redner** und den **Philosophen** verkörpert (s. o. das Zitat aus De oratore III 63). In seinen politischen, philosophischen, rhetorischen und kulturellen Bemühungen, vor allem auch in seiner Absicht und seinem Eifer, griechisches Bildungsgut seinen Landsleuten zu vermitteln und so die Träger des imperium Romanum zu einer größeren Geistigkeit zu heben, fühlte er sich als legitimen Nachfahren und Nachfolger der Männer des sog. **„Scipionenkreises"**, die sich, unterstützt von dem griechischen Stoiker **Panaitios** und dem griechischen Historiker und Verherrlicher des Römertums **Polybios**, um den jüngeren **Scipio** (s. Ev. I) geschart hatten; der alte **P. Rutilius Rufus**, den er in Kleinasien besucht hatte (s. o. und Ev. I) war für ihn sozusagen das lebendige Bindeglied zu dieser Geistesaristokratie. So wird auch sein Entschluß, den Römern ein staatsphilosophisches Werk zu schenken, verständlich. Er macht sich an die Niederschrift von **„De re publica"**. Entgegen seiner sonst ungewöhnlich schnellen Arbeitsweise brauchte er vier Jahre, von **54** bis **51**, bis er sein „placet" zur Herausgabe erteilt, wahrscheinlich fortwährend durch die inneren Unruhen Roms, den Druck, dem er durch seine Abhängigkeit von den Triumvirn ausgesetzt war (**56** war das Triumvirat zu Lucca in Etrurien erneuert worden; 53 fiel Crassus im Kampf gegen die Parther), und sein nicht immer „diplomatisches" Verhalten behindert. Jedoch besserte sich allmählich sein Verhältnis zu den Triumvirn, zumal sein Bruder Quintus von 54 bis 51 unter Caesar in Gallien diente.

Im Jahre 53 wurde er als Nachfolger des P. Crassus zum **Augurn** gewählt und fand darin trotz seiner religiösen Indifferenz eine gewisse Bestätigung seiner politischen Vergangenheit. Inzwischen wurde der Streit mit seinem erbitterten Verfolger **Clodius** dadurch beendet, daß dieser mitsamt seiner Bande von **T. Annius Milo** beseitigt wurde. Milo wurde verklagt, und Cicero konnte ihn, eingeschüchtert durch die Bewachung während der Verhandlung, mit seiner Rede **Pro Milone** nicht vor einer Verurteilung retten. Immerhin galt diese Rede, die er später veröffentlichte, als ein rhetorisch-politisches Glanzstück. Es war die letzte Rede, die Cicero vor der Alleinherrschaft Caesars hielt.

In diesem Zusammenhang ergibt sich die Frage nach der **Authentizität** von Ciceros Reden. Die letzte Rede ist zweifellos von ihm nachträglich zu einem rhetorischen Meisterwerk überarbeitet worden. Wir wissen von **110 Reden**, die er gehalten hat; **58** sind uns, teilweise verstümmelt, **überliefert.** Aber es ist nach wie vor eine ungeklärte Frage, wieweit er die Originale nach seinen Entwürfen und den Stenogrammen seines Freigelassenen **Tiro** änderte. (Tiro hatte ein stenographisches System erfunden, das bis ins 12. Jhdt. eifrigst benutzt wurde.) Mit Sicherheit wissen wir z. B., daß die Catilinarischen Reden erst im Jahre 60, z. T. in stark überarbeiteter Form (die 4. Rede war ursprünglich improvisiert), ediert, daß seine Rede an den Senat, die er anläßlich seiner Heimkehr gehalten hat, abgelesen wurde, daß von seinen sechs Büchern gegen Verres nur das erste eine wirklich vorgetragene Rede ist und daß die eben erwähnte Rede für Milo weder ihrer Konzeption noch ihrer Wirkung nach mit dem Exemplar, das uns erhalten ist, übereinstimmt.

Neben diesen wissenschaftlichen und praktischen Bemühungen begann Cicero bereits mit dem Entwurf der drei Bücher **„De legibus“**; er plante sie in Anlehnung an **Platon**, der auf seine **„Politeia“** später als „zweitbesten Verfassungsentwurf“ die **„Gesetze“** verfaßt hatte. Ciceros Werk aus dem Jahre **52** ist aber fragmentarisch geblieben.

Ganz ungewöhnlich war die Tatsache, daß Cicero als Konsular bisher keine Provinz verwaltet hatte. Um seine Stellung in Rom zu halten, hatte er es durchgesetzt, vor seiner Verbannung nicht durch eine solche Verwaltungstätigkeit von der Hauptstadt entfernt zu werden. Seine Amtszeit als Quaestor in Sizilien hatte ihm hinreichend bewiesen, wie leicht ein Politiker ohne den entsprechenden „Rückhalt" in Rom vergessen werden konnte. Aber im Jahre **51** mußte er sich einem Senatsbeschluß beugen und als Statthalter die Provinz **Kilikien** übernehmen. Er hat seine Aufgabe wie schon in Sizilien uneigennützig und gerecht durchgeführt. Nicht eben bedeutende Kämpfe (gegen die Parther und innerhalb der Provinz), in denen sich sein durch Caesar geschulter Bruder mehr hervortat als er selbst, brachten seine Soldaten dazu, ihn, den Mann des Friedens, zum **imperator** auszurufen. Der Titel schmeichelte ihm natürlich; aber der Senat bewilligte ihm zwar ein Dankfest, jedoch nicht den Triumph, der selbst einem unkriegerischen Cicero als Höhepunkt seiner staatlichen Laufbahn erschienen wäre.

Inzwischen hatten sich in Rom die Verhältnisse zugespitzt. Am **10./11. Januar 49** überschritt **Caesar** den **Rubicon**. Beide Kontrahenten — Caesar und Pompeius — legten Wert darauf, den bewährten Konsularen Cicero für sich zu gewinnen. Dieser entschied sich für Pompeius, obwohl er erkennen mußte, daß er die schwächere Sache vertrete. An den Kämpfen der Rivalen nahm er aber nicht teil.

Im Jahre **47** endlich söhnt er sich mit **Caesar** aus. Obwohl dieser ihn für eine politische Tätigkeit in seinem Sinne gewinnen will, verlegt Cicero sich auf eine intensive literarische Produktion.

Zunächst verfaßt er im Jahre **46** den Dialog **„Brutus"**, eine Geschichte der römischen Rhetorik, dargestellt an ihren bedeutendsten Vertretern.

Selbst in diesem Werk, das unter der Alleinherrschaft Caesars veröffentlicht wurde, konnte Cicero sich politische Nebentöne nicht versagen, obwohl er wissen mußte, welche bedenklichen Folgen das u. U. für seine persönliche Sicherheit haben konnte. So schreibt er z. B. im „Brutus" 2, 7 über seine Besorgnisse im Hinblick auf die politische Entwicklung:

"Equidem angor animo non consilii, non ingenii, non auctoritatis armis egere rem publicam, quae didiceram tractare quibusque me assuefeceram quaeque erant propria cum praestantis in re publica viri tum bene moratae et bene constitutae civitatis."

Und auch der Schmerz darüber, daß er seiner eigentlichen Berufung als führender Politiker nicht mehr nachkommen könne, sondern sich mit dem zweiten Platz in der Rangskala seiner Werte, der rhetorischen und philosophischen Schriftstellerei begnügen müsse, durchzieht den Dialog.

Im gleichen Jahr ist die Schrift **„Paradoxa Stoicorum"** verfaßt; in ihr begründet er stoische Thesen mit rhetorischen Mitteln. Sie ist eher eine „Stilübung" als eine ernstgemeinte philosophische Abhandlung. Gewidmet ist sie ebenfalls Brutus.

Danach verfaßte er eine Lobschrift auf den jüngeren **Cato** — ein politisch immerhin sehr gewagtes Unternehmen.

Inzwischen war **Caesar** nach der Entscheidungsschlacht bei **Thapsus** wieder in Rom eingetroffen. Cicero, obwohl gesellschaftlich durchaus anerkannt und in engem Verkehr auch mit Freunden Caesars, hielt sich zurück. Erst als Caesar auf Bitten des Senats den eingefleischten Republikaner M. Marcellus begnadigte, brach er sein Schweigen. In der Rede **Pro M. Marcello**, die er veröffentlichen ließ, stellt er Caesars Handlungsweise als einen Sieg des guten Willens dar und hofft auf eine Reorganisation des Staates durch den Zusammenschluß der viri boni aller Parteien.

Dadurch kam er **Caesar** natürlich näher, wenn er auch nach wie vor seine Bedenken gegen die Umgebung des Diktators hatte. Allerdings tat dieser alles, um wieder eine stabile bürgerliche Schicht zu schaffen, und zeigte sich gegen ehemalige Gegner und Neutrale sehr großzügig. So wagte es Cicero in einer weiteren aufsehenerregenden Rede, Caesar auf seine Versöhnungspolitik festzulegen. Es handelte sich um die Verteidigungsrede **Pro Q. Ligario**, einen ehemaligen Pompejaner.

Am Jahresende erschien sein drittes rhetorisches Hauptwerk, der **„Orator"**. In ihm entwarf er das Idealbild eines philosophisch gebildeten und von politischem Verantwortungsbewußtsein erfüllten Redners. Nebenbei versucht er hier wie im „Brutus" — allerdings vergeblich — den „Attizisten" Brutus und seine Freunde davon zu überzeugen, daß seine Auffassung von Rhetorik und Stil die richtige sei. Das gute persönliche Verhältnis zu dem späteren Caesar-Mörder wurde durch solche Differenzen des Geschmacks nicht im geringsten gestört.

Zwischen Cicero und seiner Gattin **Terentia** war seit längerer Zeit, wahrscheinlich aus finanziellen Gründen, eine Entfremdung eingetreten. Er ließ sich von ihr scheiden und heiratete noch im **Dezember 46** die für ihn viel zu junge, aber sehr vermögende **Publilia**.

Caesar befand sich auf dem Kriegsschauplatz in Spanien und Cicero bemühte sich, gute Verbindungen und Beziehungen zu ihm aufrecht zu erhalten.

Im **Februar 45** starb überraschend seine Tochter **Tullia.** Er hatte sie innigst geliebt und stand zutiefst erschüttert und völlig verzweifelt an ihrer Bahre. Sie war gerade in der Zeit seiner politischen Untätigkeit sein zuverlässigster Freund gewesen. Unruhig reiste er einige Zeit umher, immer bestrebt, möglichst wenig Menschen zu sehen. Dann suchte er seinen Schmerz durch die Philosophie zu betäuben. Natürlich führte das bei ihm sogleich dazu, das Erarbeitete literarisch neu zu fassen. Zunächst schrieb er eine **„Consolatio"** als Trostschrift für den Verlust der Tochter. Es sind nur einige Zitate daraus erhalten. Wahrscheinlich ist es platonischen Thesen von der Göttlichkeit und Unsterblichkeit der Seelen zuzuschreiben, daß er sich in seinem maßlosen Kummer dazu verstieg, den Bau eines Heiligtums für die Seele seiner Tochter zu planen.

Dabei zerbrach dann auch seine zweite Ehe, weil er seine junge Frau völlig vernachlässigte.

Aber trotz alledem war er rastlos schriftstellerisch tätig. Er hatte inzwischen den Entschluß gefaßt, **die gesamte Philosophie in Dialogen darzustellen.** Die Ausführung begann er mit der „protreptischen" Schrift **„Hortensius"**, einem Werk also, das die Verteidigung der Philosophie gegen ihre Gegner mit der Aufforderung, sich ihr zu widmen, und dem Lobpreis ihrer Wirkungen verbindet. Wahrscheinlich ist der „Protreptikos" des **Aristoteles,** ein zwar verlorenes, aber in seinem wesentlichen Gedankengang uns bekanntes Werk, die „Quelle“ Ciceros.

Weiterhin veröffentlicht er fünf Bücher **„De finibus bonorum et malorum“**, wieder dem Gesinnungsfreunde Brutus gewidmet. In ihnen wurde das Grundthema aller antiken Philosophie, die höchsten Werte und ihr Gegenteil, abgehandelt. Es sprechen ein Epikureer, ein Stoiker und ein Peripatetiker, die jeweils in einer Gegenrede widerlegt werden.

Wahrscheinlich bereits vorher wurden die **„Academici libri“** verfaßt und ediert. Das, was uns erhalten ist, sind Teile und Reste der ersten und dritten Fassung. Thema ist die Erkenntnistheorie.

In fünf Büchern **„Tusculanarum disputationum“**, ebenfalls Brutus gewidmet, erörtert er als Gegenstück zu De finibus die Übel, die das Glück des Menschen bedrohen könnten (Todesfurcht, körperlicher Schmerz, Leidenschaften, äußere Schicksalsschläge usw.).

Nebenbei machte er sich noch an die Übersetzung der platonischen Dialoge **„Protagoras“** und **„Timaios“**.

Spätestens im **Anfang** des Jahres **44** vollendete Cicero die drei Bücher **„De natura deorum“**, in denen ein Epikureer und ein Stoiker ihre Auffassung vom Wesen der Götter vortragen und jeweils vom Standpunkt der Akademie aus widerlegt werden.

Das Verhältnis zu **Caesar** war nach wie vor zwielichtig. Einerseits war er darauf bedacht, sich die offene Tür bei dem „Tyrannen“ nicht zu verschließen, andererseits wußte alle Welt, daß er politisch zur Opposition zählte. Sein Neffe **Quintus**, der inzwischen zur engeren Gefolgschaft Caesars gehörte, schwärzte ihn unablässig an. Trotzdem konnte sich Cicero, wie auch schon vorher, i. a. freimütig äußern. Das zeigt die Rede **Pro Deiotaro**, den „Vierfürsten“ von Galatien und durch des Pompeius Gnaden König von Kleinarmenien. Er sollte als Anhänger des Pompeius ein Attentat gegen Caesar geplant haben. Cicero verteidigte ihn mit Geschick und **Offenheit.**

Die **Ermordung Caesars** traf ihn wohl unvorbereitet. Aber sein **Haß** hatte sich in der letzten Zeit so gesteigert, daß er dem **Jubel** über den Tyrannenmord freien Lauf ließ.

Natürlich hoffte er auf eine Wiederaufrichtung der Senatsherrschaft. Aber bald mußte er sehen, daß sich die Dinge ganz anders entwickelten.

Inzwischen fand er unter den höchst unruhigen Verhältnissen dieses Jahres noch Zeit, weitere umfangreiche philosophische Werke zu vollenden und herauszugeben. Als Ergänzung zu „De natura deorum" erschienen zwei Bücher **„De divinatione"**, in denen er die Mantik widerlegte, und das Buch **„De fato"**, das sich mit dem Problem der menschlichen Willensfreiheit befaßt. Außerdem verfaßte er zwei Monographien: **„Cato maior" (De senectute)** und **„Laelius" (De amicitia)**. Abgesehen von einigen kleineren, verlorenen Schriften entstanden noch die drei Bücher **„De officiis"**, die sich mit der praktischen Ethik befassen. Sie widmete er seinem Sohn Marcus, der damals in Athen studierte und dabei bedenkliche Neigungen in seinem Lebenswandel zeigte.

Über die griechischen **Vorlagen** und **Quellen** seiner Werke und über die **Arbeitsweise** Ciceros kann hier selbstverständlich nicht berichtet werden. Aber auch ohne diese Kenntnisse bleibt die schriftstellerische Fruchtbarkeit während eines verhältnismäßig geringen Zeitraums erstaunlich — sie wäre es auch dann, wenn sie sich unter günstigeren Umständen hätte entwickeln können. Cicero hat nie den Anspruch erhoben, ein schöpferischer philosophischer Denker zu sein; er hoffte, mit der Übertragung griechischen Geistesgutes in römische Form eine nationale Aufgabe zu erfüllen. Zweifellos hat er eine übernationale Leistung in sachlicher und sprachlicher Hinsicht vollbracht.

Mit unbeirrbarem Idealismus, überzeugt von der Gewalt seiner Beredsamkeit und im guten Glauben, für die Restitution selbst unentbehrlich zu sein, steuerte Cicero von neuem seine Lebensziele an: die Sammlung der viri boni und die Errichtung der Verfassung, die er in „De re publica" beschrieben hat. Er erkannte nicht, daß das imperium Romanum längst zu groß für eine Regierungsform konservativen Stils des Stadt-Staates Rom geworden war. Den legitimen Erben Caesars, den jungen **Octavianus**, hielt er für „ungefährlich" im Sinne einer Erneuerung der Diktatur. Intensiv bemühte er sich, ihn und seine Anhänger mit den Caesarmördern zu vereinen. Seine ganze Feindschaft richtete sich jetzt gegen **Antonius**. In ihm sah er den eigentlichen Nachfolger des „Tyrannen" Caesar. Zeitweilig fühlte er sich in seine alte Stellung zurückversetzt; gegen **Ende** des Jahres **44** war er tatsächlich der maßgebende Mann. Dazwischen gab es allerdings dauernd Rückschläge. Schließlich geriet er in aller Öffentlichkeit mit M. Antonius aneinander. Unter dem Titel **Philippica** (nach den gegen Philippos von Mazedonien gerichteten politischen Reden des Atheners Demosthenes) sind uns 14 Werke, teils Reden, teils Broschüren, aus diesem Kampf gegen seinen Erzfeind erhalten; sie stammen aus der Zeit zwischen **September 44** und **April 43**.

Aber Cicero hatte falsch kalkuliert, besonders in seinem Vertrauen auf Octavianus. Die Caesarmörder hatten von vornherein versagt. Im Jahre **43** überschlugen sich die Ereignisse. Cicero war ihnen nicht mehr gewachsen. Nach und nach merkte er selbst, daß er zwischen den Fronten zerrieben wurde. Und als sich gegen Ende des Jahres die „Caesarianer" wieder zusammenfanden, als **Antonius, Lepidus** und **Octavianus** das **„zweite Triumvirat"** gründeten, wurde er als einer der ersten von Antonius auf die Proskriptionsliste gesetzt. Am **7. Dezember 43** wurde er auf der Flucht gestellt und bei seinem Landgut Formianum in der Nähe von Cajeta ermordet. Kopf und Hände schlug man der Leiche ab; Antonius ließ sie auf den Rostra in Rom ausstellen.

III. De re publica.

Vorbemerkung:

Für diesen Abschnitt gilt dasselbe wie für den zweiten: Eine vorwegnehmende Würdigung ist genau so wenig angestrebt wie Perfektion und Vollständigkeit. Außerdem finden alle interpretierenden Hinweise ihre Grenze an der trümmerhaften Gestalt des Textes.

1. Entstehung, Entwürfe, Quellen, Absicht und Nachwirkung des Dialogs.

Wie bereits oben unter II. erwähnt, hat Cicero eine unverhältnismäßig lange Zeit für die Abfassung von De re publica benötigt. Sie erklärt sich im wesentlichen aus den äußeren Umständen und Störungen jener Jahre; auch war er ja damals nicht mehr und nicht wieder einem ebenso unfreiwilligen wie unerwünschten „otium" überlassen. So schreibt er selbst etwas übertrieben, er habe den Dialog verfaßt, „cum gubernacula rei publicae tenebamus" (De divinatione II 3), d. h. zu einer Zeit, als er noch einen — wir müssen einschränkend sagen: sehr relativen — politischen Einfluß besaß.

Die lange Inkubationszeit ist also an sich noch kein Beweis für die persönliche, innere Anteilnahme Ciceros an Thema und Konzeption des Werkes. Sondern die eigentliche Bestätigung erhalten wir zunächst aus seinem grundsätzlichen, bereits in frühen Jahren entwickelten Interesse an den Problemen „Politik", „Staat" und „Verfassung" und weiter aus den zahlreichen Stellen seiner Briefe, in denen er seine Arbeit erwähnt. Dabei beteuert er sehr oft, daß das langsame Fortschreiten nicht auf Lässigkeit beruhe. Allerdings hat er sich seine Arbeit nicht leicht gemacht. So fertigte er vor allem für die äußere Form, den Gesamtaufbau, mehrere **Entwürfe** an. Zunächst wollte er ein Werk von neun Büchern, das sich auf neun Gesprächstage verteilte, schreiben. Auch war er, als man ihm das nahelegte, eine Zeitlang bereit, sich selbst als Gesprächspartner einzuführen. Schließlich siegten aber doch wohl künstlerische Maßstäbe: die zeitliche Distanz, die Ähnlichkeit der für die innere Entwicklung Roms bedrohlichen Situation mit der Gegenwart, die geistige Autorität Scipios und seines „Kreises"; weiter die Möglichkeit, die Gestalt Scipios sozusagen am Vorabend seines Todes im hellsten Licht erstrahlen zu lassen. Dazu straffte Cicero den Stoff auf sechs Bücher, von denen je zwei auf einen der drei Tage der feriae Latinae entfallen. Dem Eingangsgespräch jedes Tages, also dem ersten, dritten und fünften Buch, wurde ein persönliches Vorwort des Verfassers vorangestellt.

Über die sog. „**Quellen**" Ciceros etwas Sicheres auszusagen, ist gerade bei diesem Werk sehr schwierig. Das liegt z. T. an der Fülle erhaltener und verlorener Literatur, die sich im griechischen Kulturbereich seit der Zeit der sog. „Sophisten" mit Verfassungsfragen empirisch oder deduktiv-utopisch befaßt hat; z. T. liegt es an der umfassenden Belesenheit Ciceros, die es oft unmöglich macht nachzuweisen, ob er — mehr oder weniger bewußt — aus dem Fundus früherer Lektüre oder einer ad hoc herangezogenen „Quelle" schöpft.

Natürlich ist das große, überragende Vorbild die Schrift des „göttlichen" Meisters **Platon**, die „**Politeia**". Aber der utopische Charakter dieses Werkes, seine oft extrem überspitzten, gelegentlich das ethische Bewußtsein der Römer verletzenden Forderungen und endlich der Wunsch Ciceros, seine Vorstellungen empirisch zu begründen, führten zur Aufnahme zahlreicher Anregungen aus anderen philosophischen Systemen. So stammt z. B. der Gedanke der „Mischverfassung", d. h. einer Verfassungsform, in der sich monarchistische, aristokratische und demokratische Elemente und Merkmale gegenseitig ergänzen und durchdringen, von **Aristoteles.** Wieweit Cicero diesen Philosophen selbst oder einen seiner Nachfolger unter den Peripatetikern, z. B. **Dikaiarchos**, benutzt hat, muß vorläufig noch dahingestellt bleiben.

I 34 werden zwei Männer genannt, mit denen Scipio oft Probleme der Politik und Verfassung diskutiert haben soll.

Es sind die beiden hervorragendsten Griechen seines „Kreises", **Polybios** und **Panaitios** (beide s. Ev. II: Polybius, Panaetius).

Polybios, in Rom zum Historiker geworden, war zwar kein Philosoph im engeren Sinne, hatte aber zweifellos die philosophischen Kenntnisse, die zur allgemeinen Bildung seiner Zeit- und Standesgenossen gehörte. Cicero hat sein Werk natürlich gelesen (er nennt den Autor dreimal namentlich: I 34, II 27 und IV 3); uns ist davon genug erhalten, um einige wichtige Vergleiche anstellen zu können; auf den Abdruck der entscheidenden Stellen des VI. Buches muß leider aus Raummangel verzichtet werden, weil sie mitsamt der Übersetzung sehr viel Platz einnähmen. Polybios hat sich die peripatetische Lehre von der „Mischverfassung" zu eigen gemacht und sie auf römische Verhältnisse übertragen. Dabei kam er zu der Überzeugung, daß sie in Rom vorbildlich verkörpert sei. Darüber hinaus erkannte er, daß Rom die neue, zukunftsträchtige Weltmacht sei, und machte sich zum Künder der weltpolitischen, ja weltgeschichtlichen „Sendung" Roms. Mit diesem Gedankengut, aber auch mit seiner Darstellung der inneren und äußeren Entwicklung Roms, deren Niederschlag sich in De republica II findet, hat er auf Cicero eingewirkt. Damit wird er zugleich Inaugurator des weltpolitischen Sendungsbewußtseins, das uns nach Cicero (s. „Somnium Scipionis") bei **Caesar**, erst recht aber bei den Vertretern der augusteischen Epoche, bes. **Vergil** und **Livius**, begegnet.

Panaitios hat eine Staatsschrift verfaßt, die leider verloren ist, Cicero aber bekannt war. Zweifellos könnte dieser unorthodoxe Vertreter der sog. „mittleren Stoa" peripatetische Lehre, wie z. B. die von der „Mischverfassung", aufgenommen und, wie auch sonst durch seine Philosophie, damit auf den „Scipionenkreis" eingewirkt haben. Seine ethischen und erzieherischen Theorien, die Cicero den beiden ersten Büchern seiner Schrift „De officiis" zugrunde gelegt hat, haben auch ihren Einfluß auf die entsprechenden Partien von „De re publica" ausgeübt. Schließlich wird Panaitios I 15 als Experte für naturwissenschaftliche Fragen von Scipio schmerzlich unter den Gesprächspartnern vermißt. So dürfte auch dieser

Grieche mit einem oder mehreren seiner Werke ein wichtiger Gewährsmann für Ciceros Verfassungsentwurf gewesen sein.

Die Rede des **Philus** (s. Ev. I) in Buch IV ist einem Vortrag des **Karneades** (s. Ev. II s. v. Carneades) nachgebildet.

Soweit sich sonst kleinere „Anleihen" oder weniger relevante Übereinstimmungen mit griechischem Gedankengut entdecken lassen, sind sie jeweils zur Stelle im Kommentar erwähnt. Man darf dabei aber nicht übersehen, daß manche Themen durchaus Gemeingut der philosophischen Tradition und der allgemeinen Bildung waren, man also keine bestimmte „Quelle" nachschlagen mußte, um sich zu orientieren; außerdem muß man, wie gesagt, beachten, daß viele Werke der hellenistischen Zeit, die Cicero noch lesen konnte, uns aber nicht mehr zugänglich sind, sich durchaus im weiteren oder engeren Sinne als „Quellen" herausstellen könnten.

Schließlich hat Cicero auch römische Historiker, Schriftsteller und Dichter benutzt. So nennt und zitiert er u. a. den „alten" **Cato, Ennius, Naevius, Pacuvius.**

Über die besonderen Voraussetzungen des **„Somnium Scipionis"** vgl. die Vorbemerkungen zu VI 9 ff.

Daß Cicero „auf den Schultern geistiger Ahnen" steht, versteht sich von selbst. Die Wissenschaft ist, wie bereits angedeutet, noch nicht in der Lage, mit Sicherheit die Herkunft einzelner Gedanken und Partien nachzuweisen. Doch läßt sich nicht daran zweifeln, daß trotz der Fülle des vorgegebenen Materials De re publica nach Form und Inhalt dasjenige philosophische (und politische) Werk Ciceros ist, das die meisten Züge individueller und selbständiger Arbeit trägt. Diese These im einzelnen nachzuweisen, übersteigt den Rahmen eines Schülerkommentars.

Wenn von der **„Absicht"** des Dialogs die Rede ist, so ist damit natürlich nicht an eine politische „Tendenzschrift" im gewöhnlichen Wortsinn gedacht. Ciceros ganzes Denken und Handeln, das sahen wir in Kap. II, ist unter dem Aspekt der inneren Reform Roms mit den Mitteln einer philosophisch orientierten Rhetorik zu sehen. So ist „De re publica", auf der Höhe seiner schriftstellerischen Schaffenskraft verfaßt, zugleich Bekenntnis, Mahnung und Vermächtnis: Bekenntnis seiner eigenen politischen Idee und seines Patriotismus,

Mahnung zur Einsicht an die Mitbürger, Vermächtnis für kommende Generationen (vgl. die Worte des Laelius III 41; natürlich denkt Cicero selbst noch nicht daran, von der politischen Bühne endgültig abzutreten).

„Der beste Staat“ und „der beste, daher zur politischen Führung berufene Bürger“ sind die wesentlichen Anliegen Ciceros; sie verschlingen sich mit einer Reihe ergänzender Probleme. Durch seine Darstellung will er zweifellos nicht nur die gloria eines Staatstheoretikers gewinnen, sondern mittelbar Gesinnungsgenossen, die seine Gedanken durch die Tat unterstützen, werben.

Die Wissenschaft bemüht sich um die Frage, ob Ciceros Schrift auf die verfassungsrechtliche Politik des **Augustus**, seinen „Prinzipat“, und auf seine inneren Reformbestrebungen irgendeinen, vielleicht gar maßgeblichen Einfluß ausgeübt habe. Eine sichere Antwort ist bisher nicht gefunden worden. Aber es läßt sich kaum bestreiten, daß vieles von dem, was Augustus vorgeschwebt hat bzw. von ihm realisiert worden ist, eine verblüffende Ähnlichkeit mit Ciceros Verfassungsentwurf aufweist.

Bis ins 5. Jahrhundert hinein ist „De re publica“ vollständig erhalten gewesen und eifrig gelesen worden. Das beweisen u. a. die vielen Zitate römisch-heidnischer und frühchristlicher Schriftsteller (s. Ev. III). Dann ist das Buch plötzlich verschollen. Kein Exemplar überdauerte diese Zeit. Man las Ciceros Werk nicht mehr. Vielleicht liegt das daran, daß durch die Schrift „De Civitate Dei“ des **Augustinus** (s. Ev. III), der sich intensiv mit „De re publica“ auseinandergesetzt hat, und dem wir neben **Gellius, Nonius** und **Lactantius** (s. diese alle Ev. III) die meisten Ergänzungen der überkommenen Reste verdanken, die säkulare Verfassungskonzeption des „Heiden“ Cicero als überwunden galt; das dürfte auch der Grund dafür sein, daß das Werk nicht in der überlieferten Sammlung der Titel von Ciceros philosophischen Schriften aufgeführt ist. Wahrscheinlich aus einem damit verwandten Motiv, nämlich wegen seines religiösen Gehalts, lebte das **„Somnium Scipionis“** mit dem Kommentar des **Macrobius** (s. Ev. III) als gesonderte Schrift fort.

2. Der erhaltene Text.

Erst im Jahre 1820 fand der damalige Präfekt der Vatikanischen Bibliothek und spätere Kardinal **Angelo Mai** einen codex rescriptus aus dem 5. Jahrhundert, der etwa ein Viertel des Werkes enthält.

(Pergament war im Mittelalter ein sehr kostbares Material. Deshalb radierte man oft Schriftzüge, auf die man verzichten wollte, aus und benutzte die Blätter noch einmal, indem man neue Notizen, Abschriften von Büchern, Rechnungen usw. quer darüber schrieb. Dabei bleiben die ursprünglichen Buchstaben oft sichtbar, zumal sie im Laufe der Zeit nachdunkelten. Durch moderne technische Hilfsmittel sind sie noch leichter zu entziffern. Ein solches Pergamentblatt nennt man Palimpsest und ein Buch aus solchen Blättern codex rescriptus.)

Am besten erhalten sind große Partien der Bücher I und II, während von IV und V nur noch geringe Reste, die allerdings durch Zitate und Referate des **Augustinus** und **Lactantius** ergänzt werden können, gefunden wurden. Das dritte Buch ist schlechter als die beiden ersten, besser als die beiden folgenden auf uns gekommen; die beiden genannten Männer geben aber sehr viel zusätzliches Material. (Am bedeutendsten ist das „Argumentum Augustini", im Textband S. 76; im übrigen vgl. den Text.)

Obwohl damals die gelehrte Welt aufhorchte — hatte man doch lange und intensiv, aber vergeblich nach dem Werk gesucht —, blieb merkwürdigerweise „De re publica" ein Stiefkind der Philologie (s. o. unter I). Zwar kommentierte **Angelo Mai** seine 1822 erschienene Ausgabe, zwar schrieb der badische Geheime Hofrat **Zachariae** 1823 „Betrachtungen" über das Werk, aber dann wurde es wieder still um Ciceros Verfassungsschrift. Allerdings hat sich seit etwa 1918 die geistesgeschichtlich interpretierende Philologie mit manchen grundsätzlichen und speziellen Problemen des Buches beschäftigt; aber zu einem Kommentar, der nach den Erkenntnissen der modernen Wissenschaft das Ganze und das einzelne sachlich, sprachlich und substantiell erklärte, ist es bis heute nicht gekommen.

Der Wortlaut und die Anordnung der Palimpsestreste, der Referate, Zitate und sonstigen Ergänzungshilfen im Textband richten sich i. a. nach der z. Zt. gültigen, durch die Ausgabe von **Konrat Ziegler** (s. Literaturverzeichnis) festgelegten „Tradition". Abweichungen (z. B. die Umstellung des „Argumentum Augustini", VI 8 hinter VI 2, textkritische Bedenken usw.) sind, sofern sie vom Schüler verstanden werden können, im Kommentar jeweils zur Stelle begründet.

Die Orthographie (z. B. Großbuchstaben am Anfang der Sätze, Assimilation: adferre = afferre, acc. pl. der sog. „gemischten" Deklination auf -es: civis = cives usw.) und Interpunktion sind der den Schülern geläufigen Schreibweise angepaßt.

3. Komposition und Sprache.

Vorbemerkungen:

1. Ciceros Verfassungsschrift ist ein Kunstwerk. Wäre sie es nicht, so könnte — nach vorheriger Erläuterung der Begriffe — dem deutschen Schüler die Übersetzung, soweit es die Vermittlung des Inhalts betrifft, einen einigermaßen ausreichenden Ersatz bieten.

Man kann von einem Kunstwerk irgendeiner Gattung sagen, es sei „vollendet". Das darf aber nur im relativen, nie im absoluten Sinne gemeint sein. Nichts, was Menschen schaffen, ist schlechthin „einwandfrei"; alles, was Menschen schaffen, trägt auch den Stempel menschlicher Unzulänglichkeit. Es wäre daher nichts verfehlter, als mit dem Vorurteil, jedes Wort, jeder Gedanke, jede Formulierung stehe außerhalb der Kritik, an ein Werk heranzugehen. Erst die gewissenhafte Interpretation, die weder das Ganze um der Teile willen noch die Einzelheiten um des Ganzen willen aus dem Griff läßt, kann endgültig über Wert und Unwert entscheiden. Das ist für den Schüler mit seinen beschränkten sprachlichen Kenntnissen und literarischen Vergleichsmöglichkeiten meistens zu schwer. Er muß sich also letztlich auf die Führung des Lehrers verlassen.

Kritik ist „Beurteilung", nicht aber „Verurteilung" und kann als vox media sowohl positiv als auch negativ gemeint sein. Sie fordert Unterscheidungsvermögen ebenso wie den Willen zur gewissenhaften Prüfung (und Selbstprüfung!). Als Kehrseite des „Staunens" oder „Ergriffenseins" gehört sie zusammen mit der Skepsis zu den axiomatischen Bedingungen philosophischen und wissenschaftlich-methodischen Denkens, und deshalb hat sie — mindestens im „propädeutischen"

Sinne — einen ausgezeichneten Rang innerhalb der Bildungsaufgabe der höheren Schule. Damit wird nicht hemmungsloser Nörgelei, auch nicht der Sucht, unter allen Umständen Fehlerhaftes zu entdecken, Tür und Tor geöffnet; im Gegenteil: die Ehrfurcht vor dem Kunstwerk, das die schöpferischen Fähigkeiten des Durchschnittsmenschen weit übersteigt, ist die Voraussetzung alles kritischen Bemühens. Im übrigen wird von dem Primaner nichts qualitativ anderes als vom Sextaner in seiner deutschen Stilkunde, Gedichtbetrachtung usw. verlangt und erwartet.

2. Obwohl Cicero sein „placet" zur Herausgabe des Werkes durch seinen Verleger Atticus gegeben hat, müssen wir doch annehmen, daß er nicht dazu gekommen ist, die letzte Hand konsequent an alle Teile zu legen. Daher erklären sich einige Schwächen, auf die gelegentlich auch im Kommentar hingewiesen wird.

3. Der Kommentar selbst kann das, was im ff. über Komposition und Sprache des Dialogs gesagt wird, nur an einigen Beispielen erläutern. Aber er gibt damit dem Schüler die Gesichtspunkte an, unter denen er den Text zu beobachten hat. Es ist Sache des Unterrichts, diese Anregungen auszuwerten und für das Gesamtwerk fruchtbar zu machen.

A. Die Komposition.

Eine Beurteilung der Gesamtkomposition ist natürlich durch den fragmentarischen Zustand des Textes sehr erschwert. Trotzdem wird ein Blick auf die **„Gliederung"**, die dem Textband vorangestellt ist, die Verzahnung, die Integration und die Schwerpunktverlagerung der verschiedenen Aspekte der Gesamtthematik leicht erkennen lassen. So wird z. B. die Frage der Lebensform in der Vorrede zu Buch I aufgeworfen, im Proömium zu Buch III wieder aufgegriffen, erweitert und vertieft durch anthropologische Probleme, die ihrerseits das Hauptanliegen der Überleitung zu Buch IV sind. Von dort wirken sie auf die Vorrede zu Buch V und sind schließlich in den Aussagen, die das **„Somnium Scipionis"** über das Wesen des Menschen macht, aufgefangen. Oder ein anderes Motiv: Die Persönlichkeit des „wahren" Staatenlenkers zeichnet sich bereits in Buch I, besonders in Scipios Stellungnahme zur Monarchie (§§ 54—64), ab. Sie durchzieht in positiver und negativer Kritik die Geschichte der römischen Verfassung (II 4—63) und wird dann II 67 und 68 vorläufig profiliert. Da das Hauptmerkmal dieses Mannes seine Gerechtigkeit ist, steht sie auch, mehr oder weniger verborgen, hinter Buch III. Der Hauptteil des Buches V ist ihr ganz gewidmet, und ihre Charakteristik geht — genau wie das vorher behandelte Thema — ins **„Somnium Scipionis“** ein.

Die gleiche Verschlingung, Auflösung und Synthese gilt auch für die Gedanken, Motive und Probleme der Einzelkomposition.

B. Die Sprache.

a) Der Wortschatz.

Ciceros Vokabular umfaßt die ganze Fülle, Tiefe und Breite, über die die Sprache eines gebildeten Römers seiner Zeit verfügte. Dazu kommt seine eigene sprachschöpferische Leistung. Wenn auch nicht mit unbedingter Gewißheit, so sind doch mit größter Wahrscheinlichkeit Wörter wie „patria“ und „humanitas“, vielleicht gar „iustitia“ von ihm gebildet oder wenigstens zu der von da ab gültigen Bedeutung umgeprägt worden.

Die eigentliche Schwierigkeit lag hier wie in allen philosophischen Werken in der Übertragung griechischer Terminologie. Cicero hat Fremdwörter, wo es eben anging, vermieden. Er hat sie umschrieben (besonders gern durch das sog. Hendiadyoin; s. u. unter c) oder bereits vorhandene Wörter durch Bedeutungsverschiebung zu philosophischen bzw. politischen Begriffen gestempelt. (Das schließt übrigens keineswegs aus, daß er dieselben Wörter in der „normalen“ Bedeutung der gehobenen Umgangssprache anwendet.)

Die Wortwahl richtet sich natürlich auch nach dem literarischen genus der betreffenden Stelle. Im Bericht ist sie einfach und klar, in den eigentlichen Dialogpartien dem Gesprächston seiner Standesgenossen und Gesinnungsfreunde angepaßt, in Darlegungen, die einen erhabenen, manchmal bekenntnishaften Stil verlangen, gewählt, gelegentlich antikisierend oder dem kultischen Sprachgebrauch entlehnt.

(In Buch I fällt die Vorliebe für Zusammensetzungen von Nomina, Adverbien und Verben mit der Präposition **per-** auf: z. B. perantiquus, perdiscere, perelegans, perfrui, pergratus, periucundus, permagnus, permixtus, perpolitus, persaepe, persequi, pervenire, pervestigare, pervetus usw.)

Die Breite des Bedeutungsfeldes mancher Wörter wird durch entsprechende Hinweise im Kommentar nachgewiesen. Darüber hinaus wird an einigen besonders wichtigen Kulturbegriffen im Wv. I die Variabilität des Sinngehaltes aufgezeigt, so daß sich weitere Erörterungen hier erübrigen. (Vgl. auch die Bemerkungen zur Etymologie und Semasiologie vor den beiden Wörterverzeichnissen.)

b) Syntax und Satzbau.

Die syntaktischen Mittel, deren sich Cicero in „De re publica" bedient, bleiben im Rahmen dessen, was jede einigermaßen solide und nicht zu „engbrüstige" Schulgrammatik bietet.

Eine besondere Vorliebe zeigt der Verfasser für innerlich abhängige Nebensatzformen, also den **coniunctivus obliquus**, auch in solchen Sätzen, in denen die Kennzeichnung der innerlichen Abhängigkeit dem subjektiven Ausdruckswillen anheimgestellt ist.

Außerdem macht Cicero von der **Modusassimilation** zugunsten des Konjunktivs in einigen Partien des Buches ausgiebig Gebrauch.

Schließlich ist noch auf die ungewöhnliche Bevorzugung des **Prädikativums** (durch alle Nominalformen, die in der lateinischen Sprache prädikative Funktionen ausüben können, und in sämtlichen Kasusverbindungen) hinzuweisen.

Einzelheiten dieser sprachlichen Erscheinungen erklärt der Kommentar in schwierigen Sätzen oder Zweifelsfällen.

Sonst gilt für die Wahl der Syntaktika (Nebensätze, Partizipien, Koordination usw.), damit für den Satzbau und die Periodisierung dasselbe wie für die Wortwahl: Sie werden je nach Inhalt, Stimmungslage, innerer Beteiligung des Autors, Gehalt usw. variiert.

c) Stilmittel.

Vorbemerkung:

Die unten aufgeführten Beispiele sind dem Anhang der Grammatik zum Unterrichtswerk **Ars Latina** (Verlag Schöningh, Paderborn) ohne direkten Bezug auf „De re publica" entnommen. Der Kommentar selbst konstatiert diese Stilmittel nur gelegentlich an besonders charakteristischen Stellen. Die gründliche Durchforstung des Textes nach solchen Merkmalen bleibt dem Leser bzw. dem Unterricht überlassen.

Im weiteren Sinne gehören zu den Stilmitteln natürlich auch Komposition, Wortwahl, Syntax und Periodisierung.

Darüber hinaus haben die Griechen schon sehr früh die Sprache nach ihrem Klang, nach der Intonation und der damit verbundenen Wortstellung auf ihre ästhetische und psychologische Wirkung untersucht; sie haben die Ausdrucksmöglichkeiten systematisch gesammelt und geordnet; in ihren Rednerschulen haben sie sie gelehrt und eingeübt; schließlich haben sie sie je nach Thema, Zweck und Absicht ihrer Reden und Schriften bewußt angewandt. (Daher sind auch heute noch die griechischen t. t., obwohl sie durch die römischen Theoretiker ins Lateinische übersetzt worden sind, gebräuchlich.) Das sind die im engeren Sinne „rhetorischen Stilmittel". Die Römer hatten sie bereits seit ihrer näheren Berührung mit griechischer Kultur durch den Unterricht griechischer Redelehrer kennengelernt und nachgeahmt. Aber erst Cicero gelang es, die von Natur trockenere und vokalschwächere lateinische Sprache der Gesamtheit dieser Ausdrucksformen anzupassen.

Es gibt verschiedene Möglichkeiten, die Stilmittel einzuteilen. Wir halten uns an den Vorschlag der **Ars Latina** und subsummieren sie unter die Oberbegriffe **Klangfiguren**, **Stellungsfiguren**, **Sinnfiguren** und **Tropen**.

Die **Ars Latina** bemerkt dazu:

„Unter **Figuren** versteht man Abweichungen von der gewöhnlichen Wortfolge zu rhetorischer Hervorhebung, unter **Tropen** die Vertauschung zweier ähnlicher Vorstellungen (griech. tropos = Abwendung von der gewöhnlichen Bedeutung)."

Die folgende Aufzählung gibt keineswegs eine vollständige Liste aller Figuren und Tropen, sondern beschränkt sich auf diejenigen, die der Schüler in „De re publica" selbst aufzuspüren vermag.

I. Stellungsfiguren:

1. Der **Parallelismus**, d. h. die Wiederkehr derselben Wortfolge im anschließenden Satzgliede oder Satze (gelegentlich als **Isokolon** bis zur vollständigen Symmetrie der Glieder durchgeführt), z. B.

   Ausi sunt hostes transire latissimum flumen, ascendere altissimas ripas, subire iniquissimum locum.

2. Die **Anaphora**, d. h. die Wiederholung des ersten Wortes am Anfang mehrerer Sätze, eine besonders eindringliche Form des Parallelismus, z. B.

   Magnam vim, magnam necessitatem, magnam possidet religionem paternus maternusque sanguis.

3. Der **Chiasmus**, d. h. die kreuzweise (einem griechischen X ähnlich) geordnete Stellung je zweier Gegensätze in zwei Satzgliedern, z. B.

   Vir specie quidem puerili,

   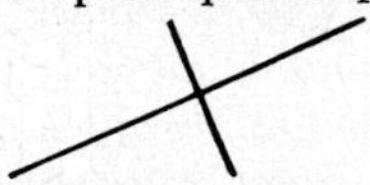

   senili vero prudentia.

4. Das **Hyperbaton**, d. h. die Trennung zusammengehöriger Wörter, z. B.

   Themistoclis vitia ineuntis adulescentiae magnis sunt ↑
   emendata virtutibus. ↑

II. Klangfiguren:

1. Die **Alliteration** (Stabreim, ursprünglich in der feierlichen Kult- und Rechtssprache ausgebildet), z. B.

   ... e flamma et ferro atque paene ex faucibus fati ...

2. Das **Homoioteleuton**, d. h. der Gleichklang der Endsilben mehrerer Wörter (besonders gern am Ende von Isokola, später zum Reim entwickelt), z. B.

   ... commoditati ingenium, gravitati aetas, libertati tempora sunt impedimento ...

III. Sinnfiguren:

1. Der **Pleonasmus**, d. h. eine Überfülle des Ausdrucks, z. B.
Conon potius patriae opes augeri quam regis maluit.

2. Die **Ellipse**, d. h. (als Gegenteil des Pleonasmus) die Auslassung eines oder mehrerer Wörter, z. B.
Quae cum dixisset, finem ille (sc. fecit).

3. Das **Zeugma**, d. h. (als Abart der Ellipse) die Beziehung eines Prädikats auf mehrere Substantive, obwohl es nur zu einem von ihnen genau paßt, z. B.
Germanicus, quod arduum sibi (eigentl.: sumpsit), cetera legatis permisit. ·

4. Die **Antithese**, d. h. der Gegensatz, z. B.
Amicus certus in re incerta cernitur.

5. Die **Brachylogie**, d. h. (als Gegensatz zum Pleonasmus und Verstärkung der Ellipse) die Auslassung ganzer Satzteile (sie findet sich besonders oft im Dialog: Auslassungen in der Antwort), z. B.
Ego admiratione quadam virtutis eius (sc.: eum dilexi), ille vicissim me dilexit.

6. Die **Anadiplosis**, d. h. die (leidenschaftliche) Verdoppelung bzw. Wiederholung desselben Wortes unmittelbar hintereinander, z. B.
Fuit, fuit ista quondam in hac re publica virtus.

7. Das **Anakoluth** (= nicht richtig folgend, Folgewidrigkeit), d. h. das Verlassen einer angefangenen Konstruktion, z. B.
Si, ut Graeci dicunt, omnes aut Graios esse aut barbaros (statt: omnes aut Graii sunt aut barbari), vereor, ne Romulus barbarorum rex fuerit.

8. Die **Klimax**, d. h. die Steigerung, z. B.
Abiit, excessit, evasit, erupit.

IV. Tropen:

1. Die **Metapher**, d. h. die Bezeichnung einer Vorstellung durch ein Bild, z. B.
Fabius scutum Romanorum fuit, Marcellus gladius.

2. Die **Metonymie**, d. h. die Vertauschung verwandter Begriffe, z. B.
   Lego Homerum (= Homeri carmina).

3. Das **Hendiadyoin**, d. h. Ausdruck einer Vorstellung durch zwei Wörter der gleichen Wortart (an sich zur Verdeutlichung einer Vorstellung gedacht, oft aber auch, bes. in Reden, maniriert angewandt, um eine größere Ausdrucksfülle zu erreichen; im Deutschen ist es ungewöhnlich und wird daher bei Nomina durch Attribute, bei Verben durch Adverbien ersetzt), z. B.
   natura pudorque *natürliche Schüchternheit;* ardor et impetus *Hitze des Angriffs;* amare et diligere *innigst lieben* usw.

4. Die **Hyperbel**, d. h. Übertreibung, z. B.
   Quodsi me lyricis vatibus inseres, sublimi feriam sidera vertice.

5. Die **Litotes**, (= Verkleinerung) d. h. doppelte Verneinung, die eine verstärkte Bejahung ergibt, z. B.
   haud contemnendae copiae *ganz beträchtliche Truppenmassen;* non raro = saepissime.

6. Das **Oxymoron** (= „scharfsinniger Unsinn"), d. h. Verbindung scheinbar widersprechender Begriffe, z. B.
   Cum tacent, clamant.

Folgendes ist noch bei der Beurteilung solcher Stilistika zu beachten:

1. Die gegensätzlichen Sprachformen können als Stilmittel verwendet werden, z. B. Parallelismus — Chiasmus, Pleonasmus — Ellipse — Brachylogie usw.

2. Die Wirkung der einzelnen Stilmittel kann je nach dem Zusammenhang sehr unterschiedlich sein.

3. Selbstverständlich können in demselben Satz mehrere Stilmittel Verwendung finden, z. B. (s. o. IV, 1) Fabius scutum Romanorum fuit, Marcellus gladius (Parallelismus, Ellipse, Metapher). (Weiteres dazu s. im nächsten Abschnitt „Die Interpretation".)

V. Prosarhythmus:

Die Rhetorik verfügte außerdem noch über ein Kunstmittel, von dem die Redner und Schriftsteller je nach ihrem individuellen Geschmack reichlichen, mäßigen oder gar keinen Gebrauch machten: den rhythmisierten Schluß eines Kolons oder Satzes. Diese **„Klauseln“** bargen die Gefahr in sich, daß sich die Kunstprosa bedenklich der Poesie näherte; daher wurden die durch die Tradition festgelegten Rhythmen vor allem der epischen und elegischen Poesie peinlichst vermieden. (So wird z. B. der daktylische Satzschluß ēssĕ vĭdētūr durch den aus aufgelöstem Kretikus und Trochäus gebildeten Schluß ēssĕ vĭdĕātūr ersetzt.) Auch um dieses Prosarhythmus willen wird oft (wie bei den Figuren) die Wortstellung geändert.

Die wichtigsten Klauseln sind folgende:

1. **Dikretikus:** prosecuti sumus — – ⏑ – | – ⏑ ⌣
2. **Kretikus + Trochäus** (bzw. Spondeus):
   pertimescendus — – ⏑ – | – ⌣
3. **Ditrochäus:** (ur)bem reliquit — – ⏑ | – ⌣
4. **Dispondeus:** eduxisset — – – | – ⌣
   Vor 3 und 4 tritt oft ein Kretikus oder Choriambus:
   copias eduxisset — – ⏑ – | – – | – ⌣
   improbitatem faverent — – ⏑ ⏑ – | – – | – ⌣
5. **Hypodochmius:** comparabitur — – ⏑ – ⏑ ⌣

Die Längen werden wie in der Poesie oft aufgelöst. In der Mitte des Kretikus steht manchmal statt einer kurzen eine lange Silbe, die aber nicht den vollen Taktwert einer langen Silbe hat (irrationale Länge) ¯ _ ¯ (statt _ ⏑ _).

Die o. a. Beispiele sind der zweiten Rede Ciceros gegen Catilina entnommen (§§ 1—4).

d) Die Interpretation.

Unter Interpretation versteht man die **Erklärung, Deutung** und **Würdigung** eines Kunstwerkes. Es gibt verschiedene Wege und Arten des Interpretierens, und nicht einmal bei ein und demselben Werk reicht immer ein vorher konstruiertes Schema.

Manche Gebiete der Interpretation sind dem Schüler mehr oder weniger verschlossen. Z. B. die sog. **„Textkritik“**, die sich bemüht, den authentischen Wortlaut eines durch fehlerhafte Abschriften oder chemisch-physikalische Einflüsse entstellten bzw. fragmentarischen Schriftzeugnisses wiederherzustellen. Oder die **„Quellenforschung"**, die zu bestimmen hat, wo ein Begriff oder ein Gedanke zum ersten Male in der Literatur auftritt bzw. bei welchem (verlorenen) Schriftsteller sie vermutet werden könnten, welches ihre literarische Tradition ist, von welchem Vorgänger der jeweilige Autor mit Sicherheit oder Wahrscheinlichkeit Begriffe, Gedanken, literarische Formen usw. entlehnt hat. Über den Wert und die Bedeutung dieser Forschungsgebiete, die der wissenschaftlichen Arbeit vorbehalten sind, kann hier nicht weiter gehandelt werden. Ihre Ergebnisse müssen, soweit sie für das Textverständnis von Belang sind, durch den Lehrer oder den Kommentar mitgeteilt werden.

Für die **Arbeit des Schülers** im Unterricht und zu Hause bleibt genug übrig.

Wir geben im ff. einige Kriterien, warnen aber zugleich nochmals davor, sie als Schema aufzufassen. Es kommt hinzu, daß im Unterricht schon aus Zeitmangel der Schwerpunkt des Interpretierens oft verschoben werden muß, je nach dem, was die behandelte Textstelle oder das ganze Werk besonders charakterisiert. (Selbstverständlich kann nicht die ganze Fülle möglicher Interpretationsgesichtspunkte hier ausgebreitet werden. Um nur einige zu nennen: gedachtes Leserpublikum, Wirkung auf die Zeitgenossen, Wirkung auf den modernen Leser, Stoffwahl und -auswahl, Abhängigkeit oder Selbständigkeit gegenüber den „Quellen", literarische Vorbilder, weltanschauliche, philosophische, religiöse Hintergründe, direkte oder indirekte Selbstcharakteristik des Autors, Fähigkeit zur direkten oder indirekten Charakteristik von Persönlichkeiten; in der Poesie die Behandlung des Versmaßes usw. usw.)

Die Begriffe „äußere" und „innere" Form, die für die moderne Interpretationsmethode von großer Bedeutung sind, übergehen wir hier, weil einmal ihre Erklärung sehr viel Raum erforderte, sie außerdem den Primanern höchstwahrscheinlich aus dem Deutschunterricht bekannt sind und schließlich die aufgeführten Gesichtspunkte dasselbe mit anderen Worten aussagen.

Die Interpretation beginnt i. a. mit dem schlichten **sprachlichen** und **sachlichen Erklären:** Bedeutung und Veranschaulichung der Wörter und Begriffe, syntaktische Struktur, Verstehen eines Satzes, einer Periode, eines Sinnabschnittes unter Berücksichtigung des Zusammenhanges (wobei oft der Sinnabschnitt erst rückschauend als solcher erkannt werden muß).

Es kommt hinzu die **Kritik des Inhalts** auf seine sachliche Richtigkeit bzw. die „innere Wahrheit".

Zu den sachlichen Erklärungen gehören u. U. auch die **geistesgeschichtlichen Quer- und Längsverbindungen** der Gedankengänge.

Die Reihenfolge der weiteren Schritte läßt sich überhaupt nicht festlegen, sondern wird meistens durch den individuellen Charakter des Werkes selbst (seinen Inhalt, den Grad der grammatischen oder stilistischen Eigentümlichkeiten und Schwierigkeiten, die Struktur usw.) bestimmt. Dahin gehört auch u. a. die Frage, ob man zunächst kleinere oder gleich größere Texteinheiten durcharbeiten soll, wann die zusammenfassende Betrachtung von Kapiteln, Abschnitten, Büchern und des ganzen Werkes einzusetzen hat usw.

Gemeint sind alle die Gesichtspunkte, die oben in den Kapiteln II und III (A; B 3 a, b, c) besprochen worden sind: das Leben des Verfassers, Chronologie des Werkes, Zeitverhältnisse bei seiner Abfassung, Charakter und Interessen des Autors, die innere Motivation der Stoffwahl; Einzel- und Gesamtkomposition; Zuweisung des Ganzen und der Teile zu den literarischen Grundformen; Stimmungsgehalt, Pathos, Ethos, Steigerung, Spannung, dramatische Elemente, Motivverflechtung; der Wortschatz (kultureller und zivilisatorischer Bereich, aus dem die Wörter genommen sind, Begriffe, Neuschöpfungen, Fremdwörter, Ausdrucks- und Bedeutungsvarianten); Bilder und Vergleiche; „rhetorische Stilmittel" im engeren Sinne; usw. usw.

Auch die Ergebnisse dieser Untersuchungen werden zunächst einmal sachlich konstatiert.

Es kommt dann die Frage nach dem **Gehalt**, der eigentlichen Substanz des Werkes, hinzu.

Nun erst ist es möglich, den entscheidenden Maßstab jedes Interpretationsversuchs anzulegen:

„Hat der Autor die sprachliche Form gefunden, die dem Gehalt des Textes entspricht?"

Allerdings: ganz so einfach ist es nicht, darin zu einem richtigen Urteil zu kommen. „Eine Schwalbe macht noch keinen Frühling", und ein einzelnes Hyperbaton oder zufälliges Homoioteleuton besagt noch lange nichts über den Stil. (Auch in Aufsätzen, Reden und Briefen solcher Personen, die noch nie etwas von Rhetorik gehört haben, finden sich gelegentlich „Stilmittel", ohne daß die Verfasser sich dessen bewußt wären.)

Nicht der ist bereits ein großer Sprachkünstler, der jeden banalen Inhalt mit einer Fülle anspruchsvoller Tropen und Figuren herausputzt. Andererseits kann ein Schriftsteller (ganz oder teilweise) auf rhetorische Finessen bewußt verzichten und gerade dadurch ein großer Könner sein (vgl. die Sprache Caesars).

Es handelt sich also keineswegs um eine statistische Methode, die an der Quantität der Sprachmittel das Niveau der künstlerischen Leistung mißt.

Sondern erst dann, wenn bewußte Schulung und Kunst die „richtigen" Wörter, Satzformen, Figuren, Tropen, Kompositionselemente und literarischen genera anwendet, wenn die Form dem Gehalt „angemessen", „angepaßt" ist, so daß beide eine Einheit bilden, wenn Gedanke und Form sich gegenseitig durchdringen, wenn der Gehalt selbst mit (relativer!) Notwendigkeit gerade diese Form entwickelt, können wir von „Stil" sprechen. In diesem Sinne ist „Ästhetik" der übergeordnete Begriff für die Aspekte literarischer Kritik.

Für uns Deutsche ist das manchmal gar nicht leicht. Wir neigen zur Verachtung des Formalen vor allem in der Prosa, kümmern uns nur um den vermeintlichen Gehalt, haben kein ausgeprägtes und geschultes Empfinden für sprachliche Gestaltung, sehen in ihr eher Manier und störendes Beiwerk. Es ist daher erforderlich, sich den Blick für diese Dinge öffnen zu lassen; sonst ist unsere Beschäftigung mit Autoren der Antike in der Originalsprache im besten Falle eine intellektuelle „Gehirnwäsche".

Selbstverständlich hat es in der Antike Übertreibungen des Formalen, Entartungen innerhalb jeder literarischen

Gattung gegeben. Damit haben wir uns aber hier nicht auseinanderzusetzen.

Es gibt also objektive Stilkriterien. Sie alleine entscheiden über den Wert oder Unwert eines Werkes. Daneben bleibt dem subjektiven Geschmack sein Recht unbenommen.

(Wir haben bei diesen Bemerkungen davon abgesehen, daß es auch Autoren gibt, die durch ihre Sprache den Hörer oder Leser absichtlich über ihre „Tendenz" hinwegzutäuschen versuchen.)

Es bleibt noch der **Vergleich** mit der übrigen Produktion desselben Verfassers oder mit Schriften anderer Autoren, die das gleiche oder ein ähnliches Anliegen vertreten.

Schließlich könnte man versuchen, den **„individuellen" Stil** eines Schriftstellers zu erfassen. Das ist aber ohne umfangreiches Induktionsmaterial nicht möglich.

Ein sehr dankbares „Objekt" für die ersten Interpretationsversuche in der oben dargestellten Weise ist als Einzelabschnitt das patriotische Bekenntnis Ciceros De re publica I 7 u. 8.

Fast alle Schriften antiker Autoren sind ursprünglich für das laute Vorlesen gedacht. (Nur so sind z. B. Klang- und Stellungsfiguren als sinnvoll zu verstehen.) Es ist daher unmöglich, die künstlerische Form zu erfassen, nachzuerleben und — zu genießen, wenn man sich nicht entschließt, nun auch selbst den Text mit lauter Stimme form- und sinnadäquat zu sprechen.

e) Die Würdigung des Werkes.

Eine allseitige und abschließende Würdigung des Werkes ist, wie bereits mehrfach betont, nicht Aufgabe des Kommentars. Wohl aber wollen die Einleitung und der Kommentar dem aufmerksamen Leser ausreichende Gesichtspunkte und Kriterien bieten, die ihm zu einer — wenn auch nur vorläufigen und vorsichtigen — Urteilsbildung verhelfen. Das letzte Wort soll und wird die Diskussion im Unterricht oder, wenn die Thematik die Kräfte von Schülern übersteigt, der klärende Hinweis des Lehrers haben.

IV. Wörterverzeichnisse.

Vorbemerkung:

Nachstehend werden unter **Wv. I** einige von den Wörtern aufgeführt, die in „De re publica" ein **besonders weites Bedeutungsfeld** haben (s. o. III 3, B, a). Es handelt sich dabei nur um charakteristische Beispiele.

Nicht selten überschneiden sich die Wortfelder teilweise (z. B. populus, civitas, res publica, gens; sapientia, prudentia; animus, ingenium, mens usw.).

Die Reihenfolge der Bedeutungen unter den einzelnen Stichworten ist nicht immer identisch mit der semasiologischen Entwicklung der lateinischen Wörter.

Die **Etymologie** samt der daraus entwickelten **„Grundbedeutung"**, wie sie vielfach in Übungsbüchern und Vokabularen geboten wird, sagt oft über die aktuelle Bedeutung innerhalb eines Textes, der in einer hochdifferenzierten Sprache geschrieben ist, nichts oder wenig aus. (Am ehesten ist die Erschließung des spezifischen Wortsinnes bei Verbalkomposita möglich, soweit sie nicht eine „übertragene" Bedeutung enthalten.) So ist z. B. nicht ohne weiteres einzusehen, daß aestus *Flut* heißen kann, wenn man nur *Glut* gelernt hat; es wird auch keiner von der „Grundbedeutung" des Wortes ludus *Spiel* ohne Hilfe auf *Neckerei, Kleinigkeit, Gladiatorenschule, Elementarschule* usw., bei lustrare (abgesehen von dem Homonym *erhellen*) von *reinigen, sühnen* auf *mustern, inspizieren, erwägen*, oder gar *durchwandern, bereisen, besuchen* und endlich *etw. umgehen, umtanzen* usw. kommen. Der vom Autor unterlegte Sinngehalt mancher Wörter mit besonders vielen Bedeutungsvarianten kann oft überhaupt nur aus dem Zusammenhang eines Satzes oder einer Perikope erschlossen werden (vgl. unten ratio; im Deutschen ist das natürlich genau so; das sog. „Teekesselraten" beruht ja auf dieser sprachlichen Erscheinung).

Gewiß, nachträglich kann man die Wortgeschichte „verstehend" erfassen. Aber das setzt doch einen größeren „passiven" Besitz an Wortbedeutungen voraus. Denn es gibt keinen notwendigen „Kausalzusammenhang" in der Entwicklung eines Wortes. Deshalb sprechen wir lieber von **„Ausgangsbedeutungen"**, zu denen sich das betreffende Wort vom Etymon her über die „Grundbedeutung" entwickelt hat. Diese „Ausgangsbedeutungen" werden im Wv. I aufgezählt, allerdings auch ohne Anspruch auf Vollständigkeit. Es ist keineswegs daran gedacht, daß der Benutzer sie alle auswendig lernt. Aber seine Aufgabe besteht darin, mit ihrer Hilfe alle weiteren Varianten und Schattierungen des Wortsinnes im gedanklichen Zusammenhang zu erfassen und prüfend zu „verifizieren".

Der „normale" Gebrauch bedeutungsähnlicher Wörter wird an einigen Beispielen gezeigt. Es bleibt dem Schüler überlassen, das mögliche oder gelegentliche Zusammenfallen von Wortbedeutungen bis zur annähernden oder deckungsgleichen Synonymität selbst herausfinden.

Unter **Wv. II** sind einige deutsche Begriffe und Begriffsfelder subsummiert, denen nun umgekehrt die lateinischen Synonyme oder sinnverwandten Wörter folgen.

Auch dieses Verzeichnis ist als Anreiz zum weiteren Suchen und Sammeln gedacht.

Wv. I.

aequabilitas:

(s. aequitas, aequus)

1. *Gleichmäßigkeit*, *Gleichförmigkeit* (des Geländes)

2. *Gleichheit*, bes. *Rechtsgleichheit*

3. übertr. a) *Unparteilichkeit*
   b) *Gleichmut*

aequitas:

(s. aequabilitas, aequus)

1. *Gleichheit*, *Gleichförmigkeit* (vom Gelände)

klass. nur übertr.:

2. *Rechtsgleichheit*

3. *Gelassenheit*, *Geduld*, *Gleichmut*

4. a) *Billigkeit* (= moralisch angemessene Beurteilung oder Behandlung; dagegen iustitia, ius und fas)
   b) *Humanität*

aequus:

(s. aequabilitas, aequitas)

1. *eben*, *flach*, *horizontal*

2. (örtl. und zeitl.) *günstig*, *vorteilhaft*

3. *gleich* =
   a) *gleichartig, gleichmäßig, gleichverteilt*
   b) (vom Kampf) *unentschieden*

4. *gelassen, geduldig*

5. *unparteiisch, gerecht* (dagegen iustus)

Weitere Derivative (in Auswahl):
aequabilis, aequalis, aequalitas, aequare.

anima:

(√ an*hauchen, atmen*)
(s. animus, consilium, ingenium, mens, ratio)

1. *Lufthauch* =
   a) *Luft* (als Element)
   b) *Atem*

2. *Seele* (physiologisch als Prinzip der Existenz von Lebewesen), differenziert auch
   a) *Lebenskraft*
   b) = allgem. (seelisches) *Leben*

3. a) *Seele* eines Verstorbenen, „*Geist*" der Unterwelt
   b) *belebtes Wesen*
   c) Kosewort: *Seele, Herz, Leben*
   d) sehr selten: *denkende, vernünftige Seele, Geist, Denkkraft*

Die Wörter, die **seelisch-geistige Kräfte** bezeichnen, haben „normalerweise" ff. Bedeutungen:
anima: *Seele* = Beseelung, Grundlage seelischer Existenz
animus: (opp. corpus) Sammelbegriff aller *seelisch-geistigen Kräfte; Mut*
mens: *Verstand*
ratio: *Verstand, Vernunft* im höheren geistigen Sinne
ingenium: *individuelle geistige Begabung;* (höhere) *Intelligenz*

(Weitere, in „De re publica" seltenere und dann suis locis erklärte oder gar nicht gebrauchte Begriffe dieses Bereichs sind z. B. spiritus, cor, indoles, intellegentia, nachkl. intellectus.)

Jedoch sind diese Begriffe weitgehend austauschbar, wie die unter dem jeweiligen Stichwort aufgezählten Bedeutungen beweisen.

animus:

(√ s. anima)
(s. anima und die dort angeführten Vergleichsbegriffe)

1. (= anima) *Leben*

2. *Seele, Geist*
   (als opp. zu corpus Begriff für die Gesamtheit seelisch-geistiger Kräfte bzw. des geistigen Lebens, dann auch zur Bezeichnung eines Menschen unter Betonung der seelisch-geistigen Seite, z. B. id animum meum delectavit)

3. a) *Denkkraft, Geist* (im engeren Sinne)
   b) *Gedanke*
   c) *Gedächtnis*
   d) *Bewußtsein*
   e) *Gefühl, Gemüt*
   f) *Gesinnung*
   g) *Charakter*
   h) *Mut, Selbstvertrauen*
   i) *Hochmut, Trotz*
   k) *Unmut, Zorn, Leidenschaft*

4. *Wille, Wunsch, Verlangen*
   a) *Absicht, Entschluß* (s. consilium)
   b) *Trieb, Neigung, Lust*

ars:

($\sqrt{}$ ar *fügen*)
(s. doctrina, ratio, scientia)

I. subjektiv:

1. *Können* (= angeborene oder erworbene *Geschicklichkeit, Fertigkeit, Tüchtigkeit*)

2. positiv oder negativ:
   a) *Eigenschaft, Gewohnheit*
   b) *Denk-* und *Handlungsweise, Verfahren,*
   allgem. *Mittel, Art und Weise, Wege zu ...*
   c) *Kunstgriff; List, Betrug*

II. objektiv:

1. *Handwerk, Gewerbe*

2. *Kunst*

3. *Wissenschaft*
   (pl. oft *schöne Künste und Wissenschaften;* die sog. artes liberales)

4. *Kunstwerk*
5. *Lehrbuch*
6. a) *wissenschaftliches System, Theorie, wissenschaftliche Regel*
   b) *theoretisches Verständnis*
   c) *systematische Gelehrsamkeit*

Die Wörter, die (objektiv und subjektiv) **Wissen** und **Bildung** bezeichnen, haben „normalerweise" ff. Bedeutungen:

ars:

1. *Fertigkeit*
2. *Handwerk*
3. *Kunst*
4. (pl.) = artes liberales
5. *Theorie, wissenschaftliches System*
6. einzelnes (*wissenschaftliches oder künstlerisches*) *Fach*

cognitio:

Erkenntnis (als geistiges Tun)

cultus animi (oder **ingenii**):

(allgem.) *geistige Bildung*

disciplina:

1. (subjektiv = durch Unterricht usw. erworben:) *Kenntnis, Wissen*
2. (objektiv)
   a) *Wissenschaft*
   b) *wissenschaftliches Fach*
3. (pl.) praktische *Wissenschaften*

doctrina:

1. (subjektiv = durch Unterricht bzw. Studium erworben:) *Gelehrsamkeit*
2. (objektiv)
   a) *Wissenschaft*
   b) (pl.) spekulative *Wissenschaften*

elegantia:

s. urbanitas

eruditio:

(durch Unterricht und Lebenserfahrung erworben:) intellektuelle, geistige *Bildung*

humanitas:

(dem Menschen eigentümliche Bildung)

1. *allgemeine Bildung*
2. *Humanität* (*Herzensbildung*)

litterae:

1. (literarisch fixierte) *Wissenschaften*
2. wissenschaftliche *Bildung*

notitia:

Kenntnis (von Tatsachen)

scientia: (nur subjektiv) *Kenntnis*

urbanitas:

(wie elegantia)

(äußere) *Bildung, zivilisiertes Benehmen, gute Umgangsformen*

Es ist zu beachten, daß die Begriffe teilweise bereits in „Ausgangsbedeutungen" synonym sind, ihre Bedeutungsfelder sich aber in „De re publica" noch darüber hinaus überschneiden.

bonus:

($\sqrt{}$ dwe *ehren, schätzen*)
(s. optimas)

1. *gut, tüchtig, vorzüglich* (von Personen und Sachen)
2. (Herkunft aus der Adelsethik)
   a) *tapfer, mutig*
   b) *vornehm, von guter Herkunft, adlig*
3. (von Sachen)
   a) *schön, fein*
   b) *ansehnlich, bedeutend*
   c) *glückbringend, günstig*
4. (moralisch)
   a) *gut, rechtschaffen, zuverlässig*
   b) *gutmütig; gütig, wohlgesinnt*
   c) *patriotisch*

(civis, vir) bonus, (cives, viri) boni kann bei Cicero im politischen Zusammenhang zweierlei bedeuten:

a) *der (die) Aristokrat (-en)*
b) *der (die) verfassungstreuen Bürger aller Schichten.*

civitas:

($\sqrt{}$ kei, ki *liegen, wohnen*)
(s. die Vergleichsbegriffe zu gens und die Anmerkungen zu I 41)

1. *Bürgerrecht*

2. (die zu einer politischen Gemeinschaft bzw. einer Gemeinde vereinigte Gesamtheit der Bürger =)
   Bürgerschaft
3. (von 2. abgeleitet und in Konkurrenz zu res publica, meist, jedoch nicht immer, mehr auf die Menschen als auf die Institution hinzielend =)
   a) *Gemeinde, Stadt*
   b) *Staat*
4. (als Sammelbegriff der Wohnung = urbs)
   Stadt

consilium:
(< con-sedere *zur Beratung zusammensitzen;* vgl. consul, consulere)

I. aktivisch:
   1. *Rat, Beratung, gemeinsame Überlegung*
   2. *Rat* =
      (ständige Ratsversammlung, Kollegium; Staatsrat)
      daher auch:
      a) *Senat*
      b) *Kriegsrat*
      c) *Beirat*
   3. *Überlegung, Einsicht, Klugheit*

II. passivisch:
   1. *Rat* =
      a) *Beschluß*
      b) *Entschluß*
      c) *Absicht, Plan*
   2. *Rat* =
      a) *Ratschlag, Vorschlag*
      b) *Eingebung*

constitutio:
(< constituo)
(s. status)

1. a) *Einrichtung*
   b) *Verfassung*

2. *(physische Verfassung =)*
   Beschaffenheit, Lage

3. *Feststellung* =
   a) *Feststellung oder Begründung* (eines Streitobjekts)
   b) *Verordnung, Anordnung* (einer Behörde)

doctor:

(s. doctus)

(wissenschaftlich gebildeter) *Lehrer, Fachmann, Gelehrter*

doctus:

(< doceo; $\sqrt{\text{dek}}$ *annehmen, hingeben, gewähren*)
(s. doctor, doctrina, indoctus)

1. (wissenschaftlich) *gebildet, gelehrt*

2. *Gelehrter, sach- (kunst-) verständiger Kritiker*
   (sehr oft speziell von solchen Theoretikern bzw. Gebildeten, die mit griechischer Literatur vertraut sind)

dominari:

(s. dominatio, dominatus, dominus)

1. (wertneutral)
   a) *Herr sein, herrschen*
   b) *maßgebenden Einfluß haben*

2. a) *sich als Herrn aufspielen*
   b) *tyrannisieren, gewalttätig (be-)herrschen*

dominatio:

(s. dominari, dominatus, dominus; imperium, potestas)

1. (wertneutral)
   a) *Herrschaft*
   b) *Beherrschung*

2. *Zwangs-, Gewaltherrschaft, Despotie, Tyrannei*

dominatus:

= dominatio

(wertneutral und mit negativem Sinn)

dominus:

(< domus oder domare?)
(s. dominari, dominatio, dominatus)

1. (wertneutral) *Herr* =
   a) *Haus-*, *Eheherr*
   b) *Eigentümer*, *Besitzer*
   c) *Veranstalter*
   d) *Wirt*, *Festgeber*
2. (wertneutral)
   Herrscher
3. (negativ)
   Gewaltherrscher, *Despot*, *Tyrann*

gens:

(√gen *erzeugen*, *entstehen*; <gigno, genus)
(s. civitas und die dort angeführten Vergleichsbegriffe)

1. *Stamm* =
   a) *Geschlecht*, *Sippe*
   (Zusammenschluß verwandter oder durch gemeinsamen Kult verbundener Familien)
   b) selten = genus
2. *Stamm* =
   a) *Volksstamm*, *Volk*
   (mit gemeinsamer Herkunft und Sprache)
   b) *Gemeinde*, *Volk* (einer Stadt)
   c) *Volksgebiet*, *Landschaft*, *Gau*

Die Wörter, die unter den Begriff **„Volk"** fallen, haben „normalerweise" ff. Bedeutungen:

gens: *Sippe*; *Volksstamm*
natio: = gens oder Teil einer gens
populus: politisch organisiertes *Volk*
plebs: nichtadliges *Volk*
vulgus: *Pöbel*
multitudo: *Volksmenge*, *Masse*
turba: hemmungslose *Masse*

[Die Begriffe für die von Menschen gebildeten Organisationen bezeichnen entweder a) Gemeinschaft, Gesellschaft, Zusammenkünfte und Versammlungen oder b) Staat, Reich (und darin wieder die Struktur selbst, z. B. Verfassung). Selbstverständlich überschneiden sie sich gelegentlich mit gens, populus usw.]

Jedoch sind die Begriffe oft austauschbar, wie die unter dem jeweiligen Stichwort aufgeführten Bedeutungen beweisen. (Die Wörter plebs, vulgus, multitudo und turba sind suis locis im Kommentar erklärt.)

gubernare:
(griechisches Lehnwort)

1. (ein Schiff) *steuern*
2. (übertr.) *lenken*, *leiten*, *regieren*
   (vgl. das Bild vom Staatsschiff zu I 1)

imperator:
(< imperare)
(s. imperiosus, imperium)

1. (allgem.) *Gebieter*, *Herrscher*, *Befehlshaber*
2. *Höchstkommandierender*, *Feldherr*
   (im Gegensatz zu den duces mit dem imperium und Auspizialrecht versehen)
3. (als vom Heer oder Senat und Volk verliehener Ehrentitel)
   siegreicher Feldherr
4. (seit Tiberius)
   Kaiser

imperiosus:
(s. imperator, imperium)

1. *gebietend*, *herrschend*, *mächtig*
2. *gebieterisch*, *herrisch*, *tyrannisch*

imperium:
(s. imperator, imperiosus; dominatio, dominatus, potestas)

I. (allgem.)
   Befehl, *Vorschrift*, *Auftrag*

II. *(Recht zu befehlen =)*
   Macht, *Gewalt*
   1. *(höchste Herrschaftsgewalt im Staate =)*
      a) *Herrschaft*, *Regierung*
      b) *Hegemonie* (eines einzelnen oder eines Volkes)

2. *(obrigkeitliche Gewalt =)*
   a) (selten; dann bes. von der richterlichen Befugnis) *Zivilgewalt*
   b) (meistens als Gegensatz zu magistratus) *Militärgewalt, Oberbefehl, Kommando*
   c) (meton., nur pl.) *Amtsperson, Beamter, Behörde*
   d) *Amtsführung, -dauer, -jahr*
   e) „*Befehlsbereich*" (über mehrere Staaten) = *Herrschaftsgebiet, Reich, (Staat)*

indoctus:

(s. doctus)

1. *ungelehrt, ohne (wissenschaftliche) Bildung*
2. (geistig) *ungeschult*
3. (allgem.) *ungebildet*

ingenium:

(< gens, genus; = *unserm Geschlecht unangepaßt*, daher *seine Qualitäten überschreitend*)
(s. anima und die dort aufgeführten Vergleichsbegriffe; vgl. auch das Wortspiel mit gens I 58)

1. (als Sammelbegriff individueller seelisch-geistiger Anlagen) *Naturanlage*, (natürliche) *Begabung*
   a) *Charakter, Gemütsart, Temperament*
   b) *Mut, Energie*
   c) *Verstand, Denkkraft*
   d) *Phantasie*
   e) *(schöpferischer Geist)* *Talent; Genie*
   f) (metonym.) *geistreicher, genialer Mensch*
2. (von Sachen) (naturgegebene) *Art, Natur*

iniquus

(s. aequus)

1. *uneben, ungleich*
   a) (vom Gelände) *schief = abschüssig* oder *ansteigend*

b) (vom Kampf) *ungleich*
c) (übertr.) *ungünstig; gefährlich, schwierig*

2. a) *unbillig, ungerecht* (vgl. iniustus)
b) *parteiisch*
c) *feindlich, gehässig*
d) *ungeduldig, mißgestimmt*

mens:

(√ men *denken, geistig erregt sein, streben*)
(s. anima und Vergleichsbegriffe)

I. *Denken = denkender Geist, Verstand*
1. *Nachdenken, Überlegung*
2. *Denkart, Gesinnung (= Charakter, Gemüt, Geist)*
3. (übertr.) *Seele, Geist, Wesen* (eines Organismus, z. B. des Staates)

II. (metonym. = *Ergebnis des Denkens*)
1. *Gedanke, Vorstellung*
2. *Meinung, Ansicht*
3. a) *Absicht, Entschluß, Plan* (s. animus, consilium)
b) *Wille*

natio:

(< nascor)
(s. gens und die dort aufgeführten Vergleichsbegriffe)

1. *Geburt*
2. (= gens) *Volksstamm, Volk*
3. (als Teil einer gens) *Volk, Sippe*
4. (übertr.)
a) *Gattung, Menschenschlag*
b) *Klasse, Kaste*

optimas:

(s. bonus)

1. (im Sinne der Adelsethik: *zu den Besten gehörig* =) *vornehm, aristokratisch*

2. (meist pl. optimates als politische Partei)
a) *Optimaten, Aristokraten*
b) *Anhänger der aristokratisch-oligarchischen Partei*

oratio:

(< orare eigentl. *reden, sprechen*)

I. *Rede* =

1. *das Reden, Sprechen*
   a) *Sprache* (als Sprechvermögen)
   b) *Sprache* = (individuelle) *Redeweise, Ausdruck, Stil*
2. (konkr.)
   a) *Stoff zum Reden*
   b) *das Gesprochene, die Äußerung, die „Worte“*
   c) *Behauptung*

II. (kunstvoll geformte, schriftliche oder mündliche) *Rede*

1. *Rede, Vortrag*
2. (Gegenstand der Rede) *Thema*

III. *Redegabe, Beredsamkeit*

populus:

(s. civitas und die dort angeführten Vergleichsbegriffe)

1. (allgem.)
   a) (Bevölkerung eines politisch organisierten Staates =) *Volk*
   b) *(Bürger-) Gemeinde*
2. (souveränes Volk =)
   a) *(freies) Volk*
   b) *Demokratie*
3. (in Rom)
   a) (ursprüngliche Bürgerschaft =) *Patrizier, Adel*
   b) (seit Servius Tullius) *Gesamtvolk* (Patrizier und Plebejer)
   c) (nicht-adliges Volk = plebs) *Plebejer*
4. (= multitudo oder vulgus, bes. in Rom) *Volksmenge, Leute, Masse; Pöbel*

potestas:

(< potis urspr. *Herr*)
(s. dominatio, dominatus; imperium)

Kraft, Macht, Gewalt (physisch, geistig, juristisch; klass. nur von Personen)

1. *Befugnis*
2. (politische) *Macht, Gewalt; Herrschaft*
3. (zivil, im Gegensatz zu imperium, aber ähnlich magistratus)
   a) *Amtsgewalt*
   b) *amtliche Stellung, Amt*
   c) (metonym.) *Beamter*
4. a) *Möglichkeit, Gelegenheit* (etw. berechtigt zu tun; vgl. facultas)
   b) *Erlaubnis, Vollmacht*

princeps:

1. (adjektivisch)
   a) (nach Zeit bzw. Reihenfolge) *erster*
   b) *angesehenster, vornehmster*
   c) *bedeutendster*
2. (substantivisch)
   a) *Urheber, Schöpfer, Stifter*
   b) *Führer, Hauptperson, Haupt*
   c) (pl. principes) *erste Männer im Staate, die Vornehmen; die Großen, Mächtigen*
4. (princeps senatus)
   der „erste" Senator (der an der Spitze der Zensorenliste stand und als erster im Senat nach seiner Ansicht gefragt wurde)
5. (nachkl.) *Fürst*
6. (pl.) *Soldaten der zweiten Kampflinie* (zwischen den hastati und triarii)

prudentia:

(< providentia, providens; also eigentlich *Vorsicht, Behutsamkeit*)
(s. sapientia und zu I 3)

1. (selten) *das Vorherwissen*
2. a) *Einsicht, Klugheit*
   b) *Kenntnis, Wissen*

3. a) (als „virtus“ und Gegenbegriff zu sapientia; griech. φρόνησις phro'nēsis) *Klugheit, Umsicht, praktischer Verstand*
   b) (selten synonym zu sapientia) *Welt-, Lebensklugheit; Weisheit*

ratio:

(< reor, entweder √ re *auf etwas bedacht sein* oder zu √ rei, ri *zählen, rechnen*)
(s. anima und die dort aufgeführten Vergleichsbegriffe)

Neben res (s. d.) ein „Allerweltswort“ mit fast unbegrenztem Bedeutungsfeld, oft durch Attribute (Substantive, Adjektive, Gerundive) näher bestimmt; von Cicero wird es in einer sehr großen Zahl von Varianten gebraucht.

I. *Das Rechnen* (konkr. und abstr.)
   1. *Rechnung, Berechnung*
   2. *Rechnungslegung*
      a) *Abrechnung*
      b) *Rechenschaft*
   3. (im Handel)
      a) *geschäftlicher Verkehr*
      b) *Geldgeschäft*
   4. (allgem.)
      a) *Geschäft(e), Angelegenheit(en), Sache*
      b) *Beziehung* (zu jdm.), *Verhältnis* (zu jdm.), *Verkehr* (mit jdm.)
      c) *Verhältnis* (zu etw.)
      d) *Gebiet, Fach, Bereich*

II. *Berechnung* =
   1. *Erwägung, Berücksichtigung*
   2. *Rücksicht* (auf etw.)
   3. *Sorge* (für etw.)
   4. *Vorteil, Interesse*

III. *Berechnung = vernünftiges Nachdenken*
   1. a) *Denktätigkeit = Denken, Überlegung*
      b) (denkende) *Untersuchung*
   2. *(Vermögen, vernünftig zu denken =) Vernunft*

3. *(planmäßiges Verfahren =) Methode*
   (im Hendiadyoin: *methodisch, systematisch*)
4. *(Denkart =)*
   a) *Auffassungs-, Anschauungsweise*
   b) *Standpunkt*
   c) (politisch:) *Richtung*
   d) (von Sachen) *Tendenz, Sinn*
   e) *(vernünftiger Grund =) Beweggrund, Motiv*
5. a) *Beweisgrund*
   b) *Beweisführung*

IV. (wissenschaftlich durchdachtes) *System*
1. (philosophisches oder wissenschaftliches) *System*
2. (abstr.)
   a) *Theorie, Wissenschaft*
   b) (theoretische) *Kenntnis, Einsicht*
3. (konkr.)
   a) *Lehrsatz, Grundsatz, Regel*
   b) *Ansicht, Meinung*
4. (allgem.)
   a) *Verfahren, Art und Weise*
   b) *Beschaffenheit, Einrichtung, Reglung*
5. *Weg, Mittel, Möglichkeit*

res:

„Allerweltswort" mit einer Unzahl von Bedeutungsvarianten. Von Cicero oft im Sinne von res publica gebraucht (s. zu I 39).

sapiens:

(< sapio; √ sap *schmecken, riechen, merken*)
(s. sapientia, prudentia, doctus)

1. (allgem.)
   a) *einsichtsvoll, klug*
   b) *verständig*
   c) *erfahren*
2. *philosophisch gebildet*
3. (im Besitz der virtus sapientia als philosoph. t. t.) *weise*
4. (subst.) *der Philosoph, der Weise*

sapientia:

(s. sapiens; prudentia; s. a. zu I 3)

1. *Einsicht, Verstand, Klugheit* (= prudentia)
2. (als virtus: Besitz der Kenntnis des Wesens der belebten und unbelebten Natur; griech. σοφία sophi'a)
   a) *Weisheit*
   b) (im Sinne der geistigen Durchdringung der Denk- und Erfahrungsgegenstände) *Philosophie*

scientia:

(< scire; √‾sk(h)ei *scheiden, unterscheiden*)
(s. ars und die dort aufgeführten Vergleichsbegriffe)

Nie — wie ars, disciplina, doctrina — als objektive Bezeichnung einer Wissenschaft bzw. eines wissenschaftlichen Fachs, sondern stets subjektiv im Sinne dessen, was man weiß bzw. versteht; es findet sich nur im Singular.

1. *Wissen* = *Kenntnis, Erfahrung*
2. *Wissen* = *Verstehen* (einer Sache), *Einsicht* (in eine Sache)
3. *Kenntnisse, Wissenschaft*

status:

(< stare)
(s. constitutio, res publica)

Stehen, Stand

1. *Stellung, Positur*
2. (allgem.) *Zustand, Lage, Beschaffenheit, Verfassung*
3. *(Staats-) Verfassung*
4. (gesicherte) *Stellung, Wohlstand*
5. (bürgerliche) *Stellung, Rang*

tenere:

(< tendere; √‾ten(d) *spannen; halten*)

halten, festhalten

I. 1. (konkr.) *gefaßt halten*
   2. (abstr.) *begreifen, verstehen*
   3. a) *fest richten* auf etw.
      b) (intr.) *steuern, segeln, fahren*

II. 1. *innehaben, besitzen*
2. *bewahren*
3. *besetzt halten*
4. *befehligen*

III. *(nicht loslassen =)*
1. (konkr.) *festhalten*
2. *behaupten, bewahren, erhalten*
3. (an etw.) *festhalten*, (etw.) *beibehalten*

IV. *zurückhalten, aufhalten, hindern*

vir: s. bonus

virtus:

s. Vorr. z. Buch I u. vgl. zu I 1 f; **außerdem vgl. Wv. II Nr. 13.**

Wv. II.

Die ff. Bedeutungsgruppen sind willkürlich aus Buch I herausgegriffen und lassen sich, wie die lateinischen Begriffe in Wv. I, beliebig erweitern bzw. vermehren. Die Gegenbegriffe werden, soweit sie sich ebenfalls in Buch I finden, unter den positiven mitaufgeführt.

1. Politik:

res civiles, usus maximarum in re publica rerum;
dazu als Teil- bzw. Sondererscheinungen:
discriptio *(Kompetenzverteilung)*, exsilium, foedus, motus, scitum, secessio, seditio; suffragia ferre

2. politisch tätig sein:

accedere ad rem publicam, accipere habenas, dominari, gubernare, moderari cursum, suscipere partem rei publicae; gubernatio

3. Staatsmann:

gubernator, magister, pater, patrius, princeps, obtrectator, triumviri, rex, senatus, summi, triginta, tyrannus, vir bonus, vir iustus, tyrannicus

4. eine Verfassung ins rechte Maß bringen, strukturieren:

aequare, conflare, moderari, temperare

5. politische Umstürze, Verfassungsänderungen:

circuitus, conversio, cursus mutationum, mutatio, orbis; cadere, commutare

6. denken, erkennen, untersuchen, entscheiden:

cogitare, complecti (animo), coniectura suspicari, conquirere, curare, decernere, se dedere, interpretari, investigare, meditari, percipere, putare, quaerere, sapere, scrutari, sentire

7. Wissen, Kenntnisse, Wissenschaft:

disciplina, doctrina, litterae, ars, res, sapientia, scientia, genus scientiae, studium

8. politisch-juristische t. t.:

appellare, declarare, defendere, provocare, recusare; exceptio, interdictum, nexus, provocatio

9. Verfassung:

constitutio, status, disciplina, modus, genus, dominatio patrum, civitas popularis *(Demokratie)*

10. Gemeinschaft, Gesellschaft, Stand:

communio, congregatio, congressio, coniunctio, familia, gradus, oppidum, patria, patres, pecunia *(Ritter)*; congregatus; Quirites, res, res publica, urbs, societas; sociare

11. Lebensform:

cursus, usus vitae, otium, quies, negotium; occupatus, otiosus

12. sprechen, reden, darstellen:

dicere (ad alqd, apud alqm), affirmare, agere, argumentum definire, disputare, disserere, exponere, expedire, explicare, incidere in sermonem, laudare, probare, profiteri, reicere, persequi; disertus, perelegans, luculentus, rudis, uber; lepos, locus, oratio, sermo, subtilitas

13. virtus; virtutes:

consilium, aequitas, celeritas, continentia, dignitas, facilitas, fides, fortitudo, gravitas, honestas, humanitas, infirmitas, importunitas, ingenium, innocentia, iustitia, insolentia, modus, labor, officium, perturbatio, pietas, pravitas, prudentia, religio, sapientia, temperantia, temeritas, tranquillitas, turpitudo, vitium, voluntas, voluptas;

honestus, immanis, improbus, impurus, indomitus, inexplebilis, insolens, iustus, liber, mollis, rectus, sordidus, voluntarius

Es ist zu beachten, daß ethische Begriffe im Lateinischen (wie im Griechischen) sowohl die Gefühlssphäre, die Fähigkeit zu . . . als auch die Haltung bzw. Leistung bezeichnen; beides kann sprachlich nicht differenziert werden; z. B. iustitia a) *Sinn für Gerechtigkeit, Gerechtigkeitsgefühl,* b) *Gerechtigkeit* (als menschliche Haltung, Verhaltensweise).

V. Literatur.

(Die meisten Bücher, Abhandlungen und Aufsätze, die sich allgemein mit Cicero oder speziell mit De re publica befassen, dürften Schülern nicht zugänglich sein. Es werden hier deshalb nur einige wenige Werke genannt, die sie sich wahrscheinlich aus Klassenbüchereien oder Lehrerbibliotheken beschaffen können. Weitere Literatur kann der interessierte Leser den zitierten Werken entnehmen.)

1. **Textausgabe:**

M. Tullius Cicero, De re publica librorum sex quae supersunt edidit **K. Ziegler**, 4. Auflage, Teubner 1958.

2. **Text mit Übersetzung:**

Karl Büchner, M. Tullius Cicero, Vom Gemeinwesen, Artemis-Verlag Zürich 1952.

3. **Sekundärliteratur:**

a) **M. Tullius Cicero;** von Gelzer — Kroll — Philippson — Büchner (Sonderdruck aus Paulys Realenzyklopädie der Classischen Altertumswissenschaft, Stuttgart/Waldsee).

b) **Beiträge zu Cicero** (Sonderheft der Zeitschrift **„Gymnasium"**, Heidelberg 1955).

c) **Otto Seel, Cicero** (Wort, Staat, Welt), Stuttgart 1953.

d) Die Textausgabe von **K. Ziegler** (s. o.) enthält ein ausführliches Verzeichnis der Spezialliteratur (S. XLIII ff.).

Kommentar

BUCH I

I. Vorrede Ciceros:

Die Beteiligung am politischen Leben.

Diese Vorrede ist ein höchst temperamentvolles, persönliches Bekenntnis Ciceros zur politischen Verantwortung des Staatsbürgers. Er selbst hat sein ganzes Leben, seine ganze Existenz dem Dienst an der res publica geweiht. Es ist dieselbe Staatsgesinnung, der Rom seine Macht und Größe verdankt. Sie wird getragen von der **virtus Romana**; dieser Begriff bezeichnet zugleich innere Haltung und äußerlich sichtbare Leistung. Sie hat ihre exempla in den großen Gestalten der Sage und der historischen Vergangenheit. Aber jene Männer sind nur die „Exponenten" dessen, was alle Römer verband, gewesen. Der Geist des Römertums beruht auf dem selbstverständlichen Einsatz jedes einzelnen für das Gemeinwesen. Deshalb weigerte sich ja auch noch Cato in seinen „origines" konsequent, die politischen und militärischen Erfolge Roms an bestimmte Namen zu knüpfen: es waren, meinte er, anonyme Leistungen der Gesamtheit aller Römer! (ähnlich Text II 2 u. 37)

Nun ist virtus Romana durchaus nicht ein präzise definierter oder definierbarer Begriff. Er umfaßt alles, was jeder Römer als „männlich" oder „mannhaft" ansah. Darüber hinaus erweitern oder verengen ihn Dichter und Schriftsteller nach ihrer persönlichen Erfahrung und Auffassung. Vgl. u. a. **Sallustius,** De Catilinae coniuratione VI—IX; **Horatius,** Römeroden.

Cicero selbst hat oft davon gesprochen, welche Charaktereigenschaften (als virtutes im engeren Sinne) zur virtus als der Gesamthaltung gehören. So auch in unserer Schrift, und zwar gleich I 2 (s. u.) und dann wahrscheinlich im IV. Buch (s. die Gliederung).

Selbstverständlich wird von den führenden Persönlichkeiten mehr verlangt als vom schlichten Staatsbürger. Darüber spricht Cicero im V. Buch. Eine eingehende Analyse der **virtutes imperatoriae**, die unsern sehr schadhaften Text ergänzen möge, bringt er am Beispiel des **Pompeius** in der

Rede De imperio Cn. Pompei 29 ff. Nach der üblichen Meinung, berichtet er, zählen dazu: **labor in negotiis, fortitudo in periculis, industria in agendo, celeritas in conficiendo, consilium in providendo.** Doch dürfen nach Ciceros Ansicht auch andere, „zivile" virtutes nicht fehlen (§ 36): **innocentia** *(Redlichkeit)*, **temperantia, fides, facilitas** *(Umgänglichkeit)*, **ingenium, humanitas** (hier im Sinne unserer „*Humanität*" gemeint). Natürlich gehören **iustitia** und auch **pudor, pietas, aequitas, continentia** (s. u. § 2) dazu. (Über die Gerechtigkeit als dem wesentlichen Anliegen der Schrift vgl. II 69 ff. und III; über sie als zentrale virtus — auch bei Platon — I 41.)

Nun, von der virtus Romana als dem Fundament des Staates ist unter Ciceros Zeitgenossen nur noch wenig zu verspüren. Sein um 20 Jahre jüngerer Mitbürger **Sallustius** (De Cat. coni. X ff., Bell. Jug. IV) und in dessen Nachfolge die Angehörigen des **saeculum Augusti** (z. B. **Horatius**, carm. III 6, und **Livius** I praef.) erklären diese Erscheinung durch einen allgemeinen sittlichen Verfall, der sich besonders durch krassen, materialistischen Egoismus „auszeichne".

Auch Cicero sieht egoistische Motive. Vielleicht hat er auch im Zusammenhang der „Vorrede" ähnliche Argumente wie Sallustius benutzt. (Im V. Buch, §§ 1 und 2, tut er es tatsächlich.) Aber er begnügt sich nicht damit. Es geht ihm ja in erster Linie um die Elite. Nur wenn sie, die die principes oder gubernatores zu stellen hat, die richtige Haltung zeigt, hat auch der einfache Mann wieder gültige Normen für sein Handeln. Diese Elite erliegt aber nicht nur einfach dem demoralisierenden Einfluß des „Zeitgeistes", sondern sie begründet auch ihre veränderte Stellung zum Staatsleben. Das Material dazu lieferten ihnen die Griechen.

Mit dem Erwachen des menschlichen Geistes zu wissenschaftlichem Denken, mit dem Bedürfnis, dem „Sein", dem „Kosmos" und schließlich der menschlichen Existenz einen Sinn zu geben, ist auch das Problem der **Lebensgestaltung**, der **Lebensform** (griech. βίος bi'os) gegeben. Vielleicht haben es die ersten der sog. „Vorsokratiker" noch nicht in seiner Tiefe erfaßt. Sie standen ja noch in ihrer politischen Gemeinde und nahmen Anteil an ihrem Geschick. So wird uns wenigstens von **Thales** und **Anaximandros** berichtet (s. z. § 12 septem sapientes, unter denen auch Thales aufgeführt wird). Aber die Reaktion der Umwelt dürfte sie schon bald auf das Besondere, ja Absonderliche ihres Tuns hingewiesen haben. Einerseits brachte man ihnen Hochachtung entgegen und bestaunte ihre Intelligenz, ihr Wissen, ihre Weisheit. Anderseits erschien ihre Beschäftigung aber doch als ein sehr wenig lukrativer Zeitvertreib, der nur dazu führen könne, lebensuntüchtig zu werden, und zu Hohn und Spott herausfordere. Daher konnten sich z. B. an den Namen des Thales völlig widersprüchliche Anekdoten heften, die ihn einmal als sehr überlegenen Kaufmann zeigen — wenn er nur genügend interessiert wäre —, ein anderes Mal als weltabgewandt und ganz und gar unfähig, wie ein „normaler“ Mensch zu leben.

Die Frage nach der Historizität solcher Anekdoten ist hier zweitrangig. Wichtig ist, daß sich mit ihrer Hilfe nachweisen läßt, wie früh schon die Polarität der geistigen Existenz empfunden wurde.

Bald aber gerieten die Philosophen auch in offenen, bewußten Gegensatz zu ihren Mitbürgern, so z. B. **Xenophanes** und der „Pöbelhasser“ **Herakleitos.** Hier zeichnet sich bereits das Problem ab, das nun die philosophierende Menschheit von der Antike bis zum heutigen Tage nicht mehr loslassen sollte, das Problem, ob ein Mensch absolut in der Philosophie aufgehen dürfe oder ob er die sittliche Verpflichtung habe, seine höhere Intelligenz, sein tieferes Wissen und seine breiteren Kenntnisse der konkreten politischen Führungsaufgabe nutzbar zu machen. Diese Frage ist immer wieder aufgegriffen, immer wieder erneut und unter anderen Aspekten beantwortet worden. Von diesen Auseinandersetzungen können hier nur einige „Proben“ skizziert werden.

Den Niederschlag der öffentlichen Diskussion und des persönlichen, inneren Ringens um eine Antwort finden wir in der Mehrzahl der Dialoge **Platons**, vornehmlich in seinem großen Staatswerk „**Politeia**“. Hier schildert er, daß die Philosophen, die in höchster Glückseligkeit zur Ideenwelt aufgestiegen sind, gewaltsam gezwungen werden müssen, die Regierung des Staates zu übernehmen, wenn ihre Zeit gekommen ist. Das eine aber stand für Platon fest: „Wenn nicht die Philosophen Könige oder die Könige Philosophen werden, gibt es kein Ende des Unheils im staatlichen Leben und im menschlichen Dasein überhaupt.“ (473 D.) Aber wie schwer es ist, diese Erkenntnis, die zugleich eine Forderung ist, zu verwirklichen, mußte er am eigenen Leibe erfahren (s. u. a. zu § 16).

Der „Systematiker“ **Aristoteles** brachte den ganzen Fragenkomplex auf die Formel von den drei möglichen, d. h. mit einem philosophischen Ziel begründeten Lebensformen. Das letzte Ziel ist jeweils die Glückseligkeit (εὐδαιμονία eudaimoni'a); sie kann auf dem sittlichen Charakter, der geistigen Einsichtsfähigkeit oder der „Lust“ beruhen. Aber in den drei Werken, in denen er sich damit befaßt, behält er nur die formale Dreiteilung bei (Eudemische Ethik, Nikomachische Ethik, Politika). Es ändern sich die Richtpunkte der Glückseligkeit, die Terminologie für die Lebensformen und vor allem auch ihre Bewertung. Den schönsten Ausdruck für ein vergeistigtes „Polis“-Gefühl fand der Nicht-Athener und Wahl-Athener Aristoteles mit den Worten: „Wenn Glücklichsein als richtiges Handeln zu definieren ist, dann ist für das Gemeinwesen wie für das Individuum die beste

Lebensform die aktive. Aber sie muß sich nicht unbedingt auf andere richten, wie manche meinen, auch sind nicht ausschließlich die Gedanken aktiv, die um der Dinge willen, die aus dem Handeln entstehen, gedacht werden, sondern vielmehr die unabhängigen und um ihrer selbst willen angestellten Betrachtungen und Einsichten . . . Im eigentlichsten Sinne und auch am bedeutendsten für die nach außen gerichteten Handlungen „handeln" nach unserer Meinung die Baumeister des Gedankens." (Polit. VII 1325 b 14 ff.) An anderer Stelle jedoch führt Aristoteles mit beängstigender Folgerichtigkeit die absolute Lebensform philosophischer Betrachtung als einzigem Lebensinhalt zur gesellschaftlichen Entspannung und Vereinsamung des Menschen — und damit ad absurdum.

Von **Cicero** selbst wissen wir (epist. ad Att. II 16, 3), daß die Kontroverse über die Lebensformen auch unter den unmittelbaren Nachfolgern des Aristoteles, **Theophrastos** und **Dikaiarchos**, weiter ausgetragen wurde: Theophrast bestimmte die des wissenschaftlichen, Dikaiarchos die des politisch tätigen Menschen als die wertvollste.

Die **„alte" Stoa** behielt die aristotelische Dreiteilung bei; aber sie änderte wiederum die Terminologie. Der Mensch als Vernunftwesen (λογικὸν ζῷον logiko'n zō'on) denkt und handelt nach der Vernunft (λόγος lo'gos); seine ihm angemessene Lebensform ist also die vernunftbestimmte (βίος λογικός bi'os logiko's). Politisch war man uninteressiert. Zwar beantwortete man die „Doktorfrage": „Soll sich der Weise politisch betätigen?" positiv, knüpfte aber daran so belastende Bedingungen, daß praktisch — mit ganz wenigen Ausnahmen — kein Angehöriger dieser „Schule" sich staatsmännischen Aufgaben zuwandte. Der Stoiker ist Kosmopolit, und sein ganzes Denken richtet sich auf die persönliche sittliche Formung — allenfalls noch auf den utopischen „Staat der Weisen". Die o. a. Konzession an die Politik macht er nur, weil er sich, zum mindesten theoretisch, keiner Gemeinschaftsform entzieht.

Anders dachten die Vertreter der sog. **„mittleren" Stoa, Poseidonios** und **Panaitios**. Von ihren Ansichten berichtet uns ebenfalls **Cicero**, und zwar in seinem Werk **De officiis**. Vor allem Panaitios als echtbürtiger Grieche und Aristokrat unterstrich die Verantwortung des Philosophen gegenüber dem Staat. Als Angehöriger des sog. „Scipionen-Kreises" (s. Ev. I s. v. Scipio), dem sich Cicero geistesverwandt fühlte, hat er einen nicht geringen Einfluß auf die Gedankenwelt unseres Autors ausgeübt.

Die Diskussion innerhalb der Stoa war damit noch nicht abgeschlossen. Es entwickelte sich eine besondere Literaturgattung (περὶ βίων peri' bi'ōn), die sich mit grundsätzlichen und speziellen Fragen der Lebensformen befaßte und zugleich das Material für die Berührung des Themas in anderen Zusammenhängen lieferte. **Seneca** griff das Problem in mehreren seiner Schriften auf und behandelte es eingehend in der leider nur als Fragment überlieferten Einzelstudie **„De otio“**.

Auch andere philosophische „Schulen“ befaßten sich weiterhin mit dem Thema. So geht z. B. auch der Verfasser der Schrift über Kindererziehung, die unter dem Namen des **Plutarchos** auf uns gekommen ist, darauf ein.

Ihren vorläufigen Abschluß findet die Behandlung der Frage in dem Werk des **Augustinus** De civitate Dei.

Kehren wir noch einmal in die Zeit der „alten“ Stoa zurück und wenden uns ihrem bedeutendsten Widerpart **Epikuros** zu. Beiden geht es um das individuelle Glück. Beide bemühen sich um eine Ausschaltung alles dessen, was den Menschen beunruhigt (schon **Demokritos** hatte das in dem Begriff ἀϑαμβία athambi'a zusammengefaßt): die Stoiker, indem sie die Selbsterziehung zur Freiheit von Affekten (ἀπάϑεια apa'theia), Epikuros, indem er die Unbeirrbarkeit (ἀταραξία ataraxi'a) und „Meeresstille der Seele“ (γαλήνη galē'nē) zur Voraussetzung des Glücklichseins machte. (Vgl. De re publ. I 1 und das Oppositum perturbatio; außerdem I 28.) Ein solcher Geisteszustand kann sich nun nach Epikuros, — und damit trennen sich beide Richtungen entscheidend — nur auf das Wohlbefinden (ἡδονή hēdonē') gründen. Wesentlich ist dabei für ihn zunächst die negative Seite, nämlich das Freisein von körperlichem und seelischem Ungemach. Der dazu passende Lebensrahmen ist selbstverständlich nicht die Öffentlichkeit, erst recht nicht die Politik, sondern der auserlesene Freundeskreis Gleichgesinnter. Den Mitgliedern dieser Geistesgemeinschaft gab er den Rat: „Führe dein Leben unauffällig!“ (λάϑε βιώσας la'the biō'sas). Damit ist der Verzicht auf jede politische Tätigkeit nahegelegt, und Epikuros argumentiert weit konsequenter als die Stoiker mit ihrem lahmen Kompromiß.

Allerdings hat der unglücklich gewählte Begriff ἡδονή (hēdonē'), der für den Griechen jede angenehme Empfindung von der vergeistigten Freude über die harmlose Fröhlichkeit bis zur grobsinnlichen Genußsucht ausdrücken konnte, Epikuros in den unverdienten Ruf des „Philosophen der Lust“ gebracht. (Er hat diesem Ruf durch gelegentliche, wahrscheinlich aus Provokationslust geäußerte Formulierungen einige Nahrung gegeben.) Dadurch fühlte sich jede Art von Gegnern leicht zum Spott gereizt. Und die stark esoterische Haltung seiner Anhänger wie auch manche sehr unpopulären Seiten seiner Weltanschauung haben seine Lehre nie zu einer solchen Breitenwirkung kommen lassen wie etwa die der Stoiker. Trotzdem ist sie auch nach Rom eingedrungen, und zwar gerade zur Zeit Ciceros in nachdrücklicher Weise durch den Griechen **Philodemos** aus Gadara und den Römer **T. Lucretius Carus.** Und wenn man weiß, daß **Vergilius** ein Schüler des Philodemos war, und sich erinnert, daß **Horatius** sich selbst einmal als „ein Schweinchen aus der Herde Epikurs“ bezeichnet (epist. I 4,16), dann ist damit die keineswegs geringe Nachwirkung dieser Männer wenigstens angedeutet. Jedoch sieht man schon an der Art, wie Horatius sein zeitweiliges Epikureertum auf die leichte Schulter nimmt, daß diejenigen unter den Gebildeten, die nicht ernsthaft philosophierten, sondern nur ihrem persönlichen Lebensstil ein weltanschauliches Mäntelchen umhängten, selbstverständlich nur die für sie selbst angenehmen Seiten der Lehre des Epikuros betonten. Daß das in der vorhergehenden Generation, also zur Zeit Ciceros, nicht anders war, versteht sich am Rande. Gegen solche Leute, die ihren Egoismus philosophisch verbrämten, richtet sich daher vor allem seine Kritik.

Mit diesem kurzen Abriß über die Problemgeschichte der „Lebensformen“ und der Stellung philosophischer Richtungen zur Politik sollte zunächst — und deswegen reicht er über die Zeit Ciceros hinaus — die geistesgeschichtliche Bedeutung nachgewiesen werden. Zum andern sollten aber auch die philosophischen Traditionen und die weltanschauliche Umwelt, mit denen sich Cicero als Römer, Philosoph und Politiker auseinandersetzen mußte, charakterisiert werden.

Nun ergibt sich zugleich mit der Konzeption eines der Wissenschaft, insbesondere der Philosophie geweihten Lebens die Frage nach dem **Rahmen dieser Lebensform.** Man muß „Zeit haben“, um solchen „Beschäftigungen“ nachzugehen. Die *Freizeit von geschäftlichen und beruflichen Verpflichtungen*, die *Zeit* also, *über die man nach eigenem Ermessen verfügt*, hieß bei den Griechen σχολή (scholē′). Schon bei **Platon** finden wir eine Einengung des Begriffs: er bezeichnet gelegentlich damit das *Freisein von politischer Tätigkeit für literarische Aufgaben*, vor allem aber *für philosophische Besinnung.* **Aristoteles** hat sich dann mehrmals mit dieser Art σχολή als einer notwendigen Voraussetzung für die Lebensgestaltung des Philosophen befaßt. Die **Stoiker** deuteten anscheinend den Begriff weniger im eigentlich politischen als im sozialen Sinne und lehnten daher einen βίος σχολαστικός (bi′os scholastiko′s) schroff ab, da er der Bewährung der sittlichen Persönlichkeit im sittlichen Handeln entgegenstehe. Damit geriet diese Lebensform in den Verdacht, epikureisch zu sein, obwohl die **Epikureer** selbst das Wort σχολή nicht besonders geschätzt zu haben scheinen.

Die weitere Bedeutungsgeschichte des Wortes σχολή, ebenfalls bei Platon beginnend, von „*mündliche Erörterung*“ über „*wissenschaftliche Vorlesung*“, „*Kollegheft*“ und als Buchtitel im Sinne von „*wissenschaftliche Abhandlung*“ bis zur Übernahme durch die Römer zur Bezeichnung einer *philosophischen Richtung* und schließlich der „*Schule*“ in unserm Sinne interessiert in diesem Zusammenhang nicht weiter.

Das bedeutungsgleiche Wort im Lateinischen ist **otium**. Es hat eine ähnliche Geschichte wie σχολή. Neben „*beschäftigungsfreie Zeit*“ (ohne Bewertung) kann es „*Nichtstun*“, „*Faulheit*“, „*geruhsames Leben*“, „*ländliches Idyll*“, „*Frieden*“, „*Neutralität*“, „*Windstille*“, „*dichterisches Werk*“, „*leichtfertiger Lebenswandel*“ heißen. Vor allem aber, wahrscheinlich in der Scipionenzeit entstanden, jedenfalls von **Cicero** so gebraucht, bezeichnet es eine *zeitweilige* oder *dauernde, freiwillige* oder *erzwungene Daseinsform ohne politische Verpflichtung;* dabei kann zugleich ein positives oder negatives Werturteil mitschwingen. Darüber hinaus kann dieser Rahmen auch inhaltlich bestimmt sein: *Freizeit zur Erholung, zur inneren Besinnung über Berufsaufgaben, zur wissenschaftlichen, literarischen und philosophischen Betätigung.* Beachtenswert ist, daß sowohl das griechische als auch das lateinische Wort Positiva sind, während ihr Gegenteil, Beschäftigung und Arbeit, durch Zusammensetzung mit einer negierenden Vorsilbe gebildet werden: negotium und ἀσχολία (ascholi'a). Das weist auf den aristokratischen Einschlag der mit den Wörtern verbundenen Vorstellungen hin. Sie konnten nur von Männern einer Gesellschaftsschicht so gebraucht werden, für die eine Sorge um die materielle Existenz nicht bestand, sondern deren Lebensaufgabe das Gemeinwesen war. Wenn sie nicht otiosi waren, dann waren sie eben occupati mit einem negotium publicum.

Cicero war selbstverständlich an den Fragen „Bin ich zum politischen Handeln verpflichtet?“ und „Welches Rangverhältnis besteht zwischen Politik und Philosophie, Politiker und Philosoph?“ brennend interessiert. Im Grunde wußte er die Antwort im voraus, sie ergab sich aus der Haltung seiner Leitbilder, z. B. des **Scipio**, des **Laelius**, des **Cato**, die für ihn römisches Wesen verkörperten. Die Hingabe an den Staat „lag ihm im Blut“, sie war nicht so sehr das Ergebnis einer rationalen oder sittlichen Entscheidung als die instinktive Richtschnur seiner Natur, die ihre theoretischen Beweismittel in der Philosophie suchte.

Seine persönliche Überzeugung drückt ein Fragment unserer Schrift aus, das bisher noch nicht eingeordnet werden konnte: „Sic, quoniam plura beneficia continet patria et est antiquior parens quam is, qui creavit, maior ei profecto quam parenti debetur gratia.“ Gewiß, das erinnert an die Worte, die **Sokrates** in **Platons** Dialog **„Kriton“** die Gesetze sprechen läßt: „Oder bist du so klug, daß du nicht weißt, wieviel höher als Vater und Mutter und alle anderen Vorfahren das Vaterland geachtet ist, und wieviel ehrwürdiger und heiliger bei den Göttern und bei allen Menschen, die Vernunft besitzen ?" (51 A) Aber diese Stelle ist sicherlich für Cicero keine literarische „Quelle", sondern eine beglückende Bestätigung seiner persönlichen Überzeugung gewesen. (Vgl. a. § 8. Welchen Eindruck der „Kriton" auf Cicero gemacht hat, zeigt auch die erste Rede gegen Catilina. Dort hat er in § 18 die Form der Ansprache nachgeahmt.)

Andererseits hat er sich der Macht der Philosophie und überhaupt der griechischen Geistigkeit nie entziehen können. Aber es gibt keinen Römer, für den die Philosophie letztlich mehr gewesen wäre als ein Bildungsmittel, ein — übernommener — Baustein seiner „Weltanschauung" oder höchstens ein Trost in äußerer oder seelischer Notlage. Und so sehr Cicero theoretisch dem Philosophen-Königtum Platons zustimmte — der höchste Wert blieb für ihn immer die Politik. Das zeigt u. a. ein weiteres, ebenfalls nicht genau zu lokalisierendes Fragment von De re publica, das **Lactantius** zitiert: „Profecto omnis istorum disputatio, quamquam uberrimos fontes virtutis et scientiae continet, tamen collata cum eorum actis perfectisque rebus vereor, ne non tantum videatur utilitatis attulisse negotiis hominum, quantam oblectationem otio." (Inst. 3, 16, 5.) Auch die Vorrede zum III. Buch von De re publica gibt dieser Überzeugung Ausdruck. Die Zeiten, die ihn gewaltsam von der Öffentlichkeit fernhielten und ihm ein „otium" verschafften, waren ihm verhaßt. Auch wenn er diesem „otium" philosophischen und literarischen Inhalt gab, so erschien ihm diese Leistung immer zweitrangig gegenüber der politischen. Er hat sich oft genug darüber ausgelassen, dogmatisch z. B. De off. I 28 und 121, im Hinblick auf sein eigenes Leben in den Vorworten zu Buch II und III desselben Werkes. (Die letztgenannte Stelle ist zusätzlich interessant wegen der Variationsbreite in der Anwendung des Wortes otium.) Alle möglichen Gründe, z. T. auch der stoischen Dogmatik entlehnt, führt er an, um sich gleichsam vor sich selbst, seinen Gesinnungsgenossen und vor Rom zu rechtfertigen. So schreibt er z. B. De off. III 1: „P. Scipionem, Marce fili, eum, qui primus Africanus appellatus est, dicere solitum scripsit Cato, qui fuit eius fere aequalis, numquam se minus otiosum esse, quam cum otiosus, nec minus solum, quam cum solus esset. Magnifica vero vox et magno viro ac sapiente digna; quae declarat illum et in otio de negotiis cogitare et in solitudine secum loqui solitum, ut neque cessaret umquam et interdum colloquio alterius non egeret. Ita duae res, quae languorem afferunt ceteris, illum acuebant, otium et solitudo. Vellem nobis hoc idem vere dicere liceret; sed si minus imitatione tantam ingenii praestantiam consequi possumus, voluntate certe proxime accedimus; nam et a re publica forensibusque negotiis armis impiis vique prohibiti otium persequimur et ob eam causam urbe relicta rura peragrantes saepe soli sumus." Natürlich, eine gewisse Freizeit auch vom politischen Tun braucht man, allenfalls zur Erholung. Für Cicero muß ihr Inhalt dann aber auch einen echten Wert und Sinn haben. Und das otium cum dignitate, von dem er in seinem Werk De oratore I 1, 1 als einem wünschenswerten Zustand spricht, setzt ja eben eine politische Lebensleistung voraus, die einen sinnvoll erfüllten Ruhestand legitimiert. Es blieb **Seneca** vorbehalten, am Ende seines Lebens zu schreiben: „Quo animo ad otium sapiens secedit? Ut sciat se tum quoque ea acturum, per quae posteris prosit. Nos certe sumus, qui dicimus et Zenonem et Chrysippum maiora egisse, quam si duxissent exercitus, gessissent honores, leges tulissent: quas non uni civitati, sed toti humano generi tulerunt." (De otio VI 4.) Allerdings hat er, im Innersten selbst Römer wie Cicero, ein ganzes Leben gebraucht, um zu dieser Einsicht zu gelangen. Immerhin bedurfte es neben den persönlichen Lebenserfahrungen Senecas einer politischen und geistesgeschichtlichen Entwicklung von mehr als 100 Jahren zwischen der Abfassung von De re publica und De otio.

(Weitere literarische und geistesgeschichtliche Verbindungen zum Thema bringt die Einzelerklärung, besonders I 1—12.)

Die Absicht der „Vorrede" des I. Buches ist also eine formal an den Bruder, in der Tendenz aber an die Öffentlichkeit gerichtete Invektive gegen alle die, die der Politik den Primat streitig machen wollen. Und diese Behauptung von der Vorrangstellung des Politikers findet sich in der „Vorrede" des III. Buches wieder (s. dort).

1. Virtus Romana und Philosophie.

1 nec: Vor dem abgedruckten Text stehen noch die Worte ... petu liberavissent, also wahrscheinlich: impetu liberavissent. Damit ist das Prädikat für das Kolon nec ... Carthaginis gegeben; es war aber offensichtlich einer längeren negierten Aufzählung gemeinsam. Angelo Mai hat diese Stelle folgendermaßen ergänzt: „*Dann hätten M. Camillus Rom nicht vor dem Ansturm der Gallier, M. Curius, C. Fabricius, Ti. Coruncianus vor dem des Pyrrhus errettet und nicht ...*"

duo Scipiones: P. Cornelius Scipio und Cn. Cornelius Scipio (s. Ev. II). — **belli Punici secundi:** s. Ev. II s. v. Carthago. — **copiis:** copiae hier in der Grundbedeutung „*Mittel*". — **avulsum:** avellere *abreißen, losreißen.* — **compulissent:** compellere *zusammentreiben; hintreiben, jagen, drängen* (in, ad, intra alqd.). — **vero:** Die hierdurch ausgedrückte Steigerung kennzeichnet die besondere Verehrung Catos (s. Ev. II) durch Cicero.

homini ignoto et novo: Mit homo ignotus wird formelhaft ein Mann „*ohne Familie*" bezeichnet, also ein Mann, der nicht aus altem römischen Adel stammt und damit nicht ein durch die Geburt bereits ererbtes Recht auf die Ämterlaufbahn der Nobilität besitzt. Homo novus ist die ebenfalls formelhafte Bezeichnung für solche Leute, die auf Grund persönlicher Leistung einen Platz in der Nobilität errungen haben. Die deutsche Sprache hat kein Wort, das den gesamten Stimmungsgehalt umfaßt; denn im Munde eines Adligen bedeutet homo novus „Emporkömmling", im Munde des Betroffenen selbst den Stolz auf den errungenen Stand. Das Wort hat also eine ähnlich unbestimmte Note wie das englische „self-made-man". Beide Bezeichnungen zusammen verwendet der homo ignotus et novus Cicero hier, um die durch ihren sozialen und politischen Erfolg gerechtfertigte Lebensleistung einer überragenden Persönlichkeit zu charakterisieren. Die Stelle zeigt also mit aller wünschenswerten Deutlichkeit, warum gerade Cato ein solcher „Favorit" Ciceros werden konnte, obwohl beide in ihrem Wesen sehr verschieden waren. (Vgl. II 1—3.)

quo: = a quo. — **qui iisdem rebus studemus:** Die „Gesinnungsgenossen" kümmern sich um die Politik.

ad industriam virtutemque: Was der Römer unter virtus versteht, ist oben (s. z. Vorr.) bereits dargelegt. Zugleich ist virtus aber auch die Übersetzung des griechischen Wortes ἀρετή (aretē'). Beide entstammen der vorwissenschaftlichen Ethik; beide bezeichnen sowohl die Gesamthaltung als auch einzelne positive Charaktereigenschaften (dort, wo Ritter- und Soldatentum zu den höchsten Werten gehören, besonders die „Tapferkeit"). Doch ist diese Bedeutung von ἀρετή bereits eine abgeleitete. Ursprünglich bedeutet das Wort einfach die „*Trefflichkeit*" von Menschen, Tieren oder Sachen. Den entscheidenden Schritt zur wissenschaftlichen Klärung des Begriffs tut **Sokrates** dadurch, daß er die ἀρεταί (pl. aretai') einem definitorischen Verfahren unterwirft. Seine Arbeit wird von **Platon** und **Aristoteles** fortgesetzt. Für die **Stoa** wird sie zum Zentralproblem überhaupt. Dabei behält der Begriff immer etwas von der Doppeldeutigkeit als Sammelname und Einzelbezeichnung. (Die Griechen haben das natürlich auch festgestellt und oft den Versuch unternommen, alle Einzel-ἀρεταί auf eine Gesamt-ἀρετή zurückzuführen, um der lästigen Ambivalenz zu entgehen.) Dasselbe gilt für virtus, wenn es als philosophischer t. t. angewandt wird (s. z. § 41). Hinzu kommt, daß für den Römer, wenn es sich nicht um rein wissenschaftliche Erörterungen handelt, die vorwissenschaftliche Bedeutung als „*echt römische Haltung und Leistung*" gleichzeitig und oft dominierend mitschwingt. So ist gerade diese an unserer Stelle gemeint, während weiter unten in diesem §, wo das Wort zum zweitenmal gebraucht wird, der Zusammenhang den wissenschaftlich-ethischen Aspekt miteinbezieht. Die Übersetzung des griechischen und lateinischen Wortes ist recht schwierig; das Wort „*Tugend*" paßt in den seltensten Fällen; die spezielle Bedeutung muß jeweils aus dem Zusammenhang erschlossen werden.

in otio: Wenn Cicero hier nicht otiosus wählt, dann schwebt ihm, durch Tusculi veranlaßt, mehr der Ort (= refugium) als der absolute Begriff „*Freizeit*" vor. (Vgl. z. Vorr.) — **isti:** Gemeint sind vorher genannte Gegner der politischen Lebensform. Dazu gehören natürlich auch die Epikureer (s. z. Vorr.); ob sie ausdrücklich genannt wurden, wissen wir nicht. Vgl. zum Gedanken **Seneca**, De otio III 2: „Epicurus ait: non accedet ad rem publicam sapiens, nisi si quid intervenerit." (s. § 10). — **in his undis et tempestatibus . . . iactari:** Das Bild vom Staatsschiff ist uralt und natürlich geistiges Eigentum der seefahrenden Griechen. Den Römern war es genau so geläufig wie uns. Es taucht daher im ff. immer wieder in Einzelbegriffen und Wortzusammensetzungen auf (vgl. u. a. Wv. gubernare und abgeleitete Wörter).

in illa tranquillitate: Das Wort tranquillitas wird in der römischen philosophischen Literatur zur Übersetzung verschiedener griechischer Termini verwandt. (**Seneca** schrieb eine Einzelstudie De tranquillitate animi.) Es kann ebenso gut die εὐθυμίη (euthymi'ē) **Demokrits** wie die γαλήνη (galē'nē) oder ἀταραξία (ataraxi'a) **Epikurs** oder die ἀπάθεια (apa'theia) der **Stoiker** wiedergeben (s. z. Vorr.). Hier ist natürlich, unter Anspielung auf die γαλήνη, zunächst der Gegensatz zu tempestates gemeint, wobei gleichzeitig die Verbindung mit otio auf den vorhergehenden Satz zurückweist und die lokale Bedeutung erneut andeutet.

ab aetatis huius memoria: Das Wort memoria in der häufigen, metonymischen Bedeutung „*Zeit*" für Vergangenheit und Gegenwart. Dann heißt huius aetatis „*unserer Generation*". (Mit Rücksicht auf die zweite Hälfte des Satzes wünschen manche Herausgeber ‹haud› procul zu lesen.) — **praetermissum:** prädikativ. — **definio:** Das Wort in gewählter Bedeutung als verstärktes Synonym zu affirmare oder contendere.

necessitatem . . . datum: Der Gedanke einer naturgegebenen, also „inneren" Nötigung, eines Dranges zur virtus findet sich schon in der „klassischen" Philosophie, wird aber durch die Stoa besonders unterstrichen, weil sie das ethisch richtige Verhalten nach ihrer Grundanschauung als „naturgemäß" (secundum naturam = κατὰ φύσιν kata' phy'sin) nachweisen muß. Sie stützt sich dabei auf eine Trieblehre, die, vom Selbsterhaltungstrieb ausgehend, immer weitere, konzentrierte Kreise zu den einzelnen Lebensgemeinschaften zieht. **Panaitios** hat diese Trieblehre anscheinend systematisiert. In seinem Sinne beschreibt sie **Cicero** in seinem Werk De officiis I 11 f. Das Verdienst, den Gedanken, man habe sich mit ganzer Kraft für die Allgemeinheit einzusetzen, über eine kosmopolitische Auffassung bis zur „Feindesliebe" vorgetrieben zu haben, gebührt **Seneca.** Er schreibt De otio I 4: „Usque ad ultimum vitae finem in actu erimus, non desinemus communi bono operam dare, adiuvare singulos, opem ferre etiam inimicis senili manu."

ad . . . defendendam: präpositionales Attribut zu amorem. — **datum:** (necessitatem — amorem) kongruiert mit dem letztgenannten Beziehungswort.

blandimenta: (= oblectamenta, illecebrae) Hier ist die Anspielung auf die Epikureer handgreiflich. Damit wird erhärtet, daß der Gebrauch von virtus in diesem Zusammenhang ebenfalls im Sinne des ethischen t. t. gemeint ist (s. o. zu ad industriam virtutemque). Dann hat otium den speziellen Sinn der *unpolitischen*, ja *staatsfremden Lebensform* (quies), und „Lebensziel" steht gegen „Lebensziel", voluptas gegen virtus. (S. z. Vorr.) Da die Stoiker die voluptas schlechterdings nicht als nicht-existierend wegdiskutieren konnten, bezeichneten sie sie als accessio (ἐπιγέννημα epige'nnēma), als *Begleiterscheinung* oder *Folge*, nicht als Ziel des „naturgemäßen" Lebens und Handelns, benutzten dann aber lieber statt der berüchtigten ἡδονή (hēdonē') das Wort χαρά (chara') = *Freude.*

2 artem: s. Wv. — **utare:** = utaris; uti i. S. von *Gebrauch machen, in die Tat umsetzen.* Das Gegenteil behauptet **Seneca,** De otio III 4: „Potest ergo et ille, cui omnia adhuc in integro sunt, antequam ullas experiatur tempestates, in tuto subsistere et protinus commendare se bonis artibus et inlibatum otium exigere, virtutium cultor, quae exerceri etiam quietissimi possunt." — **scientia:** (griech. ἐπιστήμη epistē'mē) im Sinne der *erlangten, verstandenen Kenntnis.* — **usus:** vgl. utare. — *maximus:* bewertend = optimus. — **gubernatio:** s. § 1 in his undis eqs.

isti in angulis: Eine beliebte Anspielung auf ein Wort des „Sophisten" **Kallikles** in Platons Dialog „Gorgias" (485 D). Er läßt die Philosophie als Element der Jugendbildung gelten, lehnt sie aber als Lebensaufgabe und überhaupt als ernsthafte Beschäftigung von Männern ab: „Denn . . . ein solcher Mann wird, auch wenn er gute Anlagen hat, unmännlich, weil er den Mittelpunkt des Gemeinwesens und die Märkte, wo nach dem Dichterwort die Männer sich bewähren, meidet; statt dessen verbringt er den Rest seines Lebens in stiller Zurückgezogenheit, wobei er sich mit drei oder vier Halbwüchsigen in einem Winkel flüsternd unterhält; ein freies, lautes und offenes Wort jedoch spricht er niemals aus." — Die Epikureer speziell sind natürlich hier nicht mehr gemeint; denn Cicero kann sie unmöglich zu denen, qui virtutem — wenn auch nur als Theorie — habent, rechnen. Er konnte auch nicht eine systematische Lehre der Epikureer von den virtutes zitieren. Wohl schreibt **Epikuros** z. B. ni seinem Brief an Menoikeus:

„Für all dies ist der Anfang und das größte Gut die Einsicht. Darum ist die Einsicht noch kostbarer als die Philosophie. Aus ihr entspringen alle übrigen ἀρεταί, und sie lehrt, daß es nicht möglich ist, lustvoll zu leben ohne verständig, schön und gerecht zu leben, noch auch verständig, schön und gut ohne lustvoll zu leben. Denn die ἀρεταί sind von Natur verbunden mit dem lustvollen Leben, und das lustvolle Leben ist von ihnen untrennbar.“ Aber über solche allgemein-unverbindliche Aufzählung hinaus scheint er an einer wissenschaftlichen Lehre von den ἀρεταί kein Interesse gehabt zu haben. Cicero **jedenfalls** zieht hier den Kreis weiter und meint alle Nur-Theoretiker, alle, die zwar am wissenschaftlichen Gebäude der Ethik arbeiten, ihre Ergebnisse auch verkünden (personant), es aber dabei belassen.

reapse: antiquierend = re ipsa. — **quod quidem:** (einschränkend) *wenigstens soweit.* — **recte honesteque:** Geläufige Formel Ciceros für eine im Sinne der wissenschaftlichen Ethik gültige Aussage. Sie ist wahrscheinlich der Philosophie des Panaitios entlehnt. Das Adverb recte entspricht dem ὀρθὸς λόγος (ortho′s lo′gos), der *richtigen Vernunfteinsicht* im Sinne der Stoa. Der Begriff honestum ist die Übersetzung des griechischen Wortes πρέπον (pre′pon). — **quod <non>:** ohne die Verbesserung ergibt der Text keinen Sinn. — **ab iis . . .:** Der Primat der Gesetzgeber und Staatslenker, die zugleich die ethischen Normen gesetzt haben, vor den Philosophen gehört zur Theorie des **Dikaiarchos** (s. z. Vorr.). **Cicero** kennt auch die gegenteilige Ansicht. So läßt er seinen Freund **Atticus** in seinem Werk De legibus (I 17) sagen: „Non ergo a praetoris edicto, ut plerique nunc, neque a duodecim tabulis, ut superiores, sed penitus ex intima philosophia hauriendam iuris disciplinam putas.“ — **partum:** vgl. § 7. — **unde . . .:** Zur Aufzählung der virtutes vgl. z. Vorr. — **pietas:** Die Bedeutung des Wortes wird von Cicero folgendermaßen erklärt: „Pietas erga patriam aut parentes aut alios sanguine coniunctos officium conservare monet.“ (De inventione II 66.) Obwohl pietas gelegentlich auch das Verhalten gegen die Götter bezeichnet, trifft das neuhochdeutsche Wort *Frömmigkeit* nicht den Sinn, den es normalerweise ausdrückt. Es ist vielmehr *dankbare (kindliche) Liebe*, *Familiensinn*, „*Pietät*“, *Ehrfurcht* usw. — je nach dem Zusammenhang. Übrigens umfaßt auch das griechische Wort εὐσέβεια (euse′-beia) zugleich die Ehrfurcht gegen Götter als auch die gegen Eltern und Vaterland (nach einer Definition des Aristoteles; vgl. auch die Beschreibung des Oppositionsbegriffs ἀσέβεια ase′beia in Platons „Symposion“ 188 c). — **religio:** Die Etymologie ist auch heute noch — wie im Altertum selbst — umstritten. Gemeint ist hier die *Gottesverehrung.*

ius: Das ius gentium ist natürlich nicht kodifiziert. Es entspricht etwa den ἄγραφοι νόμοι (a′graphoi no′moi), den *nicht-kodifizierten Gesetzen* der Griechen. Die Vorstellung, daß auch über die Staatsgrenzen hinaus gewisse Normen für das Verhältnis der Menschen zueinander gelten, ist übrigens uralt. Von den sog. **„Sophisten“** wurde sie eifrig diskutiert, und besonders **Hippias** hat sich dabei hervorgetan. (Daneben beinhalten die „ungeschriebenen Gesetze“ bei den Griechen auch die Verpflichtungen gegenüber den Fremden, den Toten usw.; am bekanntesten sind die einschlägigen Gedanken aus den Tragödien „König Ödipus“ und „Antigone“ des Sophokles.) Über den Unterschied zum ius civile sagt **Cicero** (De officiis III 69), daß nach Ansicht der maiores das Völkerrecht der übergeordnete Begriff sei. (Natürlich ist ius civile nicht „*Zivilrecht*“, sondern das spezifische, spezielle, konkrete, positive Recht der civitates.) — **fides:** *Vertrauenswürdigkeit* (vgl. a. über die virtutes z. Vorr.) — **aequitas:** Während iustitia den vorwiegend „juristischen“ *Gerechtigkeitssinn* bezeichnet, ist aequitas das juristisch nicht faßbare, nicht definierbare *Gefühl für das, was dem andern zukommt.* Da „Gefühl“, „Gesinnung“ und „Haltung“ in den griechischen und lateinischen Begriffen meistens zusammenfallen, ist es schwer, ein entsprechendes deutsches Wort vorzuschlagen. Oft dürften die Wörter *Billigkeit, Humanität* u. ä. das Richtige ausdrücken (s. Wv. I.). — **pudor:** Synonym zu αἰδώς (aidō's). Sein Bedeutungsfeld wird durch das deutsche Wort *Scham (Schamgefühl)* nicht voll erfaßt, da es zugleich die Scheu, etwas Unschickliches zu tun oder zu sagen, enthält. Eher entspricht *Ehrgefühl* dem lateinischen Begriff. — **continentia:** griech. ἐγκράτεια (engkra'teia) und ähnlich σωφροσύνη (sōphrosy'ne). — **turpitudo:** *schändliches, gemeines Verhalten.* — **appetentia laudis:** Hier spricht der Römer Cicero. Von seiner persönlichen „*Ruhmsucht*“ und seiner Einstellung zum Ruhm überhaupt wird noch öfters die Rede sein (vgl. besonders zu III 40, V 9 und VI 9 ff.). Der Begriff hat mit irgendeiner philosophischen Lehrmeinung nichts zu tun. — **honestas:** s. o. recte honesteque. Cicero verbindet jetzt aus seiner persönlichen Sicht heraus laus und honestas. Beides ist für ihn identisch. — **nempe:** (zur Beantwortung einer voraufgehenden Frage) *doch wohl.* — **disciplinis:** Mit disciplinae sind die *Grundsätze und mitmenschlichen Verhaltensweisen* gemeint, die sich durch Erziehung, Tradition und Konvention ergeben und die dann die erwähnten (haec) virtutes im Menschen geformt (informata) haben. — **mores:** „. . . *die zur Regel gewordene Form, nach welcher man mit Bewußtsein handelt, besonders insofern sie durch das Gefühl für das Sittliche und Anständige bestimmt wird.*“

3 quin etiam: Die **„Akademiker“**, Anhänger der durch **Platon** eingeleiteten philosophischen Richtung, die allerdings manchen entscheidenden Wandel im Laufe der Zeit durchmachte, waren vorwiegend rein wissenschaftlich, besonders erkenntnistheoretisch und metaphysisch, weniger dagegen politisch interessiert. Doch sogar diese Leute, meint Cicero, sehen auf ethisch-politischem Gebiet ihre Aufgabe in der Erziehung zum gesetzmäßigen Verhalten. Die Philosophie erkennt also den Primat der Verfassungen an (vgl. § 2 ab iis . . .). — **sua sponte:** Dieser Ausspruch, der hier dem **Xenokrates** (s. Ev. II) zugeschrieben wird, lehnt sich zwar an **Platons** Absicht, durch die Philosophie zum Staatsbürger zu erziehen, an, läßt aber nichts von der aktiven politischen Mitarbeit, die Platons letztes Ziel war, verspüren. — **ille civis:** Der Singular deutet den Elitegedanken an. Hier zeichnet sich bereits der Staatslenker ab (vgl. III 1 ff., 40 f. und die Thematik des V. und VI. Buches), dessen endgültiges Bild seine breitere Vorbereitung I 54 ff. erhält. — **id cogit omnes:** Das Sachobjekt als Akkusativ des Zieles steht bei cogere ähnlich wie bei orare usw., wenn es das Neutrum eines Pronomens ist. Das folgende quod korrespondiert damit. — **imperio legumque poena:** Das Interesse des Staatsmannes gilt der Gesamtheit (omnes). Cicero weiß aus seiner Kenntnis der Philosophiegeschichte und seinen Erfahrungen in der Politik, daß alle Versuche, Völker mit Hilfe der wissenschaftlichen Ethik zu regieren, fehlgeschlagen sind, daß vielmehr die breite Masse den „heilsamen Zwang" der konkreten Befehlsgewalt (imperium) und die Furcht vor der Strafe braucht. — Das Problem der Strafe hatte schon **Protagoras** angeschnitten, und auch **Platon** setzt sich verschiedentlich damit auseinander. Aber für ihn ist sie nur eine letzte, höchst unerfreuliche Maßnahme gegen die, die sich der Erziehung zum Staatsbürger nicht zugänglich zeigen. Cicero ist in diesem Punkt also ohne die Illusionen des Meisters. — **paucis:** (vgl. I 2 in angulis). Der Einfluß auf einen kleinen Kreis Gebildeter genügt nicht, auch wenn sie wirklich überzeugt worden sind.

persuadere: Das Wort hat denselben Doppelsinn wie sein griechisches Synonym πείθειν (pei'thein). Zugleich erinnert die Stelle an die Definition der Rhetorik durch **Gorgias** im gleichnamigen Dialog Platons (452 E): „(Die Rhetorik ist) die Fähigkeit, durch beredte Worte sowohl vor Gericht die Richter zu beeinflussen (πείθειν) wie in der Ratsversammlung die Ratsherrn und in der Volksversammlung die versammelte Gemeinde, wie auch in jeder andern Versammlung, die sich aus Bürgern zusammensetzt, eben diese Bürger." Hier wie in anderen Dialogen Platons besteht dann eine der größten Schwierigkeiten für die Partner darin, sich über die Bedeutung von πείθειν zu einigen, und eben deswegen lehnen Sokrates und Platon die Rhetorik ab und fordern wirkliche Kennerschaft, Wissen, ἐπιστήμη (epistē'mē). — **etiam iis, qui illa disputant, ipsis . . . doctoribus:** Also die Theoretiker der

Staatsethik (disputare s. Wv.) im Gegensatz zu den Philosophen, die sich um diese Dinge nicht einmal kümmern. (Das verhältnismäßig seltene Wort doctor ist hier nur zum Ausdruckswechsel mit dem vorhergehenden philosophi, aber ohne Bedeutungsvariante gebraucht; s. Wv.). — **quae est . . . oratio, quae sit . . .:** An die rhetorische Frage schließt sich ein Relativsatz mit konsekutivem Nebensinn an. Cicero kann sich nicht genug tun zu betonen, daß „am Anfang die Tat" stehe. (Zu oratio vgl. Wv.). — **equidem:** *ich meinerseits.* Cicero stellt den persönlichen Bezug zum Thema her und bringt sein eigenes Bekenntnis. Man beachte den pathetischen, adhortativen Stil dieses und des folgenden Satzes. — **urbes eqs.:** Teil eines Hexameters (vgl. Ev. II s. v. Ennius). — **auctoritas:** Das durch militärische und (oder) politische Leistung erworbene *Ansehen*, und zugleich der sich darauf gründende *Einfluß*. (Durch diesen zentralen Begriff wird auch die Stellung des **Augustus**, sein Prinzipat, charakterisiert.) — **negotium publicum:** die Tätigkeit des aktiven Politikers, die „edelste Arbeit" eines Römers (s. o. z. Vorr.).

sapientia: Cicero wendet damit das Wort auf die Staatsmänner an, das sonst als Ausdruck für die höchste virtus gerade der Philosophen dient. Zu den Begriffen sapientia und prudentia sagt er selbst De off. I 153: „Princepsque omnium virtutum illa sapientia, quam σοφίαν (sophi'an) Graeci vocant, — prudentiam enim, quam Graeci φρόνησιν (phro'nesin) dicunt, aliam quandam intellegimus, quae est rerum expetendarum fugiendarumque scientia; illa autem sapientia, quam principem dixi, rerum est divinarum et humanarum scientia, in qua continetur deorum et hominum communitas et societas inter ipsos; ea si maxima est, ut est certe, necesse est, quod a communitate ducatur officium, id esse maximum. Etenim cognitio contemplatioque naturae manca quodam modo atque inchohata sit, si nulla actio rerum consequebatur." Auch hier, wo im gleichen Sinne die sapientia als die oberste virtus bezeichnet wird, sieht Cicero ihre Doppelfunktion in *Einsicht* und *Tat.* Er bewegt sich damit in der durch **Aristoteles** (s. z. Vorr. S. 77) vorgezeichneten Richtung. — Ursprünglich bezeichneten sowohl σοφία als auch sapientia *Einsicht*, *Klugheit*, *Intelligenz.* So nannten auch gewisse **„Sophisten"** in ihren Kulturentwicklungstheorien (vgl. für die Religion § 56, allgemein III 3) die „*Erfinder*" menschlicher Kulturleistungen σοφοί (sophoi'). Vielleicht hat **Dikaiarchos** das Wort trotz des inzwischen eingetretenen Bedeutungswandels zum ethischen t. t. auf die Staatsmänner angewandt. (Vgl. § 2 u. z. Vorr.). — Daß sapientia (vielleicht ironisch?) durchaus synonym mit prudentia gebraucht werden kann, zeigen spätere Stellen des Werkes. (Vgl. u. a. II 11 u. Wv. I.)

et quoniam: Wiederaufnahme des Gedankens von I 1. — **ad hanc voluptatem:** Das ist in Verbindung mit ipsius natura stimulis eine deutliche Spitze gegen die I 1 erwähnte voluptas (s. d.). — **cursum teneamus:** Zum Bild vgl. I 1 in his undis eqs. — **optimi cuiusque:** (s.Wv.I.) Der Superlativ des vir bonus. Er ist das Idealbild des römischen Bürgers, ähnlich dem ἀνὴρ καλὸς κἀγαθός (anē'r kalo's kagatho's) Athens, ihn aber in manchen Zügen noch überragend. Cicero hat den Begriff nicht zuerst geprägt. Schon der alte **Cato** belehrt seinen Sohn: „Orator est, Marce fili, vir bonus dicendi peritus." Aber Cicero hat ihn sozusagen zum t. t. gemacht, um den Mann zu bezeichnen, der alle staatsbürgerlichen virtutes besitzt und seiner, Ciceros, Ansicht vom Römertum entspricht. — **signa eqs.:** Militärische Bilder im Zusammenhang der Problematik um die Lebensformen finden wir in der römisch geprägten Stoa oft. So fragt z. B. der fingierte stoische Gesprächspartner den Autor **Seneca** De otio I 4: „Quid nobis Epicuri praecepta in ipsis Zenonis principiis loqueris? Quin tu bene gnaviter, si partium piget, transfugis potius quam prodis?" Seneca selbst sagt etwas später (III 4): „. . . quomodo (sc. sapiens) nomen in militiam non daret debilis, sic ad iter, quod inhabile sciet (gemeint ist die politische Tätigkeit), non accedet."

2. Widerlegung von Einwänden gegen die Teilnahme am politischen Leben.

4 Es wäre völlig abwegig, in den ff. Ausführungen etwa die systematische Widerlegung einer epikureischen Streitschrift gegen die politische Tätigkeit zu suchen. Cicero greift die Einwände auf, die man in gebildeten Kreisen Roms macht (s. z. Vorr.). Teils sind sie von den Epikureern, teils von anderen philosophischen Richtungen entlehnt, teils aber sind sie so alt wie das Problem selbst und mehr der Ausdruck eines bestimmten Lebensgefühls als philosophischer Denkarbeit. In De officiis I 71 zählt Cicero (wahrscheinlich im Anschluß an **Panaitios**) die Gründe auf, die allein dazu berechtigen, sich von der Politik fernzuhalten bzw. zurückzuziehen:

1. hervorragende wissenschaftliche Begabung,
2. körperliche Unfähigkeit,
3. Hinderung aliqua graviore causa.

Was mit dem letzten Punkt gemeint ist, wird nicht genau erklärt. Wahrscheinlich ist es „höhere Gewalt", die den politischen Verhältnissen oder persönlichen Feindschaften entspringt — Gründe, die er auch in den Einleitungen zum II. und III. Buch des Werkes De officiis für seinen eigenen secessus anführt. (Vgl. z. Vorr.: Auszug aus De off. III.) Jede andere Begründung ist nach Auffassung der mittleren Stoa unzulässig. **Seneca** hält folgende causae einer unpolitischen Lebensführung für (im Sinne der alten Stoa) ethisch gerechtfertigt: „... si res publica corruptior est, quam ut adiuvari possit, si occupata est malis ...; si (sc. sapiens) parum habebit auctoritatis aut virium nec illum erit admissura res publica, si valetudo eum impediet ..." (De otio III 3 fin.) Die sehr verschiedenen Interpretationsmöglichkeiten, die in diesen recht ähnlichen Motiven enthalten sind, zeigt die Schlußfolgerung, die Seneca zieht: „Si percensere singulas (sc. res publicas) voluero, nullam inveniam, quae sapientem aut quam sapiens pati possit. Quodsi non invenitur illa res publica, quam nos fingimus (der utopische Idealstaat der stoischen Weisen), incipit omnibus esse otium necessarium, quia, quod unum praeferri poterat otio, nusquam est."

rationibus: s. Wv. — **illustribus:** Das Wort ist absichtlich in der Doppelbedeutung „*einleuchtend*" und *rühmlichst bekannt* gewählt. Denn es sind ja die zwingenden (certis!) Argumente der geistigen Urheber und damit natürlich auch berühmtesten und hervorragendsten Denker, denen Cicero vorher gefolgt ist. — **defendendam:** Hier nicht in der häufigeren Bedeutung etwa im Sinne von *Landesverteidigung*, sondern übertragen aus der Juristensprache *die Sache jms. vertreten*, d. h. in diesem Zusammenhang ganz allgemein *sich politisch betätigen*. Der Ausdruck scheint durch das Wort labores provoziert zu sein. — **leve:** Nur der aktive, der tatkräftige Mensch zählt. Ciceros Weltanschauung verträgt keine Psychologie, die auch einem in sich gekehrten Typ Werte abgewinnt. — **vigilans:** „*wachsam*", *unermüdlich*. — **in studiis ... officiis ... negotiis:** Klimax des „normalen" Lebensinhalts. Alle Wörter in ihrer „Grundbedeutung" verwandt: studium = *Bestrebung;* officium = *Dienst*, *Dienstleistung*, *Amt*, *Geschäft*, *Beruf;* negotium = *(großes) Unternehmen*. (Als wissenschaftlich-ethischer t. t. ist sonst officium auch die Übersetzung des stoischen Begriffs καθῆκον (kathē'kon) = *Pflicht.*). — **adiunguntur:** Diese Gruppe kann mit den Epikureern nicht identisch sein, — es sei denn, es handele sich um eine ungeheuerliche Unterstellung. Denn der Kampf gegen die Todesfurcht war ja eines der größten Anliegen des **Epikuros**. Er schreibt in seinem Brief an Menoikeus: „Das schauerlichste Übel also, der Tod, geht uns nichts an; denn solange wir existieren, ist der Tod nicht da, und wenn der Tod da ist, existieren wir nicht mehr. Er geht also weder die Lebenden noch die Toten an; denn die einen berührt er nicht und die anderen existieren nicht mehr. Die Menge freilich flieht bald den Tod als das ärgste Übel, bald sucht sie ihn als Erlösung von den Übeln im Leben. Der Weise dagegen lehnt weder das Leben ab, noch fürchtet er das Nichtleben." Es sind also wohl einfach die verweichlichten „Waschlappen", die Cicero meint. — **tempus:** = momentum temporis, occasio, facultas (griech. καιρός kairo's). — **tamen** hier: *ja doch schließlich einmal*. — **reddenda:** Bemerkenswert in diesem fein stilisierten Satz ist die Verwendung des Wortes reddere in zweifacher Bedeutung; dasselbe gilt für **natura** einmal als *natürlicher Lebensablauf*, zum andern als „*Allmutter*“ *Natur*.

pro patria: Der Tod fürs Vaterland ist schon vorwissenschaftlichem Denken keineswegs so unproblematisch gewesen, wie man vermuten möchte. Gewiß, der Dichter **Tyrtaios** stellte ihn den Spartanern als ein herrliches, sittliches Gut hin (καλόν kalo'n). Und das entsprach zweifellos auch der spartanischen Weltanschauung. In der Theorie folgt dem Griechen 600 Jahre später **Horatius** (Dulce et decorum est pro patria mori . . . Carm. III 2, 13); praktisch hat er es aber vorgezogen, sich an das Beispiel des **Archilochos** zu halten; der liebte, wie er selbst sagt (Anthologia Lyrica Graeca ed. Diehl 6 a), das Leben mehr als das Vaterland und ergriff in kritischer Lage die Flucht. In den festgefügten Bürgergemeinden (wie etwa in Athen vor den Perserkriegen und in Rom vor Sulla) wird indessen im allgemeinen das Opfer des Lebens für die Gesamtheit als selbstverständlich angesehen. Die philosophische Reflexion beantwortet die Frage je nach der Gesamtkonzeption ihrer Weltanschauung. Die Frage, ob das Leben „der Güter höchstes“ ist, wird jedenfalls immer erneut gestellt und beantwortet. Der Einsatz des Lebens für einen Menschen (Alkestis!), für die Familie, die Sippe, die persönliche Überzeugung usw. — das alles kann mehr gelten als die physische Existenz. — Für **Cicero** ist die Todesbereitschaft für die patria weniger eine Sache philosophischer Überlegung als unmittelbarer Überzeugung. So schreibt er De officiis I 154: „Quis est tam cupidus in perspicienda cognoscendaque rerum natura, ut, si ei tractanti contemplantique res cognitione dignissimas subito sit allatum periculum discrimenque patriae, cui subvenire opitularique possit, non illa omnia relinquat atque abiciat, etiamsi dinumerare se stellas aut metiri mundi magnitudinem posse arbitretur? Atque hoc idem in parentis, in amici re aut periculo fecerit.“ Das Wort patria hat für Cicero einen außerordentlich hohen Gefühlswert und wird immer dann gebraucht, wenn das Wort res publica nicht genügt, um die innere Beteiligung voll auszudrücken. (Beobachte den Gebrauch beider Wörter im Gesamtwerk, vor allem aber im Somnium Scipionis!) In dem zitierten Buch geht er noch einen Schritt weiter, wenn er schreibt (§ 86): „Quae (sc. bella civilia) gravis et fortis civis et in re publica dignus principatu fugiet atque oderit tradetque se totum rei publicae neque opes aut potentiam consectabitur totamque eam sic tuebitur, ut omnibus consulat; nec vero criminibus falsis in odium aut invidiam quemquam vocabit omninoque ita iustitiae honestatique adhaerescet, ut, dum ea conservet, quamvis graviter offendat mortemque oppetat potius quam deserat illa, quae dixi.“

potissimum: enklitisches Adverb. — **locus** *Diskussionspunkt;* auch locus communis (griech. τόπος to'pos), wenn ein festes, immer wieder behandeltes Thema gemeint ist. — **vero:** hier steigernd, nicht adversativ. — **copiosos et disertos:** Das erste Wort bezeichnet den *Wortreichtum*, das zweite den *Einfallsreichtum* des Redners. — **putant:** sc. ii, qui contra disputant.

5 et apud Graecos exempla eqs.: Das zu erwartende zweite Glied (et apud nos) des Gedankenganges korrespondiert formal nicht mit dem ersten, sondern folgt mit dem Satz quae nata ... dicunt redundasse. Die schriftstellerische Absicht besteht darin, nebenbei durchblicken zu lassen, daß es sich nicht um zwei gleichartige Vorgänge handelt, sondern erst der griechische Einfluß das moralisch so kerngesunde Rom zu ähnlichem Verhalten verführt habe. Von diesen exempla macht Cicero auch sonst Gebrauch, z. B. in der Rede Pro Sestio § 141, wo er neben **Themistokles** und **Miltiades** auch **Aristides** erwähnt und die levitas der Athener (im Gegensatz zur römischen gravitas) nicht vergißt. Ähnlich sagt **Seneca** in seiner Kritik an den konkreten Staaten De otio VIII 1: „Interrogo, ad quam rem publicam sapiens sit accessurus. Ad Atheniensium, in qua Socrates damnatur, Aristoteles, ne damnetur, fugit? In qua opprimit invidia virtutes? Negabis mihi accessurum ad hanc rem publicam sapientem." Die crudelitas gilt sonst meistens als die charakteristische Eigenschaft der Karthager. So fährt Seneca fort: „Ad Carthaginiensium ergo rem publicam sapiens accedet, in qua assidua seditio et optimo cuique infesta libertas est, summa aequi ac boni vilitas, adversus hostes inhumana crudelitas, etiam adversus suos hostilis?"

corpore adverso: (sc. hosti) Als Zeichen der Tapferkeit betont wie oft bei Caesar. — **in clarissima victoria:** Cicero ist hier ein Irrtum unterlaufen (falls er sich nicht um der Wirkung willen eine „dichterische Freiheit" erlaubt hat): Miltiades (s. Ev. II) wurde nicht bei Marathon, sondern auf dem Feldzug gegen Paros verwundet. — **vitam ... perfudisse:** Ein sehr gewähltes Synonym für mori, das zugleich den Nebensinn der „*Hingabe*" andeutet. — **proterritum:** proterrēre *fortscheuchen, verjagen.* — **barbariae:** Barbaria ist Persien. Für die Griechen sind zwar alle Ausländer „Barbaren" (weil sie, anstatt griechisch zu sprechen, ein unverständliches Kauderwelsch von sich geben), die Perser als die Erbfeinde sind es aber im speziellen Sinne. — **nec vero:** Gesteigert werden levitas und crudelitas. Die beiden ersten Beispiele gelten also nur der Undankbarkeit. — **in amplissimos cives:** Unter amplissimi cives sind *die durch ihre Verdienste hochangesehenen Mitbürger* zu verstehen. — **frequentata:** frequentare in der seltenen Bedeutung *oft tun,* *häufig gebrauchen*, bzw. im Passiv *oft anwenden, oft durchführen.* — **redundare:** Das Simplex ist in der klassischen Prosa ungebräuchlich. Die Vorsilbe red- hat nur bei der Bildung des Kompositums einmal einen echten Sinn gehabt. Es bedeutet dann durchweg *überfließen, sich reichlich ergießen, im Überfluß vorhanden sein; Überfluß haben* usw.

6 offensio: (mit gen. obiect.) *Abneigung, Haß.* — **invidia:** Synonym zu offensio. — **clades:** *politische Niederlage.* — **principum caedes:** Gemeint sind das Schreckensregiment und die Ermordung des Adels in Rom unter **Cinna** und **Marius** während der Abwesenheit **Sullas.** — **pestes:** Der „*Untergang*“ der Popularen: die berüchtigten Proskriptionen **Sullas** — seine Antwort auf die principum caedes. — **<meo> nomine:** Cicero spielt auf sein Exil (58) an. Im allgemeinen pflegt er sich heftig darüber zu beklagen. Hier bagatellisiert er es in durchsichtiger Bescheidenheit (daher die Litotes: nec . . . abstinent). Ebenso verringert er das Lob seiner Konsulatsführung (nostro consilio ac periculo: die Verhinderung des Staatsstreiches Catilinas), das er schlechthin bei jeder Gelegenheit anbringt. Die Anerkennung und „Zuneigung“ kommt diesmal von der falschen Seite — aber Cicero hat sich und sein Werk wenigstens erwähnen können. — Den Gedanken, daß die otiosi sich ihres otium nur deswegen erfreuen können, weil die Politiker ihnen die Möglichkeit dazu verschaffen, drückt Cicero wiederholt aus.

cum ipsi eqs.: Die Bildungs- und Forschungsreise (vgl. das deutsche Wort Erfahrung) ist seit dem Bericht **Herodots** über **Solon** (I 29 ff.) nicht mehr aus der Literatur verschwunden. (I 30 begegnet uns erstmalig das Verb φιλοσοφεῖν philosophei'n, allerdings noch in dem Sinne *sich bilden, bildungsbeflissen sein.* Zu videndi vgl. dort θεωρία theōri'a im Sinne von *Schauen, Schaulust.*) Sie wird gern erwähnt, um den Erkenntnisdrang zu illustrieren. So von **Cicero** selbst u. a. De finibus V 48: „Tantus est igitur innatus in nobis cognitionis amor et scientiae, ut nemo dubitare possit, quin ad eas res hominum natura nullo emolumento invitata rapiatur . . . Qui ingenuis studiis atque artibus delectantur, nonne videmus eos nec valetudinis nec rei familiaris habere rationem omniaque perpeti ipsa cognitione et scientia captos et cum maximis curis et laboribus compensare eam, quam discendo capiant, voluptatem? . . . A quibus propter discendi cupiditatem videmus ultimas terras peragratas . . .“ Und im gleichen Sinne **Seneca** De otio V 1 f.: „Nunc id probemus, quod prius diximus (sc.: ut possit aliquis vel a prima aetate contemplationi veritatis totum se tradere II 1). Quid porro? Hoc non erit probatum, si se unusquisque consuluerit, quantam cupidinem habeat ignota noscendi, quam ad omnes fabulas excitetur? Navigant quidam et labores peregrinationis longissimae una mercede perpetiuntur cognoscendi aliquid abditum remotumque."

7 Den Gedankengang der Textlücke hat man aus ähnlichen Berichten Ciceros erschlossen. So schreibt er z. B. in der Rede In L. Calpurnium Pisonem 6 f.: „Ego cum in contione abiens magistratu dicere a tribuno plebis prohiberer, quae constitueram, cum is mihi tantum modo, ut iurarem, permitteret, sine ulla dubitatione iuravi rem publicam atque hanc urbem mea unius opera esse salvam. Mihi populus Romanus universus illa in contione non unius diei gratulationem, sed aeternitatem immortalitatemque donavit, cum meum ius iurandum tale atque tantum iuratus ipse una voce et consensu approbavit."

iniuriarum: Gemeint sind die *Kränkungen*, die Cicero — einschließlich seiner Verbannung — durch seine politischen Gegner erfahren hatte. — **quamquam:** (koordinierend und korrektiv) *gleichwohl, indessen, jedoch.* — **casus:** hier im üblen Sinne *Mißgeschick, Schicksal* (der Plural drückt die Fülle aus). — **percipere:** *empfinden.* — **laetitam . . . ex laetitia:** Auch hier wieder ein Spiel mit der Wortbedeutung (s. I 4 reddenda): *Freude — Schadenfreude.* Zugleich beachte man den Chiasmus und überhaupt Wortwahl und Wortstellung dieses Satzes wie des folgenden, höchst pathetisch gehaltenen Abschnitts. — **bonorum . . . improborum:** Die moralische Bedeutung verbindet sich hier mit der politischen. Vgl. I 3 s. v. optimi. — **ut dixi:** in der Textlücke. — **qui:** (alter Ablativ, hier als Fragewort) *wie? inwiefern?* — **possem:** Deliberativus der Vergangenheit. — **cui cum liceret:** sog. „Attraktion" des Relativs = qui, cum (konzessiv) ei liceret . . ., non dubitaverim . . . — **quam ceteris:** sc. liceret. — **universis:** sc. civibus. — **non praecipuam, sed parem . . . fortunae condicionem subire:** Cicero meint: Ich hätte mich ja nicht am exponierten Platz des höchsten Staatsbeamten, sondern auf gleicher Stufe wie meine Mitbürger dem Schicksal stellen können. — **me . . . obvium ferre:** Der Ausdruck ist bildhafter und kräftiger als obire oder obviam ire. — **paene:** *so gut wie..., geradezu..., sozusagen...* — **parere:** Das „Schöpferische" der Leistung wird hier (wie auch I 2 partum) betont.

8 **patria eqs.:** Cicero schwebt hier die berühmte Stelle aus **Platons** Dialog „Kriton" vor (51 C ff.; s. a. z. Vorr. S. 82) Das auch bei Platon ausgesprochen gefühlsbetonte Bild (vgl. I 4 zu patria) benutzt Cicero dazu, um die letzte Konsequenz der politischen Lebensform, die kaum noch Raum für ein „Privatleben" läßt, zu ziehen. Das Verhältnis von Individuum und Staat ist so eng, daß es die ganze persönliche Existenz, die besten Kräfte des Bürgers fordert.

alimentum: *Erzieherlohn.* — **ipsa:** Der dreimalige Gebrauch des Pronomens hebt die Bedeutung der personifizierten patria im Sinne eines stark betonten Personalpronomens hervor. — **suppeditare:** *(unter die Füße stellen) verschaffen, gewähren, reichlich bieten.* — **animi ingenii consilii:** (zu den Begriffen s. Wv.) animus = *Gesamtheit der geistig-seelischen Kräfte;* speziell = *Gesinnung;* ingenium = *die „angeborenen", individuellen Anlagen,* und zwar sowohl der *Charakter* als auch (wie hier) die *Intelligenz;* consilium bezeichnet hier *die planende, auf Erfahrung und Überlegung beruhende Entschlußkraft;* das Wort schließt also das Willensmoment mit ein. — **pigneraretur:** pignerari (klass. nur medial) *zum Pfande* (pignus) *nehmen;* (allgemein voluntativ) *etw. beanspruchen.* — **superesse:** mihi aliquid superest hier i. d. Bdtg. *mir ist etw. entbehrlich, ich brauche es nicht.*

9 iam: (als verbindendes Glied in der Aufzählung von Argumenten) *ferner, weiter, außerdem.* — **perfugium:** hier (übertr.) *Ausflucht* (im Gegensatz zur sonst üblichen Bedeutung § 8). — **cum:** explikativ. — **ita:** (zur Verstärkung des explikativen Charakters von cum auf das ff. hinweisend) *folgendermaßen.* — **accedere ad rem publicam:** (formelhafter Ausdruck) *die politische Laufbahn einschlagen, Politiker werden.* — **nulla re bona dignos:** Vgl. das zu § 5 zitierte Senecawort De otio VIII 1. — **comparari . . . confligere:** Das Wort comparare, ursprünglich *paaren, zusammenstellen,* bedeutet hier vordergründig *vergleichen* i. S. des Ausdrucks *auf eine Stufe stellen.* Dahinter liegt zugleich die Bedeutung *sich im Kampfe messen,* so daß confligere auch eine Steigerung des Ausdrucks enthält. — **sordidum:** hier *gemein, ordinär, erniedrigend.* — Beachte auch im ff. die besonders scharfen Formulierungen. — **accipere habenas:** *die Zügel der Staatsführung ergreifen.* — **insanos:** vom geistigen Zustand (eigentl. des Volkes). — **liberi:** Vgl. Horatius sat. II 7, 83: „Quinam igitur liber? Sapiens, sibi qui imperiosus . . ." Die These „Nur der Weise ist frei!" war ein beliebter „Topos" (s. zu § 4) der kynisch-stoischen Popularphilosophie, die damit den aristotelischen Gedanken, daß nur der Freie zur Philosophie tauge, umkehrt. Überhaupt statteten diese Tugendprediger ihren sapiens mit schlechthin allen inneren und äußeren Vollkommenheiten aus. Horaz macht sich darüber u. a. Epist. I 1, 106 ff. lustig:

„Ad summum: sapiens uno minor est Jove, dives,
liber, honoratus, pulcher, rex denique regum,
praecipue sanus — nisi cum pituita molesta est."

Daß alle Menschen außer dem Weisen Toren sind (s. o. insani impetus), versucht Damasippus dem Horatius beizubringen; er sagt Sat. II 3, 43 ff.:

,,Quem mala stultitia aut quemcumque inscitia veri caecum agit, insanum Chrysippi porticus et grex autumat. Haec populos, haec magnos formula reges, excepto sapiente, tenet.“

Selbstverständlich hat Cicero nicht speziell die kynisch-stoischen Wanderprediger im Auge, sondern alle die, die sich ihr Argument von der Freiheit des Weisen zu eigen gemacht haben und sich deswegen der Sphäre des ,,profanum vulgus“ (Horatius Carm. III 1, 1) enthoben fühlen. — **immanis:** *roh, unmenschlich.* — **contumeliarum verbera subire:** *sich üblen Beschimpfungen aussetzen.* — **iniuriae:** vgl. § 7. — **proinde quasi:** *gleich als ob.* — **cum:** adversativ. — **si:** = etsi cupiant (potential). — **queant:** = possint.

10 exceptio: (jurist. t. t.) *Einwand, Protest* (des Angeklagten gegen den Kläger), hier *Einwand* der ,,angeklagten“ Anhänger des otium. — **probari:** mihi aliquid probatur (formelhaft) *etwas findet meinen Beifall, gefällt mir.* — **quod... negant:** konstatierend. — **partem rei publicae:** (übertragen von pars als Rolle des Schauspielers) *Amt, Aufgabe in der Politik.*

tempus et necessitas: Seneca berichtet De otio III 2, **Epikuros** (s. § 1 isti) habe sich über die Beteiligung an der Politik folgendermaßen geäußert: ,,Non accedet ad rem publicam sapiens, nisi si quid intervenerit.“ (Dagegen der Begründer der **Stoa:** ,,Zenon ait: ‚accedet ad rem publicam, nisi si quid impedierit.‘“ Entsprechend der Tendenz des Buches findet Seneca für die Praxis zwischen den beiden Standpunkten keinen wesentlichen Unterschied. Vgl. die Zitate aus Senecas Werk zu § 4.) Was nun nach des Epikuros Ansicht ,,*dazwischen kommen*“ könnte, sagt Seneca nicht und ist uns auch sonst nicht überliefert. Höchstwahrscheinlich ist unser Text die Erläuterung dazu (necessitas i. d. eigentl. Bdtg.: *unausweichliche Lage*). Allerdings ist damit nicht gesagt, daß Cicero sich ausschließlich gegen die Epikureer wendet. Auch **Peripatetiker** konnten, wenn sie sich z. B. **Theophrast** (s. z. Vorr.) verpflichtet fühlten, etwas Ähnliches ausdrücken bzw. als bequemes Stichwort übernehmen. Wir haben keinen Beweis dafür, daß die Epikureer von sich behaupteten, in der Not glänzende Staatsführer zu sein (vgl. § 11).

quasi vero: = proinde vero (§ 9). — **nobis:** Wieder eine Anspielung auf Ciceros Einsatz für die Gesamtheit bei der Verschwörung des Catilina (vgl. § 6 meo nomine). — **in qua:** Eine bei Cicero sehr beliebte Stellungs- und zugleich Klangfigur: durch den proleptischen relativen Anschluß verstärkt er die im vorhergehenden Kolon bereits eingeleitete Alliteration mit qu. — **qui:** vgl. § 7. — **cursum tenuissem:** vgl. § 3. —

equestri loco natus: (Das Partizip ist konzessiv gemeint.) Hier bricht wieder der Stolz des homo novus durch (vgl. § 1). — **amplissimum:** vgl. § 5. — **ex tempore:** tempus hier i. S. v. *Zeitverhältnisse, Umstände, Lage* (vgl. ex tempore dicere = „extemporieren"). — **opitulari** (< ops + tulo = ferre) *Hilfe, Rettung bringen.*

11 hominum doctorum: s. Wv. — **oratione:** oratio (s. Wv). hier in Fortführung des Bildes von § 10 (exceptionem). — **gubernare:** Das immer wiederkehrende Bild vom Staatsschiff (vgl. zu § 1) hat ähnlich wie hier **Platon** benutzt. In seinem „Gleichnis vom Steuermann" („Politeia" 488 C) setzt er den Fall, daß der Eigentümer eines Schiffes untauglich zur Übernahme der Führung ist, und fährt dann fort: „Nun zanken sich die Matrosen, weil jeder glaubt, er müsse Steuermann sein, obwohl er nie diese Kunst gelernt hat und nicht in der Lage ist, seinen Lehrer oder seine Lehrzeit nachzuweisen." — **curaverint:** curare m. Inf. (ähnlich studere) *sich (die) Mühe geben, Lust haben, daran denken, wollen.* — **ad gubernacula accedere:** häufig bildhaft (s. o. gubernare), auch mit Zusatz von rei publicae, für das schlichte accedere ad rem publicam (s. § 9) gebraucht. — **profiteantur:** die „Professoren" *verkünden* (nicht: *bekennen*).

de rationibus eqs.: Unter ratio (s. Wv.) ist in diesem Zusammenhang (ähnlich wie in der formelhaften Wendung ratio atque usus belli) *Methode*, mehr mit dem Blick auf das Praktische, Regelhafte, als auf die „wissenschaftliche", philosophische Theorie zu verstehen. Der ganze Ausdruck bedeutet dann etwa: *Methoden zur Organisation und Erhaltung* (tueri = conservare) *von Gemeinwesen* und wird so von Cicero als Wortgruppe gebraucht. Der Sinn wird nahegelegt durch die nachfolgende Wendung ad civitatis rationes, die ihrerseits als munus erklärt wird. — **in illo genere exercitatis:** genus *Fach.* Gemeint sind also die Politiker der Praxis (exercitati). — **scientia:** hier wie oft weniger *Wissenschaft* als *Wissen, Kenntnisse* (s. Wv.). — **qui:** s. § 7. — **convenit:** convenire hier *zusammenpassen, stimmen.* — **cum:** adversativ. — **proclivius:** proclivis *(abschüssig) leicht ausführbar, leicht.* — **equidem:** s. § 3. — **ut:** konzessiv-konditional *(gesetzt den Fall, daß . . .).* — **descendere:** de-: von seiner Höhe (So wandelt Sokrates in den „Wolken" des Aristophanes „in der Luft".) — **rationes civitatis:** Anscheinend ist das Wort ratio in Anlehnung an den Ausdruck de rationibus eqs. (s. o.) wiederaufgenommen, obwohl es nicht dieselbe Bedeutung hat, sondern etwa *Politik* (vgl. accedere ad rem publicam) im Sinne praktischer Betätigung, also negotium publicum (s. § 3) heißt. — **quibus . . . uti . . .:** Eine besonders elegante relativische Verschränkung. Anknüpfung im Dt.: *von denen . . .*

3. Zusammenfassung der einführenden Gedanken.

Thema und schriftstellerische Absicht des Dialogs.

12 haec: ausnahmsweise zurückgreifend und zusammenfassend. Gemeint ist das Thema der Einleitung: „Soll man sich politisch betätigen?" — **erat:** Die Wahl des Tempus wie im Briefstil (d. h. der Schreiber spricht von dem Zeitpunkt aus, in dem der Brief gelesen wird); denn die Vorrede ist ja eine Widmungsschrift. Hinzu kommt in diesem Falle noch, daß die Proömien i. a. zuletzt verfaßt wurden. — **de re publica:** Der Titel! — **disputatio:** *(wissenschaftliche) Untersuchung, Abhandlung* (oft mit dem Nebensinn der dialogischen Gestaltung). — **dubitatio:** *Bedenken, Unschlüssigkeit.* — **instituere:** hier nicht synonym mit suscipere, sondern *sich vornehmen, sich entschließen.* — **debui:** Das Verb debere ist immer mit dem Gedanken *des Schuldens, des (inneren, moralischen) Verpflichtet-Seins* verbunden; daher hier z. B. nicht das Gerundivum. — **parumper:** *eine kurze Zeit, ein Weilchen.* — **quos:** Gemeint sind die doctissimi, sehr zum Unterschied von den vorher oft genannten doctores, also Männer wie **Platon, Aristoteles, Dikaiarchos.** (Die Gesprächsteilnehmer sind alle Politiker gewesen. S. Ev. I.). — **qui:** Eigentlich sind es nicht nur einige, sondern fast alle. Cicero schränkt den Gedanken im Hinblick auf den folgenden Satz (omnes!) ein. — **gesserint:** Der Ausdruck rem publicam gerere ist hier im allgemeinen Sinne gebraucht: *für das Staatswohl tätig sein, sich politisch betätigen.* — **functos . . . munere:** Im Sinne der z. Vorr. angeführten Aristotelesstelle, die sicherlich auch von Dikaiarchos bestätigt worden war.

septem sapientes: Nur die Zahl war „kanonisch", keineswegs aber auch die Namen. Nur vier gehörten immer hinzu: **Thales** (aus Milet), **Bias** (aus Priene), **Pittakos** (aus Mytilene) und **Solon** (aus Athen), also drei kleinasiatische Griechen. Dikaiarchos zählt sechs weitere auf, aus denen man die restlichen drei des „Kanons" auswählte: **Aristodemos, Pamphylos, Chilon, Kleobulos, Anacharsis und Periandros.** (Die Auswahl hatte oft rein subjektive Gründe. So lehnte z. B. Platon den Periandros von Korinth aus weltanschaulich-politischen Gründen ab: Als „Tyrann" habe er kein „Weiser" sein können.)

paene: Cicero behauptet z. B. De oratore III 137: „Sed, ut ad Graecos referam orationem, . . . septem fuisse dicuntur uno tempore, qui sapientes et haberentur et vocarentur: Hi omnes praeter Milesium Thalem civitatibus suis praefuerunt." Damit hält er sich wohl an das Bild vom „weltfremden" **Thales**, das **Platon** im „Theaitetos" entwirft. Dem stehen aber andere, nicht minder gewichtige Zeugnisse entgegen. (Vgl. z. Vorr.) — Zur Bedeutung von paene vgl. § 7.

numen: Es ist ursprünglich der (durch Nicken mit dem Kopf angedeutete) *Wink*, *Wille*, *Befehl* usw. eines dazu Befugten (z. B. senatus, populi). Insbesondere bedeutet es dann *göttlicher Wille*, *göttliches Wirken*, *wirkende Macht der Götter*. (Im klass. Latein nicht *Gott*.) Vgl. § 59. — Dieser abschließende Gedanke weist bereits auf den Schluß des Werkes, das somnium Scipionis, hin und umfaßt das Ganze wie eine Klammer religiös-politischen Bekenntnisses (vgl. VI 13 und 29).

conservare: Cicero als „conservator" steht also gleichberechtigt neben den großen conditores des Mythos und der Geschichte: „O fortunatam, natam me consule, Romam!" (S. Einleitung.)

13 nobis: pluralis modestiae vgl. § 10. — **idem:** *zugleich*. — **gerenda:** hier präziser als § 12: *in der Staatsführung*. — **rationibus:** s. Wv. — **auctores:** auctor *maßgeblicher Fachmann*, *Autor*. — **nullae:** prädikativ. — **perpoliti . . . rudes:** Der *ausgefeilten* künstlerischen bzw. rhetorischen Form steht die *primitiv-ungeschickte (ungeschlachte)* gegenüber. — **probabiles:** probabilis hier „*ordentlich*", *annehmbar*. — **quaedam:** bescheiden einschränkend, zugleich sich unserm Ausdruck „*speziell*" nähernd. — **instituenda:** (vgl. § 12) hier mehr die *Anlage*, das „*Konzipieren*" betreffend. — **ratio:** s. Wv. — **sed eqs.:** virorum ist Attribut zu disputatio, unius aetatis zu virorum — memoriā repetere!

adulescentulo: Das Beziehungswort ist wahrscheinlich nur tibi, nicht auch mihi. Der Besuch bei **P. Rutilius Rufus** fand im Jahre 78 während der Studienreise nach Griechenland statt. (Vgl. Ev. I und Biographie Ciceros.) Cicero war also 28, sein Bruder 24 Jahre alt. Auf beide trifft daher die Bezeichnung adulescentulus (i. a. ein Jüngling zwischen 14 und 18 Jahren) nicht mehr zu. Gerade deswegen kann es als brüderliche Verniedlichung auf Quintus bezogen werden. — Aus dieser Stelle wäre, wenn die o. a. Voraussetzungen richtig sind, der Schluß zu ziehen, daß das Werk Ciceros Bruder gewidmet war (s. Einleitung). — Dadurch, daß **Cicero** den integren **P. Rutilius Rufus** zum Gewährsmann des Gespräches macht, beruft er sich auf den „**Scipionenkreis**" und die politischen Gedanken, die dort geprägt wurden und denen er sich verpflichtet fühlte. Es ist daher belanglos, ob R. tatsächlich der Berichterstatter war und wieweit Cicero sich an ihn hält. Es kommt ihm nur darauf an, den geistigen Ort seiner Ausführungen zu fixieren: Er liegt in einer politisch und geistig einmaligen (unius aetatis) und exemplarischen Zeit. (S. Einleitung.)

magno opere ad . . . pertineret: magno opere ad . . .

pertinere *von entscheidender Bedeutung sein.* — **rationes omnium rerum:** Die res sind natürlich der Gegenstand des Buches, die res publicae. Daher rationes (s. Wv.) hier im Sinne von *wissenschaftliche (theoretische) Gesichtspunkte.* — Der Konjunktiv gibt dem Relativsatz einen konsekutiven Nebensinn. Im Deutschen wird er entweder nicht beachtet oder durch einen abundierenden Irrealis (dem Sinne nach: Potentialis!) bzw. zusätzliche Verwendung eines Hilfsverbs (z. B. *können*) wiedergegeben.

II. Der Dialog.

Erstes Thema: Die Verfassung.

A. Einleitungsgespräch.

1. Die Gesprächsteilnehmer.

Die Doppelsonne.

In der folgenden Szene sind vor allem die urbanen Umgangsformen und die Sprache der gebildeten Kreise zu beachten.

14 hic: der (zeitlich) nähere, also „jüngere“ P. Africanus. — **feriis Latinis:** (vgl. Ev. II) Der Zeitpunkt ist nicht nur deswegen wichtig, weil er den vielbeschäftigten Männern das otium für ihr Gespräch bietet, sondern auch, weil dadurch zugleich ein religiöser Stimmungshintergrund für das gegeben wird, was sich im Todesjahr des P. Africanus ereignete. — **in hortis:** (sc. suis) Der Plural bezeichnet sowohl den *Kunstgarten* (mit den Anlagen der verschiedenartigsten Beete und Kulturen) als auch im besonderen den weitläufigen, wohlgepflegten *Park.* Berühmt waren u. a. die horti des **Sallustius, Lucullus, Pompeius,** später die der **Agrippina, Domitia** usw. Zur Zeit der Republik liegen solche horti außerhalb der Stadtmauer. Der Park des Scipio befand sich im Nordwesten vor Rom. — **ipsis:** Das Wort soll i. S. von *gerade, eben, genau* hier den ersten Festtag bezeichnen. — **comiter . . . appellavisset:** comiter appellare *freundlich (ansprechen =) begrüßen.* — **libenterque vidisset:** Die höfliche Anrede libenter te video ist so formelhaft, daß Cicero sie statt des Ausdrucks et libenter se eum videre dixisset i. S. von *höflich empfangen* anwenden kann. — **quid tu:** sc. venisti. Umgangssprachliche „Ellipse“; vgl. im Deutschen etwa: „Nun, mein Lieber, schon so früh?“ — **tam mane:** Das Motiv erinnert an platonische Dialoge. So begrüßt **Sokrates** seinen Freund **Kriton** im Gefängnis mit den Worten: „Warum hast du dich so früh eingefunden, Kriton?" (Platon, Kriton 43 A.) Und ähnlich fragt er **Hippokrates**, der ihm aufgeregt die Ankunft des **Protagoras** in früher Morgendämmerung anzeigen will: „Weswegen bist du so früh hergekommen?" (Platon, Protagoras 310 B.) — **ad explicandas . . . litteras:** Die Buchrollen werden „entfaltet", d. h. mit der einen Hand ab- und, soweit man gelesen hat, mit der andern wieder aufgerollt. Der Ausdruck bedeutet daher *studieren.* — **occupati:** ein elegantes Oxymoron (vgl. zu occupatus als Gegenteil von otiosus z. Vorr.). — **permagnum:** vgl. im Deutschen den umgangssprachlichen Ausdruck „*ganz groß*". — **nancisci:** gebräuchlich i. S. v. *(zufällig) vorfinden, antreffen.* — **hoc . . . motu:** Gemeint sind die *Unruhen*, die durch die Bodenreform des **Tib. Gracchus** ausgelöst worden waren. (Vgl. Ev. I s. v. Scipio.) — **atqui:** hier einschränkend *allerdings, zwar:* nactus es otiosum, sed . . . — **otiosiorem:** vgl. das Oxymoron, das Cicero an den Anfang des 3. Buches seines Werkes De officiis gesetzt hat, als Zitat z. Vorr. S. 82. — **relaxes:** relaxare *(Raum geben, lockern), Erholung geben, sich erholen lassen, ausspannen lassen.* — **commodo:** alqd meo commodo fit *etw. kommt mir gelegen, paßt mir, ist mir nicht lästig.* — **abuti:** *in vollem Maße sich zunutze machen, ausnutzen* (also intensivum zu uti). — **libente me:** höflicher Umgangston i. S. v. libenter. — **aliquid:** adverbialer Akkusativ des Neutrums.

15 invitas: schlagfertige Umkehrung der Situation. — **tui spem das:** Auch wieder eine (ebenfalls im Deutschen übliche) Verknappung des Ausdrucks. Gemeint ist natürlich die Aussicht darauf, daß Scipio „mitmacht", d. h. sich an dem abusus otii beteiligt. — Zu Scipios Ansicht vgl. den Meinungswechsel § 26.

de altero sole: Diese Erscheinung wird nach der griech. Bezeichnung ἅλως (ha'lōs: *Tenne, runder Platz,* „*Hof*" von Sonne und Mond) auch halo genannt. — Sogenannte Nebensonnen treten gelegentlich als Naturerscheinung auf, wenn geeignete atmosphärische Voraussetzungen erfüllt sind. Es treffen dabei zwei Teilphänomene zusammen: 1. Ein Beugungsring b, wie er als Hof häufig beim Mond, seltener bei der Sonne beobachtet wird. Er entsteht beim Durchtritt eines Strahlenbündels durch fein verteilten Nebel (hier: Eiskristalle) und läßt sich z. B. auch an einer feintropfig behauchten Glasscheibe erkennen. 2. Ein Horizontalstreifen h, der quer durch die Sonne verläuft und durch eine Unzahl von Reflexionen an den senkrechten Kristallflächen von Eisnadeln, die infolge ungestörter Sinkbewegungen ausgerichtet sind, entstanden ist. Dieser Streifen entsteht auf die gleiche Weise wie der Reflex einer Lichtquelle auf einer bewegten Wasseroberfläche. — Wo der Beugungsring b den Horizontalstreifen h schneidet, entsteht eine sehr lichtstarke Aufhellung, die den Eindruck einer zweiten Sonne erweckt; sie ist aber nur dann besonders täuschend, wenn die für die Bildung des Phänomens verantwortliche Eiswolke, eng lokalisiert, sich gerade in der Umgebung des Schnittpunktes befindet. Da so viele Umstände zusammentreffen müssen, ist die Erscheinung so selten.

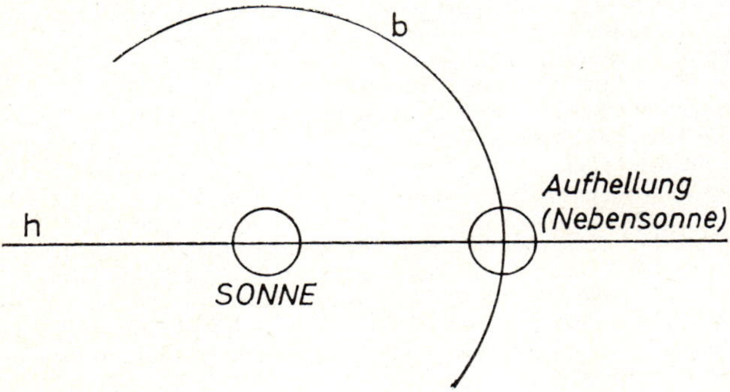

in senatu: Ungewöhnliche Naturereignisse waren für die Römer prodigia. Der Senat befaßte sich damit, um gegebenenfalls Entschlüsse von politischer Bedeutung (z. B. für Sühnopfer, Reinigungsmaßnahmen usw.) fassen zu können. Darüber lesen wir bei **Cicero** De div. I 97: „Quotiens senatus decemviros ad libros (sc. Sibyllinos) ire iussit! Quantis in rebus quamque saepe responsis haruspicum paruit! Nam et cum duo visi soles sunt et cum tres lunae et cum faces, et cum sol nocte visus est, et cum e caelo fremitus auditus, et cum caelum discessisse visum est atque in eo animadversi globi, delata etiam ad senatum labe agri Privernatis, cum ad infinitam altitudinem terra desedisset Apuliaque maximis terrae motibus conquassata esset (quibus portentis magna populo Romano bella perniciosaeque seditiones denuntiabantur; inque his omnibus responsa haruspicum cum Sibyllae versibus congruebant). Quid, cum Cumis Apollo sudavit, Capuae Victoria? Quid, ortus androgyni nonne fatale quoddam monstrum fuit? Quid, cum fluvius Atratus sanguine fluxit? Quid, cum saepe lapidum, sanguinis nonnumquam, terrae interdum, quondam etiam lactis imber defluxit? Quid, cum in Capitolio ictus Centaurus e caelo est, in Aventino portae et homines, Tusculi aedes Castoris et Pollucis Romaeque

Pietatis: nonne et haruspices ea responderunt, quae evenerunt, et in Sibyllae libris eaedem repertae praedictiones sunt?" — Gegen die Mantik in allen ihren Formen hatte sich bereits radikal der „Theologe" **Xenophanes** von Kolophon gewandt. (Cicero De div. I 5: „. . . e quibus (sc. philosophis), ut de antiquissimis loquar, Colophonius Xenophanes unus, qui deos esse diceret, divinationem funditus sustulit . . .") Ihm folgen **Protagoras** von Abdera (etwa 485—415) und **Euripides.** Einen Niederschlag der beunruhigenden Wirkung solcher Lehren finden wir in der Tragödie „Oidipus tyrannos" des **Sophokles.** Die Frage nach der „Befleckung" (griech. μίασμα mi'asma) wird in der Tragödie „Antigone" desselben Dichters gestellt. In dem philosophischen System des **Epikuros** hat die Mantik keinen Platz; denn die Götter kümmern sich nicht um die Menschen und ihr Schicksal. Dagegen nötigte der Gedanke an die weltimmanente Verbundenheit aller „Dinge" die **Stoiker**, den Volksglauben an Weissagungen aufrechtzuerhalten und zu versuchen, ihm ein wissenschaftliches Fundament zu geben. Darin kamen sie also dem natürlichen religiösen Empfinden der Römer nahe. (Nur andeutungsweise sei darauf hingewiesen, daß die stoischen Lehren von Verhängnis, göttlicher Fürsorge und Mantik notwendigerweise zu erheblichen Schwierigkeiten in der Frage „Determination oder freier Wille?" führen mußten.) **Cicero** befaßt sich eingehend mit dem Problemkreis in der bereits zweimal zitierten Schrift De divinatione. Er läßt seinen Bruder **Quintus** mit **stoischen** Argumenten die Möglichkeit einer Vorausschau verteidigen, während er selbst sie mit den Mitteln der **Akademie** und dem Gedankengut des **Panaitios** leugnet. (Das hinderte ihn durchaus nicht, dem Augurenkollegium anzugehören; vgl. die Einleitung und II 5.)

leves: levis *leichtfertig.* — **ratio:** s. Wv. — **vel:** (bei Superlativen oft =) *wohl, unstreitig.* — **in omni isto genere:** sc. scientiae. — **coniectura suspicari:** pleonastisch *durch Vermutung ahnen = erahnen.* — **sic:** *so bestimmt.* — **tractare manu:** *mit Händen greifen.* — **plane:** (steigernd) *geradezu.*

omnem eius modi curam: Gemeint ist die ernsthafte Auseinandersetzung mit naturwissenschaftlichen und naturphilosophischen Problemen. — Im gleichen Sinne schreibt **Cicero** von **Sokrates:** „Socrates primus philosophiam devocavit e caelo et in urbibus collocavit et in domus etiam introduxit et coegit de vita et moribus rebusque bonis et malis quaerere." (Tusc. V 10.) „Socrates mihi videtur primus a rebus occultis et ab ipsa natura involutis, in quibus omnes ante eum philosophi occupati fuerunt, avocavisse philosophiam et ad vitam communem adduxisse, ut de virtutibus et vitiis omninoque de bonis rebus et malis quaereret, caelestia autem vel procul esse a nostra cognitione censeret vel, si maxime cognita essent, nihil tamen ad bene vivendum." (Acad.

post. I 15.) Ähnlich behauptet schon **Xenophon** in seinen „Erinnerungen an Sokrates“: „. . . Auch redete er nicht wie die meisten anderen Philosophen über Ursprung und Wesen der Dinge, indem er etwa darüber Betrachtungen anstellte, wie der von den Sophisten so genannte „Kosmos“ beschaffen sei und nach welchen Naturgesetzen die Himmelserscheinungen sich verhalten, sondern wies nach, daß die, die über derartige Dinge nachgrübeln, verrückt seien.“ (I 1, 14.) „Die Geometrie bis zu schwer verständlichen Figuren zu betreiben, lehnte er ab. Er sehe nämlich nicht ein, sagte er, wozu das nützlich sei. Allerdings besaß er Kenntnis davon, meinte aber, diese Dinge könnten ein Menschenleben völlig in Anspruch nehmen und man werde dadurch von vielen anderen nützlichen Kenntnissen ferngehalten.“ (IV 7, 3.) Im Gegensatz dazu führt **Aristophanes** in seiner Komödie „Die Wolken“ **Sokrates** als einen typischen Vertreter der Naturphilosophie ein. — Merkwürdigerweise ist für uns das Leben des **Sokrates** in Dunkel gehüllt. Wir haben die widerspruchvollsten Nachrichten über seine Vorbildung und seine Bekanntschaften mit den bedeutenden Geistern seiner Zeit. Geometrie soll er bei dem im platonischen Dialog „Theaitetos“ erwähnten Protagorasschüler und Mathematiker **Theodoros** gelernt haben. Kenntnis der Werke des **Anaxagoras** werden in der Verteidigungsrede, wie sie Platon gestaltet hat (Apologia), vorausgesetzt. Aber diese und andere ähnliche Nachrichten sind recht verschwommen. Wir müssen annehmen, daß **Sokrates** sich sehr wohl eine Zeitlang mit Naturphilosophie und Mathematik beschäftigt hat, dann aber um seiner eigentlichen Interessen willen (oder, wie Platon ihn in der „Apologia“ sagen läßt, wegen des göttlichen Auftrags, sich um die Gesinnung der Athener zu kümmern) sie als unwesentlich vernachlässigte.

qui . . . deposuerit . . . dixerit: Relativsatz mit kausalem Nebensinn. deponere *aufgeben, fahren lassen, ablehnen.* — **quaererentur:** coniunctivus obliquus. — **quam:** sc. quae (= ut ea) Relativsatz mit konsekutivem Nebensinn, vom Standpunkt Ciceros aus gesagt, daher mit selbständigem Tempus. — **ratio:** s. Wv. — **attinere:** = pertinere.

16 ita: Das Wort bezieht sich auf die letzten Auslassungen Scipios und wird dann noch einmal inhaltlich durch Socratem eqs. wiederaufgenommen bzw. erklärt. — **istam:** = de eius modi genere scientiae disputationem. — **reiecisse:** reicere *verwerfen, ablehnen.* — **auctorem:** prädikativ. — auctor *Gewährsmann* (s. § 13). — **locupletiorem:** locuples *glaubwürdig, zuverlässig.* — **laudare:** *zitieren.*

Pythagorae more: Tubero denkt an die Spätwerke **Platons**, vor allem an den „**Philebos**“, in denen er sich immer mehr der pythagoreischen Zahlenlehre bedient, um seine Ethik zu fundieren, also eine Ethik more geometrico aufzustellen. Die äußerst schwierigen Gedankengänge können hier nicht dargelegt werden. Ihren Gipfel erreichen sie in der letzten Vorlesung Platons „Über das Gute". In der **Akademie** hat diese Verflechtung von Ethik und Mathematik bis zuletzt nachgewirkt. — **Sokrates** tritt zwar auch im „Philebos" noch als Dialogpartner auf, aber mit der Lehre, die dort vorgetragen wird, hat der historische Sokrates nichts zu tun. **Scipio** hat also recht mit seinem Einwand.

in Aegyptum: Diese Reise ist in der Forschung sehr umstritten. Ägypten galt den Griechen als das Land **uralter** Weisheit. Es besteht daher der Verdacht, spätere **Biographen** hätten **Platon** aus Pietät einen Besuch des Landes zugeschrieben. Andere Gelehrte meinen, sie hätten die Reise aus den zahlreichen Hinweisen **Platons** auf Ägypten erschlossen.

in Italiam et in Siciliam: Der Besuch von Unteritalien (Magna Graecia) und Sizilien ist geschichtlich. Wahrscheinlich war es sein schon früh erwachtes Interesse für die **Pythagoreer,** das ihn nach Italien führte. Aus Gründen, die wir nicht kennen, reiste er dann an den Hof des „Tyrannen" **Dionysios** des Älteren in **Syrakus.** (Die Stadt hatte auch schon Generationen vorher viele bedeutende Dichter und Denker Griechenlands angezogen, so z. B. **Pindaros, Aischylos, Simonides, Bakchylides.**) Der Schwager des Fürsten, **Dion,** wurde sein Freund und Anhänger seiner Philosophie. **Dionysios** dagegen entzweite sich mit ihm und vertrieb ihn. Auf der Rückfahrt wurde **Platon** (auf Veranlassung des Syrakusaners?) gefangengenommen und in Aigina auf dem Sklavenmarkt ausgeboten. Ein Kyrenaier **Annikeris** kaufte ihn frei. Das geschah etwa um 390. Zwanzig Jahre später folgte er dem Ruf des **jüngeren Dionysios,** der inzwischen den Thron bestiegen hatte. Nach anfänglich gutem Einvernehmen, das in **Platon** die Hoffnung auf die ersehnte Tätigkeit in der praktischen Politik erweckte, wurden **Dionysios** und **Dion** durch politische Intrigen verfeindet. **Dion** wurde verbannt. Und **Platon,** der die beiden versöhnen wollte, mußte schließlich ohne Erfolg in die Heimat zurückkehren. Zum dritten Male reiste er 361, diesmal widerwillig, auf dringende Bitten des **Dionysios** nach Syrakus. Er sollte an der Aussöhnung der beiden Syrakusaner mitwirken. Aber auch das mißlang. Platon fuhr wieder nach Griechenland. 353 wurde **Dion** von einem Akademiker namens **Kallippos** ermordet, aufs schmerzlichste von **Platon** betrauert. **Platon** selbst berichtet darüber in seinem VII. Brief, der heute fast allgemein als echt angesehen wird, ausführlich. — Die Reisen nach Sizilien hatten demnach keine unmittelbare Beziehung zu der Bildungsreise nach Unteritalien.

inventa: inventum *„Fund"*, *Forschungsergebnis.* — **perdisceret:** perdiscere hier *intensiv studieren.* — **cum . . . multum fuisse:** multum esse cum alqo *mit jdm. häufig zusammensein,* *verkehren.* — **nanctum:** nancisci *(durch Zufall) auf etwas stoßen, in die Hand bekommen* (vgl. § 14).

commentarios: Mit dem Wort commentarii werden die griech. literarischen Begriffe „Hypomnemata" oder „Ephemerides" wiedergegeben. Es sind zunächst *Aufzeichnungen*, die als Stoffsammlungen für größere Darstellungen dienen sollen. Es gab sie in der Nachfolge der Feldherrn Alexanders des Großen auf kriegsgeschichtlichem, biographisch-historischem, geographischem Gebiet wie in der literarischen (grammatischen, sachlichen, ästhetischen usw.) Interpretation. Auch *Amtsbücher* der römischen Könige und Priesterkollegien werden so genannt. Sammlungen grammatischer „*Scholien*" (erklärender Anmerkungen) haben zu dem uns geläufigen Begriff „Kommentar" geführt. Am bekanntesten sind Caesars commentarii des gallischen und des Bürgerkrieges. Sie haben allerdings als Meisterwerke der Literatur mit den o. g. „Notizbüchern" nichts mehr gemeinsam als den Namen. Fragmente einer höchstwahrscheinlich von **Philolaos** (s. Ev. II) verfaßten Schrift περὶ φύσιος (peri′ phy′sios; φύσιος statt φύσεως ist jonischer Dialekt) „Über die Natur" sind uns erhalten. Es soll die erste Schrift aus dem Kreise der älteren Pythagoreer überhaupt sein. Umstritten ist, ob es sich dabei um Aufzeichnungen nach Vorlesungen oder um eine selbständige Arbeit handelt. Im ersten Falle könnten die commentarii, die sonst nicht erwähnt werden, damit identisch sein.

vigeret: vigere *(in Kraft stehen) blühen, angesehen sein, Ansehen genießen.* — **se . . . dedisse:** se alci dedere *sich (dem Umgang mit jdm., dem Studium einer Sache usw.) widmen.* — **unice:** *in einzigartiger Weise, unvergleichlich, außerordentlich.*— **omnia tribuere:** *etw.* (als dem eigentlichen Schöpfer der Gedanken) *zuweisen.* — **leporem:** lepos *Feinheit, Anmut,* bes. *humorvolle, geistreiche Art.* — **subtilitas:** *Feinheit* im Sinne des Scharfsinns; auch *Schlichtheit* im Sinne schmuckloser Schönheit. — **sermo:** (s. Wv.) *Gespräch; Gesprächsführung; Ausdrucksweise.* — **gravitas:** *Bedeutsamkeit.*

17 repente: Adverb zu adspexit. — **ut:** *sowie, sobald.* — **apprehendit:** apprehendere *bei der Hand fassen.* — **lecto:** Unter lectus (griech. κλίνη kli′nē) verstand man ganz allgemein die *Schlafstelle*, dann speziell sowohl das *Ruhebett*, auf das man sich zum Ausruhen und Nachdenken legte, als auch das meist für drei Personen bestimmte *Speisesofa.* — **collocavit:** collocare *jdm. seinen Platz anweisen.* — **auctor:** vgl. § 13. — **assidere:** *sich niederlassen, Platz nehmen.* — **propter:** = prope. — **vestrum:** statt eines attributiven Genetivs der Zugehörigkeit (vgl. amicus meus = *ein Freund von mir*). — **investigare:** *(aufspüren) erforschen.* — **genere:** vgl. § 15. — **quaerere:** *eine Untersuchung anstellen, unter-*

suchen (etwa synonym zu investigare). — **Numantiae:** (s. Ev. II) Rutilius nahm an dem Feldzug 134/3 unter Scipio teil. — **conquirere:** = quaerere (aber: mecum!). — **tandem:** (bezeichnet die Ungeduld des Fragenden) *eigentlich, denn.* — **inciderat:** sc. in sermonem — alqd in sermonem incidit *man kommt auf einen Gesprächsgegenstand.* — **de solibus:** Typisch für die Syntax der Umgangssprache. Scipio schwebt vor: quaesivimus. Er antwortet also nicht in der Form, wie die Frage gestellt worden ist. — **de quo:** proleptischer relativischer Anschluß. Der ganze Ausdruck entstammt der Umgangssprache: quid sentis de eo (Neutrum, sc. etwa argumento)?

18 puer: Die Verwendung des Wortes ist der griech. Bezeichnung παῖς (pai's *Junge*) für einen *Diener* bzw. *Sklaven* nachgebildet. (Vgl. im Französischen garçon *Kellner.*) Es handelt sich um einen Diener des **Laelius**, der seinem Herrn weit vorausgeeilt ist, um seine Ankunft rechtzeitig zu melden und dem Hausherrn die Möglichkeit zu geben, sich darauf vorzubereiten. — **calceis:** Der calceus ist ein halbhoher, roter *Lederschuh*, der nur zur Toga getragen wird. Scipio legt also die bequeme Hauskleidung (Sandalen, Tunika) ab, um den hohen Gast würdig zu empfangen. — **sumptis:** = indutis (vgl. dagegen § 22).

in porticu inambulavisset: Der porticus (griech. προστῷον prosto'on) ist der nach griechischem Vorbild an das altrömische Atrium angebaute, gedeckte *Säulenumgang* des Peristyls. Dieses lag zur Gartenseite des Hauses hin. Scipio „sammelt sich" zum feierlichen Willkomm. — Zu inambulavisset vgl. das griech. Verb περιπατεῖν (peripatei'n) und die „Peripatetiker". „Motorische" Menschen gehen gerne auf und ab, um sich zu konzentrieren. So auch **Protagoras** im gleichnamigen Dialog **Platons**. **Sokrates** berichtet (314 E), er habe ihn angetroffen, als er gerade mit seinen vornehmen Hörern im Säulengang auf und ab schritt. (Ein ganz anderer „Denktyp" soll **Euripides** gewesen sein. Von ihm wird berichtet, er habe am besten meditieren und dichten können, wenn er auf einem Sofa lag, wobei die Beine höher als der Kopf ruhten.)

docti adulescentes: Das Adjektiv bedeutet hier gebildet. **Cicero** bezeichnet junge Männer, die sich auf eine öffentliche Tätigkeit vorbereiten, als adulescentes. Der Altersbereich liegt im weiteren Sinne zwischen dem 14. und 30., im engeren (vgl. adulescentulus § 13) zwischen dem 18. und 28. Lebensjahr. Das Mindestalter für die Wahl zum Quaestor (aetas quaestoria) war in dieser Zeit 28 bis 30 Jahre. — **coniecit in medium:** Scipio *nimmt ihn in die Mitte* zwischen sich und (vermutlich) Mummius, eine Anordnung, die ja auch unsern Höflichkeitsbezeigungen entspricht. — **quasi quoddam ius:** *ein „ungeschriebenes" Gesetz, eine stille Übereinkunft.* —

militiae: lokativisch (vgl. domi). — **ut deum:** Der Vergleich eines Menschen von hervorragenden Qualitäten und Qualifikationen mit einem Gott und das Attribut „göttlich“ für einen solchen Mann ist den Griechen seit **Homer** so geläufig und selbstverständlich, daß auf Belege verzichtet werden kann. Es soll damit ausgedrückt werden, daß der Betreffende nicht mit normalen menschlichen Maßstäben erfaßt und mit entsprechenden Epitheta ausreichend charakterisiert werden kann. Als solche „gebildete“ Schmeichelei ist der Vergleich hier gemeint. — **vicissim:** *im Wechsel, dagegen, „seinerseits“.* — **observare:** (ähnlich wie colere) *„respektieren“.* — **spatium:** *abgemessene Strecke, „Spaziergang“, Rund- bzw. Umgang.* — **Scipionique eqs.:** Vgl. § 14 libenter vidisset. Es sind also auch hier die Worte des höflichen Empfangs statt der des Berichts gesetzt. — **aprico:** apricus *sonnig.* — **pratulum:** Deminutiv zu pratum *Wiese.* — **considerent . . . assedit:** Cicero variiert den Begriff sehr anschaulich (vgl. auch § 17).

2. Praktische Bedeutung und ethischer Wert der Wissenschaft.

19 sermo: (vgl. Wv. und §§ 16, 17) hier Gesprächsstoff, Thema. — **agendum . . . agebatis:** Das Wort agere wird hier in zweifacher Bedeutung verwandt: 1. intransitiv das Gespräch führen, 2. transitiv über etwas sprechen, etwas erörtern. Man beachte im Zusammenhang die Aktionsarten (agebatis — intervenimus)! — **quod . . . constaret:** explikativer Nebensatz mit coniunctivus obliquus. — **ain:** (oder ain′ = aisne zu aio) bzw. ain vero *Meinst du? Ist's möglich? Ist das dein Ernst?* — **ad domos eqs.:** **Laelius** soll als der Vertreter altrömischer Gesinnung erscheinen. Diese soll dadurch charakterisiert sein, daß sie sich in erster Linie dem (sittlich-) praktischen Verhalten und Handeln in Familie und Staat verpflichtet fühlt und an spekulativen Fragen uninteressiert ist. Daher bedeutet domus et res publica hier *häusliche und staatliche Verhältnisse.* — **siquidem:** *wenn anders; wenn wirklich, wenn . . . nun schon.* — **domicilium . . . patriam:** Ähnlich schreibt **Seneca** De otio IV 1: „Duas res publicas animo complectamur, alteram magnam et vere publicam, qua dii atque homines continentur, in qua non ad hunc angulum respicimus aut ad illum, sed terminos civitatis cum sole metimur, alteram, cui nos adscripsit condicio nascendi; . . .“ Es ist ein Gedanke des kynisch-stoischen Kosmopolitismus, der bereits in der vorplatonischen Sophistik angebahnt wurde (so z. B. von **Antiphon**; s. o. z. Vorr. S. 78). **Cicero** greift den Gedanken, das ganze Buch umspannend, VI 17 wieder auf. (Zu patria s. § 4.) — **te ipsum:** Laelius soll trotz seines Einwurfs nicht als Bildungsfeind erscheinen. — **sapientiae:** hier nicht so sehr im Sinne der *Lebensweisheit*, sondern

Bildung im Sinne *geistigen Besitzes*, der sich auch praktisch auswirkt. — **cognitio ipsa rerum consideratioque:** Das eine ist die *denkende Erforschung*, das andere die *geistige Durchdringung* der Natur.

ipsa . . . delectat: Daß das Forschen nach der (theoretischen) „Wahrheit" ein im Menschen angelegter Trieb sei, ist den Griechen gewiß: **Cicero** formuliert den Gedanken als Voraussetzung seiner Ethik im Sinne des Stoikers **Panaitios** folgendermaßen (De off. I 13): „In primisque hominis est propria veri inquisitio atque investigatio. Itaque cum sumus necessariis negotiis curisque vacui (vgl. feriati in der Antwort des Laelius), tum avemus (avidos!) aliquid videre, audire, addiscere cognitionemque rerum (!) aut occultarum aut admirabilium ad beate vivendum necessariam ducimus. Ex quo intellegitur, quod verum, simplex sincerumque sit, id esse naturae hominis aptissimum." Und oft läßt er diese Überzeugung, die ihn als Vermittler griechischer Geistigkeit für seine Mitbürger ausweist, in seinen Schriften anklingen.

20 disputatum . . . disseras: Das erste Wort betont hier das dialektische Moment, während das zweite eine monologisch-systematische Darstellung meint. — **immo vero:** *Nein! Vielmehr . . .; im Gegenteil.* — **interdictum . . . componendum:** Anspielung auf **Manilius** als Juristen. Das interdictum ist die *schiedsrichterliche Entscheidung* eines Prätors. Die beiden Sonnen stehen sich, witzelt Laelius, als Parteien in einem zivilgerichtlichen Verfahren, das ihre Besitzrechte betrifft, gegenüber. Der Schiedsspruch (possideant eqs.) besagt, daß die augenblicklichen Besitzverhältnisse gewahrt werden müssen. Dann erübrigt sich jede weitere Diskussion. (Der Ausdruck interdictum componere heißt also *ein Interdikt abfassen.*) Da die Jurisprudenz Voraussetzung jeder öffentlichen Tätigkeit eines Römers ist, will **Laelius** natürlich nicht die Rechtskenntnisse an sich, sondern den (etwas penetranten) Eifer des gelehrten Juristen bespötteln. Dieser aber konzediert der Fragestellung des **Philus** den Vorrang, indem er den Hieb geschickt pariert.

21 visum: sc. se esse. — **sphaera:** (griech. σφαῖρα sphai'ra) *Ball, Kugel; Erd- oder Himmelskugel; Globus.* — **locupletissima:** locuples *reich, wohlhabend* (vgl. dagegen § 16). — **ornatissima:** Bei Städten bedeutet dieses Epitheton, daß sie *reich an Kunstschätzen aller Art* (bes. profanen und religiösen Gebäuden, Skulpturen, Gemälden in öffentlichem und privatem Besitz) seien. **Cicero** schätzte **Syrakus**, das er gegen den **Proprätor** Verres, der es schändlich ausgeplündert hatte, in einem langwierigen Prozeß verteidigte, besonders hoch (vgl. die Einleitung). In seinen Reden gegen Verres (bes. act. II, lib. IV 117 ff.) gibt er ein anschauliches Bild dieser, wie er meint, größten griechischen und überhaupt schönsten Stadt. Vgl. auch zum ff. Ev. II s. v. **Archimedes.** — **cum . . . deportavisset:** adversativ. — **aliud nihil:** Man beachte die Wortstellung im Satzrhythmus! — **Archimedi:** = Archimedis. — **species:** *Aussehen.* — **tanto opere:** vgl. magnopere < magno opere. — **venustior:** venustus *hübsch.* — **in vulgus:** *für die Masse, bei der Masse, allgemein.*

22 ratio: (s. Wv.) hier *Konstruktion, Sinn.* — **ingenium:** (s. Wv.) hier *Genie.* (Vgl. die veraltete Bezeichnung „Genietruppen" für technische Einheiten des Militärs.) — **solidae . . . plenae:** hier synonym *fest, massiv.* — **inventum:** (vgl. § 16) Substantiv und Subjekt. — **tornare:** (griech. τορνεύειν torneu′ein) *drechseln.* — **descriptam:** describere hier *bemalen, beschriften.* — **descriptio:** entsprechend descriptam. — **ornatum:** ornatus, -ūs *Schmuck.* — **sumptam:** Das Wort kongruiert mit dem letzten der beiden Beziehungswörter. Bedeutung: *übernehmen.* (Vgl. dagegen § 18.) — **scientiae:** scientia *Wissen, Kenntnis* (vgl. § 2). — **facultate:** facultas *Fähigkeit, Gabe, Talent.* — **extulisse:** versibus efferre *in Versen ausdrücken, besingen, verherrlichen.* — **quinque stellarum . . . errantes:** Das Altertum kannte nur die Planeten **Merkur, Venus, Mars, Jupiter, Saturn.** Allerdings wurden **Sonne** und **Mond** oft dazu gerechnet. Daher findet sich auch die Zahl sieben. Die Bedeutung von errare ist dem griech. Wort πλανᾶσθαι (planā′sthai umherirren) nachgebildet. Sie entspricht also der von vagus. — **inventum:** s. o. — **inaequabiles:** inaequabilis *ungleichmäßig.* — **cursus:** *Bahn, Umlauf.* — **conversio:** *Umdrehung.* — **aere:** aes *Bronzegerät.* — **quot:** = tot spatiis sive conversionibus, quot diebus in ipso caelo succedit. — **ex quo eqs.:** Dieser Relativsatz zweiten Grades hat seinerseits konsekutiven Nebensinn; daher die Konjunktive. — **solis . . . defectio:** *Sonnenfinsternis* (s. § 25). — **metam:** meta *Wendepunkt, Grenzpunkt* (eigentlich in der Rennbahn). — **terrae:** Dativ.

23 hominem: sc.: C. Sulpicium Galbam. — **probatum:** probatus *erprobt, bewährt;* (alci) *geschätzt von . . .* (s. § 10). — **in Macedonia:** (vgl. Ev. I s. v. Scipio) Krieg gegen **Perseus** 168. — **religione et metu:** Hier nähert sich religio (religiöses Bedenken) der Bedeutung *Aberglauben* (s. dagg. § 2). — **defecisset:** Vgl. § 22 solis defectio. Gemeint ist die Mondfinsternis vom 21./22. Juni 168. — **declaratus:** declarare *jm. als gewählt öffentlich ausrufen, bekanntmachen, den Bürgern vorstellen.* Also 167 (vgl. Ev. II s. v. C. Sulpicius Gallus). Der Betreffende ist dann, wenn es sich um die Konsulwahlen handelt, consul designatus. — **prodigium:** (< pro und aio, also eigentlich *Vorhergesagtes*) eine meist als *unglückverheißend angesehene, unerklärliche* (daher „wunderbare" *Naturerscheinung* = [drohendes] *Wunderzeichen;*

s. § 15). — **locatus:** locari hier medial *eine Stellung einnehmen.* — **ain:** vgl. § 19. — **agrestes:** agrestis auch in übertragener Bedeutung Oppositum zu urbanus sowohl von den Umgangsformen als auch (wie hier) von wissenschaftlicher Einsichtsfähigkeit und dem Bildungsstand. — **apud:** dicere apud . . . *vor jdm. reden, eine Rede halten* (meist vor einer amtlichen Person, z. B. apud iudicem, oder in der Öffentlichkeit, z. B. apud populum, apud milites). — **imperitos:** imperitus *unwissend.*

24 insolens: *ungewöhnlich, übertrieben; maßlos, unverschämt, frech, rücksichtslos.* — **ostentatio** *Prahlerei, „Angabe“.* — **abhorrens:** abhorrere a . . . *zurückschrecken vor;* (von Sachen) *widersprechen, nicht passen zu . . ., nicht übereinstimmen mit . . .* — **persona:** *Maske; Rolle* in einem Theaterstück; *Rolle* im Leben = *Stand, Stellung, Würde; Charakter* (= Typ); *Persönlichkeit* im Sinne von Individualität, Mensch nach Rang und Stellung (im klass. Latein aber nicht *Person* = Individuum). — **gravissimi:** gravis *ernst, ernstzunehmend, charakterfest, gesetzt.* — **inanem:** inanis *leer; grundlos, unbegründet.* — **deicerat:** alci alqd deicere *jdm. etwas* (Unangenehmes) *nehmen, jdn. von etwas befreien.*

25 tenebrae: Sonnenfinsternis vom 3. August 431. — (Vgl. § 22.) — Die Berechnung der Finsternisse haben die Griechen wahrscheinlich von den **Babyloniern** übernommen. So ist es sicher, daß **Thales** von Milet (s. Ev. II) eine Sonnenfinsternis, wahrscheinlich die, die am 22. Mai 585 während des Kampfes zwischen Lydern und Medern eintrat, vorausgesagt hat. Spätestens **Parmenides** und **Empedokles** wußten, daß der Mond sein Licht von der Sonne erhält. Daher wird **Anaxagoras** auch nicht, wie man behauptet hat, die Ursache der Mondfinsternis entdeckt, sondern die Kenntnis davon bereits übernommen haben. Aber seine Freundschaft mit **Perikles** ermöglichte es ihm, direkt oder indirekt an der Verbreitung dieser Kenntnisse teilzuhaben. **Plutarch** (Perikles 35) erzählt, daß **Perikles** einem Steuermann, der bei einer plötzlichen Sonnenfinsternis den Kopf zu verlieren drohte, die Ursache anschaulich klargemacht habe, indem er ihm einen Rock vors Gesicht hielt. Es gibt zahlreiche Berichte und Anekdoten in der antiken Literatur, die von ähnlichen „Aufklärungsversuchen“ wie unsere Textstelle erzählen. **Thukydides**, der Historiker des Peloponnesischen Krieges, erwähnt die von **Cicero** zitierte Sonnenfinsternis in seinem Werk ganz kurz (II, 28), ohne auf des **Perikles** Eingreifen hinzuweisen: „In demselben Sommer (erstes Kriegsjahr 431) trat bei Neumond, wo es auch anscheinend allein möglich ist, nachmittags eine Sonnenfinsternis ein. Hinterher nahm die Sonne ihre vollständige Gestalt wieder an, nachdem sie eine

Zeitlang wie eine Mondsichel ausgesehen hatte und auch einzelne Sterne sichtbar geworden waren." Er stimmt also mit der Erklärung, die **Perikles** nach **Cicero** (im ff.) seinen Mitbürgern gibt, überein.

necessario: Adverb. — **se . . . subiecisset:** alci se subicere *sich unter (vor) etwas schieben.* — **orbem:** orbis *Kreis, das „Rund"*. — **intermenstruo . . . tempore:** intermenstruum tempus *Zeit zwischen zwei „Monden"* (Monaten), *Neumond.* — **disputando:** hier (im Gegensatz zu § 20) *erörtern, darlegen* (vgl. § 3). — **rationibus:** ratio (s. Wv.) hier *vernünftiger Grund, Erklärung* (in derselben Bedeutung auch gleich darauf). — **oppositu:** oppositus hier *das Vortreten* (vor die Sonne), oder (nach unserer gewöhnlichen Anschauungs- und Ausdrucksweise) *das Dazwischentreten* (zwischen Sonne und Erde). — **deficere:** s. § 23. — **quod eqs.** explikativ. — **Iunis:** kontrahiert aus Iuniis. — **obstitit:** obsistere vgl. o. oppositu. — **nox:** Das Prädikat gehört im eigentlichen Sinne natürlich nur zu luna. In der Prosa würde es dann heißen: et nox facta est. Die dichterische Formulierung ist kühn, aber eindrucksvoll. — **tanta . . . ratio:** (s. Wv.) hier *kluge, exakte Überlegung.* — **sollertia:** *Kunstfertigkeit; geistige Gewandtheit, Einsichtsfähigkeit.*

in maximis annalibus: Die annales maximi sind die vom **pontifex maximus** (daher ihr Attribut) geführte Jahresliste der wichtigsten Ereignisse. Sie wurden von **P. Mucius Scaevola** (s. Ev. II) in 80 Büchern veröffentlicht. Ursprünglich beschränkten sich die Oberpriester auf die kultisch bedeutenden Vorkommnisse, vor allem auf die prodigia (s. § 23), zu denen auch die Finsternisse gehörten. Im Laufe der Zeit wurden auch profane Daten in der Chronik aufgenommen. So wurde diese trotz ihrer rein aufzählenden Anordnung eine unersetzliche Fundgrube für die römischen Annalisten (= Historiker der Stadtgeschichte). **Cicero** sagt von ihrem Stil: „. . ., quibus nihil potest esse ieiunius, . . ." (De leg. I 6.). — **defectiones:** s. § 22. — **quibus . . . tenebris:** ablativus temporis. — **natura:** Zum Tode und zur Apotheose des **Romulus** vgl. außer II 17 und VI 24 die Darstellungen des **Livius** (I 15, 6—16 fin.) und **Ovid** (Fast. II 489 ff.; Metam. XIV 814 ff.). Es existieren auch noch weitere Berichte aus dem Altertum, die aber dem Schüler i. a. nicht zugänglich sind (so z. B. von **Plutarch**, Romulus 27). — Die vorsichtige Formulierung **Ciceros** (natura — virtus) verdient Aufmerksamkeit. — **humanum:** humanus i. S. der (biologischen) **Unzulänglichkeit** als Gegensatz zur göttlichen Unsterblichkeit.

26 secus: (Adverb) *anders, umgekehrt, nicht so . . .*

Zu **Scipios** Meinungswechsel vgl. § 15. — **Scipio** steigert sich im ff. in eine hinreißende, pathetische Verherrlichung der wissenschaftlich-philosophischen Lebensform, ein Bekenntnis, das bei diesem höchst aktiven, ganz und gar politischen Menschen zunächst Befremden erregen muß. Ein Vertreter der römischen vita activa weist über sich selbst, über die Gesinnung und Wertskala seiner Umwelt, die ja auch ihn geprägt hat, weit hinaus. Tatsächlich sind Ruhm und Besitz für den Römer sehr begehrenswerte Güter. Das gilt besonders auch für **Cicero.** Man erinnere sich an sein nie gestilltes Verlangen nach Glorifikation seines Konsulats (vgl. zu § 12). Nur dann, wenn er politisch kaltgestellt war, sprach er sich selbst durch philosophische Argumente des Verzichts Mut zu. Aber darauf kommt es hier nicht so sehr an. Tatsächlich ist die Emphase **Scipios** im Zusammenhang mit weiteren Anklängen an das Thema eine wohlberechnete Vorbereitung auf den Schluß des Werkes, das somnium (s. zu VI 9ff.). Die Motive werden dort in anderem Zusammenhang, aber mit der gleichen Gefühlsbetontheit (man beachte u. a. die rhetorischen Fragen und die Ausrufe im ff.) wieder aufgenommen. — Zum Problem der Lebensform ist oben (z. Vorr.) bereits das Grundsätzliche gesagt. — **porro:** (Adverb) *weiter, ferner.* — **quam . . . incolant:** Nebensatz dritten Grades mit coniunctivus obliquus. — **quamque eqs.:** et in quam exigua parte eius nos affixi . . . speremus. — **affixi:** affigere in re hier *an etwas (an-)ketten, fesseln, (fest)-bannen.* — **volitare:** Intensivum zu volare. — **vagari:** hier *sich ausbreiten.*

27 agros: Man beachte den Bau dieses Satzes: Vorwegnahme des Relativsatzes zu hic, innerhalb dieses Satzes Vorwegnahme der Objekte, Vorwegnahme der Prädikatsnomina im Kausalsatz und die doppelte Sperrung im Hauptsatz (quam fortunatus hic putandus est), der seinerseits das Ganze zusammenfaßt und sozusagen mit einem beschwörenden Appell abschließt. — **pondus:** Die Bezeichnung des Wertes von Silber und Gold durch das Gewicht ist im Deutschen nicht üblich (vgl. dagegen das englische Pfund!) und wird durch Quantitätsangaben (Masse, Menge usw.) ersetzt. — **quod . . . videatur:** coniunctivus obliquus. — **levis:** *unbedeutend, unwichtig* (vgl. dagegen § 15). — **fructus . . . usus:** Beide Begriffe bedeuten i. a. dasselbe: *Vorteil, Nutzen.* Ein durch die Koppelung geforderter, wenn auch geringer Bedeutungsunterschied besteht zwischen ihnen an dieser Stelle insofern, als fructus den *sich anbietenden Vorteil*, usus *die Nutzbarmachung* betont. Natürlich handelt es sich um die Förderung der „wahren“, der geistigen Persönlichkeit. — **dominatus:** (s. Wv.) „*Verfügungsmöglichkeit*“. Das Wort spielt in der weiteren Debatte als politischer Begriff eine große Rolle. — Der den drei Substantiven gemeinsame Genitiv „earum rerum“ ist hier selbstverständlich objektiv gemeint. — **Quiritium:** (Vgl. Ev. II). Das ius Quiritium ist das römische

Vollbürgerrecht, innerhalb des römischen Machtbereichs der gültigste Anspruch, den ein Mensch in jeder Beziehung, so auch im eigentumsrechtlichen Sinne erheben konnte. Nur der philosophische Kosmopolit konnte ihm das ius sapientis überordnen (vgl. z. Vorr. die Ansicht der Stoiker). — **pro suis vindicare:** vindicare alqd pro re *etwas als etwas beanspruchen.* — **civili nexu:** Unter nexus (eigentlich *Verknüpfung*) versteht das römische Zivilrecht einen *verbindlichen Kaufvertrag.* — **qui . . . sciat:** Relativsatz mit konsekutivem Nebensinn, der im Deutschen vernachlässigt werden kann. — **tractare:** *handhaben, mit etwas umgehen.* — **imperia:** Mit imperium wird hier die *oberste Befehlsgewalt im Kriege* bezeichnet. Die Begriffe imperia und consulatus ergänzen sich, weil seit Sulla die Konsuln nur in Rom amtierten, somit also durch den Ausdruck die beiden höchsten Stellen im Staat (imperator und consul) zusammengefaßt werden. — **putet:** putare *(etwas nach seinem Wert veranschlagen, etwas für etwas halten)* mit den beiden Konstruktionsmöglichkeiten alqd in re und doppeltem Akkusativ. — **Africanum avum:** Denselben Ausspruch zitiert Cicero De off. III (s. z. § 14).

28 civem: civis u. a. *Mitbürger, Landsmann.* — **quis autem:** sc. putare potest. — **quicum:** (quī ist alter instrumentaler Ablativ; s. § 7) = quocum. — **nullo arbitro:** nominaler ablativus absolutus (vgl. Cicerone consule u. ä.). — **arbitro:** arbiter *Augen- (Ohren-) Zeuge, Zuschauer, Beobachter.* — **inventa:** vgl. § 16. — **se oblectent:** se oblectare = se delectare alqa re *Genuß haben an etwas, durch etwas „gefesselt" werden.* — **natura:** Nominativ! — **consequatur:** consequi hier (wie oft) = assequi. — **perturbatione:** Die erwünschte seelische Haltung ist also die ἀταραξία (ataraxi'a) der Stoiker (vgl. zur Vorrede und zu § 1). — **firmiore fortuna:** ablativus qualitatis als Prädikatsnomen den vorhergehenden koordiniert. — **qui ea possideat . . .** Nach dem Wort „Omnia mea mecum porto", das angeblich von **Bias** aus Priene in Ionien, einem Zeitgenossen **Solons** (s. Ev. II), mit dem er unter die sog. „sieben Weisen" gerechnet wurde (s. z. § 12), stammt. — **naufragium:** (< navis, frangere) *Schiffbruch.* — **imperium:** ähnlich wie § 27 (s. d.). — **despicientem . . . ducentem:** Prädikativa ohne Beziehungswort in der Infinitivkonstruktion. Es schwebt ein allgemeiner Subjektsakkusativ *(„man")* vor. — **et inferiora . . .:** et omnia humana (s. z. § 25) inferiora sapientiā ducere. — **volutare:** Intensivum zu volvere. — **politi:** polītus *gebildet.* — **humanitatis:** Das Wort humanitas hat ein weites Bedeutungsfeld. Hier ist es *menschliches Wesen* im Sinne der nur ihm gegebenen geistigen Entfaltungsmöglichkeiten, durch die es jedem anderen „irdischen" Wesen überlegen ist, zugleich als abstractum pro concreto *Menschheit.*

29 perelegans: *äußerst geistreich.* — **ex alto:** altum (ursprünglich mare altum) substantiviert *(hohe) See, Meer.* — **descriptas:** describere alqd in alqa re *etwas auf (in) etwas zeichnen* (vgl. zu § 22). — **videlicet:** (enklitisch) *offensichtlich.* — **consitura:** *Das Besäen, die Bebauung, Bestellung.* — **interpretabatur:** interpretari *deuten, erklären;* (ex alqa re) *folgern aus . . .*

30 ad ista . . . dicere: *zu diesen Ausführungen sprechen, etwas bemerken.* — **cordatus:** (vorklass. Wort) *gescheit.* — **catus:** *gewitzt, klug.* — **quae . . . inveniret, . . ., quae . . . solverent:** Relativsätze mit final-konsekutivem Nebensinn. — **quaesisset:** Modusassimilation. — **de Iphigenia:** aus der (Tragödie) „Iphigenie" des **Ennius** (s. Ev. II). — **capra:** (Ziege) das Sternbild *Capella.* — **nepa:** *Skorpion.* — **caeli . . . plagas:** plaga *Gegend, Zone, Bezirk.* — **scrutentur:** scrutari *er-, durchforschen.* — **paucis:** adverbialer Ablativ im Sinne von paulum. — **omnino:** *ganz und gar, vollständig.* — **quodsi:** *wenn also.* — **liberiora:** liber hier in der Bedeutung von liberalis „*eines freien Mannes würdig*", *edel.* — **transfusa latius:** latius transfundi *sich weiter ergießen = umfassender sein* (d. h. nicht beschränkt auf die reine Theorie). — **ad usum vitae:** usus vitae *Lebenspraxis, praktisches Leben.* — **conferre ad . . .:** *anwenden auf . . ., verwenden für . . .* — **irritent:** irritare *reizen, einen Anreiz geben; anregen.*

3. Vorrang der Politik vor der Wissenschaft.

Laelius hat § 30 die Gesellschaft ernüchtert. Er hat sich gegen die aussichtslose Spekulation gewandt und ein geistiges Bemühen gefordert, das im praktischen Leben, möglichst im Staate, nutzbar gemacht wird. Die „Philosophie" (damit sind alle theoretischen Disziplinen gemeint) behält nur einen geringen, „formalbildenden" Wert. Es wäre falsch, diese Ansicht als „die typisch römische" hinzustellen, etwa in dem Sinne, als die entgegengesetzte „die typisch griechische" sei. Auch der Polis-Bürger und der leitende Staatsmann griechischer Poleis hält nicht viel von jener „Philosophie". Das beweist uns u. a. **Aristophanes** in seiner Komödie „Die Wolken" und **Thukydides** in der (von ihm in stilisierter Form referierten) Rede, die **Perikles** auf die Gefallenen des ersten Jahres des Peloponnesischen Krieges hält. Ähnlich wie Laelius — wenn auch aus ganz anderer Gesinnung heraus — argumentiert **Kallikles** (s. § 2) in **Platons** Dialog „Gorgias": Philosophie gehört zur Jugendbildung — für Erwachsene taugt sie nicht. — „Typisch römisch" ist dagegen das Unvermögen, spekulativ schöpferisch zu sein. Auch die offenbar echte Begeisterung über ein der Wissenschaft gewidmetes Leben, von der **Scipio** getragen wird, hat doch einen ironischen Hintergrund, wenn man an **Tuberos** Worte „. . . quod paulo ante secus tibi videbatur" (§ 26) und **Scipios** abschließende Feststellung denkt: „. . . semper mihi et doctrina et eruditi homines et tua ista studia placuerunt" (§ 29) — für ihn selbst haben sie keine existenzbestimmende Bedeutung. — Jedenfalls ist jetzt der Boden für die energische Forderung des **Laelius** geebnet, sich zunächst einmal den konkreten, tatsächlich höchst turbulenten Zuständen im Rom des Jahres 129 zuzuwenden (§ 31), und für den dann folgenden Auftrag an Scipio (§ 33 ff.).

31 mihi: dativus ethicus. — **L. Pauli nepos:** als leiblicher Neffe des Scipio (s. Ev. I Scipio und Tubero). — **tribunatus ratio:** ratio (s. Wv.) hier *Art der* (Auffassung und) *Handhabung bzw. Führung.* — **obtrectatores:** obtrectator *Widersacher.* — **invidi:** invidus hier substantiviert. — **tenent:** tenere (s. Wv.) hier *in Händen haben, beherrschen.* — **Metello:** Q. Caecilius Metellus Macedonius (s. Ev. II). Diese „Gegnerschaft" war rein sachlicher Natur. — **dissidentem:** dissidere a . . . = *abrücken von . . .; uneins, zerfallen sein mit . . .* — **hunc:** sc. Scipionem. — **potest:** Hier schwebt dem Autor bereits der nachfolgende Infinitiv subvenire vor. — **concitatis:** concitare *aufhetzen, aufwiegeln.* — **nomine Latino:** Der Ausdruck bedeutet: *alles, was den latinischen Namen trägt,* d. h. *alle Latiner.* Über ihre Sonderstellung vgl. Ev. II. Der Grund für ihre Erregung war die Absicht des **Gracchus**, auch Teile des ager publicus, die den Latinern und anderen Bundesgenossen schon lange von den Römern überlassen worden waren, für die Bodenreform zu reklamieren. Manche Latiner hatten das Land später käuflich erworben. Die mit Enteignung Bedrohten hatten dann **Scipio** um Unterstützung gebeten. — **foederibus violatis:** vgl. III 41.

triumviris: Es handelt sich um die tresviri agris dandis adsignandis iudicandis, also die mit der Durchführung der Bodenreform, die durch die Ermordung des **Gracchus** zunächst nicht beeinflußt wurde, beauftragte Behörde. Selbstverständlich waren die Großgrundbesitzer in Rom und dem verbündeten Italien ihre „besten" Feinde, vor allem auch, weil sie in Zweifelsfällen das Recht hatten, darüber zu entscheiden, ob ein Landgut ager publicus sei oder nicht. Dieses Recht wurde ihnen auf **Scipios** Initiative hin durch Volksbeschluß genommen. Am nächsten Tage war Scipio tot. Daher vermutete man einen Mord mit politisch-wirtschaftlichem Hintergrund (s. a. Ev. I Scipio). — So sind die triumviri für **Laelius** seditiosi, sie sind es aber auch in den Augen **Ciceros.** Er ist Großgrundbesitzer und leidenschaftlicher Verteidiger des Eigentumsrechts; seine Ansicht über die Gracchen und ihre Bestrebungen kann also nicht zweifelhaft sein. Er hat sich oft genug dazu geäußert, u. a. auch in seinen Reden gegen Catilina.

bonis viris: Vgl. § 3. Es sind also (im Munde des Laelius) die Optimaten und ihre Anhänger. Seit seiner Konsulatszeit hat **Cicero** den Begriff gelegentlich revidiert. Er hatte damals, im Kampf gegen die Revolution, eingesehen, daß die Optimaten keineswegs allein die „civitas" ausmachten, daß die staatstragenden und -erhaltenden Bürger in allen Schichten zu suchen seien. Allerdings blieb die Aristokratie, zu der er hatte aufsteigen können, zeit seines Lebens der Mittelpunkt seines engagierten Interesses (s. Einleitung).

32 modo: = dummodo. — **molestus:** hier *drückend, schädlich.* — **maxime:** im *höchsten Grade;* hier *noch so sehr (viel).* — **meliores . . . beatiores:** Das Ziel der Philosophie seit **Sokrates** (eigentlich schon seit **Herakleitos**), die Menschen besser und (dadurch!) glücklicher zu machen, wird also, wenigstens im Hinblick auf die Naturwissenschaften, von **Laelius** schlicht geleugnet. Man vergleiche damit die unermüdlichen Anstrengungen aller großen philosophischen Systeme der Griechen von **Platon** und **Demokritos** bis zu **Epikuros** und der **Stoa**, die Integration der Disziplinen nachzuweisen (auch dann, wenn von vornherein der Primat etwa der Ethik feststand.) — **permolestum:** s. o. molestus. — **secus:** vgl. § 26.

4. Das Thema des Dialogs.

33 artes: s. Wv. — **officium:** vgl. § 4. — **nobis:** dativus auctoris. — **conferantur:** vgl. § 30. — **status:** s. Wv. — **ad haec ipsa:** Gemeint sind die konkreten politischen Verhältnisse, die er vorher geschildert hat. — **viā:** nach dem griech. Wort μέθοδος (me'thodos) *Methode* gebildet, also *planmäßig, methodisch.* — **rationem:** s. Wv. — **instant:** instare *auf jdn. eindringen; dringlich, wichtig, bedrohlich sein.*

5. Auftrag an Scipio.

34 fieri volui: Laelius meint damit seinen Wunsch, daß gerade Scipio über das Thema sprechen solle. — **potissimum:** adverbialer Akkusativ (s. § 4). — **principem:** s. Wv. — **vel:** (steigernd) *wohl.* — **rerum civilium:** res civiles *Politik.* — **longe:** Stellung! — **paratior:** paratus „*gerüstet*", *bewandert.* — **gratum:** gratum facere *einen Gefallen erweisen.*

35 quidem: (einschränkend) *wenigstens.* — **cogitare, meditari, curare:** Klimax. — **quo:** = ut eo. — **unum:** prädikativ. — **opus:** Aufgabe. — **non:** = nonne. — **opificem:** opifex hier = artifex *Werkmeister, Künstler.* Man beachte die sorgfältige

Wortwahl: opere — artificem — opus — inertiorem — opificum — arte — operae! — **operae:** minus operae.

36 consultatio: *(Beratung), Problem.* — **summi . . . homines:** Gemeint sind natürlich vor allem **Platon, Aristoteles** und **Dikaiarchos.** — **Graecarum rerum:** Graecae res i. S. v. *griechische Bildung (Wissenschaften).* — **ut unum e togatis:** togatus Träger der Toga, d. h. der charakteristischen römischen Kleidung; daher synonym mit civis Romanus. — **non illiberaliter:** Litotes. (Zur Bedeutung von liberalis vgl. liberiora § 30.) — **domesticis praeceptis:** Die domestica praecepta sind die „*praktischen*", dem täglichen Leben auf dem Forum entnommenen *Unterweisungen*, die der Vater dem Sohn zu Hause zu geben pflegte. — **eruditum:** Man beachte die Steigerung zu dem sonst auch synonym gebrauchten Verb instituere. — Scipio teilt also im Grunde die Ansicht des Laelius (vgl. zu § 30).

37 usu: (vgl. zu § 30 und 36) maximarum in re publica rerum. — **viceris:** potential. — **tenemus:** = memoria tenemus = scimus. — **quoque:** si animum contulisti in istam quoque rationem. — **rationem:** s. Wv. — **uberiora:** uber *fruchtbar, ergiebig; gedankenreich, gehaltvoll.* — **orationi:** (s. § 11) hier und im Munde des Philus *das Wort* bzw. *die Worte.* — **disserentem:** s. § 20.

B. Scipios Vortrag:

Die beste Verfassung.

1. Erklärung seiner Absicht und Methode.

38 lege: lex hier *Regel, Anordnung.* — **omnibus:** dativus auctoris zu utendum esse. — **ut eius rei . . .:** ut, si conveniat *(sich verständigen)*, quod nomen eius rei sit, de qua quaereretur, explicetur, quid declaretur eo nomine. Es handelt sich also darum, vom Wort (der Benennung) zum „Begriff" vorzudringen, und zwar zunächst zur inhaltlichen Definition (quid declaretur — quid sit), dann zur gehaltlichen Erfassung (quale sit). — **elementa:** *Uranfänge* (zugleich *Grundbegriffe*). — **revolvar:** revolvi ad . . . (medial) *zurückgehen auf . . .* — **a prima congressione:** congressio *Verbindung.* Gemeint ist also die erste „Familiengründung" in Urzeiten, die von Aristoteles als Keimzelle des Staates angesehen wurde. Tatsächlich kommt später doch die Rede auf diesen Gegenstand. Scipio will sich nur der Verpflichtung entziehen, systematische Definitionen und Begriffsuntersuchungen auf dem gesamten Gebiet der politischen Theorie vortragen zu müssen. — **maris:** mās, maris *Mann* (als Geschlechtsbezeichnung). — **progenies:**

Nachkommenschaft. — **cognatio:** *Blutsverwandtschaft* (Die durch Heirat entstandene Verwandtschaft heißt affinitas.) — **quid:** quid (unum) quodque sit et quot modis dicatur. — **modis:** Die modi bezeichnen die *verschiedenen* (synonymen) *Benennungen* einer Sache, die „*Arten*" *der Benennungsweise.* — **tamquam magister:** Dieser Satz wird mit urbaner Bescheidenheit gesprochen. — **persequerer:** persequi *genau (pedantisch), erschöpfend behandeln.* — **ut ne:** *daß ja nicht.*

2. Definition des Staates. Seine Entstehung.

39 Est igitur . . .: Die folgende Definition ist ein unnachahmliches Wortspiel, da publicus seinem Etymon nach mit populus (altlat. poplus) verwandt ist. Männern wie **Scipio** und **Cicero,** die sich eingehend mit Fragen der Sprache befaßten, war natürlich eine solche Zusammengehörigkeit bewußt. Die „Versachlichung" bzw. „Verdinglichung" des Begriffs darf man allerdings nicht überschätzen. Das „Allerweltwort" res mit dem fast unübersehbaren Bedeutungsfeld ist zwar als „*Sache*" oder „*Ding*" ohne Anschauungsgehalt. Aber durch die Erklärung res populi *(Angelegenheit des Volkes)* nimmt Scipio dem Begriff res publica viel von seinem abstrakten Charakter (den unser Wort „Staat" ja auch besitzt). M. a. W.: Der unpersönliche Staat nimmt greifbare Formen an, wenn man ihn in der Gesamtheit des Volkes, der Volksversammlung, verkörpert sieht. — Die Frage nach dem Wesen und der Entstehung des Staates ist bereits von **Sophisten,** soweit sie gleichzeitig Kultur- und Staatstheoretiker waren, gestellt und behandelt worden (s. z. § 3). **Protagoras** trägt in dem gleichnamigen Dialog **Platons** eine solche Theorie als Mythos vor. Auf diese Darstellung sei hier nur empfehlend hingewiesen. Sie läßt sich nicht mit knappen Worten referieren. Der für den Zusammenhang unseres Textes wichtige Gedanke besteht darin, daß die Menschen aus Not, aus der Unfähigkeit, sich als einzelne gegen wilde Tiere ausreichend zu schützen, Staaten gegründet hätten. — Aufs engste verbunden war damit natürlich das Problem der Geltung des positiven Rechts. Die extrem widerstreitenden und heftig diskutierten Theorien vom „Recht des Stärkeren" (vertreten von **Kallikles** in **Platons** „Gorgias", von **Thrasymmachos** im ersten Buche von **Platons** „Politeia", von den **Athenern** im „Melierdialog" des **Thukydides**) und dem „Recht des Schwächeren" (vertreten u. a. von **Lykophron** und **Alkidamas**) behaupten entweder, das Gesetz sei — wider die natürliche Ordnung — von der Masse zu ihrem eigenen Schutz gegen die „natürlichen" Herren erfunden, oder, es habe — im Sinne der „natürlichen Ordnung" — die Schwachen zu schützen. **Sokrates** läßt in **Platons** „Politeia" (II 369 B ff.) „seinen" Staat dadurch entstehen, daß die Menschen das, was sie brauchen, nur durch Arbeitsteilung beschaffen können (da sie nicht „autark" seien), also auch aus ihrer Unzulänglichkeit als Individuen. Während **Platon** nach dem inneren Gefüge des Staates fragt, bemüht sich *Aristoteles* um echte Definitionen. Der Staat ist demnach als höchste Gemeinschaftsform (κοινωνία koinōni'a) um des höchsten Guten willen da. Sein Sinn ist das Glück (εὐδαιμονία eudaimoni'a). Er existiert „von Natur" (φύσει phy'sei) und ist „autark" (s. o. zu **Sokrates**). Der Mensch aber — und das ist eine gewichtige und folgenschwere Feststellung — ist „von Natur" auf die staatliche Gemeinschaft angelegt (ἄνθρωπος φύσει πολιτικὸν ζῷον a'nthrōpos phy'sei politiko'n dsō'on). Das Ganze ist nicht nur quantitativ, sondern auch qualitativ dem Individuum übergeordnet. (Aristoteles drückt das mit der Formel „es ist früher" aus.) In dieser Konzeption spiegelt sich die großartige Sicht des Aristoteles von der gliedhaften Ganzheit einerseits, von der polaren Natur von Mensch und Staat andererseits. Hierauf beruhen viele Grundgedanken späterer Systeme. — Die Definition aus den Reihen der **Stoiker** hört sich vor diesem Hintergrund weit dürftiger an: der Staat sei eine vom Gesetz regierte Menge Menschen, die zusammen wohnen. Nun, die Stoa war außer am „Staat der Weisen" nicht sonderlich an den menschlichen Gemeinschaftsformen und ihrer Organisation interessiert (s. z. Vorr.). Sie hatte Mühe, überhaupt ein „natürliches" Angelegtsein des Menschen auf den Staat hin in ihr System einzubauen. Erst **Poseidonios** und **Panaitios** erschlossen neue Wege (s. z. Vorr.), in denen das naturgegebene Gemeinschaftsgefühl der Menschen überzeugend begründet wurde und damit auch der Staatstheorie zugrunde gelegt werden konnte. — Diese reiche geschichtliche Tradition (die, abgesehen von allen Nebenrichtungen usw., hier nur angedeutet werden kann) muß man wenigstens in den Grundzügen im Auge behalten, um **Scipios** Ausführungen verstehen zu können. Denn sie sammelt und sondert sich hier bei dem gebildeten Römer (Scipio — Cicero) zu einer Interpretation, die seiner Auffassung vom Wesen und von der Entstehung des Staates entspricht.

coetus . . . congregatus: Das Wort congregatus (grex!) ist absichtlich gewählt, obwohl es im klass. Latein keineswegs nur auf die Tierwelt beschränkt ist. Der naive Leser vernimmt „*zusammengeschart*", der gebildete, bereits durch die Definition aufmerksam gewordene, „*wie Vieh zusammengeschart*". Allerdings darf man solchen etymologischen Geistreicheleien kein allzu großes Gewicht beimessen, wie die Verwendung von congregatio weiter unten zeigt.

iuris consensu et utilitatis communione: Der erste Teil erinnert an die o. a. stoische Definition des Staates. Der zweite hat Ähnlichkeit mit einer Formulierung aus De officiis I 155. (Als Quelle der Schlußkapitel dieses Buches gilt gewöhnlich das Gedankengut des **Poseidonios.**) Dort heißt es: „Atque illi, quorum studia vitaque omnis in rerum cognitione versata est, tamen ab augendis hominum utilitatibus et commodis non recesserunt; nam et erudiverunt multos, quo meliores cives utilioresque rebus suis publicis essent, ut Thebanum Epaminondam Lysis Pythagoreus, Syracusium Dionem Plato multique multos, . . ." Was hier von den Philosophen gesagt ist, hat auch im Prinzip der „Nützlichkeit" allgemeine Geltung. Das wird in demselben Werk § 22 (da dürfte **Panaitios** die „Quelle" sein) folgendermaßen ausgedrückt: „Sed quoniam, ut praeclare scriptum est a Platone, non nobis solum nati sumus ortusque nostri partem patria vindicat, partem amici, atque, ut placet Stoicis, quae in terris gignantur, ad usum hominum omnia creari, homines autem hominum causa esse generatos, ut ipsi inter se aliis alii prodesse possent, in hoc naturam debemus ducem sequi, communes utilitates in medium afferre mutatione officiorum, dando accipiendo, tum artibus, tum opera, tum facultatibus devincire hominum inter homines societatem." Ähnlich spricht der Vertreter der Stoa bei **Seneca** in der bereits zitierten Stelle De otio I 4. Es handelt sich dabei keineswegs um eine „typisch römische" Nützlichkeitseinstellung, wie die Gewährsleute Ciceros und Senecas bezeugen. Schon **Sokrates** hatte keinen anderen Weg zur Grundlegung einer Ethik als das Postulat des — von ihm allerdings zuhöchst sublimierten — „Nutzens" gesehen. — Es geht also in der Interpretation der Definition zunächst um Übereinstimmung in den Rechtsanschauungen und um Interessengemeinschaft. Der Auftrag zur ethischen Erziehung, der **Platons** „Politeia" beherrscht, und die Auffassung vom Staat als einem natürlichen Organismus, die Aristoteles vertritt, fehlen in dieser Definition.

sociatus: sociare von spezifisch menschlichen Verbindungen (vgl. o. congregare). — **imbecillitas:** *Unzulänglichkeit* (s. o. Sophisten usw.); mit diesem Wort wird offensichtlich eine eingehendere Auseinandersetzung mit anderen Theoremen eingeleitet (s. weiter unten). — **naturalis . . . congregatio:** Die erste Erinnerung an die Definition des **Aristoteles**! Das Wort congregatio als Gesellung, Sich-Zusammenfinden (bzw. der Trieb dazu) an dieser Stelle warnt deutlich davor, das Etymon des vorherbenutzten congregatus allzu sehr zu pressen (s. o.). Vgl. **Cicero,** De officiis I 157: „Atque ut apium examina non fingendorum favorum *(Waben)* causa congregantur, sed, cum congregabilia natura sint, fingunt favos, sic homines, ac multo etiam magis natura congregati adhibent agendi cogitandique sollertiam." — **singulare . . . solivagum:** Die Worte bedeuten *Einzelwesen* — *Einzelgänger*. Auch diese Fragen sind schon von **Aristoteles** gestellt und beantwortet worden. So schreibt er z. B. im IX. Buch der Nikomachischen Ethik: „Es ist wohl unsinnig, den Glückseligen zum Einsiedler zu machen. Denn keiner würde wünschen, in der Einsamkeit alle Güter zu besitzen. Der Mensch ist nämlich auf staatliche Gemeinschaft angelegt und zum Zusammenleben geschaffen. Also kommt das auch dem Glückseligen zu; denn er hat alle Güter, die es von Natur gibt." Dieser Gedanke ist dann auch besonders von der „mittleren" Stoa aufgegriffen worden. Spuren davon finden wir auch diesmal in **Ciceros** Werk De officiis. So z. B. I 153: „Placet igitur aptiora esse naturae ea officia, quae ex communitate, quam ea, quae ex cognitione ducantur, idque hoc argumento confirmari potest, quod, si contigerit ea vita sapienti, ut omnium rerum affluentibus copiis omnia, quae cognitione digna sint, summo otio secum ipse consideret et contempletur, tamen, si solitudo tanta sit, ut hominem videre non possit, excedat e vita." Oder im Anschluß an den oben zitierten Satz aus § 157 desselben Buches: „Itaque, nisi ea virtus, quae constat ex hominibus tuendis, id est ex societate generis humani, attingat cognitionem rerum, solivaga cognitio et ieiuna videatur, itemque magnitudo animi remota communitate coniunctioneque humana feritas sit quaedam et immanitas."

Vom Rest des Satzes sind nur noch die Worte „ut ne in omnium quidem rerum afflu<entia>" erhalten. Der Gedanke kann aus ähnlichen Zusammenhängen anderer Werke **Ciceros** ergänzt werden. So bestreitet er z. B. im Anschluß an den oben zitierten Satz aus § 157 in § 158 des I. Buches von De officiis, daß die Menschen aus reiner Notwendigkeit der Erhaltung ihrer physischen Existenz zusammengefunden hätten, und fährt dann fort: „Non est ita; nam et solitudinem fugeret (sc. der mit allen materiellen und geistigen Gaben ausgestattete Mensch) et socium studii quaereret, tum docere, tum discere vellet, tum audire, tum dicere. Ergo omne officium, quod ad coniunctionem hominum et ad societatem tuendam valet, anteponendum est illi officio, quod cognitione et scientia continetur." (In gewisser Weise richten sich diese Ausführungen gegen das mit großem Pathos von **Aristoteles** im X. Buch der Nikomachischen Ehtik vorgetragene Ideal vom glückseligen, „autarken" Weisen, der nur der reinen Schau lebt. Aber Aristoteles selbst war davon nicht restlos überzeugt, wie die oben zitierte Stelle aus dem IX. Buch und Ausführungen an anderer Stelle — vgl. z. Vorr. — zeigen.)

40 Das Zitat aus **Lactantius** ist der Schluß des Referats über eine Theorie von der Entstehung der Kultur und der Staaten, die in vielen Zügen an den Mythos des Protagoras erinnert (s. zu § 39).

delira: delirus *schwachsinnig; ungereimt, unsinnig.* — **potius:** *eher, vielmehr.* — **humanitatem:** vgl. zu § 28. — **congregatos:** vgl. zu § 39. — **communionis . . . societatis:** Eine starke Bedeutungsvariante liegt nicht vor (etwa *Gemeinschaft* und *Gesellung, Gesellschaft*).

41 Der erhaltene Text des vorhergehenden Satzes lautet: „(<qua>edam) quasi semina, neque reliquarum virtutum nec ipsius rei publicae reperiatur ulla institutio." Wahrscheinlich ist folgendes gemeint: „Wenn es nicht in der Natur des Menschen gewisse „Samen", d. h. Anlagen, gäbe, dann könnte man wohl auch keine Anlage für die **übrigen** sittlichen Kräfte und den Staat (d. h. die staatsbildenden Naturanlagen) finden." Das würde bedeuten, daß die Anlage zu einer bestimmten virtus vorausgesetzt wird. Damit kann nach dem Vorbild **Platons** nur die Gerechtigkeit gemeint sein, die zwar selbst eine virtus ist (griech. ἀρετή aretē'), zugleich aber die übrigen „Kardinaltugenden" mitbedingt und enthält. In eben diesem Sinne formuliert **Cicero** z. B. De off. I 155: „Quibus rebus intellegitur studiis officiisque scientiae praeponenda esse officia iustitiae, quae pertinent ad hominum utilitatem." (Der Gedanke berührt sich eng mit den zu § 39 zitierten Stellen desselben Buches.) Oder noch deutlicher und ins Übernationale gewandt III 28: „Qui autem civium rationem dicunt habendam *(Rücksicht nehmen auf . . .)*, externorum negant, ii dirimunt communem generis humani societatem; qua sublata beneficentia, liberalitas, bonitas, iustitia funditus tollitur; quae qui tollunt, etiam adversus deos immortales impii iudicandi sunt. Ab iis enim constitutam inter homines societatem evertunt, cuius societatis artissimum vinculum est magis arbitrari contra naturam hominum homini detrahere sui commodi causa quam omnia incommoda subire vel externa vel corporis vel etiam ipsius animi. Iustitia enim una virtus omnium est domina et regina virtutum." — Das Bild vom Samen findet sich (in anderem Zusammenhang) bereits bei **Platon.** In Hinsicht auf den Staat schreibt **Cicero** De off. I 54: „Nam cum sit hoc natura commune animantium, ut habeant libidinem procreandi, prima societas in ipso coniugio *(Ehe)* est, proxima in liberis, deinde una domus (also der ganzen „*Familie*"), communia omnia; id autem est principium urbis (griech. im Nominativ πόλις po'lis *Stadtstaat*) et quasi seminarium rei publicae." (Zu den Pflichtenkreisen vgl. § 1 necessitatem . . . datum.)

instituti: Vgl. vorher institutio in dem erhaltenen Satzrest. Die coetus sind also von Natur „*eingerichtet*", „*angelegt*". (Vgl. dagegen §§ 12, 13, 36.) — **sedem . . . constituerunt:** sedem constituere *einen (festen) Wohnsitz gründen, sich niederlassen.* — **domiciliorum:** domicilium (intimer als sedes) *Wohnung, Behausung, das „Zuhause*" (vgl. § 19). — **manu:** im Gegensatz zu locis *(= natürliche Lage)* der durch *Menschenhand,* d. h. *künstlich, geschaffene Schutz.* — **saepsissent:** saepire *umzäunen; schützen.* — **oppidum . . . urbem:** Unter oppidum versteht der Römer einen *umfriedeten Raum*, insbesondere einen *festen Platz* (Gegensatz: offenes Dorf), eine „*Landstadt*" (und zwar selten eine größere Stadt). Dagegen ist urbs immer eine *stark befestigte Stadt größeren Umfangs*, sehr oft *Rom* selbst. — **delubris:** delubrum (Entsühnungsort; wahrscheinlich mit de-luere zusammenhängend) *Tempel.* — **distinctam:** distinctus *(streng gesondert)*, *geschmückt*, *ausgestattet.* — **spatiis:** Das Wort spatium bedeutet hier *Platz* (s. dagg. § 18). Tempel und öffentliche Plätze sind der Mittelpunkt des religiösen und politischen Lebens der Griechen wie der Römer. — **communibus:** communis hier *öffentlich.* — **civitas:** (s.Wv.) Die Gesamtheit der Bürger = *Gemeinde*, wobei gegenüber res publica i. a. die lebendigen Personen gemeint sind (vgl. aber zu res publica in § 39). — **constitutio:** vgl. Wv. — **consilio** (und **consilium**): consilium vgl. Wv. — **primum:** Das zweite Glied folgt § 42: deinde. — **ad eam causam:** vgl. § 39. — **referendum:** referre ad *beziehen auf . . .*; Pass.: *sich richten nach . . .*

3. Die Verfassungsformen.

a) Allgemeines über Vorzüge, Mängel und Entartungen der drei Grundformen.

42 Es sind die drei „typischen" Verfassungsformen des Altertums: Monarchie, Aristokratie, Demokratie. — **Platon** geht in seiner „Politeia" von seinem Idealentwurf aus; ihn nennt er Aristokratie (Herrschaft der Besten, d. h. der Philosophenkönige, vgl. z. Vorr.). Die gradweise verschiedenen Verfallsformen nennt er Timokratie (Herrschaft der — insbesondere durch ihre militärischen Leistungen — Angesehensten), Oligarchie (Herrschaft einer kleinen Gruppe von Kapitalisten), Demokratie (Herrschaft der anarchischen Masse, des Mobs, sonst auch Ochlokratie genannt) und Tyrannis (Gewaltherrschaft eines einzelnen). — Für **Aristoteles** ist der Staat eine Gemeinschaft zum Zwecke des guten Lebens und Handelns. Der Anteil und das Anrecht des Bürgers an diesem Staate richtet sich nach dem Maß, in dem er zu der staatlichen Gemeinschaft und ihrem Zweck beiträgt. Entsprechend beurteilt Aristoteles auch die Verfassungsformen. Die Tüchtigsten sollen herrschen (Aristokratie), ohne die Rechte der weniger Tüchtigen zu beeinträchtigen. Es kann auch sein, daß ein einzelner ein alle anderen überragendes Maß an Tüchtigkeit besitzt (Monarchie); doch dürfte das nur selten vorkommen. Ausschlaggebend sind jedenfalls die drei Gesichtspunkte Tüchtigkeit, Freiheit, Vermögen. Daraus ergibt sich der Entwurf einer Mischverfassung, die Aristoteles (nach der allgemeinen Bezeichnung für Verfassung) im speziellen Sinne Politeia nennt. Demokratie, Oligarchie und Tyrannis sind Entartungsformen. — Auf dieser von Aristoteles vorgezeichneten Linie hat **Dikaiarchos**

dann weitergearbeitet. Das Modell ist für die folgenden Gedankengänge **Ciceros** im wesentlichen verbindlich. (Zur „Mischverfassung" vgl. die Einleitung III 1. Dort auch über **Polybios.**)

tribuendum est: sc. consilium (s. § 41). — **summa rerum:** (summa *Hauptsache*) *oberste Gewalt, Leitung.* — **status:** s. Wv. — **regem eqs.:** illum unum (= solum) vocamus regem. — **arbitrium:** (vgl. § 28) *schiedsrichterliches Urteil; (willkürlicher) Machtanspruch, Entscheidung, Ermessen.* — **civitas popularis:** Der Ausdruck ist ein Versuch, das Wort *Demokratie* zu übersetzen. Daher appellant (nämlich die griechischen Theoretiker). Zu civitas vgl. § 41 und Wv. — **vinculum:** vgl. § 39. — **et ‹ut›:** Das eingeschobene ut ist konsekutiv gemeint. Manche Herausgeber lassen es weg. Dann kann der Satz konzessiv gedeutet werden. — **alio:** ablativus comparationis. — **principes:** vgl. Wv. und zu § 39. — **quamquam . . . probandum:** Das ist zugleich Ciceros politische Überzeugung. — **interiectus:** interici *dazwischen geworfen werden; (störend) dazwischenkommen, hindern.* Der abl. abs. ist kondizional gedacht. — **non incerto:** keine Litotes, sondern einschränkend: *ziemlich, einigermaßen.*

43 consilii: s. Wv. — **potestate:** s. Wv. — **aequabilitas:** s. Wv. — **iniqua:** Wortspiel mit aequabilitas. — **cum:** cum coincidentiae. — **dignitatis:** s. z. Vorr. S. 83 (otium cum dignitate). — **si:** = etiamsi. — **Perses:** die griechische Form statt des gebräuchlicheren Persa. — **populi res:** Scipio läßt Bedeutungsvarianten von res anklingen; denn es heißt hier weniger „*Staat*" als „*Lage*" (wie weiter unten condicio), stimmt also trotz der beigefügten Erklärung nicht ganz mit der Definition (§ 39) überein. — **nutu:** Das Wort nutus *(Nicken, Winken)* heißt *Wink, Weisung* i. S. eines *herrischen Befehls.* Es ist verwandt mit numen (s. § 12). **Homer** gebraucht das etymologisch und semasiologisch verwandte Wort νεῦμα (neu'ma) vor allem, wenn **Zeus** eine endgültige Entscheidung trifft. **Scipio** spielt also auf das „Gottkönigtum" des — von ihm übrigens sehr verehrten — **Kyros** (s. Ev. II) an. Die Kyrupädie gehörte zur ständigen Lektüre Scipios. (Zu nutus vgl. a. § 56.) — **modo:** Das Wort modus hier i. S. von *Maß = Vorschrift.* Man hat modo auch konzessiv verstehen wollen: *wenn auch maßvoll.* Schließlich ist eine Textverderbnis aus ‹ac com›modo vermutet worden. Das erste ist sprachlich unwahrscheinlich; das zweite paßt nicht fugenlos zu den Aussagen iustissimus . . . sapientissimusque. — **Massilienses:** (s. Ev. II). Sie hatten die Scipiones zu ihren patroni, d. h. Schutzherrn und Interessenvertretern in Rom, gemacht. — **scito:** scitum *Beschluß* (vgl. plebis scitum). — **ornatum:** Mit ornatus wird das griechische Wort κόσμος (ko'smos) übersetzt, das (charakteristisch für den Griechen als „Augenmenschen"!) sowohl *Schmuck*, als auch *Ordnung*, ja schließlich *Welt(ordnung)* bedeuten kann. Hier ist es also *geordnete Struktur* o. ä. (Vgl. § 22.)

44 hoc: Gemeint ist das, was er eben vorgetragen hat, während dieses Pronomen gewöhnlich auf das, was folgt, zielt (vgl. § 12). — **statum:** status s. Wv. (a. § 42). — **singula:** prädikativ: *als einzelne, jedes für sich.* — **iter:** *Übergang.* — **praeceps ac lubricum:** Die Ausdrücke (zu iter gehörig) bleiben im Bilde. — **amabili:** vgl. zu § 43 s. v. nutu. — **subest:** subesse *in unmittelbarer Nähe sein.* — **immutandi:** immutare *verändern*, oft im üblen Sinne *verschlechtern.* — **ad . . . licentiam:** limitativ mit kausalem Nebensinn: *angesichts der Ungebundenheit, Willkür, Macht.* — **dominatus:** s. Wv. — **cuius in similitudinem:** *zu dessen Bild, Charakterähnlichkeit.* — **proclivi:** Vgl. zu § 11. Das Bild wie bei iter oben. — **finitimus est:** Aus dem nachfolgenden Ausdruck ille consensus (et illa factio) schwebt bereits consensus (also: ille consensus, qui . . .) vor.

triginta: Nach Beendigung des Peloponnesischen Krieges (404) durch die Kapitulation Athens setzt der spartanische Eroberer einen Beschluß der athenischen Volksversammlung durch, 30 Männer der oligarchischen (spartafreundlichen) Partei mit unumschränkter Gewalt auszustatten und ihnen die Regierungsgeschäfte zu überlassen. Sie übten eine unglaubliche Willkürherrschaft aus. (Der einzige, der sich ihnen ernstlich widersetzte, war übrigens **Sokrates.**) Sie gingen als die **„30 Tyrannen"** in die Geschichte ein. (Vgl. zu § 50.)

potestatem omnium rerum . . . conversam: zu potestas s. Wv. — **ipsi:** = populo = Atheniensibus. — **licentiam:** licentia noch schärfer als oben: *zügellose Willkür.* — **pesti . . .:** Dem Sinne nach ist wohl zu ergänzen: pestiferam fuisse nemo est, quin sciat."

45 Die in § 44 bereits eingeleitete Darstellung der Entartungsformen von Verfassungen wird abgeschlossen; sie wird § 65 ff. wieder aufgenommen. Dieser „Kreislauf" ist eine Konzeption **Platons** (s. z. § 42), die sich alle wesentlichen nachfolgenden Staatstheoretiker mit gewissen Abwandlungen zu eigen gemacht haben. Daß **Cicero** sich in diesem Punkt von Platon inspiriert fühlt, beweist ein Wort aus dem Werk De devinatione II 9: „A Platone didiceram naturales esse quasdam conversiones rerum publicarum, ut eae tum a principibus tenerentur, tum a populis, aliquando a singulis." Allerdings finden sich in De re publica Unterschiede zu Platon. Cicero nähert sich darin der Auffassung des **Peripatos.** Platon geht von einer Idealverfassung aus und läßt stufenweise die empirischen Verfassungsformen als Entartungen erscheinen (s. zu § 42). Cicero geht von den empirischen aus (ab § 42), die nicht gleich von vornherein „entartet" sein müssen.

Hier, bei § 45, scheinen beide Theorien ineinander überzugehen, ohne daß der Gedankengang ganz klar ist, weil der wichtige Übergang fehlt. In der Partie I 65 ff. hält sich **Scipio** dagegen an die Theorie Platons, während II 65 wieder die peripatetische erscheint.

tyrannica: vgl. § 50. — **orbes et quasi circuitus:** Umschreibung für *Perioden, periodische Abläufe* (orbis bereits § 25 in anderer Bedeutung). — **vicissitudinum:** vicissitudo *Wechsel*. — **sapientis:** sapiens s. a. Wv.; hier *der Theoretiker, Philosoph.* — **impendentes:** prädikativ zu quos. — **moderantem ... retinentem:** Beides prädikative Partizipien zu prospicere ohne formales Beziehungswort; das logische Subjekt ist in civis ... viri ... enthalten; cursum ist Objekt zu beiden Partizipien. Die Bedeutungen: moderari *lenken, leiten, steuern;* retinere *in der Hand behalten.* — **quartum:** vgl. § 69. — **prima:** prädikativ. — **moderatum et permixtum:** *gleichmäßig gemischt* (Bedeutungsvariante zum vorhergehenden moderantem).

b) Die einzelnen Verfassungsformen.

α) Die Demokratie.

47 quaeque: = unaquaeque. — **natura:** hier (ähnl. griech. φύσις phy'sis) *Naturanlage, Wesen, Charakter.* — **aequa:** s. Wv. — **qui:** s. I 7. — **verbo:** *nur dem Namen nach* (etwa in der athenischen Oligarchie).

ferunt ... suffragia: Der Ausdruck suffragia ferre bedeutet *Stimmen abgeben, seine Stimme abgeben, sein Wahl- bzw. Stimmrecht ausüben.* Zum Gedanken vgl. §§ 42 f. und V 11. Das römische Volk stimmte in den comitia centuriata nach der Reform des **C. Flaminius** (220) in 373 Zenturien über die Wahl der höheren Beamten, Krieg und Frieden und die Gesetzgebung ab, war aber in den beiden letzten Punkten an die Zustimmung des Senats gebunden. Außerdem hatten die comitia centuriata bis zur Einrichtung der quaestiones perpetuae *(= ständige Untersuchungsbehörden)* die Kriminalgerichtsbarkeit. Die Abstimmung erfolgte durch die Zenturien, also gruppenweise (nicht nach Individuen wie in Athen). Die concilia plebis (s. II 25 und 59) wählten ursprünglich die Volkstribunen, bekamen aber später einen weit darüber hinausgehenden, enormen Einfluß, da ihre Beschlüsse, die plebis scita (plebiscita; s. zu § 43) den leges der comitia centuriata gleichgestellt wurden (nach der lex Hortensia vom Jahre 287). — Wahlbeeinflussung und -bestechung war in der Glanzzeit der Republik an der Tagesordnung. Auch führte man eine lebhafte Diskussion über die Frage, ob es besser sei, offen oder geheim abzustimmen. — **imperia:** s. Wv. — **ambiuntur:** Das Wort ambire bedeutet *umwerben*, das Passiv ist hier medial gemeint. (Das dazugehörige Substantiv ambitus, z. B. in der Formel lex de ambitu, bezeichnet in der Rechtssprache gerade die vorher erwähnte, ungesetzliche Amtsbewerbung, vor allem durch Bestechung einzelner, einflußreicher Personen oder größerer Gruppen des Volkes. — **ipsi . . . unde:** (= a quibus). Hiermit ist das Volk gemeint. — **alii:** Das Wort bezeichnet die Bewerber, also Aristokraten, Oligarchen usw. Vgl. zum Gedanken das, was zu § 44 s. v. triginta angemerkt ist.

sunt enim . . . iudicium: Genauer als § 43 (consilium communis und potestas) erscheint hier die auch der modernen Staatstheorie bekannte Dreiteilung der Gewalten. Unter imperium ist also im Gegensatz zu oben die *Exekutivgewalt* ganz allgemein zu verstehen. — **quae:** faßt imperium, consilium, iudicium zusammen. — **vetustatibus . . . pecuniis:** Der Kampf zwischen Geburtsadel und Ritterstand um die Besetzung der quaestiones perpetuae (s. a. oben zu ferunt . . . suffragia) kam lange Zeit nicht zur Ruhe, seitdem **C. Gracchus** im Jahre 123 die Senatoren verdrängt und die Geschworenenbänke den equites zugewiesen hatte. **Sulla** machte diesen revolutionären Schritt rückgängig. Im Jahre 70 wurden die Sitze unter Senatoren, Rittern und Angehörigen der nachfolgenden Steuerklasse, der sog. Ärartribunen, verteilt. — **ponderantur:** ponderare *abwägen, zumessen.* — **qui:** Die Fortsetzung bietet sich an: *der nicht alles das, worüber er verfügt, auch selbst werden könnte.*

48 fastidium: = arrogantia. — **nata:** Das Beziehungswort (neutr. plur.) stand in der vorhergehenden Lücke. Es ist etwa „*solche Verhältnisse*“ oder „*solche Zustände*“ zu ergänzen. — **succumbentibus:** succumbere alci *jdm. erliegen.* — **quicquam . . . beatius:** sc. quam se ipsos. — **quippe qui:** *da sie ja.* — **rite:** *nach Brauch und Recht, rechtmäßig.* — **rem populi:** vgl. zu §§ 39 und 43, hier also *Volksstaat.* — **patrum dominatione:** vgl. Wv. — **itaque eqs.:** Das Prädikat bleibt putant. — **in libertatem . . . vindicare:** *befreien* (das Passiv hier medial). — **non eqs.:** Nach Meinung der Demokraten gibt es also keinen „Kreislauf der Verfassungen“ (s. § 45), sondern die Demokratie ist die schlechthin ideale Verfassungsform.

49 indomiti: indomitus *zügellos, hemmungslos.* — **vitio:** vitium *fehlerhaftes Verhalten.* — **concordi populo et . . . referente:** ablativus comparationis. — **referente ad:** vgl. dagegen § 41. — **incolumitatem:** incolumitas *Erhaltung, Sicherheit, Sicherung der Existenz.* — **conducat:** conducit (unpers.) *es nützt, ist zuträglich, bringt Vorteil.* — **expediat:** expedit (unpers.) = conducit.

ex utilitatis varietatibus: Der Satz **Ciceros** „Unum debet propositum esse omnibus, ut eadem sit utilitas unius cuiusque et universorum.“ (De off. III 26) ist nur scheinbar mit der hier vorgetragenen „demokratischen“ Forderung identisch.

(Vgl. zu § 42 quamquam ... probandum.) Denn es fehlt ja gerade die § 43 geforderte graduelle Garantie der dignitas: nicht omnibus idem, sondern suum cuique! Allein die Vorstellung vom Eigentum (§ 48 domini ... pecuniae) muß einen Cicero schaudern machen. (Vgl. zum Rechtsgedanken § 41, dazu § 1 ius, zu Ciceros Auffassung vom Eigentum § 31 und unten s. v. pecunias. De off. I 25 schreibt Cicero in maßvollem Abwägen: „Es soll gewiß keinem verübelt werden, wenn er, ohne einen anderen zu schädigen, darauf bedacht ist, sein Vermögen zu vermehren; aber man muß sich dabei immer hüten, Unrecht zu tun.")

patres: s. § 48 zu patrum. — **constitisse:** constare *Bestand haben.* — **statum:** s. Wv. — **iam:** *vor allem, schließlich, vollends.* — **Ennius:** (s. Ev. II) Das Zitat findet sich auch De off. I 26, wo **Caesar** als Beispiel ungehemmter Machtgier angeführt wird. Das Wort regni ist nach „in regnis, quorum" eigentlich überflüssig. — **nulla eqs.:** nulla societas nec fides regni (= regum) sancta est. — **fides:** s. zu § 2. — **ius ... legis** (sc. sit) **aequale:** (vgl. zu § 43 s. v. aequabilitas) *Recht vor dem Gesetz.* — **condicio:** s. o. zu ex utilitatis varietatibus und zu § 43 res. — **pecunias:** (s. o. zu ex utilitatis varietatibus) Der „kommunistische" Gedanke der Gütergleichheit und der entsprechende der utopischen intellektuellen Gleichwertigkeit der Menschen hat in der Antike eine lange Geschichte. Römischem (auch, wie die solonische Reform beweist, ursprünglich athenischem, und natürlich spartanischem) Denken in Eigentumsklassen als der Voraussetzung für die verantwortliche Mitarbeit im öffentlichen Leben war der Kommunismus nur als Wunschtraum verkommener Adliger, tatsächlich „Entrechteter" oder sozial Benachteiligter bekannt. (Vgl. dazu die Beweggründe Catilinas und seiner Anhänger für ihre revolutionären Absichten.)

β) Die Monarchie.

50 Den wirklichen Verfassungsentwurf der Monarchisten kennen wir nicht. Aus den erhaltenen Resten läßt sich aber schließen, daß ihnen ein Wahlkönigtum vorschwebt; weder Abstammung noch Mißbrauch persönlicher Macht legitimieren den König. Er verwaltet daher sein Amt unter Zustimmung des Volkes als der in jeder Hinsicht „Beste". Man darf natürlich die Idiosynkrasie des Römers gegenüber dem bloßen Wort rex nicht außer acht lassen — auch dann, wenn in den folgenden Partien **Scipio** sich keineswegs scheut, das Wort in den Mund zu nehmen. (Vgl. die empfindliche Reaktion der Masse in Rom auf die Versuche, den sonst so verwöhnten und „vergötterten" **Caesar** zum König auszurufen.) Es geht noch an, den reges der Gründungszeit ihren Titel zu belassen. Schließlich ist das für die augenblickliche Politik und die

Stellung des Bürgers ohne Belang. Sogar als Titel eines Priesters hat man das Wort beibehalten (s. unten). Und endlich ist Jupiter rex divum atque hominum. Aber das ist auch die Grenze der Konzessionen.

putant: sc. die Monarchisten. Scipio referiert also zunächst wie bei den Demokraten. Im ff. spricht er in der direkten Rede. Vgl. zu §§ 54 ff. — **Iovis optimi nomine:** Vgl. III 23. — Wie bei den Athenern das Wort βασιλεύς (basileu's) nach Beseitigung der Monarchie als Titel desjenigen der drei wichtigsten Archonten, der für den Kult zuständig war, beibehalten wurde, so bei den Römern rex als Titel des Opferpriesters (rex sacrorum oder rex sacrificus); er gehörte damit zum Kreis der ältesten Priestertümer, dem collegium pontificum, das in der regia, dem alten Königshaus, tagte. Zu diesem collegium gehörten außerdem die flamines (Diales, Martiales, Quirinales), der pontifex maximus und die Vestalinnen. — **cur eqs.:** cur hominem (. . . cupidum . . ., . . . dominantem) regem, non potius tyrannum appellem? — **dominantem:** dominari s. Wv.

clemens tyrannus: Mit τύραννος (ty'rannos) wird im Griechischen ursprünglich ganz wertneutral der *Alleinherrscher* schlechthin, also auch der *Fürst* und *König* bezeichnet. So konnte **Sophokles** noch seinem Drama „König Oidipus“ den Titel „Oidipus tyrannos“ geben. Den üblen Nebensinn des Gewaltherrschers und Zwingherrn hat das Wort erst in der Diskussion der selbstbewußten Athener über ihre Freiheit bekommen. Auch hier ist es wie so oft (z. B. bei dem Begriff „Sophisten“) **Platon** gewesen, der für die dauernde Geltung des abschätzenden Sinnes auf Grund seiner ethisch-politischen Überzeugungen gesorgt hat (s. a. § 12). Als vorbildlicher, edler, „guter“ Tyrann galt z. B. **Peisistratos** von Athen (gest. 528); unter ihm kam die Stadt bzw. Attika nach langen parteipolitischen Kämpfen zur Ruhe und blühte wirtschaftlich auf. Den Athenern erschien die Periode seiner Herrschaft oft als ein zweites „goldenes Zeitalter“.

ut: konsekutiv. — **comi:** comis s. § 14. — **assequi . . ., ut . . .:** Man beachte die Sperrung. — **praestare putabatur:** sc. Lacedaemo; praestare alqa re hier wie oft ohne Nennung des Vergleichsgegenstandes (ceteris civitatibus) = *sich auszeichnen.* — **disciplina:** hier *Zucht*, *feste Ordnung* (s. dagegen § 2). — **habendus:** habere m. dopp. Akkusativ, hier *hinnehmen*, *anerkennen.* — **concessu:** concessus *Zugeständnis*, *Bewilligung*, *Zustimmung.* — **arrogaverunt:** sibi arrogare alqd vgl. arrogantia. — **qui:** vgl. zu § 47. — **optimus:** sc. vir, cui regis nomen ab omnibus conceditur. — **doctrina, artibus, studiis:** im Sinne des Philosophenkönigtums Platons.

audio: quando?: Da der Text hier abbricht, ist die Bedeutung dieser beiden Wörter und ihre Beziehung durchaus undurchsichtig. Das Verb audio könnte zum Vorhergehenden im Sinne von „ich stimme zu“ gehören. Es kann auch (und sogar zugleich!) die Einleitung des Folgenden sein. Die Interpunktion ist also fraglich; am fraglichsten ist die Bedeutung von quando; es kann einen Fragesatz, kann aber auch einen temporalen oder kausalen Nebensatz eingeleitet haben.

γ) Die Aristokratie.

51 Der Anfang, der ja eine Polemik gegen die Monarchisten enthalten muß, gibt viele Rätsel auf. Wer ist das Subjekt zu faciet? Populus, res publica? Worin soll die Zufälligkeit beim Auffinden und bei der Wahl eines Alleinherrschers bestehen? Ist da von einem „unfreien“ Volk die Rede gewesen? Höchstwahrscheinlich. Aber wieso war es unfrei? Denn aus dem Satz nam optimates eqs. (§ 50) geht doch hervor, daß für das erstrebte Königtum ebenfalls ein populi concessus vorausgesetzt wird.

fortuito: *zufällig, planlos, aufs Geratewohl.* — **navis:** zum Bild vom Staatsschiff vgl. § 1. — **vectoribus:** vector *Schiffer, Passagier.* — **sorte ductus:** alqm sorte ducere *jdn. mit dem Los ziehen, durch das Los bestimmen; jdn. auslosen.* — **quodsi:** vgl. § 30. — **liber:** prädikativ. — **hoc . . ., . . . ut. . .:** explikativ. — **natura tulerit:** natura fert *die Natur bringt es mit sich, richtet es ein.* — **summi:** = optimi. — **virtute et animo:** attributiv zu summi. — **statum:** s. Wv. — **pravis:** pravus *krumm, schief; verschroben; ungeschickt, unrichtig.* — **dicunt . . . putant:** Einwände der Gegner, die dann bis zum Ende von § 51 fortgeführt werden. — **ignoratione virtutis:** zu virtus s. z. Vorr. u. § 1; hier ganz allgemein *Tüchtigkeit, Leistungsfähigkeit.* — **copiosos:** copiosus Synonym zu opulentus (copia — opes!) also *ein Mensch, der Macht* durch Geld bzw. „Vermögen“ (!) *hat.* — **tum genere:** ohne korrespondierendes cum (opulentos et copiosos): *dann wieder.*

genere nobili: Platon, nach Abstammung und Gesinnung Aristokrat, läßt **Sokrates** über den Geburtsadel folgendermaßen sprechen: „Und rühmt man den Stammbaum, wie hochgeboren jemand sei, der sieben reiche Ahnen aufzuweisen habe, so hält der Philosoph das für ein Lob ganz stumpfsinniger und kurzsichtiger Leute, die infolge ihrer Unbildung unfähig sind, immer auf das Ganze zu blicken und zu bedenken, daß jeder ja ungezählte Myriaden von Vorfahren und Ahnen habe, unter denen sich bei jedem x-beliebigen Reiche und Bettler, Könige und Sklaven, Barbaren und Hellenen oft zu Tausenden befinden. Wenn sie sich aber mit einer Reihe von fünfundzwanzig Ahnen brüsten und sie bis auf Herakles, den Sohn des Amphitryon, zurückführen, so sieht der Philosoph darin nur abgeschmackte Engstirnigkeit. Weil sie aber nicht in der Lage sind zu erwägen, daß der Fünfzigste von ihm selbst eben „auch einer“ gewesen sei, wie es gerade kommt, und sie sich nicht von der Aufgeblasenheit ihrer unvernünftigen Seele zu befreien vermögen, lacht der Philosoph sie aus." (Theaitetos 176.) — Die Aristokraten Ciceros fassen also Platons Timokratie und Ochlokratie auch als Entartungsformen auf. Für Cicero, den homo novus, waren solche Gedankengänge bestechend.

tenere ... tenent: (s. Wv.) Bedeutungsvarianten: *fest in der Hand haben — an etw. festhalten.* — **mordicus:** (Adv.) *beißend, „verbissen", hartnäckig.* — **nomen illi principes eqs.:** illi principes nomen optimatium mordicus tenent ... (zu princeps s. Wv). — **re:** = re vera. — **vacuae:** prädikativ mit kondizionalem Sinn. — **consilio et ... modo:** beide Worte als dianoetische bzw. ethische virtutes: *Klugheit — Maßhalten, Mäßigung.* — **insolentis:** s. § 24.

52 virtute: abstractum pro concreto wie § 51 virtutes; gemeint ist hier virtus im engeren, philosophischen Sinne = *sittliche Gesinnung.* — **instituit:** instituere ad ... *„einsetzen" für etw., anstellen.* — **complexus est:** rem complecti a) *sich einer Sache bemeistern* — Perf.: *eine Sache beherrschen,* b) *eine Sache geistig erfassen, durchdringen* (Ich neige eher zu der ersten Deutung). — **unus:** prädikativ = solus. — **optimum:** neutrum. — **principes:** s. Wv. — **rem:** (= rem publicam) *Staatsführung.* — **temeritas:** *Unbesonnenheit, Planlosigkeit, Leichtfertigkeit.* — **infirmitatem:** infirmitas *Unzulänglichkeit.* — **moderatius:** moderatus *ausgeglichen.* — **quo:** = medio loco. — **quibus ... tuentibus:** kondizional. — **cogitatione:** Gemeint ist *das Nachdenken über Politik.* — **permisso:** = commisso. — **committendum:** absolut (ohne id): *sie dürfen es nicht dazu kommen lassen.* Vgl. De off. I 85: „... qui rei publicae praefuturi sunt, duo Platonis praecepta teneant: unum, ut utilitatem civium sic tueantur, ut, quaecumque agunt, ad eam referant obliti commodorum suorum, alteram, ut ..."

53 aequabilitas: s. Wv. — **amplexantur:** amplexari *(liebevoll umarmen), hochschätzen, größten Wert auf etwas legen.* — **neque:** Das zweite Glied ist positiv: eaque. — **praecipue ... tribuunt:** praecipue tribuere *Vorrechte geben.* — **dilectus:** *Auswahl.* — **dignitatum:** vgl. zu § 43. — **cum:** explikativ. — **summis et infimis:** Nach der vorher dargelegten Ansicht der Aristokraten (§ 51 f.) bezieht sich der Unterschied auf die geistigen und sittlichen Qualitäten, nicht auf Abstammung und Vermögen. — **aequitas iniquissima:** Wortspiel vgl. § 43. — **disputari:** disputare vgl. § 12 disputatio.

54 quid tu ...: sc. iudicas? *Wie steht's mit dir (mit deiner Ansicht)?*

δ) Scipio und die Monarchie.

quod eqs.: e tribus istis generibus quod genus maxime probas? Das Wort genus schwebt auch im ff. vor. — **quod**

maxime e tribus: sc. probem. — **conflatum:** conflare *zusammenblasen; zusammenschmelzen, verschmelzen* (Zur Mischverfassung s. o. §§ 42, 45). — **regium:** Zu Scipios Einstellung vgl. o. § 50. Immerhin erstaunlich bei diesem Vorbild eines Römers. (Beachte auch: nomen patrium!)

Im ff. ist der Text sehr verdorben. Es ist nur ein lesbares Satzfragment abgedruckt worden, damit der ungefähre Zusammenhang erkannt werden kann. Es handelt sich also um den väterlich-gütigen König (vgl. §§ 64 und 68).

occurrit eqs.: nomen regis occurrit quasi patrium (nomen).

55 aequitatem: s. Wv. — **fidem:** s. §§ 2 und 49. — **capiunt:** capere (= conciliare) *für sich einnehmen, gewinnen.* — **expediri:** expedire *entwickeln, darlegen.* — **hoc:** = das Vorhaben, der Auftrag. — **incohatum:** (prädikativ) *kaum begonnen, kaum in Angriff genommen.*

56 Aratum: (s. Ev. II) Sein Lehrgedicht begann mit den Worten: „Laßt uns mit Zeus beginnen!" Allerdings meint Aratos den „Allgott" im Sinne des stoischen Pantheismus. — **exordiens . . . incipiendum:** Der Bedeutungsunterschied wird folgendermaßen erklärt: exordiri „*anfangen, anheben*, meist vom Eingang (exordium) schriftlicher oder mündlicher Auseinandersetzungen"; incipere „bezeichnet, daß eine bis dahin noch nicht in Angriff genommene Handlung *ins Werk gesetzt wird*". — **quo Iove:** „*Mit welchem Jupiter?*" umgangssprachlich = „*Warum denn mit Jupiter?*", eine für unser Empfinden merkwürdige Formulierung. Auch die Tatsache, daß Cicero einmal erwähnt: „Joves quoque plures in priscis Graecorum litteris invenimus" (De nat. deor. III 42), genügt kaum zur Erklärung des saloppen Ausdrucks. — **rite:** s. § 48. — **ab** = (oben) ex. — **quid?:** = Quid his verbis dicere vis? — **censes:** = Quid me dicere velle censes, nisi id, quod, . . . („Der consensus omnium, von dem eben die Rede war, ist doch allgemein bekannt!")

ad utilitatem vitae eqs.: Die Theorie, in der Religion habe man eine heilsame, aber täuschende Erfindung kluger Köpfe zu sehen, findet sich in der erhaltenen Literatur erstmals bei dem „Sophisten" **Kritias**, einem Onkel **Platons**. Er gehörte zu den „30 Tyrannen" (s. § 44). Wahrscheinlich hat er sie bei dem Atheisten **Diagoras** von Melos (den **Aristophanes** in seiner Komödie „Die Wolken" den „melischen Sokrates" nennt) entlehnt. Sie wird von Sisyphos in dem gleichnamigen Satyrspiel des Kritias, der sich auf vielen literarischen Gebieten betätigte, vorgetragen. Dort heißt es u. a.: „Dann (d. h. nach einer chaotischen Zeit des Urzustandes der Menschheit) scheinen mir die Menschen Gesetze als Züchtiger aufgestellt zu haben . . . Darauf, als die Gesetze sie zwar hinderten, offen Gewalttaten zu begehen, die sie aber im Verborgenen doch begingen, da hat, wie ich glaube, zuerst ein gescheiter und kluger Mann die Götterfurcht für die Sterblichen erfunden, damit ein Schreckmittel für die Schlechten vorhanden sei, auch wenn sie heimlich etwas täten, sprächen oder dächten." **Platon** zitiert solche Gedankengänge in den „Gesetzen" (889 E): „Die Götter, mein Lieber, behaupten sie, seien gar nicht von Natur, sondern künstliche Phantasiegebilde, die auf dem Brauch beruhten; daher seien sie auch in jedem Lande anders, je nachdem man bei der Gesetzgebung hier so und dort so übereinkam." Allerdings fehlt hier der Gesichtspunkt: ad utilitatem vitae constituta. — Es gab auch noch andere Theorien über die Entstehung der Religion, die **Kritias** benutzen konnte. So leitete etwa **Demokritos** die Gottesverehrung aus der Furcht der Menschen ab. **Herodotos** vertritt die Ansicht, daß manche Götter in Wirklichkeit Menschen seien, die zu Göttern erhoben worden seien. (Allerdings bittet er gleichzeitig die Götter wieder um Verzeihung für seine Zweifel.) **Prodikos** meint, die „Erfinder" von Dingen, die dem Menschen nützlich sind (z. B. Brot, Wein, Wasser, Feuer), seien aus Dankbarkeit zu Göttern gemacht worden. Der Stoiker **Persaios** aus Kition (3. Jhdt.), ein Schüler **Zenons**, übernahm diese Theorie. Übrigens ist Persaios der Lehrer des oben von Scipio erwähnten **Aratos**. Die These, daß die Götter alte Könige (einer mysteriösen Insel Panchaia) gewesen seien, machte sich **Euhemeros** von Messana (3. Jhdt.) zu eigen. Ennius (s. Ev. II) übersetzte sein Werk ins Lateinische. Das ist eine der Quellen für den Agnostizismus und Atheismus in Rom.

sive . . . sive . . .: Die beiden korrespondierenden sive leiten Konzessivsätze ein. — **nutu:** s. zu § 43. — **magna . . . multi:** Prädikatsnomina. — **auctoritas:** *Bedeutung* (durch das Ansehen ihrer Vertreter). — **siquidem:** s. § 19. — **omnes multos appellari:** Da Scipio zwei Richtungen (haec — haec) anführt, muß er die Behauptung omnes . . . consentiunt einschränken. — **ita consensisse:** der Inhalt der „Zeugenaussagen". — **videlicet:** s. § 29. — **unius numine:** s. § 12. — **imperitorum:** s. § 23. — **doctores:** mehr als § 3: *Lehrer, Meister.* — **eruditorum:** s. § 36. — **tamquam oculis:** mit „geistigen" Augen. — **mente:** wahrscheinlich zu ergänzen: unius.

58 istos: *(diese deine), gerade die, gerade solche.* — **unius:** Der letzte König, **Tarquinius Superbus,** wurde im Jahre 510 abgesetzt. Bis zum Jahre 129, in dem das Gespräch stattfand, waren demnach 381 Jahre vergangen. — **ut urbis et civitatis:** einschränkender Vergleich: *wenigstens für . . .* (zu den Begriffen vgl. § 41). — **adulta:** adultus (< adolescere) *herangereift, erwachsen.* — **his annis quadringentis:** *heute (jetzt) vor . . .* — **et . . . quidem:** *und zwar.* — **superbus:** s. z. § 62 und II 44 ff. — **supra:** *(höher hinauf), vorher.* — **iustissimus:** Servius Tullius, vgl. II 37 ff. — **iste:** (s. o.: istos) *der (von dir genannte).* — **cedo:** (< ce + do = *gib her*) *sieh nur, denk dir einmal; laß hören, sag' doch.* — **barbarorum:** vgl. am Anfang von § 58 nec ullo modo barbaros. — **ad hoc, de quo agitur:** *für den Gegenstand der Untersuchung.* — **ingenia:** (sc. gentis) s. Wv. — **et prudentes . . . et non veteres:** vetus hier (wie vorher pervetus) Synonym zu antiquus (vgl.: perantiquis). — **inhumanis ac feris:** inhumanus *ungebildet;* ferus *ungesittet;* beide oft verbunden und dann = barbarus (hier im Sinne des Laelius).

59 argumenta: argumentum *Beweis.* — **tute:** verstärktes, nachdrücklich betontes tu. — **sensus tui:** Das Attribut hat „Objektcharakter": *Wahrnehmung an dir.* — **cuius:** Funktion wie tui. — **si forte:** Höfliche Einschränkung von si quando; auch tibi visus est unterstreicht diesen Charakter der Ausdrucksweise. — **dominatum:** s. Wv. — **Archytam:** (s. Ev. II s. v. Archytas) Von **Platon** wird eine ähnliche Anekdote erzählt. Ein Sklave hatte sich etwas zuschulden kommen lassen. Daraufhin sagt Platon zu einem Freund: „Prügle du ihn durch; ich bin nämlich wütend." — **offendisset:** offendere *antreffen.* — **inquit:** Das Wort wird i. a. absolut gebraucht; der Dativ an dieser Stelle ist eine seltene Abweichung vom Sprachgebrauch. — **vilico:** vilicus *Verwalter (eines Landgutes).*

60 videlicet: s. §§ 29, 56. — **dissidentem:** (dissidere s. zu § 31) Wortspiel: dissidere — seditionem — sedari. — **ratione:** s. Wv. — **seditionem:** seditio (στάσις sta'sis) *Aufruhr.* — **consilio:** consilium s. Wv. Zum Gedanken vgl. **Platon,** „Politeia" 440 A f.: „Diese Anekdote deutet doch darauf hin, daß der Wille bisweilen mit den Begierden im Kampf liegt, als eine Kraft mit einer anderen Kraft . . . Wir können doch auch sonst oft bemerken, daß jemand sich beschimpft, wenn seine Begierden ihn gegen seine Vernunft zu etwas zwingen wollen. Es ist, als ob zwei Parteien sich befehdeten und der Wille als Verbündeter der Vernunft erscheine." — **sedari:** sedare *zum Sitzen bringen; beruhigen, beschwichtigen.*

regale imperium: **Platon** hatte bereits eine Psychologie entworfen, die einen Schichtenaufbau der Seele voraussetzte. Die unterste Schicht ist das ἐπιθυμητικόν (epithymētiko'n), das Triebe, Affekte und Leidenschaften umfaßt. Darüber liegt das θυμοειδές (thymoeide's), die Schicht der spezifisch menschlichen Gefühlsbereiche. Darüber das λογιστικόν (logistiko'n), auch λόγος (lo'gos) oder νοῦς (nū's) genannt, der Bereich des vernünftigen Denkens, in dem gesteuerter Wille und Vernunft, Intelligenz und Geist vereinigt sind. Diese Schicht bestimmt das Verhalten der Philosophen-Könige und ist daher die eigentlich führende, ihre ἀρετή (aretē') ist die σοφία (sophi'a). Platons „Schichtenlehre" hat übrigens auf manche Richtungen der modernen Psychologie einen nachhaltigen Einfluß ausgeübt.—Auch die **Stoiker** postulierten einen führenden Teil der „Seele", das ἡγεμονικόν (hēgemoniko'n). Er ist den übrigen Seelenteilen (fünf Sinne, Sprachvermögen, Zeugungskraft) übergeordnet und umfaßt Vorstellungen, Begehrungen und Vernunft. Die Vernunft (λόγος lo'gos) ist die eigentlich steuernde Kraft — mindestens des (utopischen) „Weisen". Es ist ja gerade ein Hauptanliegen der Stoa, die Affekte zu überwinden (s. z. Vorr.).

dominatum: dominatus s. Wv. — **scilicet:** (<sci — licet> *wisse nämlich, das kann man ja wissen*) *natürlich, versteht sich* — **temeritati:** s. § 52. — **affectum:** affectus (= animatus) *gestimmt.* — **tenerent:** s. § 31 und Wv. — **de re publica:** Die Übertragung des individuellen Zustandes auf überpersönliche Einheiten war schon von den **vorsokratischen** Vertretern der Makro-Mikrokosmos-Theorie eingeleitet worden. **Platon** benutzte diese Vorstellung, um das „Organische" des Staates darzustellen, z. B. „Politeia" 441: „Es steht einigermaßen fest, daß sich in der Einzelseele dieselben Teile befinden wie im Staate, auch der Zahl nach . . . Daher muß nun der einzelne Mensch in der gleichen Weise und durch denselben Teil weise sein wie der Staat . . ." Daraus ergibt sich für ihn auch die „Organisation" des Staates in die Stände der Bauern und Handwerker, der Krieger (Polizei) und der Philosophen-Könige.

res: = res publica, summa rerum usw. (vgl. Wv. und § 52) — **quod quidem:** s. § 2.

61 iustitia: Auch dieser Gedanke geht auf Platon zurück (s. § 41). Die δικαιοσύνη (dikaiosy'nē) = iustitia ist diejenige ἀρετή (aretē') = virtus, die das oberste Ziel der staatlichen Gemeinschaft und somit das einigende Band aller Stände ist.

testibus: s. § 59 (testimoniis — testibus). — **probem:** probare hier (im Gegensatz zu § 60) *beweisen.* — **animum adverti:** = animadverti. — **familiae:** Unter familia versteht der Römer i. a. die *Gesamtheit der dem Hausherrn untergeordneten Personen*, speziell *das Gesinde, die Dienerschaft* (famuli); vgl. aber II 12. — **interdicere:** mit positivem Begehrssatz (ut) *untersagen, etw. nicht zu tun*, d. h.: *eindringlich anordnen, befehlen, einschärfen.* — **dicto audiens:** dicto audientem esse alci *jm. aufs Wort, unbedingt gehorchen.* — **quippe:** (anders als § 48) *natürlich, und zwar.* — **vilico:** s. § 59. — **domi:** Gemeint sind die Geschäfte der Stadtwohnung. Der Geschäftsführer heißt dispensator. (s. V 5). — **totam domum:** (vgl. § 19) Gemeint ist das gesamte *Hauswesen*, die gesamten Angelegenheiten der „*Familie*", also in der Stadt und auf dem Land. — **quin:** *warum nicht?* — **dominatus:** s. Wv. — **prope modum:** *beinahe.*

62 magis: Das ist die Antwort Scipios auf prope modum. — **similitudines:** similitudo: Das Wort hat hier (anders als § 44) die Bedeutung *ähnliches Beispiel* (wie das von ihm ausgeführte von der Hausverwaltung); da trotz omittam (Präteritio) zwei näher ausgeführt werden, muß ein Wort wie *etwa* die Überleitung andeuten. — **uni gubernatori eqs.:** (Zum Bild vgl. § 1.) Der Infinitiv hat explikativen Sinn. Die beiden Dative sind zur nachdrücklichen Wiederholung vorweggenommen und werden durch alteri — alteri wiederaufgenommen. Das Wort committere und der Ausdruck quam multis gehören natürlich zu beiden Gliedern. — **digni:** bezogen auf ihre Leistung. — **unius . . . Tarquinii:** *nur des einen, einzig (allein) durch . . . des T.* (Zu Tarquinius vgl. § 58.) — **importunitate:** importunitas *Rücksichtslosigkeit* (importunus = stehendes Epitheton zu tyrannus!). — **superbia:** vgl. § 58: et superbus quidem. — **nomen . . . regium:** = nomen regis. Die nachdrückliche Stellung von regium ist beachtenswert. — **exacto:** exigere = eicere, fugare. — **insolentia:** ablativus causae; zum Begriff vgl. insolens §§ 24 und 51; *(Ungewohntheit, Ungewöhnlichkeit), Übertreibung, ungehemmte Ausnutzung* (libertatis). — **exsultasse:** exsultare (intens. zu exsilire) *sich auslassen, sich gehen lassen; sich ausgelassen freuen über . . .* — **annui:** annus *jährlich gewählt* (vgl. II 56). — **demissi populo fasces:** Der Mitbegründer der Republik **P. Valerius Publicola** (s. Ev. II) ordnete (nach Liv. II 7, 7) im Jahre 509 an, daß die Liktoren in der Volksversammlung angesichts des souveränen Volkes (populo: Dativ!) ihre Rutenbündel senkten. (Den Konsuln gingen 12, den Prätoren sechs Liktoren zum Zeichen ihres imperium, ihrer militärischen Kommandogewalt und ihrer richterlichen Macht, voraus.) Vgl. II 53. — **provocationes:** Unter provocatio verstand der Römer im staatsrechtlichen Sinne *die Berufung (Appellation)* bzw. *die Berufungsmöglichkeit* an das Volk (die Volksversammlung). Vgl. dazu II 53 ff. Es gab sie also wahrscheinlich schon zur Königszeit für besonders schwerwiegende Fälle. Scipio ist nur der Gedanke an „omnium rerum" widerwärtig. — Die Appellation ging in der Kaiserzeit an den Kaiser.

secessiones: Das Wort secessio *Trennung, Abzug* ist in Rom zu einem innerpolitischen Begriff geworden. Die secessiones plebis hatten wirtschaftlich-politische Gründe. Im Jahre 494 begab sich die plebs auf den mons sacer, weil die Plebejer, die unter Waffen standen, wegen des überaus harten Schuldrechts in eine wirtschaftliche Notlage geraten waren. Damals soll **Menenius Agrippa** durch seine bekannte Fabel vom „Organismus" Staat (vgl. zu § 60: **Platon**) die Plebejer zur Versöhnung gestimmt haben. Die zweite secessio fand 449 statt. Die plebs rottete sich zunächst auf dem mons Aventinus zusammen und zog dann zum mons sacer. Der Streit war innerpolitischer Natur. Die Plebejer erzwangen den Rücktritt der decemviri, die endgültige Annahme des Zwölftafelgesetzes mit ausdrücklicher Betonung des Provokationsrechts, Wiederherstellung des Konsulats und Volkstribunats. Die dritte secessio, diesmal auf das Ianiculum, hatte wie die erste vor allem wirtschaftliche Gründe (durch den Krieg entstandene Schulden) und fand im Jahre 287 statt. (Vgl. a. zu den secessiones II 58 ff.) — **prorsus:** (< pro-versus) *geradeaus; geradezu, mit einem Wort, kurz (gesagt).*

63 otio: Zum Begriff s. z. Vorr. Der Ausdruck in pace et otio ist nicht formal als Hendiadyoin zu werten, sondern das erste Wort bezeichnet mehr den *äußeren*, das zweite mehr den *inneren Frieden.* — **lascivire:** (ähnlich wie exsultare § 62) *sich gehen lassen, sich anmaßend verhalten.* — **ille, qui navigat:** Zum Bild vgl. § 1. — **ingravescente:** ingravescere *sich verschlimmern.* (Beachte die beiden Inchohativformen horrescere und ingravescente.) — **opem:** ops *Hilfe.* — **imperare:** im absoluten Gebrauch *Befehle geben;* hier etwa „*tyrannisieren*". — **recusat:** recusare (als politisch-juristischer t. t.) *Einspruch erheben.* — **appellat:** appellare (als politisch-juristischer t. t.) *um Beistand angehen, anrufen* (z. B. die höhere Instanz gegen die Entscheidung der untergeordneten). — **provocat:** provocare s. § 62 provocationes. — **sic paret eqs.:** sic magistratibus paret ut regi . . . Scipio denkt hier weniger daran, daß die Konsuln in Kriegszeiten erhöhte Befugnisse hatten, als daran, daß die persönliche Existenz (salus) des Bürgers vom Verlauf des Krieges erheblich mitbestimmt wird, er sich also notgedrungen unterordnen muß, und damit das „Parteiinteresse" an Bedeutung verliert. — **libido:** *Willkür, Lust, Laune.*

gravioribus . . . bellis: De legibus III 9 zitiert **Cicero** ein hierauf bezügliches Gesetz in älterem Latein: „Ast (= at) quando duellum (= bellum) gravius, discordiae civium escunt (= sunt), oenus (= unus) ne amplius sex menses, si senatus creverit, idem iuris, quod duo consules, teneto, isque ave sinistra *(Vogelflug von links her)* dictus populi magister esto; equitatumque qui regat, habeto pari iure cum eo, quicumque erit iuris disceptator *(Entscheider);* reliqui magistratus ne sunto." Dem magister populi stand also ein magister equitum zur Seite. Die etymologische Ableitung des Wortes dictator (quia dicitur) ist nach Ansicht der modernen Sprachwissenschaft falsch (zu den Etymologien Ciceros vgl. IV 7). Sie führt das Wort auf dictare (Intensivum zu dicere) zurück; es heißt demnach „*der Gebietende*", „*der Befehlende*". Die Einrichtung der Diktatur datiert vom Jahre 501.

nostri: = maiores nostri. — **penes:** *bei jm., im Besitze js., in der Gewalt js., auf seiten js.* — **vim suae potestatis:** vis hier *Bedeutung.* — **ab eo:** Neutrum. — **in nostris libris:** (= in libris auguralibus) Diese Bücher enthielten die Bestimmungen für das Augural-Kollegium; Scipio und Laelius waren (wie Cicero) Mitglieder dieser Körperschaft. — **magistrum populi:** s. o. zu gravioribus . . . bellis.

64 iusto rege: Romulus. — **obitum:** obitus gewählt; vgl. II 23 excessus (und II 52) dagg. II 20 interitus. — **die:** Vokativ zu dius (poet. = divus); Näheres zur göttlichen Abstammung des Romulus s. II 4. (Ennius gibt natürlich die Meinung des Volkes wieder.) — **pater:** vgl. § 54 nomen . . . patrium. — **sanguen:** altertümlich = sanguis. — **oriundus:** (m. Ablativ) *abstammend.* — **eros:** *Hausherr, Herr* (im Gegensatz zu den famuli; vgl. zu § 61); (übertr.) *Gebieter.* — **iuste:** *nach dem Gesetz, gesetzmäßig.* — **denique:** (hier steigernd) *ja sogar.* — **produxisti:** producere *emporführen.* — **intra luminis oras:** intra *in . . . hinein, in den Bereich;* ora *Küste, Gestade; Raum, Bezirk;* lumen *Tageslicht.* — **vitam:** s. o. (im Text) genitor. — **voluntas:** *guter Wille, Gesinnung.* — **similitudo:** *Ähnlichkeit, gleiche Haltung* (also nicht wie § 44 und 62). — **unius:** wieder Tarquinius Superbus (s. § 62). — **cursus . . . mutationum:** vgl. zu § 45 f.

c) Entartung und Kreislauf der Verfassungsformen.

65 Zum ff. vgl. zu § 45. — **probo:** vgl. § 54. — **regiae:** sc. rei publicae. — **mutatio:** Bei **Platon,** für den die „Aristokratie" die Idealverfassung verkörpert, ist der Kreislauf anders; vgl. zu § 45. Dagegen stimmt die Ansicht des **Aristoteles** mit der Scipios überein. Unter den drei Entartungsformen (Tyrannis, Oligarchie und Demokratie) ist die Tyrannis die schlimmste, weil sie die Entartung der besten Verfassung, der Monarchie, ist. — **iniustus:** Immer wieder taucht die Erinnerung an Tarquinius Superbus auf: vgl. §§ 58, 62 und 64. **ilico:** (< in loco räumlich und zeitlich) *auf der Stelle, sofort, unmittelbar.* — **est:** = exsistit, fit. — **et:** hier etwa *und dabei zugleich.* — **optimates:** s. Wv. — **ferme:** (eigentlich Superlativ zu fere: ferime) = fere *fast immer, in der Regel.* — **statum:** s. Wv. — **de:** *von* (wie bei unus de . . . = ex). — **secundarius:** (von secundus abgeleitet wie primarius von primus) *zur zweiten Ordnung gehörig, zweitrangig.* — **est:** wie oben. — **quasi:** eng zu regium: *eine Art von.* — **patrium:** vgl. § 64. — **consilium:** vgl. Wv.; hier etwa *Staatsrat* — **principum:** vgl. Wv. — **moderatior:** nicht vergleichend, sondern einschränkend: *ziemlich, einigermaßen . . .* — **sentit et sapit:** beide Verben im positiven Sinne: sentire *richtig empfinden, denken;* sapere *einsichtig, klug sein* (sapiens!). — **per se constitutam rem publicam:** per *durch eigene Kraft bzw. Initiative;*

constitutam attributiv. — **sin quando:** adversativ zum vorhergehenden sin. — **iusto:** vgl. § 64 (Anfang), jedoch hier natürlich ohne Bezug auf Romulus. — **aut etiam:** etiam steigernd. — **gustavit:** gustare *kosten*, ,,*schmecken*". — **substravit:** substernere *unterstreuen*, *unterbreiten; preisgeben*, *unterwerfen*. — **libido:** s. § 63. — **cave:** cave putes (= cave, ne putes) = Prohibitivus: ne putaveris. — **sedare:** vgl. § 60. — **effrenatam:** effrenatus (s. § 53) *zügellos*, *hemmungslos*. — **insolentia:** s. § 62. — **luculente:** luculentus (< lux) *lichtvoll*, *klar*, *ausgezeichnet*, ,,*klassisch*".

si modo eqs.: Die Schwierigkeit der wort- und sinngetreuen Übersetzung, vielmehr Übertragung ist Cicero natürlich bekannt; besteht doch eine seiner größten Leistungen gerade darin, daß er durch Übersetzung, Übertragung und Paraphrase griechische Begriffe, Sätze und Gedanken seinen Landsleuten zu vermitteln suchte (s. Einl.).

,,Cum" enim inquit eqs.: Cicero hat den Text **Platons** (,,Politeia" VIII 14 f.) sehr ,,frei" übersetzt. Auf den Abdruck des griechischen Originals muß hier verzichtet werden. Die deutsche Übersetzung lautet ohne die (fragenden oder bestätigenden) Unterbrechungen durch den Gesprächspartner des Sokrates: ,,Findet dieser freiheitsdurstige demokratische Staat böse Weinschenken, die ihm soviel ungemischte Freiheit kredenzen, daß er trunken wird, so wirft er allen Herrschern, die nicht ganz nachgiebig sind und nicht jeden gewähren lassen, verbrecherische, oligarchische Gesinnung vor und bestraft sie. Wer den Herrschern gehorcht, wird ein Sklave und ein Lump gescholten. Wenn sich die Herrscher dagegen mit den Untertanen auf gleiche Stufe stellen und umgekehrt, so rühmt man sie und lobt sie persönlich und im Namen des Staates. Muß dabei die Freiheit nicht schließlich jedes Maß überschreiten? Und die Anarchie muß in die Häuser eindringen und sich sogar auf die Tiere übertragen. D. h. der Vater gewöhnt sich an Gleichberechtigung mit den Kindern und fürchtet sich vor seinen Söhnen. Der Sohn hat weder Ehrfurcht noch Scheu vor dem Vater und den Eltern. So ist er frei! Der Metöke gilt so viel wie der Bürger und umgekehrt, und auch der Ausländer. Zu diesen und ähnlichen kleinen Ungehörigkeiten kommt es. Der Lehrer fürchtet unter solchen Verhältnissen die Schüler und schmeichelt ihnen. Die Schüler achten Lehrer und Erzieher gering. Die Jüngeren stellen sich überhaupt mit den Älteren auf eine Stufe und lehnen sich in Wort und Tat gegen sie auf. Die Greise setzen sich zu den Jungen und sind freundlich und gefällig zu ihnen. Sie richten sich nach ihnen, damit man sie ja nicht für unliebenswürdig und herrisch hält. Den höchsten Grad hat die allgemeine Freiheit, die sich in einem solchen Staat entwickelt, aber dann erreicht, wenn die gekauften Sklaven und Sklavinnen nicht weniger frei sind als ihre Käufer. Wie weit es mit der

Gleichberechtigung und Freiheit im Verhältnis der Frauen zu den Männern und umgekehrt geht, hätte ich beinahe vergessen zu sagen. Wer es nicht sieht, der glaubt nicht, wieviel freier hier die Tiere gehalten werden als anderswo. Die Hündinnen sind, wie das Sprichwort sagt, nichts anderes als Herrinnen. Pferde und Esel gehen ganz frei und stolz daher und schlagen nach dem, der an ihnen vorbeikommt, wenn er ihnen nicht auf dem Wege Platz macht. Und so wird eben alles völlig frei! Und vor allem wird die Seele der Bürger schwächlich. Sie regen sich auf und können es nicht vertragen, daß man nur ein wenig Unterordnung von ihnen verlangt. Schließlich beachten sie, wie du weißt, dann auch die Gesetze nicht mehr, weder die geschriebenen noch die ungeschriebenen. Es soll keiner in irgendeinem Sinne ihr Herr sein." Mit unverminderter Ironie fährt Sokrates dann fort: „Und das gerade ist der schöne, jugendfrohe Anfang der Tyrannis."

66 inexplebiles: inexplebilis *unausfüllbar; unersättlich.* — **fauces:** *Schlund, Kehle.* — **exaruerunt:** exarescere (< aridus) *austrocknen, ausdörren, verdörren.* — **ille:** sc. populus. — **ministris:** minister *Mundschenk.* — **temperatam:** temperare *richtig mischen, zusammensetzen, in das richtige Verhältnis bringen.* — **meracam:** meracus = merus *unvermischt, unverfälscht, rein.* — **remissi:** remittere Pass.: *abgespannt, lässig sein;* remissus *nachgiebig.* — **ministrent:** ministrare s. o. minister. — **insequitur, insimulat, arguit:** Klimax. — **praepotentes:** praepotens *machtbesessen, machthungrig.* — **praepotentes, reges, tyrannos:** Klimax.

67 eos, qui pareant eqs.: Das Zitat beginnt in indirekter Rede, wird dann aber (nach appellari) in direkter fortgesetzt. — **agitari:** agitare *verfolgen, plagen, quälen.* — **voluntarios:** voluntarius *willig, freiwillig.* — **similes:** Bei similis kann außer dem Dativ auch der Genitiv der Zugehörigkeit stehen. — **ferunt laudibus:** gewöhnlich laudibus efferre (vgl. versibus efferre § 22). — **mactant:** mactare *verherrlichen, auszeichnen.* — **dominatione:** s. Wv. — **hoc malum:** d. h. die zügellose Freiheit (s. u. licentia). — **ut plane liberi sint:** Während die anderen ut Konsekutivsätze einleiten, ist dieser Satz, wie Platons Text beweist, final aufzufassen und gehört also zum vorhergehenden Kolon. — **peregrinus:** *ausländisch, fremd;* (substantiviert) *Ausländer.* — **ut senum sibi pondus assumant:** sibi pondus alcis assumere *sich (das Gewicht) die Bedeutung eines anderen anmaßen.* — **graves:** *unbequem, lästig* (vgl. graviter ferre). — **incurrant:** incurrere *daherlaufen.* — **inquit:** sc. Platon. — **licentia:** s. z. § 44. — **haec summa cogitur:** *folgendes Ergebnis wird zusammengebracht, folgendes ergibt sich.* — **fastidiosae:** fastidiosus *verwöhnt* (vgl. fastidium

§ 48). — **molles:** mollis *verweichlicht.* — **evadant:** = fiant. — **imperii:** s. Wv. — **domino:** s. Wv.

68 sermo: (vgl. z. B. §§ 16, 17, 19) hier *Darlegung.* — **auctorem:** s. I 16 — **licentia:** s. § 67. — **ex stirpe:** stirps *Stamm, Wurzel* (s. dagg. II 24). — **cum . . . fuerunt:** Iterativsatz. Sinn: cum ea (= nimia) . . . laetiora fuerunt. — **in tempestate:** tempestas hier *Wetter.* — **laetiora:** laetus *üppig.* (Der Komparativ hat nicht vergleichenden, sondern steigernden Sinn: *zu . . .*). — **cadit:** = convertitur. — **immani:** vgl. § 9. — **afflictos:** afflictus „*angeschlagen*". — **depulsos loco:** depulsus loco *aus seiner Stellung verdrängt.* — **impurus:** *lasterhaft; gemein, verworfen, schändlich.* — **proterve:** (zu consectans, Intensivum zu consequi) protervus *frech, unverschämt, rücksichtslos.* — **bene:** zu meritos. — **gratificans:** gratificari *sich gefällig erweisen; darbieten, gewähren, opfern.* — **privato:** Prädikativum mit temporalem *(solange . . .)*, kausalem *(da ja . . .)* oder konditionalem *(wenn . . .)* Sinn. — **sunt oppositi timores:** Die passive Form hat medialen Sinn. — **dantur:** Die Form hat kausativen Sinn. — **imperia:** s. Wv. — **continuantur:** continuare *verlängern.* (Die Form hat kausativen Sinn.)

praesidiis: praesidium *Leibwache.* Zu *Peisistratos* s. z. § 50. **Aristoteles** berichtet in seiner Schrift „Die Verfassung von Athen" folgendes: „Peisistratos, der in dem Rufe eines großen Demokraten stand und im Kriege gegen Megara zu Ansehen gekommen war, brachte sich selbst Verwundungen bei und redete dann dem Volke ein, er habe sie von seinen politischen Gegnern empfangen. Dadurch erreichte er, daß man ihm eine Leibwache, die sog. ‚Keulenträger', bewilligte" (14, 1.)

saepiuntur: vgl. § 42. — **producti sunt:** producere *hervorbringen; fördern, in eine Stellung bringen.* — **boni:** s. Wv. — **factio:** s. § 44 (also Oligarchie). — **optimatium:** s. Wv. — **principes:** s. Wv. — **pravitas:** *Verkehrtheit; Schlechtigkeit, Verworfenheit.* — **de via:** sc. recta, iusta. — **pilam:** pila *Ball („Spielball").* — **statum:** s. Wv.; vgl. etwa §§ 33 und 51. — **modus:** = status.

4. Zusammenfassung.

a) Wert der gemischten Verfassung.

Vgl. zu § 44 (Kreislauf der Verfassungen). **Scipio** (-Cicero) ist also keineswegs von der schicksalhaften Notwendigkeit des dauernden Wechsels und der Entartung überzeugt, sondern hält den Charakter (wenn man vitium im ff. so auffaßt; es kann sich auch um intellektuelle Fehlleistungen handeln) der führenden Persönlichkeiten für das Entscheidende. Ähnlich sieht **Thukydides** den Ablauf der Geschichte als polares Geschehen zwischen Schicksal (τύχη ty'chē) und staatsmännischer Einsicht (γνώμη gnō'mē).

69 aequatum: aequare hier (wie oft) *gleichmäßig verteilen.* — **temperatum:** s. § 66 temperatam. — **modis:** s. § 68. — **placet:** sc. mihi. — **auctoritati:** auctoritas wie § 3 (nicht wie § 56). — **principum:** s. Wv. — **impartitum:** impartire = impertire *zuteilen.* — **servatas:** = conservatas. — **voluntati:** (vgl. § 64) hier mehr = *Willensäußerung.* — **constitutio:** *Verfassung* (das Wort s. § 41; zum Begriff vgl. constituere § 65). — **aequabilitatem:** s. Wv. — **illa prima:** sc. genera rei publicae (s. Anfang § 69). — **contraria vitia:** Gemeint sind die *Entartungsformen.* — **dominus:** s. Wv. — **optimatibus:** s. Wv. — **factio:** s. §§ 44 und 68. — **quodque eqs.:** Der gesamte Satzschluß ist eine durch den Kausalsatz eingeleitete, nochmalige Zusammenfassung des ersten Teiles, wobei hoc eqs. die Schlußfolgerung zieht, die sich zunächst auf aequabilitas und firmitas beruft, dabei aber den principes (wozu in diesem Falle auch der rex gehört) die hauptsächliche Verantwortung für die Stabilität der Verfassung zuweist. — **non ferme:** (zu ferme s. § 65) *eben nicht, so leicht nicht; gewöhnlich nicht.* — **conversionis:** conversio *Umdrehung; Umwälzung:* hier im Sinne des *Abgleitens* in eine der unerwünschten Verfassungsformen; griech. bei Platon μεταβολή metabolē'; (vgl. dagegen zur Bedeutung des Wortes § 22). — **gradu:** gradus etwa = ordo *Stand.* Vgl. die Forderung Platons τὰ ἑαυτοῦ πράττειν (ta' heautū' prā'ttein) *seine persönliche Aufgabe erfüllen* (mit dem Nebengedanken: die dadurch gesetzten Grenzen nicht überschreiten). — **firmiter:** selten und gewählt statt firme. — **non subest, quo . . .:** *es ist nichts darunter, wohin . . .* Gemeint ist: *man steht nicht über einem Abgrund, in den . . .* (zu subesse vgl. § 44).

b) Rom als Vorbild.

70 Im ff. zeigt sich wieder die urbane Haltung, die das „magisterhafte“ Dozieren scheut, eine Haltung, die charakteristisch für das ganze Gespräch ist. Vgl. z. B. §§ 36 und 38.

in hoc genere: sc. disserendi. Es kann sich natürlich nicht um den *Gegenstand*, sondern nur um die *Art* der Darstellung, die sich vom „Dialog“ weit entfernt hat, handeln. — **praecipientis . . . docentis:** vgl. § 38. — **considerantis:** s. consideratio I 19. — **a nobis:** pluralis modestiae. — **decerno . . . sentio . . . affirmo:** Keine eigentliche Klimax, sondern lediglich eine differenzierte Ausdrucksweise: decernere *sich für etwas entscheiden;* sentire (s. § 65) *von etwas (gefühlsmäßig) überzeugt sein, auf Grund innerer Überzeugung „denken“;* affirmare *etwas als gewiß beteuern, behaupten, bestimmt erklären.* Es handelt sich also um eine komplexe Umschreibung seiner irrationalen und der damit identischen rationalen Überzeugung, die zugleich zum „affirmativen“ Ausdruck gebracht wird. Vgl. die ähnlich komplexe Bedeutung des griech. Wortes λόγος (lo'gos). — **constitutione:** (vgl. § 69) hier dominierend: *innere Struktur.* — **discriptione:** discriptio

Verteilung (der Kompetenzen). — **disciplina:** (vgl. § 50) *die* (innere, durchorganisierte, anerkannte und befolgte) *Ordnung;* gelegentlich auch mit constitutio = *Verfassung* u. a. synonym. — **iam inde a . . . :** *bereits seit . . ., bereits von . . . her.* — **acceptam:** prädikativ; die Ergänzungen sind ausnahmsweise nachgestellt: quam . . . inde a maioribus acceptam . . .

quam . . . simul et qualis sit et optimam esse ostendam: Relativischer Anschluß mit Prolepsis des gemeinsamen Subjekts zum indirekten Fragesatz und zum a. c. i. — **si placet:** sc. vobis. — **tenebatis:** Zu beachten ist die lineare Aktionsart. Im Gegensatz zu quae nota sunt omnibus werden die Gesprächspartner über das unreflektierte Selbstbewußtsein der Allgemeinheit in die ätiologische Problematik (quaesita a nobis iam diu) mit einbezogen. — **exposita:** exponere ad exemplum *als beispielhaft (vorbildlich) darstellen.* — **accomodabo:** accomodare *anpassen, ausrichten nach, beziehen auf.* — **statu:** s. Wv. — **cumulate . . . effecero:** cumulate munus efficere *seine Aufgabe voll (vollständig, in vollem Maße) erfüllen.* Es ist ein sehr gesuchter Ausdruck. **Cicero** schreibt De off. III 15, die Erfüllung der recta officia sei den (letztlich utopischen) Weisen vorbehalten; dagegen gelte für den Beflissenen folgende Regel: „Cum autem aliquid actum est, in quo media officia compareant (comparere *sichtbar werden*), id cumulate videtur esse perfectum.“ Auch hier die absichtlich gesuchte Ausdrucksweise, um das „Menschenmögliche“ anzudeuten. — **ut opinio mea fert:** Der Ausdruck ist als bescheidene Einschränkung für den Tenor des Gesprächs charakteristisch (s. o.).

71 te: ablativus comparationis. — **statu:** s. Wv. — **etsi ne nunc quidem:** (sc. eum habemus) ne . . . quidem hier *auch nicht.* Man denke an die damalige politische Lage (s. a die Andeutung zu § 30). — **te:** wie oben. — **florentior:** florens *ausgezeichnet, hervorragend, angesehen.* — **duobus . . . terroribus despulsis:** (s. Ev. II Carthago und Numantia); zugleich Hinweis auf den Anfang des Buches, durch den der Kreis sich schließt.

BUCH II

C. Überleitung.

Motto: Catos Bemerkung über die organische Entwicklung der römischen Verfassung.

Zur Belebung seines Vortrages und zur Einstimmung seiner Hörer beginnt **Scipio** mit einer Charakteristik und einem Zitat des „alten“ **Cato** (§§ 1 und 2); nach einem kurzen Übergang (§ 3) tritt er in die systematische Darstellung der Verfassungsgeschichte Roms ein, um ihre exemplarische Bedeutung (gemäß seinem Versprechen I 70) nachzuweisen.

Zu **Cato** vgl. Ev. II; über **Ciceros** Einstellung zu ihm vgl. auch I 1 und die Hinweise dort. — Es ist bezeichnend, wie **Scipio (Cicero!)** sich bei der Erwähnung des Namens **Cato** zu einem persönlichen Bekenntnis und einer zwar knappen, aber klaren und verklärenden Charakteristik des bewunderten Mannes hingerissen fühlt (der ganze Satz tantus eqs. ist eine „Formel“ des vir bonus), bevor er (§ 2) das eingangs versprochene Zitat bringt; die Anfangsworte werden dadurch zum Anakoluth.

1 hoc: *folgender Ausspruch.* — **senis:** Die Apposition senex statt der ebenfalls geläufigen maior (s. den Titel von Ciceros Monographie Ev. II) unterscheidet den berühmten Zensor von dem Zeitgenossen Ciceros, dem Stoiker **M. Porcius Cato;** dieser beging als überzeugter Optimat und Republikaner im Jahre 46 in der nordafrikanischen Stadt Utica Selbstmord, um nicht dem „Tyrannen“ Caesar in die Hand zu fallen. Dieser Freitod (nach stoischer Auffassung als εὔλογος ἐξαγωγή eu′logos exagōgē′ = „*wohlüberlegter Weggang*“ sittlich gerechtfertigt) galt seinen politischen Gesinnungsgenossen als vorbildlich.

patris utriusque iudicio: Gemeint sind der leibliche und der Adoptivvater; vgl. Ev. I s. v. **Scipio.** — **meo studio:** Gemeint ist die eigene (Scipios) *Beschäftigung* mit der Persönlichkeit Catos und die daraus entspringende *Neigung* bzw. *Begeisterung* für ihn. — **oratio:** s. Wv. — **tantus:** usus — modus — lepos — studium — vita. — **usus:** vgl. I 36 und 37. — **militiae:** vgl. I 18. — **gesserat:** vgl. I 12. — **gravitate:** zu gravitas vgl. I 16. — **lepos:** vgl. I 16.

discendi studium: (Zu studium s. o.; es bezeichnet hier wie auch sonst das *leidenschaftliche Bemühen*, in diesem Falle in Richtung auf sachliche Ziele. Genau so spricht Cicero übrigens I 13 von sich selbst.) Angeblich hat Cato sich noch im hohen Alter (Cicero läßt ihn in der Monographie § 26 sagen: „. . ., qui litteras Graecas senex didici; . . .“) eingehend mit der griechischen Bildung befaßt, nachdem er vorher ihre Verbreitung in Rom zu vereiteln suchte; denn er befürchtete eine Erweichung der geistigen und sittlichen Traditionen Roms (prisca virtus, mos maiorum) durch sie. Die Gefahr, die Cato sah, hatte **Perikles** schon für sein Athen geahnt. So läßt ihn **Thukydides** in der bekannten Rede auf die Gefallenen, die die Athener so darstellt, wie Perikles sie sehen möchte, sagen: „Wir pflegen die Künste, jedoch mit geringem Kostenaufwand, wir lieben die Wissenschaft, jedoch ohne uns dadurch verweichlichen zu lassen.“ (II 40.) — **docendi:** Dazu fanden sich für ihn Betätigungsfelder nicht nur in der Schrift „origines“ (s. Ev. II), sondern auch in seinen „praecepta ad filium“, in dem Werk „de agricultura“ und seinen zahlreichen „dicta“. — **orationi:** s. o. — **congruens:** Die alte, bereits von **Sokrates** oft erhobene Forderung der Übereinstimmung von Wort und Tat, Gesinnung und Handeln.

2 status: s. Wv. — **ceteris civitatibus:** = statui ceterarum civitatum. — **fere:** Bedeutung wie ferme I 65. — **constituissent:** vgl. I 11. — **Cretum . . . Lacedaemoniorum . . .:** Die Verfassungen von Kreta und Sparta wurden bereits von griechischen „Aristokraten“ (z. B. **Platon**) gerne als vorbildlich bezeichnet. — **Atheniensium:** Die zuerst genannten vier Persönlichkeiten charakterisieren nach landläufiger Version die stufenweise Demokratisierung **Athens** (vgl. zur Korrektur die Namen im Ev. II). **Aristoteles** schreibt in seiner „Verfassung von Athen“ (c. 41) über die Anfänge der Verfassungsgeschichte folgendes: „Die erste Ordnung der Urzustände erfolgte, als Ion und seine Genossen sich ansiedelten: damals wurde die Einteilung des Volkes in vier Geschlechterverbände (Phylen) eingeführt, und man setzte die Phylenkönige ein. Daran schloß sich die erste Staatsordnung, die wirklich den Charakter einer Verfassung trug, die des Theseus, die sich schon ein wenig von der Monarchie entfernte.“ — **exsanguem:** exsanguis *ausgeblutet.* — **iacentem:** = humi iacentem. — **doctus vir:** s. I 11 (Cicero sagt von ihm De legibus III 14: „. . . mediocriter doctos magnos in re publica viros et doctissimos homines non nimis in re publica versatos multos commemorare possumus; qui vero utraque re excelleret, ut et doctrinae studiis et regenda civitate princeps esset, quis facile praeter hunc inveniri potest?“). — **sustentasset:** sustentare *aufrechthalten, stützen.* — **non unius:** Zur Kollektivleistung der Römer nach Catos „origines“ vgl. I z. Vorr. S. 75 — **ingenio:** ingenium vgl. I 58. — **vita:** *Lebenszeit* und zugleich *Lebensleistung.* — **constituta:** s. o. — **saeculis et aetatibus:**

Beide Ausdrücke können trotz ihrer verschiedenen Herkunft das *Menschenalter* im Sinne der „*Generation*" bezeichnen; dann klingt bei aetas das *Zeitalter* = *Periode* mit (vgl. I 1), bei saeculum zugleich das *Jahrhundert*. Die gesamte Formulierung ist ein pleonastisches Hendiadyoin etwa im Sinne von „*Generationen über Generationen*".

tantum: prädikativ. — **ut, quem . . . fugeret, quisquam:** Der in den Konsekutivsatz eingeschobene Relativsatz hat seinerseits konsekutiven Nebensinn. Zu beachten ist seine Stellung, die (nach der Negation) den Gebrauch von quisquam und damit zugleich die gehäufte Folge der qu ermöglicht. Zur Bedeutung vgl.: res me fugit. — **cuncta eqs.:** cuncta ingenia in unum virum collata posse. — **tantum posse, . . . providere, ut . . .:** Beachte die variierte Funktion und Bedeutung von tantum bei gleicher, gewichtiger Stellung. — **sine rerum usu ac vetustate:** Zu usus s. § 1. Unter vetustas ist hier der *Erfahrungsschatz*, den Generationen gesammelt haben, zu verstehen. Die Formulierung ist sehr abstrakt, der Sinn aber für das Traditionsgefühl der Römer (mos maiorum, prisca virtus u. ä.), das sich in ihren Lebensnormen und auch in ihrer Rechtssprechung (edicta praetorum) manifestiert, charakteristisch. Auch ist es bedeutsam, daß das zugehörige Adjektiv vetustus „gewöhnlich ein Lob einschließt und das bezeichnet, was durch Alter stärker, veredelter, ehrwürdiger und bewährter geworden ist". Mit dem ganzen Ausdruck ist also „*altbewährte, praktische Erfahrung in der Politik*" gemeint.

3 ut ille solebat: Das bezieht sich natürlich nicht nur auf sein Werk „origines", sondern soll seine besondere Eigenart bei Erörterungen ähnlicher Themen unterstreichen. — **oratio:** s. Wv. (hier ähnlich wie disputatio). — **verbo:** sc. die eben erwähnte origo — **consequar:** vgl. I 28. — **et nascentem eqs.:** Die polysyndetische „Klimax" wiederholt das Bild vom Staate als eines werdenden Organismus, verglichen mit dem Entwicklungsprozeß des einzelnen Menschen (I 58). — **finxero:** Durch die betonte Stellung am Schluß der Überleitung unterstreicht **Scipio (Cicero)** noch einmal seine Eigenständigkeit und zugleich die Absicht, nicht eine Staatsutopie wie **Platon** zu konstruieren, sondern den Idealstaat im Sinne von I 70 an der historischen Wirklichkeit der Entwicklung der römischen Verfassung nachzuweisen.

D. Die Geschichte der römischen Verfassung.

1. Die Frühgeschichte Roms bis zur Gründung der Republik.

a) Die Königszeit.

α) Romulus. Stadtgründung.

Zum Vergleich der historischen „Fakten“ bzw. ihrer Deutung durch Römer stehen den Schülern höchstwahrscheinlich i. a. die erste Dekade des Geschichtswerks des **Livius** und die „fasti“ des **Ovidius** zur Verfügung. Diese werden daher hier nur ausnahmsweise berücksichtigt. Andere „Quellen“ werden nur zitiert, soweit sie notwendige Ergänzungen bieten.

Bei allem Vergleichen darf man aber die Absicht der Schriftsteller und Dichter nicht vergessen. Auch **Cicero** schreibt nicht um der geschichtlichen Tatsachen willen, sondern immer unter dem Aspekt der tieferen, eigentlich metahistorischen Wahrheit der sich zwar in der Geschichte, zugleich aber für sie beispielhaft entwickelnden inneren und äußeren „Gestalt“ der römischen Verfassung.

4 institutae rei publicae . . . exordium . . . principium: Nach dem gewöhnlichen Sprachgebrauch bedeutet in gleichem oder ähnlichem Zusammenhang instituere nicht „*einführen eines Neuen*“, sondern „*organisieren eines bereits Vorhandenen*“. Dem entspricht auch das Partizip. — Das Wort exordium bezeichnet den *Ausgangspunkt*, die *Einleitung einer Darlegung* (vgl. I 56). Dagegen meint principum den *Anfang* als Fundament für das darauf Folgende. Der Genetiv institutae rei publicae ist also ein reiner Bereichskasus: *aus dem Bereich einer Staats- (Verfassungs-) Organisation.* — Diese Deutung wird inhaltlich gestützt durch den Rest von § 4 (ut omnes eqs.) und den Eingang von § 5 (s. dort). — Die Differenzierung des politischen (res publica) vom geographisch-militärisch-soziologischen (urbs) Begriff findet sich ebenfalls in den beiden ersten Sätzen von § 5 wieder. (Zu urbs s. I 41 und 58). — **profectum:** proficisci ab alqo *herrühren, seinen Ursprung haben von . . .* (Beachte die Alliteration mit p hier und im ff.).

qui pater Marte natus: Anakoluth, durch die Parenthese concedamus . . . divino abgebrochen und dann in anderer Konstruktion mit is igitur eqs. wieder aufgenommen. — **Scipio** fängt mit der gewöhnlichen Formel für den Abriß einer Charakteristik an und stockt bei der Nennung des Namens **Mars.** Seine Skepsis gegenüber der mündlichen Überlieferung (fama) des Volkes, das seinem Gründer göttliche Herkunft andichtet, ist mit einer gewissen Zustimmung zum Vorhandensein des Mythos (weiter unten: fabulae) gepaart; denn schon die Vorfahren, d. h. die führenden Geister unter ihnen, wußten, daß solche Vorstellungen der breiten Masse einen Halt geben. Vgl. dazu I 64. Ähnliche „Konzessionen" finden wir I 56. Der „heilsame Irrtum" paßt also durchaus in das Konzept der Staatsmänner, nicht dagegen der zersetzende Aberglaube (vgl. I 23 ff.). **Romulus** ist mithin ein Heros, ein „Übermensch", gezeugt von einem göttlichen Vater und (das wird stillschweigend vorausgesetzt) einer irdischen Mutter; so erklärten auch die Griechen sehr oft die Herkunft ihrer Idealgestalten. (Ähnlich VI 13; allerdings nicht im Sinne der Apotheose oder der unmittelbaren göttlichen Abstammung, sondern etwa dem Aufenthalt auf den „Inseln der Seligen" nach griechischer Auffassung vergleichbar.) Die Römer selbst waren bestrebt, möglichst unter ihren männlichen oder weiblichen Ahnen einen Gott zu entdecken, um ihr politisches Gewicht zu stärken; es sei nur an **Caesars** Behauptung, die **Julier** stammten von der **Venus** ab, erinnert. — Wie weit die Urzeit Roms von den Etruskern geprägt ist, hat die Wissenschaft noch nicht mit befriedigender Exaktheit klären können. Jedenfalls war den Römern, wie auch die entsprechenden Partien des *Livius* beweisen, bewußt, daß ihre Urväter nicht etwa (wie sich viele griechische Stämme, voran die Athener, einbildeten: s. III 25) „autochthon" und homogen gewesen seien. — Trotz des scheinbar saloppen Anfangs ist die Darstellung in Wortwahl, Wortstellung, Anwendung rhetorischer Mittel usw. (man beachte vor allem die starke Nominalisierung!) aufs feinste stilisiert. Allerdings gilt das nicht für die späteren Partien des II. Buches; in ihnen vermißt man die Klarheit der Gedankenführung und oft auch der Begriffe. (Bes. ab § 46, dann 50 und 52. Vgl. die Anmerkungen dazu.)

praesertim: Durch diese Beifügung erhalten die beiden folgenden Partizipien einen eindeutig kausalen Sinn. — **inveteratus:** (< inveterare; vgl. § 2 sine rerum usu ac vetustate) *eingewurzelt; auf alter, fester Tradition beruhend.* — **de rebus communibus:** res communes *Angelegenheiten der (politischen) Gemeinschaft.* — **genere:** sc. esse divino. — **ingenium:** s. Wv. (hier: *schöpferischer Geist).* — **ut:** = ut primum. Der Konjunktiv erklärt sich aus dem Rahmen der oratio obliqua. — **labefactandi:** labefactare *erschüttern, untergraben, stürzen* (= ob timorem labefactandi — gen. obi. — regnum). — **silvesteris beluae:** dichterisch statt lupae. — **sustentatus:** sustentare in Bedeutungsvariante zu § 2 *ernähren.* — **cultus:** *Lebensweise.* — **perhibetur:** perhibere = dicere. — **ut:** s. o. — **corporis . . . animi:** Betonung der leiblichen und seelisch-geistigen Seite des Menschen, die im Deutschen meist unberücksichtigt bleibt oder durch Adjektive bzw. Wortzusammensetzungen ausgedrückt wird. — Die griechisch gebildeten Römer leiteten gerne den Namen Romulus von ῥώμη (rhō'mē) = *körperliche Kraft* ab. (Zu den Etymologien Ciceros vgl. IV 7.) Darüber hinaus sind die beiden Eigenschaften zweifellos bei allen „primitiven“ Völkern für die Wahl der Herzöge (dux) maßgebend. — **aequo animo:** Der Ausdruck kann in diesem Zusammenhang natürlich nicht den Sinn des (passiven) Gleichmuts bzw. der Gelassenheit haben; sondern aequus (s. Wv.) bedeutet u. a. *günstig, gewogen, geneigt, wohlwollend*, der ganze Ausdruck daher *mit Wohlwollen.* **Romulus** errichtet seine Herrschaft nicht gegen den Willen des Volkes, sondern unter seiner lebhaften und freudigen Zustimmung. — **a fabulis ad facta:** Mit dem Bericht über die Einnahme von **Alba Longa** und die Beseitigung des **Amulius** beginnt also nach **Cicero** die historische Wirklichkeit.

5 **auspicato:** (auspicare = auspicari < auspicium) Ein sog. „unvollständiger ablativus absolutus“ (= postquam auspicatum est), der nicht selten gebraucht wird (vgl. § 51). Er hat meist die Nebenbedeutung eines *günstigen Vorzeichens.* (Über Ciceros Einstellung zur Mantik s. I 15.) — **dicitur:** cogitavisse urbem condere et rem publicam firmare: Der Eintritt in die Verfassungsgeschichte, bei dem aus dem wirren Haufen (primum!) der Gefolgsleute ein Staatswesen organisiert wird. — **locum . . . incredibili opportunitate:** Die in jeder Beziehung ausgezeichnete Lage Roms läßt sich leicht auf einem historischen Atlas erkennen. Die älteste Siedlung ist die urbs quadrata am Palatin. — **quod:** Der den gesamten Hauptsatz erläuternde Relativsatz ist mitsamt dem Relativsatz 2. Grades (qui . . .) eingeschoben und dem betonten Satzglied (incredibili opportunitate delegit) vorangestellt. — **serere:** statt condere: ein seltenes dichterisches Bild (Metapher; s. o. § 4 silvestris belua). — **providendum:** Das Verb providere hier in der ursprünglichen plastischen Bedeutung *voraussehen* gebraucht, ähnlich gleich darauf providentia als *Voraussicht* oder *Weitblick.* Cicero wendet die Wörter gerne in diesem Sinne an: vgl. z. B. IV 3 und VI 1; zu den Etymologien Ciceros IV 7.

admovit: sc. urbem. — **quod:** wie oben. — **fuit:** Der Indikativ steht bei Ausdrücken der Beurteilung, die im Deutschen oft als irreal empfunden werden. — **illa manu copiisque:** s. § 4: quorum copiis eqs. — **ut:** Konsekutivsatz. — **coloniam:** Unter colonia (colonus < colere: Bauer) versteht der Römer eine *Pflanz- oder Tochterstadt*, provincia (eigtl. *Herrschaftsbereich*) ist dagegen ein *unterworfenes Gebiet.* Die davon abgeleiteten deutschen Wörter drücken also das Gegenteil aus. Coloniam deducere (neben coloniam mittere) ist ein fester Begriff für die *Gründung* einer solchen Niederlassung. **Ostia** wurde erst unter dem Kaiser **Claudius** eine Stadt. — **hoc:** Das Wort bekommt seinen Inhalt durch den folgenden a. c. i. — **sensit ac vidit:** sentire (vgl. I 65 u. 70) *fühlen, merken, sich* (intuitiv) *denken;* videre = intellegere. — **ad:** *auf — hin, für.*

— **spem:** Das Wort spes ist oft vox media, bedeutet aber im positiven Sinne nicht nur *Hoffnung*, sondern auch *Erwartung.* — **imperii:** imperium (s. Wv.) hier *Macht.* — **primum:** Diesem ersten Punkt der Begründung folgt § 7 die Fortsetzung mit „est autem ...“. — **oppositae:** oppositus *ausgesetzt.* — **caecis:** hier passivisch = latentibus.

6 exspectatos . . . repentinos: Prädikative zu adventus mit konditionaler Bedeutung. — **fragore quodam et sonitu ipso:** Das Wort fragor findet sich meist bei Dichtern (s. serere § 5). Ein Bedeutungsunterschied zwischen den beiden Substantiven besteht kaum. Sowohl quodam als auch ipso gehören zu beiden (ipse *an sich, bloß; bereits, schon*). — **quisquam:** Sonst meist substantivisch (vgl. § 2), hier = ullus gebraucht. Im folgenden Satz wieder substantivisch. — **quin:** konsekutiv nach verneintem Ausdruck = *ohne daß.* — **scire:** mit abhängiger Behauptung (a. c. i.) und indirektem Fragesatz. — **venturum esse:** sc. eum. — **prae se fert:** *gibt zu erkennen, zeigt.* — **nota:** *Kennzeichen.* — **pacatus:** substantivisch = *Bewohner eines befreundeten Landes,* (politischer) *Freund.* Die indirekte Wahlfrage ist den Infinitiven, von denen sie abhängt, vorweggenommen. — **discerni ac iudicari:** Für den Sprachkünstler **Cicero** mag bei discernere immerhin das optische, bei iudicare das intellektuelle Moment seinen Akzent behalten — an sich sind in der klassischen Prosa beide Begriffe durchaus synonym anwendbar.

7 Wie uns aus einem Brief **Ciceros** an **Atticus** (VI 2, 3) bekannt ist, hat er sich für das im ff. behandelte Problem bei **Dikaiarchos** (s. Einl.) Rat geholt.

corruptela: (< corrumpere) aktivisch (während corruptio meist passivische Bedeutung hat) *Verderb, Verführungsmittel.* — **sermonibus:** sermo hier *Sprache.* — **disciplinis:** disciplina hier (metonymisch) *Lebensgewohnheit,* ähnlich instituta im ff. (vgl. dagegen I 2 und 50). — **adventiciae:** adventicius *ausländisch.* — **ut eqs.:** Konsekutivsatz. — **iam:** *außerdem, ferner.* — **volucri:** volucer im Sinne von *flüchtig, unbeständig* sehr gewählt; gehört sinngemäß zu den beiden folgenden Substantiven. — **spe:** s. § 5. — **cogitatione:** cogitatio hier ganz allgemein *Erwägung.* — **etiam cum:** temporal = *auch dann wenn.* — **corpore . . . animo:** s. § 4. — **magis:** zu pervertit. — **labefactatam:** s. § 4. — **diu:** = iam diu. — **pervertit:** pervertere *stürzen, vernichten.* — **error:** im Anschluß an das vorhergehende Verb vagari (ohne den Nebensinn des „Irrtums“) = *das Umherschweifen.* — **dissipatio:** *Zerstreuung* (nicht im Sinne der *Aufspaltung* nach innerpolitischen Interessengruppen, sondern der räumlichen *Zersplitterung.* — **agrorum et armorum cultum:** cultus *Pflege* = *sorgfältige Übung.* — **reliquerant:** = neglexerant.

8 multa: prädikativ (ebenso gleich darauf multas). — **invitamenta:** invitamentum *Verlockung, Lockmittel.* — **suppeditantur:** suppeditare *zur Verfügung stellen, liefern, verschaffen.* — **mari:** ablativus instrumentalis als logisches Subjekt. — **amoenitas:** *reizvolle landschaftliche Lage.* — **sumptuosas:** sumptuosus *etwas, das reichen Aufwand erfordert; üppig.* — **desidiosas:** desidiosus *zur Trägheit verführend.* — **illecebras:** illecebra = invitamentum (s. o.). — **haud scio an:** (mit Konjunktiv) formelhaft, aber gewählt = *vielleicht.* — **de cuncta Graecia:** Es handelt sich nicht eigentlich um einen „Seitenhieb" auf das sonst so bewunderte Griechenland, sondern diese Ausführungen sind, wie schon zu § 7 bemerkt, dem Werk des **Dikaiarchos** entnommen. Die Fragestellung, inwieweit „Nationalcharakter" und geographische Lage eines Volkes (speziell der Griechen) einander bedingen, wird bereits von **Thukydides** im Vorwort zu seinem Geschichtswerk (der sog. „Archäologie" I 2—21), wenn auch mehr unter historisch-politischem als kulturgeschichtlich-ethischem Aspekt, eingehend erörtert. — **ulli:** Obwohl Peloponnesii vorschwebt, ist das Wort formal als Substantiv gebraucht. Vgl. die umgekehrte Verwendung von quisquam § 6.

9 coloniarum: colonia s. § 5. — **alluat:** alluere *bespülen* (coniunctivus potentialis). — **attexta:** attexere alci *an etwas* (als Saum) *anweben* (vgl. toga praetexta). — **latrocinandi:** latrocinari *Räuberei betreiben.* — **quae:** relativischer Anschluß; Subjekt. — **causa perspicua:** perspicuus *offensichtlich.* — **commutationum:** commutatio hier: *Umwälzung* (nicht verfassungsrechtlich wie in Buch I). — **propter eqs.:** Im Hinblick auf den Anfang des Satzes eine etwas merkwürdige Fortsetzung, die nur appositiv und zugleich summativ für alles Vorhergehende verstanden werden kann. — **vitia:** vitium hier *Mangel* (= *Nachteil;* s. dagegen I 49). — **attigi:** attingere übertragen (ein Thema) „*berühren*". — **commoditas:** *Vorteil.* — **et . . . ut, et . . . ut:** explikativ zu commoditas. Der erste quod-Satz ist Subjektssatz ohne demonstratives id; der zweite ist Objektssatz mit dem Demonstrativum; er ist zugleich innerlich abhängig (Konjunktiv und sui!); velint ist potential gemeint; Subjekt sind die Küstenbewohner. — **incolas:** verallgemeinernd = „*man*". Im ff. im gleichen Sinne die 3. Person Plur. velint und possint. — **annare:** *heranschwimmen, anlanden.* — **rursus:** *andererseits.*

Ende des Exkurses über die Seestädte (§§ 6—9).

10 Über Roms günstige Lage s. die Bemerkung zu § 5 und **Livius** V 54, 4.

qui: vgl. I 7. — **divinius:** Anspielung auf ingenio divino § 4. — **utilitates complecti maritimas:** *die Vorteile der Lage am Meer mit umfassen, einbeziehen, ausnützen.* — **vitia vitare:**

Wort- und Klangfigur (vitium s. § 9). — **quod eqs.:** explikativ zu qui; man beachte die Wortstellung: urbem und in ripa an den Schwerpunkten, Hyperbaton des durch seine Attribute gewichtigen Genetivs amnis zu ripa. — **perennis:** (< annus) *nie versiegend.* — **aequabilis:** *gleichmäßig (fließend).*

quo eqs.: Der folgende Satz ist eigentlich die finale Ergänzung (quo = ut eo amne — eodemque ut flumine) des vorangehenden Fragesatzes und behält formal auch diesen Charakter. Inhaltlich hat er aber eine gewisse Selbständigkeit, vor allem durch den das Kolon abschließenden Konsekutivsatz. Dem Sprecher **Scipio** schwebt also auf die durch quin eingeleitete rhetorische Frage die Feststellung vor: „Durch diese Wahl des Platzes unmittelbar am Tiber hat er doch bewirkt, daß auf dem Fluß . . .“ — Man beachte die Schein-Anapher des Eingangswortes und der (funktional davon verschiedenen) quo in den relativischen Objektsätzen; in diesen ist der Konjunktiv als Modusassimilation zu verstehen.

reddere: sc. mari. — **victum cultumque:** oft gebrauchte Wortverbindung, die den physisch notwendigen *Lebensunterhalt*, vornehmlich an *Nahrungsmitteln* (victus) mit den Bedürfnissen des *gehobenen Lebensstandards* (cultus; also anders als §§ 4 und 7) verbindet. — **absorberet:** Die Lesart ist umstritten. Zwar ist der Sinn klar: Es handelt sich um Einfuhrmöglichkeiten vom Meer her (mari = ablativus separativus). Das seltene Wort absorbere *hinunterschlürfen, verschlucken, verschlingen* wurde deshalb von Gelehrten durch advehere oder subvehere ersetzt. Jedoch erscheint in der bilderreichen Sprache des Gesamtzusammenhanges der metaphorische Gebrauch von absorbere gar nicht so sehr abwegig. — **invectas:** invehere = importare; prädikativ; gemeint ist also die Anfuhr aus dem Binnenland. — **ex terra:** chiastische Stellung zu mari. — **divinasse:** divinare eigentlich *eine göttliche Eingebung haben;* dann übhpt. *ahnen, voraussehen;* hier in deutlicher Anspielung auf divinius (s. o.). — **sedem et domum:** leicht gefühlsbetont wie I 41 sedem . . . domiciliorum causa. — **summo imperio:** imperium s. § 5. — **potentiam:** (s. Wv.) ähnlich imperium. — **ferme:** s. I 65; non ferme = vix. — **tenere:** (vgl. I 31 und 51) *daran festhalten, seine Macht „behaupten“.*

11 ipsius: Scipio geht jetzt, nachdem er vom Tiber gesprochen hat, auf die „eigentliche Lage der Stadt selbst“ ein. — **nativa:** nativus *angeboren; naturgegeben, natürlich.* — **praesidia:** Der Ausdruck nativa praesidia steht sehr gewählt statt etwa natura loci munita o. ä. — **neglegens:** (als Adjektiv) *fahrlässig, unachtsam, gleichgültig.* — **qui eqs.:** Relativsatz mit konsekutivem Nebensinn, dessen Objekt dem Satzganzen der rhetorischen Frage vorangestellt ist. — **habeat:** mit dem beiden prädikativen Partizipien im Sinne der resultativen

Aktionsart. — **animo notata:** animo notare *(geistig) bemerken, feststellen.* — **cognita:** rhetorisch steigernd zu notare = *erkannt.*

cuius: = urbis. Zur Konstruktion des Satzes: Das Pronomen is findet seine Ergänzung in den beiden Konsekutivsätzen ut . . . cingeretur, atque ut . . . niteretur; die Subjektgruppe des Hauptsatzes ist erweitert durch das Partizip definitus; der sog. „nominale ablativus absolutus" arduis praeruptisque montibus (erweitert durch den Ausdruck ex omni parte) gehört in modaler Funktion zum Satzganzen (in der deutschen Übersetzung läßt er sich bequemer als Adversativsatz in den ersten Konsekutivsatz einschieben); im zweiten Konsekutivsatz weist ita auf einen davon wieder abhängigen Konsekutivsatz 2. Grades mit selbständigem Tempus hin: ut . . . permanserit; die coniunctivi imperfecti der Nebensätze 1. Grades erklären sich aus einer (formal nicht gerechtfertigten) Verschiebung der Gegenwartsstufe des Hauptsatzes durch das Partizip definitus in die Vergangenheit, d. h. **Scipio** will zunächst den Zustand der Maueranlage beschreiben, gerät aber durch die historische Erklärung in die Zeitstufe der Vergangenheit; der Konjunktiv des Relativsatzes (qui esset . . .) ist, da es sich um die Feststellung eines Sachverhaltes handelt, auf Modusassimilation zurückzuführen.

is: = talis. — **tractus ductusque:** Beide Substantive drücken in diesem Zusammenhang nichts wesentlich Verschiedenes aus, sondern bezeichnen den „*Verlauf*" im Sinne von *Richtung, Führung;* beide Wörter finden sich oft mit dem Attribut muri. Die Wortgruppe ist also mehr rhetorisch als begrifflich-differenzierend zu verstehen. — Zur Sache: Die summarische Beschreibung der Befestigung Roms ist natürlich unhistorisch (vgl. die Bemerkung zu § 5). Zur Veranschaulichung der Entwicklung ziehe man einen Geschichtsatlas zu Rate. Die Stadt ist allmählich erweitert worden. Die einzelnen Stadien sind nicht mit Sicherheit festzustellen. Höchstwahrscheinlich hat sich die Ausdehnung folgendermaßen vollzogen: Zunächst wurde das Septimontium befestigt, bestehend aus drei Höhen des Palatinus, drei Höhen des Esquilinus und Teilen des Caelius. Etwa in der zweiten Hälfte des 7. Jahrhunderts werden Capitolinus, Quirinalis, Viminalis und das forum besiedelt. Es entsteht die Vier-Regionen-Stadt (Palatina, Esquilina, Collina, Suburana). Durch die Einbeziehung des Aventinus ergibt sich dann im 4. Jahrhundert die sog. „Servianische Stadt", geschützt durch die „Servianische Mauer". Diesen Zustand beschreibt **Scipio.** In der Kaiserzeit hat sich Rom in der nördlichen Hälfte erheblich nach Westen bis zum Tiber und in der Mitte durch den pagus Ianiculensis (Stadtbezirk Trans Tiberim) über den Tiber hinaus ausgedehnt.

sapientia: hier (wie später, bes. III, noch öfters) = prudentia. (vgl. a. I 3). – **definitus:** definire *festlegen* (vgl. I 1). – **obiecto:**

obicere *(zum Schutze) davorlegen, davor aufwerfen.* Trotz seiner andersartigen syntaktischen Funktion hat der ablativus absolutus (wie oft) eine additive Bedeutung zum ablativus instrumentalis fossa vastissima. In der lebhaften, stark periodisierten Schilderung wird der zeitlich frühere Arbeitsgang durch den abl. abs. vorweggenommen. — **arx:** Gemeint ist das Kapitol. Beachte die Stellung des prädikativen Zusatzes und seine Sperrung von dem ergänzenden Nebensatz! — **circumiectu:** circumiectus *Umgebung, umgebendes Gelände.* — **circumciso:** (allitterierend!) circumcisus *abschüssig;* vgl. die Synonyma im Zusammenhang! — **niteretur:** niti in gewählter Bedeutung *sich erheben.* — **tempestate:** tempestas „*Sturm*“ = *Sturmzeit* (vgl. I 1 und dagegen I 68). — **Gallici adventus:** im Jahre 387. — **incolumis atque intacta:** Wortgruppe gleicher Bedeutung (vgl. o. zu tractus ductusque). — **pestilenti:** pestilens *gesundheitsschädlich.* Die Tiberniederungen und -sümpfe waren bis in unsere Zeit wegen ihrer Fiebergefahr berüchtigt. Inzwischen sind die „Pontinischen Sümpfe“ trockengelegt und damit entseucht worden, eine Voraussetzung für die dauernde Ausbreitung des modernen Rom. — **perflantur:** perflare *(mit erfrischender Luft) durchwehen.*

12 confecit: sc. Romulus. — **constituit:** constituere hier errichten, erbauen (= condere); vgl. dazu I 41 und 64. — **e suo nomine Romam:** vgl. zum Namen **Romulus** § 4, zu **Roma** Ev. II; das Abhängigkeitsverhältnis der beiden Eigennamen ist ungeklärt. — **civitas:** s. I 41. — **ad firmandam . . ., sed ad muniendam:** vgl. zu den Begriffen u. a. §§ 3, 15, 17 (firmamentum). — **novum quoddam et subagreste consilium, sed . . . magni hominis et . . . providentis:** eine sehr ungewöhnliche Konstruktion attributiver Bestimmungen. — **subagreste:** subagrestis *ziemlich bäurisch; plump, unfein.* — **providentis:** vgl. § 5 providendum und providentia. — **secutus est:** consilium sequi *einen Plan „verfolgen“, durchführen.* — **cum eqs.:** explikativ. — **Sabinas . . . virgines:** Beachte die Wortstellung! — **ludorum gratia:** . . . *zuliebe.* — **venissent . . . instituissent:** Modusverschiebung im Bereich des a. c. i. — **anniversarios:** anniversarius *jährlich,* d. h. *Jahr für Jahr zu veranstalten.* — **in circo:** Z. Zt. des **Romulus** handelt es sich noch nicht um einen festen Bau, sondern um die Fläche zwischen Aventinus und Palatinus; dort wurde von **Tarquinius Priscus** der circus maximus angelegt, den später **Caesar** und dann **Traianus** erweiterten. Ein circus diente vor allem als Bahn für Wagenrennen (im Gegensatz zum theatrum und amphitheatrum). Es gab in Rom mehrere solcher Hippodrome; außer dem circus maximus rechneten zu den bedeutendsten der circus Flaminius und der circus Florae. — **instituissent:** instituere hier *einführen, anordnen, bestimmen* (vgl. dagegen § 4). — **in matrimoniis collocavit:**

in matrimonio alcs collocare = alci in matrimonium dare. — **familiarum:** familia ganz anders als I 61, sondern in unserm Sinne der „*Familie*“ als Geschlechtsverband. — **amplissimarum:** amplus s. I 5.

13 proelii certamen: *(Kampf im Gefecht) Wettstreit im Kampf* (sing. statt plur.); certamen bezeichnet also mehr die Aktion, proelium den Rahmen. — **varium:** varius *wechselvoll, schwankend* (das Begriffspaar varius atque anceps also ohne stark differenzierende Bedeutungsmerkmale; s. § 11 incolumis atque intacta). — **foedus icit:** foedus icere = foedus facere. — **matronis:** Aus den virgines waren vornehme Damen und ehrwürdige Hausfrauen geworden. — **ascivit:** in civitatem asciscere *in die Gemeinde aufnehmen (= das Bürgerrecht geben).* — **sacris communicatis:** communicare *vereinigen.* Die gegenseitige Anerkennung der Götter bzw. des gesamten Kultes und der Kultstätten galt als die engste Verbindung zweier Stämme, die gewöhnlich zur völligen Verschmelzung führte. Die hier angedeutete Sagenversion sieht in dem Zusammenschluß der Latiner auf dem Palatinus und der Sabiner auf dem Quirinalis den Ausgangspunkt für die eigentliche Entwicklung Roms. Er entspricht dem o. zu § 11 angemerkten zweiten Stadium der Ausdehnung. — **sociavit:** sociare *verbinden, vereinigen;* alqd cum alqo *etwas mit jdm. teilen.* Man vermutet in dem Doppelkönigtum eine mythologische Reprojektion des späteren Doppelkonsulats.

14 post interitum: Er wurde angeblich in *Lavinium* bei einem Volksaufstand erschlagen. **Lavinium** liegt südlich von Rom in Meeresnähe; es soll von **Aeneas** erbaut und nach seiner Gattin **Lavinia** benannt sein. — **dominatus omnis:** *Gesamtherrschaft* (s. dazu I 27 und 44). — **recidisset:** recidere ad alqm *an jdn. (zurück-)fallen;* s. § 15 reportaret. — **consilium:** s. I 65. — **principes:** s. Wv. — **propter caritatem:** caritas (anders als z. B. I 55) passivisch *Hochschätzung, Beliebtheit.* Ob diese aus aristokratischer Sicht abgeleitete Erklärung des Begriffs patres stimmt, ist sehr fraglich. Wahrscheinlich sind sie ursprünglich die Sippenältesten. Die Mitglieder der Familien, die zu dieser Würde aufsteigen konnten, hießen dann patricii. Daher auch patres (et) conscripti als Anrede des Senats nach der Aufnahme von Plebejern. — **Romuli socius:** prädikativ. — **tribus:** (zu tribuere, nicht zu tres) Diese sog. „Stamm-“ oder „Ur-“ Tribus waren die **Ramnes**, **Tities** (Titus Tatius!) und **Luceres** — eine Einteilung des römischen Volkes nach der Abstammung. Sie wurden abgelöst durch die örtlichen Verwaltungstribus des **Servius Tullius** (§ 37 ff.), ursprünglich 30, seit 241 v. Chr. 35 (4 urbanae und 31 rusticae) an der Zahl.

curias: Die curia war die (nach der Abstammung organisierte) Unterabteilung der tribus und gliederte sich ihrerseits in 10 gentes; der Leiter einer curia (mit vornehmlich sakraler Funktion) hieß curio, der Vorsteher der gesamten curiae war der curio maximus. (Zugleich hieß curia dann auch das Versammlungsgebäude der curia. Von daher wurde der Begriff auf das Senatsgebäude bzw. Rathaus übertragen, und auch die Rathäuser nichtrömischer Gemeinden wurden so genannt. Überhaupt diente das Wort daneben auch zur Bezeichnung anderer Versammlungsstätten, so z. B. curia Saliorum als Amtsgebäude der Salier.). — **discripserat:** vgl. discriptio I 70. — **nuncupavit:** nuncupare (< nomen, capere) *feierlich aussprechen, erklären; benennen.* — **quae . . . virgines:** = earum virginum . . ., quae . . . — **oratrices:** oratrix *Sprecherin, Vermittlerin; Fürsprecherin.* — **sed quamquam:** Neuaufnahme von quamquam nach der umständlichen Periode. — **discripta:** Wiederaufnahme von discripserat; tatsächlich sind die gesamten Maßnahmen gemeint, wie das ff. beweist, so daß eine leichte Bedeutungserweiterung im Sinne von *„ordnen“ (= anordnen, organisieren)* vorliegt. — **interfecto:** s. o. propter interitum. — **auctoritate:** s. I 3. — **consilio:** hier (im Gegensatz zu oben) *Rat (= beratende Stimme).* Damit ist also der erste Schritt vom dominatus zur Vermischung mit der aristokratischen Verfassung getan. Vgl. § 15.

15 quo facto: Hier ist factum substantivisch *(= „Vorgehen“)* in Verbindung mit relativischem Anschluß zu verstehen. Das bedeutet, daß Romulus zunächst mehr gefühlsmäßig gehandelt und dann daraus die Schlüsse gezogen hat. — **primum:** Der nächste Punkt folgt § 16, eingeleitet durch tum. — **vidit . . . viderat:** videre = intellegere vgl. § 5 u. ö. — **singulari:** singulare imperium *Alleinherrschaft* (vgl. singularis I 39). — **optimi cuiusque:** (vgl. Wv.) im echtem Sinne des *„Aristokraten“*. — **dominatio:** = dominatus (s. I 48). — **auctoritas:** s. § 14. — **consilio:** wie § 14 Anf. — **quasi senatu:** Das Wort senatus war also noch kein Begriff; es ist wahrscheinlich erst in der späteren Königszeit geprägt worden. — Diese ratgebende Körperschaft der patres bzw. des Senats hatte an sich weder legislative noch exekutive Gewalt, noch auch ein unbedingtes Weisungsrecht — auch nicht in der Zeit der Republik. Sondern es war die auctoritas dieser in in der praktischen Politik bewährten Männer, die ihnen ihren ungeheuren Einfluß verschaffte. — **fultus:** (fulcire) fultus re *auf etw. gestützt.* — **munitus:** Hier (s. § 12) *gesichert, geschützt, gedeckt.* Die Wortgruppe ist keine Tautologie, sondern ein Hendiadyoin. — **domum suam reportaret:** Die Vorsilbe re- (ähnlich in recidere § 14) bedeutet nicht nur „zurück-“, sondern auch gelegentlich, daß eine Handlung etwas an die richtige Stelle oder Person bringt; sie hat dann also verstärkenden Sinn. Der ganze Ausdruck heißt demnach *heimbringen, mit nach Hause bringen.* — **locupletare:** *bereichern*, (s. locuples I 21).

16 tum: s. § 15 primum. — **retinemus:** (retinere *beibehalten*). Von den Gesprächspartnern waren **Scipio, Laelius** und **Scaevola** Augurn (s. I 63), und auch **Cicero** (s. zu I 15 in senatu) zählte zu diesem Priesterkollegium; es gehörte zu den angesehendsten Priesterschaften, hatte ursprünglich zwei oder drei, später neun und seit **Sulla** 15 Mitglieder; seine Aufgabe bestand darin, im Auftrage des Senats vor entscheidenden politischen Entschlüssen oder Handlungen aus dem Flug und Geschrei der Vögel, dem Fressen der heiligen Hühner usw. den Willen der Götter zu deuten. Das Ausspizialrecht stand später allen „Beamten" zu, jedoch in vollem Umfang nur den Konsuln, Prätoren und Zensoren. Im Kriege besaß es ausschließlich der Oberbefehlshaber. — **cum:** bezeichnet hier die Wirkung. — **obsecutus est:** obsequi alci *sich richten nach* . . . — **principium:** s. § 4. — **auspicato:** s. § 5. — **omnibus publicis rebus instituendis:** Beachte die Stellung, die den ursprünglichen Sinn (publica res) wiederherstellt. Zu instituere vgl. § 4. — **qui sibi essent in auspiciis:** (essent = adessent). Das Beziehungswort dieses Relativsatzes mit finalem Nebensinn ist singulos. — **cooptavit:** cooptare *hinzuwählen, -ziehen.* — **habuit discriptam:** habere mit prädikativem Partizip s. § 11; discribere s. § 14.

plebem: Mit plebs (eigentlich „*Menge*") wurde *die große Masse der nichtadligen römischen Bürger* bezeichnet, die gegenüber den patricii (oder optimates) einen eigenen Stand bildete. Zu einem solchen war sie aus freien Kleinbauern, Hörigen und immigrierten Latinern zusammengewachsen. Die privatrechtliche Stellung der Plebejer unterschied sich kaum von der der Patrizier. Aber ihre politischen Rechte waren beschränkt. Sie nahmen zwar an der Volksversammlung teil, durften aber weder politische noch kultische Ämter übernehmen. — **in clientelas:** clientela *Schutzgenossenschaft, Gefolgschaft.* Unter clientela verstand der Römer das Schutzverhältnis zwischen einem einflußreichen Manne (ursprünglich einem Patrizier, später auch einem angesehenen Plebejer) und einem politisch und wirtschaftlich benachteiligten Bürger. Dieses Verhältnis trug rein privaten Charakter und hatte keinerlei Rechtsfolgen. Jedoch verpflichtete es beide Seiten zu unbedingter Treue. Der Schutzherr (patronus) sorgte vor allem für die rechtlichen Belange seines Klienten (cliens). Dieser half ihm dafür, sein Ansehen zu stärken, und unterstützte seine politischen Absichten (etwa durch Stimmenfang bei Wahlen usw.). Überhaupt war der politische Einfluß weitgehend von der Zahl und der Einsatzbereitschaft der Klienten abhängig. Auch Städte und Landschaften wählten sich manchmal unter den Mächtigen Roms ihren patronus.

(Vgl. **Scipio** und Massilia I 43.). — Mit dem Plural clientelae wird dann meist die Gesamtheit der Klienten, also die *Gefolgschaft* bezeichnet. — Zu unserm Text: Die principes (§ 14) waren also die patroni. — **quantae fuerit utilitati:** sc. rei publicae. — **videro:** = videbo. (Der gelegentliche „nichtbezogene" Gebrauch des Fut. II im Hauptsatz erklärt sich aus der ursprünglich resultativen Aktionsart des Perfektstammes.) — **multae:** multa (< multare) Strafe (durch Eigentumsverlust; s. § 60); multae ist Attribut zu dictione, ovium und bovum sind Bereichsgenetive zu multae. — **dictione:** dictio *Festsetzung.* — **res:** sc. familiaris *Vermögen.* — **pecuniosus:** *reich* (an Vieh). — **locupletes:** s. § 15 locupletare. Ciceros Etymologie ist zwar umstritten, aber keineswegs unmöglich. — **suppliciis:** supplicium ist die *martervolle Strafe an Leib und Leben.*

17 firmamentum: *Stütze* (s. firmare §§ 3 und 12). — **auspicia et senatum:** s. §§ 15 und 16. Es sind also religiöse und politische Fundamente des werdenden Staates. — **est consecutus:** consequi s. I 28. — **subito:** Adverb zu obscurato. — **obscurato:** obscurare s. I 25. Zur religiösen Bedeutung der Finsternis s. I 15 und 16. — **comparuisset:** comparere (übertr.) *noch vorhanden sein, sich noch vorfinden.* — **deorum in numero:** Aus dem Heros, der seiner Abstammung nach ein Halbgott war (s. § 4), wird nun ein Gott (s. I 64; vgl. Ev. II s. v. Quirinus). — **opinionem:** opinio = fama *(guter) Ruf.*

Der folgende „kultur-" oder „bildungsgeschichtliche" Exkurs (**Dikaiarchos!**) mutet etwas merkwürdig an; er setzt voraus, daß die „Aufklärung" durch griechische Bildung bereits zur Gründungszeit einen Einfluß auf die primitive Urbevölkerung Roms gehabt habe. Solche Ansichten haben natürlich keinen historischen Wert und sind auch nicht als wirkliche Überzeugung des **Scipionenkreises** oder **Ciceros** zu verstehen; sondern sie entspringen wie die Sage von **Aeneas** dem apologetischen und „humanistischen" Bedürfnis, die Gesittung, die sich bei den Griechen durch ihre literarische Tradition schon früh vorfand, auf die Anfänge Roms zu übertragen. Vgl. I 58.

18 in Romulo: *an, bei ...* — **eruditis . . . saeculis:** eruditus hier „*aufgeklärt*"; zu saecula vgl. § 2. — **fuerunt:** = vixerunt. — **ut eqs.:** Konsekutivsatz. — **fingendi proclivis esset ratio:** Die syntaktischen Zusammenhänge sind nicht ganz klar. Entweder ist proclivis (im Sinne von *geneigt zu . . .*) ähnlich wie cupidus mit dem Genetiv des Gerundiums verbunden, obwohl es sonst nur durch ad . . . ergänzt wird; dann bedeutet ratio „*Denkart*" im weitesten Sinne des Wortes. Oder aber es handelt sich um ein Hyperbaton fingendi ratio; dann ist ratio im abgeblaßten Sinne „*Möglichkeit*" und proclivis heißt *leicht (zur Hand), schnell bereit.* — **imperiti:** imperitus s. I 23. — **his:** s. I 58. — **inveteratis:** inveteratus s. § 4 *(aus Tradition) bekannt.* — **litteris atque doctrinis:** litterae *Literatur;* doctrina (s. I 50) *Wissenschaft* (vgl. die Stellung **Homers** als „Erzieher" Griechenlands). — **ex . . . vita:** präpositionales Attribut *(infolge . . .);* vita *Lebensweise.* — **inculta:** (vgl. cultus § 10) *unkultiviert, primitiv.* — **errore:** error *Irrtum, irriges Urteil, irrige Meinung;* Irrglaube (vgl. dagegen error § 7). — **investigatur:** investigare s. I 17. — **annalibus:** s. I 25.

Olympiadis: *Olympias* (griech. ὀλυμπιάς olympia's), Zeitraum von vier Jahren, benannt nach den bei **Olympia** in **Elis Pisatis** alle vier Jahre durchgeführten, gemeingriechischen Wettkämpfen. Die Olympiadenrechnung begann mit dem Jahre 776 v. Chr. Sie war für die Griechen (neben anderen Möglichkeiten, z. B. der Archontenliste Athens) eine wichtige Grundlage der Chronologie. — **id:** Es weist auf den mit cum eingeleiteten Temporalsatz hin. — **cecidit:** die übertr. Bedeutung wie im Deutschen. — **aetas:** Der Begriff ist hier saeculum untergeordnet = *Lebenszeit* (s. § 2). — **minor . . . fides:** Hyperbaton; fides hier nicht als ethischer t. t. wie z. B. I 2, 49, 55, sondern fidem in Verbindung mit habere im gewöhnlichen Sinne *Glauben schenken.* — **fabulis:** fabula s. § 4. — **de veteribus rebus:** Gemeint sind also vorgeschichtliche Mythen. — **instituit:** instituere hier *sich daran machen, in Angriff nehmen* (vgl. dagegen § 12); zu der fragwürdigen Zeitbestimmung vgl. Ev. II s. v. **Lycurgus.** — **nominis errore:** error (s. o.) hier *irrtümliche Deutung* (zur Sache vgl. die beiden Lycurgi Ev. II). — **constitutam:** sc. esse; constituere hier *einrichten, festsetzen* (ähnl. instituere § 12). — **minimum dicunt:** Gemeint ist der geringste zeitliche Ansatz zwischen Homer und Lykurgos. — **aetati:** s. o. — **fere:** zu triginta an betonter Stelle.

19 ante: (wie oft) = antea, postpositional zum ablativus temporis. — **fuisse:** s. zu fuerunt § 18. — **doctis hominibus:** nominaler ablativus absolutus (doctus s. Wv.). — **temporibus . . . eruditis:** s. § 18 eruditis saeculis. — **loci:** locus est ad . . . *es ist Platz für . . ., es gibt eine Möglichkeit zu . . .* — **antiquitas:** = homines antiqui (abstractum pro concreto). — **recepit:** recipere *an-, hinnehmen.* — **fabulas:** vgl. § 18. — **incondite:** inconditus *wirr, plump* (Adverb zu fictas, das zwar in Verbindung mit fabulas oft gebraucht wird, aber wie die o. a. Stellen beweisen, keine Bedeutungsvariante bewirkt.). — **aetas:** (im Gegensatz zu § 18 und ähnlich wie § 2) *Generation.* — **exculta:** Oppositum zu incultus § 18. — **praesertim:** Unterstreicht hier den kausalen Sinn des Partizips. — **respuit:** respuere (übertr.) *zurückweisen, verwerfen;* meist mit Objekt, daher also etwa zu ergänzen *„derartiges . . .".*

20 Die ausgefallenen Zeilen der Handschrift hat man folgendermaßen ergänzt:

<Hesiodum deinde, quamquam multis saeculis post Homerum fuit, tamen et ipsum constat vixisse ante Romulum. Non multis annis post conditam urbem natus est Stesichor>us.

In der Wiederherstellung der folgenden sehr verderbten Zeilen sind wir der heute meist gebotenen Tradition gefolgt.

nepos: hier *Enkel* (vgl. § 33). — **Olympiade:** s. § 18. — **quo:** hier nicht = ut eo, sondern relativischer Anschluß und ablativus instr. zu intellegi (hoc facto = ea re). — **creditum:** credere de . . . *glauben an* . . . — **inveterata:** s. § 18. — **tractata:** tractare hier *etw. geistig vornehmen* = *untersuchen, überlegen, überdenken.* — **esset:** Der Konjunktiv erklärt sich aus der Abhängigkeit des Satzes (tum — cum) vom a. c. i. — **cognita:** *(in ihrem Wesen) bekannt, durchschaut.* — **profecto:** (adv.) *tatsächlich.* — **vis ingenii:** s. Wv. und §§ 2 und 4. — **id de Romulo crederetur:** de in Bedeutungsvariante zum vorhergehenden Satz: *von, über* . . . — **id:** Beziehungswort für quod eqs. — **nullo alio de mortali:** = de nullo alio mortali. — **impulsu patrum:** = patribus auctoribus. — **quo:** = ut eo (sc. impulsu). — **invidiam:** invidia m. Genetiv *Haß wegen* . . ., *Verleumdung wegen* . . . — **interitus Romuli:** vgl. § 14 und I 64. (Man hatte die patres also in Verdacht, Romulus gewaltsam beseitigt zu haben.) — **in contione:** Mit contio wurde eine *Volks-* oder *Heeresversammlung* bezeichnet, die von den Behörden einberufen war, um wichtige Mitteilungen der Gesamtheit zu eröffnen (also keine Wahlversammlung). — **eum sibi:** = Romulum Proculo. — **ut sibi:** = ut Romulo. — **Quirinalis . . . Quirinum:** Durch diese Umtaufe des **Romulus** nach seiner Apotheose wird durch den Mythos der § 13 beschriebene Zusammenschluß der Latiner und Sabiner noch einmal symbolisiert. (Die Etymologie ist umstritten wie die von Quirites, s. I 14, die wahrscheinlich damit zusammenhängt.)

21 consilio: consilium (s. Wv.) hier *Planung* (gemeint sind vor allem die firmamenta § 17, aber auch die zuletzt beschriebene religiöse Verbindung in seiner eigenen Person). — **ut:** = quasi. — **in cunabulis:** cunabula (plur.) *Wiege.* — **vagientem:** vagire *wimmern.* — **adultum:** vgl. I 58 und II 3. — **puberem:** pubes *erwachsen.* — Die folgenden Worte des **Laelius** knüpfen sinngemäß an den Schluß von § 3 an. Die Eigenständigkeit der Konzeption **Scipios (Ciceros!)** ist eben das besondere Anliegen der Schrift überhaupt. — **et:** sc. videmus. — **ingressum:** ingredi ad . . . *sich zu etw. entschließen, einen Weg einschlagen.* — **ratione . . . nova:** ratio (s. Wv.) *Methode* (zu disputandum). — **princeps: Platon.** — **aream:** area *freier Platz; Bauplatz* (daher auch exstruere). — **civitatem:** (vgl. I 41) hier seltsamerweise (da es sich ja gerade um eine „abstrakte“ Konstruktion handelt) = *Staat bzw. Verfassung.* — **arbitratu:** arbitratus (nur im abl. sg. gebräuchlich) *Willkür, Ermessen, Gutdünken.* — **abhorrentem:** s. I 24.

22 reliqui eqs.: Mit dieser Behauptung tut er offensichtlich Männern wie **Aristoteles** und einigen **Stoikern** unrecht; denn **Aristoteles** hat nicht nur eine Sammlung von Verfassungen angelegt, aus der uns die von Athen erhalten ist, sondern er hat auch in seinen Politika einen durchaus konstruktiven Plan vorgelegt; auch einige Angehörige der **Stoa** haben, wenigstens für ihren utopischen „Staat der Weisen" Verfassungsentwürfe geschrieben. (S. zur Vorrede des I. Buches.) So ist der Grund für den Vorwurf des **Laelius** nicht einzusehen, zumal ja **Aristoteles** und seine „Schule" gerade auf Buch I einen starken Einfluß gehabt haben. — **disserere:** s. I 20. — **exemplari formaque:** (Hendiadyoin) *Beispiel und Gestalt* = *beispielhafte Gestalt* (als Gesamtkonzeption; forma also nicht Verfassung wie I 53). — **de generibus et de rationibus:** genera (wie oft in Buch I) *Verfassungsarten;* ratio *Struktur;* die beiden Begriffe ergänzen also einander. — **civitatum:** nicht wie § 21. — **utrumque:** Gemeint ist offensichtlich nach dem Vorhergesagten a) die Beschreibung eines Idealstaates, b) der empirische Nachweis von Verfassungsformen. Dann kann die Aufgliederung des ff. nur so sein: a) tribuere malis quam ipse fingere et revoces ad rationem ..., b) et disputes ...

ingressus: s. o. — **reperias:** Konjunktiv durch Modusassimilation (das Tempus ist zu beachten!). — **fingere:** s. § 3. — **revoces ad rationem:** *auf bewußte,* und zwar *systematische Überlegung zurückführen.* **Cicero** ist sich also der eigenen „Fiktion" über die Leistung des **Romulus** bewußt. — **vaganti:** vagans (von der mündlichen Äußerung) *weitschweifig, planlos, unkonzentriert.* — **oratione:** s. Wv. — **defixa:** defigere in alqa re *festheften an ..., konzentrieren auf ...* — **una:** sc. Romana. — **instituisti:** s. § 18. — **prospicere ... rem publicam:** prospicere *in der Ferne erblicken; etwas bildhaft* (vor dem geistigen Auge) *sehen.* — **videor:** *ich glaube, daß ich ...; es kommt mir so vor, als ob ich ...* — **te ... persequente:** persequi *der Reihe nach durchgehen, schildern.*

23 Romuli senatus: s. §§ 15 und 17. — **optimatibus:** s. Wv.; hier also t. t. für „Aristokratie", s. dagg. optimi cuiusque § 15; principem §§ 14 und 16 steht dazwischen.

quibus ... tribuisset: Der Relativsatz hat einen leicht anklingenden konzessiven Nebensinn. — Die von **Romulus** angeblich eingeleitete Mischung von monarchischen und aristokratischen Verfassungselementen (§ 14 f.) wäre dann also zugunsten der aristokratischen beseitigt worden. — **patres ... patricios:** vgl. § 14. — **excessum:** excessus *Hinscheiden, Tod* (s. obitus I 64 und II 52, dagegen interitus

§ 20). — **temptaret . . ., ut . . .:** In der Bedeutung *versuchen, zu erreichen suchen* wird temptare meistens mit einem indirekten Fragesatz, selten mit einem Infinitiv oder einem durch ut eingeleiteten Nebensatz verbunden. — **regeret sine rege rem publicam:** Wortspiel und Alliteration! — **desiderioque Romuli:** s. I 64. — **cum:** (relat. Anschluß) = tum. — **principes:** s. Wv. — **novam et inauditam:** prädikativ. — **ceteris gentibus:** zu inauditam (gens hier *Volk*). — **interregni ineundi rationem:** interregnum inire *Interrex werden.* Einer der patres führte also bis zur Neuwahl, deren Organisation auch zu seinem Amt gehörte, die Regierungsgeschäfte. Die Herrschaft dauerte fünf Tage. (ratio = *Verfahren.*) — **declaratus:** declarare s. I 23. — **diuturno rege:** (= interrege) ablativus qualitatis als Prädikatsnomen. — **inveterata:** s. § 4. — **imperium:** *Regierungsgewalt* (die Verbindung mit potestas auch § 15; vgl. Wv.). — **tardior:** tardus *säumig, zögernd.* — **munitior:** munitus s. § 15.

24 novus: prädikativ mit konzessivem Nebensinn (tamen!). — **si modo eqs.:** Anmerkung des **Scipio: Lykurgos** konnte, meint er, gegen gewisse Traditionen nichts ausrichten. — **habendum:** s. I 50 (auch zur Sache: „Wahlkönigtum“). — **stirpe:** stirps (anders als I 68) *Nachkommen(schaft), Familie, Geschlecht* (soweit ein gemeinsamer Stammvater da ist). — **agrestes:** Das Attribut widerspricht der §§ 18 ff. vorgetragenen Theorie. **progeniem:** (sc. regalem) progenies *Abstammung* (s. dagegen I 38 und II 40). — **quaeri:** quaerere alqd *suchen, fragen nach . . .*

β) Numa Pompilius.

25 quibus: i. e nostris. — **praestantem:** praestans (absolut) = excellens. — **fama ferret:** fama fert alci *das Gerücht, Hörensagen usw. trägt jdm. zu.* — **alienigenam:** alienigena *fremdstämmig, ausländisch* (s. Ev. II). Die §§ 13 ff. erwähnte Verschmelzung gilt nur für einen Teil der Sabiner. — **patribus auctoribus:** (vgl. § 20 impetu patrum) hier *auf Vorschlag . . .* — **ascivit:** asciscere *annehmen, billigen, anerkennen* (vgl. § 13). — **Sabinum hominem:** prädikativ. — **accivit:** accire *herbeirufen, berufen* (Beachte Stellung und Klangwirkung der beiden Verben ascivit und accivit.). — **curiatis . . . comitiis:** (zu curia s. § 14). Die comitia curiata waren *Versammlungen der Patrizier.* Der populus besteht demnach hier aus der Gesamtheit der Adligen. Die plebs (s. § 16) als Klientel (s. § 23) wird nicht befragt. (Der plebs waren die concilia plebis [s. I 47] vorbehalten, das Machtinstrument der Volkstribunen [s. § 59]. Außerdem gab es noch für alle Bürger die comitia tributa und die comitia centuriata; s. I 47.) — **imperio:** s. § 23. — **curiatam legem tulit:** Der Ausdruck curiatam legem ferre bedeutet *ein Gesetz* *in den Kuriatskomitien* (s. o.) *beantragen.* Die nachdrückliche Forderung einer Legitimierung durch den populus bedeutet damit den ersten Schritt zur „Demokratisierung“, d. h. der Beteiligung des gesamten (patrizischen!) Volkes, nicht nur seiner Vertreter (patres, principes, optimates § 23) an einer erstrangigen politischen Entscheidung. — **instituto:** institutum *Plan, Bestrebung; Anweisung.* — **bellicis studiis:** (ähnlich studio bellandi) *Kriegsneigungen.* — **revocandos:** revocare a ... *zurückhalten, abbringen von* ... (anders als revocare ad § 22).

26 viritim: *Mann für Mann, jeden (jedem) einzeln.* — **divisit:** dividere alqd alci *etwas verteilen unter* ... — **depopulatione:** depopulatio *Verwüstung; Plünderung.* — **colendis agris:** ablativus instrum. — **commodis:** commodum (bes. plur.) *Nutzen, Glück, Wohl.* — **otii et pacis:** s. zur Vorrede von Buch I und zu I 63. — **iustitia et fides:** Gerechtigkeit ist die immer wieder vom Monarchen geforderte Eigenschaft: I 54 ff. Zu fides s. I 49 und 55. — Hier ist natürlich nicht speziell an die Eigenschaften des Königs gedacht, sondern an die Verhältnisse im Staat, die er (durch seine eigene iustitia und fides) schaffen will. — **patrocinio:** (sc. otii et pacis) patrocinium (übertr.) *Schutz, Schirm, Obhut.* — **perceptio:** *Einsammeln, Ernten, Ernte.* — **defenditur:** defendere hier i. S. v. *sichern.*

idemque P.: *P. war es auch (weiterhin), der* ... — **auspiciis maioribus inventis:** (vgl. zu § 16) auspicia maiora betreffen Donner, Blitz und andere Naturerscheinungen; invenire etwa *sich ausdenken, ersinnen* o. ä. — **augures:** s. § 16. — **sacris:** sacra (plur.) *Opfer, Gottesdienst;* sacris praeficere *mit der Leitung* ... *beauftragen.* — **pontifices:** pontifex (Etymologie umstritten) *Oberpriester, Pontifex.* Die pontifices waren das höchste staatliche Priesterkollegium mit der Aufsicht über das gesamte Kultwesen; den Vorsitz hatte der pontifex maximus (s. I 25). Zur Zeit Numas hatte es vier, seit 300 v. Chr. acht, seit Sulla 15 Mitglieder. — **animos:** sc. Romanorum, i. e. Romanos (oder populum) mit prädikativer Ergänzung: ardentes ... bellandi vgl. § 4. — **propositis legibus:** proponere *öffentlich bekanntmachen.* Die Beziehung des Ausdrucks ist umstritten. Nach der Stellung kann er nur zu ardentes (nicht zu mitigavit) gehören. Dann müßten die leges also von Romulus stammen (s. § 25 instituto ... studiis), ohne daß wir wissen, welchen Inhalt sie haben. Genau so unklar bleibt dann, was unter den monumenta zu verstehen ist. Entschließt man sich dazu, die leges als solche des **Numa** anzusehen, dann könnten die annales maximi (I 25) gemeint sein. (Zur „Zivilisierung“ der Römer durch Numa vgl. auch seine Bemühungen um die Musik IV 14.) — **religionum:** religio hier *Gottesdienst, Kultus* (s. dagegen I 23). Der Plural beim ersten Vorkommen des Wortes deutet die Vielfalt der Kultgebiete an; diese wird beim zweitenmal durch partes ausgedrückt. — **caeremoniis:** caeremonia *religiöse Handlung, heiliger Brauch.* — **flamines:** flamen *Sonderpriester*, Priester einer bestimmten Gottheit (z. B. Dialis, Martialis, Quirinalis). — **sanctissime:** sanctus *unantastbar* (im religiösen Sinne).

27 sacrorum: s. § 26. — **diligentiam:** diligentia *Sorgfalt, sorgfältige Beachtung.* Die diligentia ist eines der Hauptmerkmale der emotional kalten und abstrakten römischen Religion. Der Sinn des Römers für das Formale lebte sich hier ähnlich wie in der Rechtspflege aus. — **difficilem:** difficilis *genau.* — **apparatum:** apparatus Ausstattung. — **perfacilem:** perfacilis *(leicht zu beschaffen,) gering.* — **perdiscenda:** perdiscere bezeichnet das *Auswendiglernen* der formelhaften Gebete usw. — **observanda:** das *Beachten* der Kultbräuche nach Vollzähligkeit, Reihenfolge usw. — **sine impensa:** = sine sumptu (weiter unten). — **operam addidit:** etwas mehr als operam dedit mit bewußtem Gebrauch von opera. — **removit:** removere *einschränken.* — **mercatus:** (-us) *Handel;* insbesondere *großer Markt, Jahrmarkt, Messe* (vgl. unsere „Kirmes", die auch an Feiertagen lag). — **causas et celebritates:** Hendiadyoin. — **invenit:** s. § 26.

institutis: vgl. § 4 und öfters = *einrichten.* — **ad humanitatem atque mansuetudinem:** humanitas i. S. v. *„Humanität"* (also nicht wie I 28); mansuetudo *Güte, Milde, Sanftmut;* der Ausdruck ist ein Hendiadyoin. — **revocavit:** (ad . . .) s. § 22. — **studiis bellandi:** s. §§ 25 f. — **immanes:** s. I 9. — **potissimum:** (adv.) *vor allem, am besten.* — **in exquirendis temporibus:** tempora exquirere *die historischen Daten (errechnen) bestimmen.* — **diligentior:** s. o. — **confirmatis:** vgl. § 17 firmamenta. Auch **Numa** hat also zwei Hauptstützen des Staates geschaffen. — **clementia:** (s. I 50 clemens) Der Ausdruck faßt noch einmal mitigare, humanitas und mansuetudo zusammen: *Nachsicht, Toleranz* bzw. summarisch *Gesittung.*

28 vulgo: allgemein, (s. I 21). — **annalium publicorum:** wohl die annales maximi (s. § 26 zu propositis legibus). — **auctoritate:** i. S. v. auctor I 16: *Bürgschaft, Garantie.* — **declaratum:** declarare *„klären", deutlich kundtun, beweisen* (s. dagegen I 23). — **fictum:** s. § 3 und öfters. — **imperite:** imperitus (s. § 18 und I 23) *einfältig.* — **absurdeque:** absurdus *sinnlos.* — **demum:** (steigernd) *erst recht, ganz besonders.* — **cernimus:** cernere *(geistig) durch-„schauen", erfassen.* — **reperitur:** reperire *finden, erfahren, ersehen.* — **Olympias:** s. § 18. Die beiden Ereignisse fallen also in denselben Zeitraum von vier Jahren (daher quartum annum regnante). — **initium regni:** *Regierungsantritt.* — **declarat:** s. o. declaratum.

29 regiis annis: *Jahre der Königsherrschaft.* — **dinumeratis:** dinumerare *aufzählen, berechnen, nachrechnen.* — **diligentissime:** s. § 27. — **persecuti:** s. § 22. — **temporum annales:** s. § 27 annalium publicorum. — **hoc . . . est . . . in dubitatione versatum:** in dubitatione versari *in Zweifel gezogen werden, zweifelhaft sein.* Die gesamte Stelle versucht wieder einmal, die Distanz zu den Griechen herzustellen. Ausführungen wie I 58 und besonders II 26 ff. passen wenig dazu. — **inveteratus:** s. § 4. — **transmarini:** transmarinus *überseeisch.* — **artibus:** s. I 33. — **eruditos:** s. I 36. — **genuinis:** genuinus *angestammt.* — **domesticis:** domesticus: *einheimisch, vaterländisch, national* (s. dagegen I 36).

30 atqui: s. I 14. — **progredientem:** progredi *Fortschritte machen, sich entwickeln.* Das Bild der organischen Entwicklung allgemeiner als o. § 3 im direkten Vergleich zum Menschen. — **status:** s. Wv. — **itinere et cursu:** Verbindung der beliebten Bilder vom „*Wege*" und vom „*Lauf*" bzw. „*Kurs*". — **quin:** = quin etiam. — **multo:** zu meliora. — **consilio:** consilium (s. Wv.) hier *planvolle Lenkung.* — **disciplina:** s. I 50. — **confirmatum:** (vgl. § 27) confirmari *seine (innere) Stärke bekommen.* — **nec tamen:** m. abl. abs. *ohne daß allerdings . . .*

γ) Tullus Hostilius.

31 interrege rogante: interrex s. § 23; rogare *einen (den) Antrag stellen.* — **comitiis curiatis:** s. § 25. — **de imperio:** s. § 25. — **consulere:** s. § 35 suffragia und § 38 consulere. — **curiatim:** (vgl. viritim § 26) *kurienweise, nach Kurien.* — **gloria:** sc. erat (bzw. exstitit). — **res bellicae:** *Kriegstaten; militärische Leistungen, Erfolge.* — **idem:** s. § 26. — **manubiae:** *Beuteertrag, Gewinn aus der Kriegsbeute.* — **comitium:** hier *Versammlungsplatz* für die comitia curiata und tributa (bis 145 v. Chr.; zu den Begriffen s. § 25) zwischen Forum und curia (s. u.). — **curia:** (s. § 14) *Rathaus, Versammlungshaus* der patres bzw. später des Senats. Nach ihrem Erbauer wurde sie curia Hostilia genannt. Sie brannte 52 v. Chr. ab und wurde durch die curia Julia am selben Platz ersetzt. (Die curia Pompeia, in der Caesar ermordet wurde, befand sich auf dem Marsfeld.) — **constituit:** constituere (s. I 41 und 64) *begründen, festsetzen, -legen.* — **quod . . . inventum:** erläuternd zum Vorhergehenden bzw. relativischer Anschluß; zu invenire s. § 26. — **fetiali religione:** (fetialis adjektivisch und substantivisch) Die Fetialen waren ein Kollegium von 20 Priestern, geführt vom pater patratus, das die Aufgabe hatte, die völkerrechtlichen Belange Roms (Kriegserklärung, Friedensschluß, Wahrung von Bündnissen usw.) durch formale religiöse Riten zu sichern. — Die Römer selbst interpretierten also wenigstens in späterer Zeit ihren Nationalcharakter so, daß der Krieg schon frühzeitig nicht ein männliches Vergnügen und der Inhalt ihres Lebens gewesen sei, sondern ein harter „labor“, der nur unter bestimmten ethischen und formalen Voraussetzungen geleistet wurde. Vgl. die folgenden Ausführungen.

denuntiatum: bellum denuntiare *den Krieg* (offiziell durch die Fetialen) *androhen lassen.* — **indictum:** bellum indicere *den Krieg* (offiziell durch die Fetialen) *erklären lassen* (Einzelheiten dazu s. bei **Livius** I 32). — **iniustum . . . impium:** Nur der formal richtig eingeleitete Krieg stand unter dem Schutz der Götter und war berechtigt. Näheres darüber wird III 34 f. berichtet. — Nach der Darstellung **Scipios** hat **T. Hostilius** jedenfalls versucht, die Errungenschaften des **Romulus** und des **Numa** zu verbinden. — Der Stolz der Römer auf diese völkerrechtlich bedeutsame Einrichtung zeigt sich auch u. a. in **Ciceros** Worten (De off. I 36): „Ac belli quidem aequitas sanctissime fetiali populi Romani iure perscripta est. Ex quo intellegi potest nullum bellum esse iustum, nisi quod aut rebus repetitis geratur aut denuntiatum ante sit et indictum.“ — **advertatis animum:** s. I 61. — **sapienter:** s. I 42 u. ö. — **tribuenda . . . populo:** Hier und im ff. wird ausdrücklich auf die bereits § 25 angedeutete „Demokratisierung“ hingewiesen. — **insignibus . . . regiis:** Die äußeren Zeichen der königlichen Würde waren Purpurmantel, Thron (solium) und fasces (s. I 62).

32 quippe: (s. I 48 und 69) *allerdings.* — **et ipse:** *ebenfalls.* — **istum:** erklärt durch den Satz quia eqs. — **in Romulo:** s. § 18. — **probatum:** s. I 60. — **vulgare:** vulgaris *allgemein üblich, alltäglich* (s. vulgo § 27). — **vilis:** *bedeutungslos, wertlos.*

33 serpit: serpere *kriechen, schleichen.* — **statum:** s. Wv.

δ) Ancus Marcius.

nepos ex filia: *Tochtersohn, Enkel von seiten der Tochter.* (vgl. § 20) — **a populo:** Diesmal fehlt der Vorschlag (vgl. § 25 patribus auctoribus und § 31 interrege rogante). Auch constituit scheint auf eine größere Souveränität des populus hinzuweisen. — **de imperio suo:** vgl. §§ 25 und 31. — **legem curiatam:** s. § 25. — **ascivit:** s. § 13. — **idem:** s. § 26. — **dividit:** sc. civibus; s. § 26. — **publicavit:** publicare *zum Staatseigentum machen, „verstaatlichen“.* — **ad ostium Tiberis:** vgl. § 5. — **colonis:** colonus *Bauer; Neusiedler* (vgl. colonia §§ 5 und 9). — **firmare:** § 5 u. ö. — **obscurus:** obscurus *in Dunkel gehüllt.* — **historia:** (griech. Fremdwort) hier *Kenntnis der Geschichte.* — **siquidem:** s. I 19. — **tantum:** *lediglich, nur.* — **illustrata:** illustrare *erleuchten;* hier *bekannt* (und damit auch *berühmt*) *machen* (vgl. zu illustris I 4).

ε) Tarquinius Priscus.

34 hoc loco: bezeichnet den weiteren Zeitraum. — **insitiva:** insitivus *(aufgepfropft), von auswärts zugeführt;* quadam unterstreicht die Metapher. — **disciplina:** s. I 2. — **doctior:** schwächer als in Buch I = eruditior. Zur Sache vgl. § 29 und vorher. Dies eigentümliche Schwanken zwischen Anerkennung und Ablehnung des griechischen Einflusses erscheint typisch für die „humanistische" Bildungsschicht der Römer. — **illarum:** = Graecarum. — **artium:** s. § 29. — **fortunis:** fortunae (plur.) *Vermögen.* — **principem:** s. Wv. — **dominatio:** (stärker als I 48 und 67; s. Wv.) = tyrannis. — **defugit:** defugere *endgültig emigrieren.* — **patriam:** s. I 4 und ö. — **liber:** ähnlich wie I 30 mit dem Nebenton des politischen „Liberalismus". — **fortis:** *stark; konsequent.* — **ascitus:** s. § 33. — **civis:** prädikativ. — **domicilium et sedes:** s. I 41 (zur Verbindung domicilium und patria vgl. auch I 19). — **ad disciplinam:** hier gegenüber den beiden vorhergehenden Verwendungen des Wortes noch gesteigert = *Bildung.*

35 humanitatem atque doctrinam: In dieser Verbindung enthält humanitas den Bildungsbegriff, der I 28 bereits sichtbar wird. Zu doctrina s. I 50. — **usque eo, ut . . .:** *so weit, daß . . .; bis zu dem Grade, daß . . .* — **consiliorum:** s. Wv. — **familiaris:** (alci) *vertraut,* subst. *Vertrauter, enger Freund.* — **comitas:** (s. I 14 comiter) *Freundlichkeit, Leutseligkeit.* — **opis, auxilii:** ops = *Hilfe* dadurch, daß man eigene Mittel zur Beseitigung der Notlage eines anderen zur Verfügung stellt; auxilium = *Hilfe* dadurch, daß man den anderen schützt; auxilium ist der allgemeinere Begriff, im Deutschen wird man auf die beiden Wörter *Unterstützung* und *Hilfe* angewiesen sein. — **defensionis:** defensio *Rechtsschutz* dadurch, daß man sich zum patronus (s. § 16) eines anderen macht. — **benignitas:** *tatkräftige, uneigennützige, menschliche Güte.* — **suffragiis:** suffragium die bei einer Wahl abgegebene *Stimme* (s. I 47). — Auch hier fehlt also der Vorschlag (s. § 33). — **inflexerat:** inflectere *umwandeln.* — **in omni genere:** *auf jedem Gebiet.* — **huius populi consuetudinem:** consuetudo *Brauch.* — **de suo imperio:** s. § 25. — **legem tulit:** Vgl. § 33 legem curiatam: Die Auslassung bedeutet noch keine Änderung des Vorgangs. — **principio:** = initio regni sui (s. a § 28). — **antiquos . . . a se ascitos:** Objekte (ascisco § 13). — **patres maiorum gentium . . . minorum:** (sc. gentium patres) Prädikatsakkusative (maior *älter,* minor *jünger*). — **priores:** prädikativ. — **sententiam rogabat:** Beachte das Tempus!

36 Der Anfang von § 36 erweckt den Eindruck einer gewissen Unordnung. Die Gedankenfolge ist verworren, bzw. die Glieder sind nicht klar miteinander verbunden. (Zu

Deinde — retentus gehört als Erklärung atque — diligenter. Die Maßnahme wurde nur teilweise durchgesetzt: nec patuit — non erat. Trotzdem hatte sie einen gewissen Erfolg: Sed tamen eqs.) Auch sprachlich ist dieser Abschnitt (wie z. T. überhaupt die Perikopen ab § 25) weit weniger ausgeglichen und gefeilt als die Darstellung der Regierungszeit des Romulus. (Vgl. z. B. die Wortwahl, den allzu häufigen Gebrauch von facere; die mangelhafte Verbindung numerumque duplicavit; die Attribute zu gentem; die Wiederholung von bello; den unvermittelten Abschluß mortuumque esse eqs.)

equitatum: equitatus *Reiterei*, nachmaliger *Ritterstand* (vgl. § 39). Reiter gab es seit Romulus. Sie waren aber zunächst noch kein besonderer Stand, sondern hießen equites, solange sie im Kriege beritten kämpften. Erst allmählich im Laufe der Jahrhunderte entwickelte sich der ordo equestris. Zu den Reitern mit Staatspferden traten solche mit eigenen. Sie gewannen immer mehr an Ansehen und wurden spätestens im ersten punischen Kriege Offizieren gleichgeachtet. So wurden aus Reitern Ritter. Zu diesen zählten sich alle wohlhabenden Bürger. Bis zum zweiten punischen Kriege hatten sie durch Gewohnheitsrecht den schmalen Purpurstreifen an der Tunika und einen goldenen Ring als Standesabzeichen eingeführt. — **hunc:** = eum. — **retentus:** retinere (etwa = servare; s. § 16) *beibehalten* (s. dagegen I 45). — **nec potuit eqs.:** Er wollte offensichtlich die von Romulus geschaffene Einteilung der Bürgerschaft nach ihrer Abstammung (§ 14) durch eine ständische ersetzen. — **cum:** konzessiv. — **auctor:** (ähnl. I 16 bzw. auctoritas II 28; s. a. augur § 16). — **Attus Navius** machte sein Ansehen, seinen Einfluß nicht zugunsten der Neuerung geltend. Man erzählt von ihm, er habe einen Wetzstein mit einem Schermesser durchgeschnitten. — **diligentes:** diligens sum *ich achte sorgfältig darauf, bemühe mich um ...* (s. diligentia § 27). Hier ausnahmsweise durch den Dativ ergänzt: publicis ... alendis. Dazu der abl. instr. orborum et viduarum tributis. — Zur Sache: Es besteht also die Ansicht, daß **Lucumo** die Einrichtung des Ritterstandes aus der Heimat seines Vaters nach Rom verpflanzt habe. — **publicis:** equus publicus *Staatspferd, Pferd aus Staatseigentum.* — **assignandis:** assignare *zuweisen.* — **orborum:** orbus hier wohl nicht von *elternlosen Kindern*, sondern von *Männern ohne Angehörige, Junggesellen.* — **viduarum:** vidua (entspr. orbus) hier *ledige Frau.* Es sind also in beiden Fällen Menschen, die keine Pflichten gegen Angehörige haben. — **secundis additis:** (sc. partibus) abl. abs. mit Ergänzung durch den Dativ prioribus equitum partibus. — **fecit:** = effecit. — **numerumque:** erg. *und dadurch ...*

rebus: res hier *Macht.* — **idemque:** s. § 26. — **Sabinos:** s. z. § 25. — **eundem:** wie vorher idemque. — **primum:** prädikativ zu eundem. — **ludos maximos:** Die ludi maximi oder

Romani wurden in dem von **Romulus** vorbereiteten Gelände (s. § 12), das **Tarquinius** zum circus maximus ausbaute, vom 4. bis 12. September begangen. Durch sie wurde die kapitolinische Götter-Dreiheit (Jupiter, Juno und Minerva) geehrt. Ihre Ausstattung besorgten später die kurulischen Ädilen (s. Einleitung: Cicero als kurulischer Ädil). — **aedemque:** aedes (sg.) *Raum, Gemach; Tempel* (vgl. § 53). — **bello Sabino in ipsa pugna:** Der abl. temp. gibt den weiteren, der präpositionale den engeren Zeitraum an.

ζ) Servius Tullius.

37 illud Catonis: s. § 2 u. z. Vorr. von Buch I S. 75. — **certius:** certus hier *klar.* — **constitutionem:** constitutio (s. I 69) *Verfassung* als Endprodukt einer Entwicklung. — **in singulos reges:** (vgl. die Redensart in dies *von Tag zu Tag*) *von einem König zum andern = unter jedem einzelnen König.* — **accessio:** *das Hinzukommen* (vgl. I 1 und 3); *der Zuwachs.* — **vidisse:** (vgl. § 15) = intellexisse. — **primus:** prädikativ. — **iniussu populi:** vgl. §§ 25, 31, 33. — **quem eqs.:** Der Satz ist als selbständig mit relativischem Anschluß aufzufassen. — **ex serva:** zur Erklärung seines etruskischen Vornamens. — **cliente:** cliens (s. § 16) (ursprünglich *Höriger*) *Gefolgsmann.* — **conceptus:** concipi eig. (von der Frau gesagt) *empfangen werden* = (vom Manne: ex) *gezeugt werden.* — **famulorum:** famulus s. familia I 61. — **assisteret:** assistere ad ... *aufwarten bei ...* — **scintilla:** *Funke.* — **ingenii:** ingenium (s. Wv.) hier „*Geist*" = *Begabung.* — **elucebat:** elucere *aufleuchten.* — **officio:** officium hier *Dienstleistung.* — **sermone:** sermo (s. Wv.) hier *Gespräch.* — **sollers:** (vgl. sollertia I 25) *gewandt* (i. S. v. intelligenter Anstelligkeit). — **admodum:** *völlig, ganz.* — **vulgo:** s. § 28. — **artibus:** artes s. § 34. — **ad ... consuetudinem:** (consuetudo s. § 35) ad *gemäß, nach ...*

38 voluntate: voluntas hier *Wohlwollen.* — **cum ... diceretur:** Das Gerücht wurde vom königlichen Hof (wahrscheinlich von der Königin) ausgestreut, um dem Servius zum Thron zu verhelfen. — **ex vulnere:** *infolge ...* — **aeger:** *krank.* — **regio ornatu:** s. § 31 insignibus regiis. — **obaeratosque:** obaeratus (vgl. aes alienum) *Schuldner.* — **liberavisset:** liberare hier *(durch Hinterlegung der Schuldsumme befreien =) loskaufen.* — **comitate:** s. § 35. — **probavisset:** probare (ähnlich z. B. I 10 und 61) *glaubhaft machen, die Überzeugung beibringen.* — **non commisit se patribus:** Schon bei **Ancus Marcius** (§ 33) und **Tarquinius Priscus** (§ 35) wird der Hinweis auf die patres vermißt (vgl. die Bemerkungen dazu). Hier aber wird zum ersten Male ausdrücklich die Kaste der Hocharistokratie übergangen. Allerdings sind die „Patrizier" immer noch maßgebend (vgl. das ff.). — **populum:** wie § 25, 31, 33,

35. — **consuluit:** consulere *befragen (= abstimmen lassen);* s. § 31; vgl. suffragia § 35. — **legem de imperio suo curiatam tulit:** vgl. § 25.

39 duodeviginti censo maximo: (sc. centurias fecit) Er setzte also die Absichten seines Vorgängers durch (s. § 36). Die centuria (eig. *Hundertschaft*) ist damit eine wesentliche, für die Verfassung geradezu revolutionierende Neuschöpfung des Servius (comitia centuriata s. I 47). — Es bieten sich die Entwicklungsstufen der Verfassung Athens zum Vergleich an (nach der Monographie des Aristoteles; vgl. zu § 22). Aus Gründen der Raumersparnis muß hier darauf verzichtet werden. — **ex omni populi summa:** omnis summa *Gesamtmasse.* — **classes:** classis *Vermögensklasse.* — **senioresque a iunioribus:** Als iuniores galten die Männer von 17 bis 45, als seniores die von 45 bis 60 Jahren. — **disparavit:** (vgl. separato) disparare *scheiden; verteilen.* — **suffragia:** s. § 35. Zur Sache: Bei Abstimmungen hatte jede der 193 Zenturien nur eine Stimme. Zur Mehrheitsbildung vgl. das ff. und das Dreiklassenwahlrecht in Preußen. — **locupletium:** s. I 21. — **tenendum:** tenere *(an etw. festhalten, etw. beobachten)* hier = observare (s. Wv.). — **plurimum valeant plurimi:** vgl. § 40 (et is valebat plurimum eqs.).

discriptio: vgl. discribere § 14. — **rationem:** ratio (s. Wv.) hier *Rechnung, Berechnung.* — **usum:** (nicht wie z. B. § 1, sondern: I 27). — **fabris:** faber tignarius *Zimmermann.* — **quibus ex centum:** Der Satz gehört noch zur ratio und müßte eigentlich ebenfalls als Konsekutivsatz wie ut equitum eqs. formuliert sein. — **confecta est vis populi universa:** Gemeint ist: *die ausschlaggebende Mehrheit ist erreicht.* — **excluderetur . . valeret:** Cicero verfällt in den Irrealis, weil er sich nun ein konkretes Abstimmungsergebnis zuungunsten der Masse vorstellt. — **suffragiis:** (s. o.) suffragium hier *Stimmabgabe, Stimmrecht.* Zur Vorstellung des „demokratischen“ Elements ist dieser Satz genau so bezeichnend wie oben curavitque eqs. (und seine Wiederholung § 40 et is valebat eqs.), § 31 Et ut advertatis animum, quam eqs. Vgl. aber auch § 43 Desunt . . . multa . . ., imprimis libertas und vorher ut sit aliquod etiam populi ius, § 46 in conservanda civium libertate. Schließlich gehört noch der sehr vage Hinweis § 50 (Imperti . . . Romulus) in diesen Zusammenhang. — **superbum:** weil die Masse einfach übergangen wäre.

40 in quo: = in ea distributione populi. — **verbis . . . nominibus:** verbum *Ausdruck;* nomen *Bezeichnung, Begriff.* — **diligens:** s. § 36. — **locupletes:** s. § 39. — **assiduos:** Die Etymologie ist falsch (< assidere *ansässig* und damit *steuerpflichtig sein*). Das as (ursprünglich Gewichtseinheit = römisches Pfund, d. i. 0,33 kg) ist die älteste römische Münzeinheit, ursprünglich ein Pfund Kupfer im Wert von etwa 1,50 Reichsmark; später wurde es mehrfach derartig entwertet, daß es zum Inbegriff der äußersten Schäbigkeit werden konnte. (Vgl. im Deutschen: *Er ist keinen Kupfer wert.*) — **aeris:** der Gen. = asses. — **censum:** census hier *Schätzung.* — **caput:** die eigene „*Person*". — **progenies:** (anders als § 24, sondern:) I 38. — **nec . . . et:** *einerseits nicht . . . anderseits aber.* — **suffragii . . . in suffragiis:** s. § 39 und die Bemerkungen zur Sache. — **statu:** status (s. Wv.) hier *Zustand.* — **accensis:** accensus *Ersatzmann,* (pl.) *Reserve;* es sind Männer der untersten Klasse, die waffenlos ins Feld zogen, sich dann während der Schlacht die Waffen der Gefallenen aneigneten und damit in den Kampf eingriffen. — **velatis:** velatus *(nur bekleidet, aber) waffenlos.* — **cornicinibus:** cornicen *Hornist.*

Wie bereits der verbindende Text der Ausgabe erwarten läßt, finden sich in den ff. §§ viele Gedanken wieder, die bereits in Buch I vorgetragen worden sind. Sie werden jetzt stärker exemplifiziert. (Aber auch in Buch I ist die abstrakte Darstellung §§ 56 ff. durch konkrete Beispiele, die in Beziehung zu den II 41 ff. Ausführungen stehen, verdeutlicht worden.) Das Vokabular wiederholt sich dabei. Es ist Aufgabe des Unterrichts bzw. der Selbstvorbereitung, die Stellen im einzelnen, soweit der Kommentar darauf verzichten muß, zu vergleichen.

41 constitutam: vgl. I 64. — **generibus:** wie öfters in I. — **optimati:** optimas hier erstmalig in adjektivischer Verwendung. — **populari:** popularis s. I 42 und 45 (Das Wort findet sich sehr oft bei Cicero, besonders als Substantiv, um die „*Demokraten*" zu kennzeichnen. Vgl. z. B. die Reden gegen Catilina.) — **confusa:** vgl. permixtis I 44 und 69. — **modice:** vgl. I 66. — **puniendo:** vgl. die Strafmaßnahmen des Romulus II 16. — **irritet:** irritare *reizen* (anders I 30). — **immanem ac ferum:** vgl. § 27.

42 Der überleitende Gedanke war wohl folgender: Die Folgen einer einseitig orientierten und zu harten Regierung hat auch Karthago erfahren . . .

antiquior: sc. quam Roma. — **quod . . .:** kausal. — **Olympiadem:** vgl. § 18. — **aequabilitas:** vgl. Wv. u. I 69. — **triplex . . . genus:** s. § 41; vgl. a. I 69. — **rerum publicarum:** res publica hier *Verfassung;* im nächsten Satz zweimal *Staat.* — **populis:** populus im Gegensatz zu §§ 4—40 allgemein. — **proprium:** *spezifische Eigenart.* — **quo:** sc. proprio. — **persequar:** persequi wie I 38, hier durch subtilius näher bestimmt. — **subtilius:** subtilis *gründlich, genau.* — **quod:** (kausal) = id proprium. — **erit:** Der Sprechende versetzt sich an den

Schluß seiner Argumentation. — **mixta:** s. § 41 confusa. — **in hac civitate:** = in nostra civitate. — **temperata:** Vgl. I 69. Zur Sache: Die „Mischung" allein genügt nicht; der Staat muß ein qualitativ abgewogener Organismus sein. Das allmähliche Auspendeln der drei Elemente ist ja das Hauptanliegen der vorhergehenden Erörterungen über den stufenweisen Fortschritt der Verfassungsstruktur.

43 nam eqs.: Nam quamvis in ea re publica, in qua (praesertim regia) unus aliquis est perpetua potestate, et (= etiam) senatus sit . . . (es folgen zwei Vergleichssätze: ut . . . legibus) et ut (= quamvis) sit etiam aliquod ius populi (es folgt ein Vergleichssatz), tamen . . . (Hauptsatz). Vgl. a. die Bemerkungen zu suffragiis § 39. — **regium nomen:** Vgl. I 62. — **forma civitatis:** s. I. — **unius vitio:** vgl. I 62 (unius importunitate et superbia) und I 64 (unius iniustitia). — **praecipitata:** vgl. I 44 praeceps. — **in perniciosissimam partem:** vgl. I 65 (tyrannus, deterrimum genus) und I 68 (sic tamquam eqs.). — **decidit:** decidere *verfallen, absinken auf* . . . — **ipsum regale genus civitatis:** vgl. I 54 und 69. — **statum:** hier und gleich darauf status wie § 40. — **ita, quoad:** (ita einschränkend) *aber nur solange wie.* — **retineat:** retinere wie § 36 (potentialer Konjunktiv). — **status eqs.:** vgl. die Attribute des rex I 42, 43, 64, 65. — **perpetua potestate:** Dieser Begriff fehlt in den entsprechenden Partien des I. Buches. — **aequabilitas:** hier (zweifellos anders als § 42) im Sinne von I 43. — **otium:** s. z. Vorr. des I. Buches. — **populo:** wie § 42. — **libertas:** Vgl. I 43 und 47 f. Zur Sache s. die Bemerkungen zu § 39 (suffragiis). — **in eo est, ut . . .:** *darin besteht, daß* . . . — **domino:** dominus s. Wv.

η) Tarquinius Superbus.

44 iniusto domino: dominus s. Wv. und kurz vorher § 43; hier aber bereits mit dem Nebensinn des *Gewaltherrschers.* — **acerbo:** acerbus *hart, brutal.* — **comitata:** comitari alci *zur Seite stehen, verbunden sein mit* . . . — **refertamque:** refertus (< refercire) *vollgestopft; überreich.* — **locupletatus:** s. § 15. — **votum patris . . . persolvit:** (votum persolvere *ein Gelübde einlösen*). Es handelt sich um das Gelübde des Tarquinius Priscus im Krieg gegen die Sabiner; vgl. § 36. (Nach einer älteren Sagenversion war Tarquinius Superbus sein Sohn, nach einer jüngeren sein Enkel.) — **Capitolii aedificatione:** Mit der „Bebauung" des Kapitols (s. Ev. II s. v. Capitolium) wurde **Tarquinius Superbus** nicht fertig. Der Jupitertempel wurde erst nach 509 vollendet. — **colonias:** s. § 5. — **institutis:** institutum (§ 25) = consuetudo § 35. — **ortus:** vgl. die Vorgeschichte der Tarquinier § 34. — **libamenta:** libamentum *Opfergabe.*

45 vertetur: vgl. conversio I 69. — **orbis . . . circuitum:** vgl. I 45. — **naturalem:** vgl. § 30. — **a primo:** sc. motu. — **discite:** Der Imperativ ist in diesem Relativsatz möglich, weil hier, wie auch sonst oft, die Grenze zwischen Subordination und relativischem Anschluß verwischt ist. — **caput:** (anders als § 40) *Höhepunkt.* — **civilis prudentiae:** civilis prudentia *politische Einsicht.* — **versatur:** versari in . . . *sich beschäftigen mit . . .* — **oratio:** s. Wv. — **videre eqs.:** explikativ zu id. — **itinera:** Das Bild vom *Weg* wie I 44. — **flexus:** *(Windung, Abbiegung;) Wandlung.* — **cum:** nicht kausal, sondern explikativ (der Konjunktiv durch Modusassimilation). — **res:** „*Fall*". — **retinere:** hier im ursprünglichen Sinne *zurück-, festhalten* (s. dagegen §§ 16, 36, 43). — **ante . . . occurrere:** Zur Sache vgl. die Bemerkungen vor I 69. Der motus naturalis ist also kein natur-notwendiger, sondern kann durch die prudentia (γνώμη gnō'mē) abgewendet werden.

nam eqs.: Man beachte die Fixierung der Tyrannen-Mentalität (vgl. Dionysios von Syrakus). Das Übergreifen der superbia auf die Familienmitglieder (!) gibt dann den Anstoß zum Untergang. — **primum:** Es folgt deinde. — **maculatus:** (maculare *beflecken, besudeln, eine Blutschuld auf sich laden*) Die Blutschuld galt als Gottesfrevel; sie fiel nicht nur dem Täter, sondern auch seiner Sippe, ja der ganzen Gemeinde zur Last, bis sie gesühnt war. Ganz ähnliche Vorstellungen finden sich bei den Griechen. Man denke z. B. an **König Oidipus**; auch die Berichte über das Geschlecht der **Alkmaioniden** in Athen lassen entsprechende Züge erkennen (**Herodotos** V 71; **Thukydides** I 126; **Plutarchos,** Solon 12; **Aristoteles,** Athenaiōn Politeia 1). Nach dem Bericht des **Livius** (I 39 ff.) ermordete **Tullia**, die Tochter des **Servius Tullius** (vgl. optimi regis caede § 37) ihren Gatten und ihre Schwester; sie heiratete dann **Tarquinius Superbus** und ließ durch ihn ihren Vater umbringen. — **mente:** (hier nicht in der häufigeren Verwendung zur Bezeichnung des Rationalen) *Denkart, Gesinnung* (fast: *Gewissen*). — **subnixus:** = nixus. — **exsultabat:** (nicht so scharf wie I 62) *sich gehen lassen.* — **insolentia:** vgl. I 62 (auch insolens I 24 und 51). — **suos mores regere:** vgl. die Forderungen an den König I 52. — **libidines:** vgl. I 63.

46 ipsa: Nominativ; vgl. zu ipse § 6. — **virtute:** (s. Vorr. zu Buch I) hier allgemein wie z. B. I 51 *Tüchtigkeit.* — **iniustum:** s. § 43 zu den Qualifikationen des rex. — **servitutis:** s. u. a. § 43 (opp. aequabilitas) und I 68. — **cum:** konzessiv. — **privatus:** Private Initiative in älterer Zeit zur Rettung des Staates stellt **Cicero** gerne als vorbildlich hin, z. B. In Catilinam I 3 f. (Allerdings war **Brutus** nach **Livius** I 59, 7 nicht Privatmann, sondern tribunus celerum.) Diese Auffassung von der Pflicht des Staatsbürgers erinnert sehr an ein Gesetz **Solons:** „Im Hinblick auf die politischen Parteikämpfe und auf die bei manchem Bürger vorhandene leichtsinnige Neigung zu Neuerungen erließ Solon ein eigenes Gesetz: Jeder, der beim Ausbruch von Unruhen nicht unter die Waffen träte und sich nicht einer Partei anschließe, solle die bürgerliche Ehre und alle politischen Rechte verlieren.“ (**Aristoteles,** Athenaion Politeia 8,5.) — **libertate:** vgl. die Hinweise § 43. — **sustinuit:** sustinere *„auf seine Schultern nehmen“, erhalten.* — **quo auctore et principe:** zu auctore vgl. § 35; principe (s. Wv.) = duce. — **concitata civitas:** (concitatus *erregt, aufgebracht*) Der Satz wird durch zwei ablativi causae erweitert: a) et hac . . . querella . . . propinquorum, b) et recordatione . . . filiorum. Der Satzkern heißt: (civitas) iussit et regem ipsum et liberos eius et gentem Tarquiniorum esse exulem.

b) Übergang: Monarchie und Tyrannis.

47 dominus: (s. Wv.) *Tyrann;* s. a. § 44 u. den folgenden Satz. — **vitio:** s. § 43. — **genus rei publicae:** s. § 43. — **deterrimum:** s. I 65 (II 43 perniciosissimam partem). — **conversum:** s. conversio I 69. — **hic:** = talis. — **nam eqs.:** nam regem volunt illum esse (= illum solum vacari), qui . . . — **parens:** vgl. I 54 und 64. — **quam optima:** = conservat eos in quam (steigernd!) optima condicione vivendi. — **sane bonum . . . genus eqs.:** (sane bei Adjektiven und Adverbien *ganz, durchaus*) Apposition zum ganzen Satz. — **ut dixi:** vgl. § 43. — **inclinatum:** (inclinare s. § 45) Vgl. die ähnlichen Begriffe I 44; hier wird das Wort durch pronus noch gesteigert. Vgl. auch zu itinera § 45. — **perniciosissimum:** s. o. deterrimum. — **statum:** s. Wv.

48 se inflexit: vgl. flexus § 45 und deflexit I 68. — **hic:** wie § 47. — **dominatum:** s. Wv. (vgl. a. § 47 dominus). — **iniustiorem:** vgl. I 65 (rex iniustus esse coepit) und II 44 (iniusto domino). — **continuo:** (Adv.) *anschließend, sogleich.* — **immanitate:** s. immanis § 41. — **vastissimos:** vastus = ferus. — **hominem:** Prädikatsakkusativ. — **rite:** vgl. I 48. — **dixerit:** coniunctivus potentialis. — **nullam . . . nullam:** Anapher. — **iuris communionem . . . humanitatis societatem:** vgl. I 39 und 49, dazu den Begriff aequabilitas (aequus) im Wv. — **locus:** hier *Stelle = Gelegenheit.* — **res ipsa:** *das Thema selbst.* — **cum:** temporal. — **in eos:** dicere in alqm = contra alqm. — **liberata iam civitate:** also in republikanischer Zeit. — **dominationes:** s. Wv.

49 ortus: *Entstehung, Ausgang; Ort der Entstehung.* — **regis iniusti:** s. Text § 47. — **voluerunt:** s. § 47. Dagegen I 50 clemens tyrannus. — **reges:** Prädikatsakkusativ. — **soli:** Prädikativum. — **perpetuam potestatem:** vgl. § 43. — **Tib. Gracchus:** Die Ergänzung hat sehr viel Wahrscheinlichkeit für sich, da **Cicero** den **Tiberius**, den er in seiner Jugend verehrt hatte, in späteren Jahren als einen potentiellen Tyrannen ansah. Vgl. In Catilinam I 3: „... Ti. Gracchum mediocriter labefactantem statum rei publicae ..."

50 γέροντας (ge'rontas): Akk. Plur. zu γέρων (ge'rōn) = senex, also senes. — **penes:** postpositiv. — **summam consilii ... summam imperii:** Zur Bedeutung von summa vgl. I 42. — **teneret:** s. § 10. — **ex quo:** *von da her.* — **idem illud:** *eben diese Einrichtung.* — **interpretati:** interpretari (anders als I 29) *übersetzen.* — **ille:** Zur immer wiederholten Herausstellung des *Romulus* vgl. u. a. § 21. — **quos eqs.:** Objektssatz = eos, quos ... — **patribus lectis:** Vgl. § 14 und bes. § 15. Dort auch zum Begriff quasi senatus; in § 15 findet sich ebenfalls der Hinweis auf **Lykurgos** (dazu auch §§ 42 und 43). — **vis:** (vgl. I 63; anders dagegen § 20) *Bedeutung.* — **potestas:** (s. § 49) Von einer „Demokratisierung" ist allerdings in der Darstellung der Verfassung des Romulus (bes. §§ 24, 25) nichts zu spüren, sondern nur von Bereicherung (§ 15), einem milden Regiment (§ 16) und schließlich von seiner überragenden Volkstümlichkeit (§§ 18—20). Lediglich die Bemerkung am Anfang von § 21 läßt auf ein neues Selbstbewußtsein des populus schließen. — **nomen regium:** Vgl. § 43 und die dort genannten Stellen. Der Text hat wieder seine Schwierigkeiten, auch er scheint gedanklich nicht mit letzter Hand durchgefeilt. (Vgl. auch zu § 53 und das Verhältnis zu § 43.) **Scipio** meint: Die Bedeutung des Königs blieb zunächst in Sparta wie in Rom. Durch den gewissen Grad an Freiheit, der den Bürgern gewährt wurde, kamen diese zum Selbstbewußtsein und damit zu Forderungen nach größerer Freiheitlichkeit. Wenn es so weit gekommen war, dann lebte das Volk in steter Angst vor einem rex iniustus. Daher läßt sich objektiv sagen, daß tatsächlich — trotz aller Anerkennung wahren Königtums — ein Volk, das auf den zwei Augen eines Alleinherrschers steht, dauernd in seinem Geschick bedroht ist.

imperti: Der Imperativ statt eines Konditionalsatzes. Die Folgerung heißt: non satiaris eqs. (Zum Wort vgl. impartire I 69.) — **populo:** populus (s. Wv.) *breite Masse.* — **potestatis:** wie vorher potestas. — **satiaris:** (= satiaveris) ... **incenderis:** zeitloser Potentialis. — **libertate ... libertatis:** s. § 43. — **tantum modo:** *nur.* — **potestatem:** hier *Möglichkeit.* — **gustandi:** sc. libertatem. — **cum:** *wenn.* — **existat:** = fiat. — **iniustus:** vgl. zuletzt § 48 f. — **unius, ut ante dixi, voluntate vel moribus:** Damit sind alle die Stellen gemeint, an denen er auf die Anfälligkeit der Monarchie hingewiesen hat; vgl. zuletzt §§ 48 f. Zu mores auch § 45 und (als Gegenbild) I 52.

51 qua re: = itaque. — **prima:** prädikativ zu den folgenden Substantiven. — **species:** s. I 21. — **nobis:** dat. auctoris. —

auspicato: s. § 5. — **perscripsit:** perscribere *(ausführlich) schriftlich berichten, darlegen.* — **illo in sermone:** in der „Politeia" (sermo also hier = *Dialog*). — **sibi . . . depinxerit:** (ähnlich wie fingere) *für sich (als Bild) entwerfen* (Übrigens hat Platon durchaus konkrete „Bilder" von Tyrannen vor Augen.) — **iniuste:** vgl. die Hinweise zu § 50; ebenfalls die zu vitio § 47. — **Socrates:** Die im Text folgenden Worte peripe ateto sind als unerklärbar getilgt worden. — **ut:** Es fehlt das Verb, von dem die indirekte Frage abhängt; gewöhnlich wird perspiciatis eingeschoben. — **alter:** s. § 43 zur Charakteristik des rex iustus. — **dignitatis:** s. I 43. — **civilis:** = civium (zu beiden vorhergehenden Substantiven). — **tutor et procurator . . . rector et gubernator:** Die Begriffe umschreiben den wahren Staatsmann, der ohne die charakterlichen Gefahren des rex doch dessen Idealgestalt vertritt. Scipio kommt also trotz aller Bedenken, die er selbst vorträgt, immer wieder auf das monarchische Prinzip zurück. — Leider ist nicht auszumachen, ob einer der Begriffe für die Stellung als charakteristisch gedacht war. Es liegt nahe, an tutor zu denken (wegen des vorhergehenden tueri), noch näher, princeps zu vermuten. Aber dieses Wort erscheint in dem erhaltenen Text überhaupt nicht und wird erst in den späteren Büchern von Bedeutung. Die fragmentarische Überlieferung der Bücher III, V und VI, in denen **Cicero** auf diesen Begriff hätte eingehen müssen, läßt keinen eindeutigen Schluß zu. Immerhin hat man vermutet, daß **Cicero** mit dem Wort princeps, das ja in Buch I eine beträchtliche Rolle spielt, einen irgendwie gearteten, wenn auch nicht bestimmt zu definierenden Einfluß auf die Vorstellungen vom „Prinzipat" des **Augustus** ausgeübt habe.

quem virum eqs.: = facite, ut hunc virum agnoscatis; agnoscere etw. *(in seinem Wesen) erkennen.* — **quod nomen:** s. o. — **tritum:** tritus (< terere) *abgenutzt.* — **sermone:** sermo (s. Wv.) hier *Sprache* (vgl. § 7). — **oratione:** s. Wv.

Die z. T. durch die Zerstörung des Textes, aber auch durch die dauernden Beziehungen und Verflechtungen der (abstrakten und zu oft repetierenden) Motive und des Vokabulars recht schwierigen und manchmal mühsamen Gedankengänge müssen bis ins einzelne seziert werden. Es genüge hier der Hinweis auf die Definitionen der Begriffe „Tyrann" (§§ 47 f.) und „rex" (§ 49), die Errichtung des politischen Beirats (§ 50) und die Distanzierung von **Platon** (§ 51), der dann wieder die Umschreibung des „wirklichen" Staatsführers folgt. Es bleibt fraglich, wie weit in der folgenden Lücke bereits eine Abgrenzung der Kompetenzen im Rahmen der strukturierten Mischverfassung ausgeführt oder wenigstens in Anlehnung an § 50 angedeutet worden ist.

52 sperandam: Daß **Platon** seine „Utopie" durchaus nicht als solche ansah und gewertet wissen wollte, ist uns aus seinen politischen Reformbemühungen in Sizilien, vor allem aber aus seinem 7. Brief bekannt. Vgl. §§ 21 f. und zu I 16. — **quam minimam:** Die Überschaubarkeit der Polis war für **Platon** genau so wie für **Aristoteles** die Voraussetzung für alle Verfassungs-Konstruktionen. — **ratio rerum civilium:** ratio (s. Wv.) *Methode, System, Struktur;* res civiles vgl. I 34. — **consequi:** s. I 28. — **in:** s. § 18. — **amplissima:** amplus s. I 5. — **enitar:** eniti, ut . . . *sich bemühen.* — **publici:** publicum *öffentliche Tatsache*, d. i. gute und schlechte Seiten des politischen Lebens. — **virgula:** *(Wünschel-) Zauberrute* (um sie zu konkreten Vorstellungen zu erwecken). — **regiis . . . annis:** *Jahre der Königsherrschaft* 753—510 (Livius spricht I 60 von 244 Jahren). — **paulo:** zu amplius. — **cum:** *mitsamt.* — **interregnis:** interregnum s. § 23. — **regalis nominis:** gen. obiectivus. — **post obitum . . . excessum:** vgl. I 64 und II 23 — **Romuli desiderium:** vgl. § 23. — **carere rege:** vgl. § 23 (regem flagitare).

2. Die Republik.

a) Die Anfänge der Republik.

Gewöhnlich wird hier ein Zitat des Nonius (p. 526, 10) angeschlossen. Es bestätigt aber nur die letzten Worte des Scipio § 52 und unterstreicht noch einmal seine monarchische Gesinnung. Sein Wortlaut ist folgender: „Itaque illa praeclara constitutio cum ducentos annos et IIII fere firma mansisset . . .“ (Vgl. a. dazu § 21) Es ist hier wie auch vorher auffällig, wie leicht Scipio seine These von der allmählichen strukturellen Änderung der Verfassung zugunsten einer monarchischen Proklamation vergißt. Schließlich war ja von der constitutio Romuli nicht mehr viel übriggeblieben, als Servius Tullius seine demokratischen Neigungen verwirklichte. Vgl. u. a. die Bemerkungen zu §§ 40, 43, und 50.

53 imperia . . . imperatores: imperium hier allgemeiner als in den vorhergehenden §§: *Regierung* i. S. v. *ausübender Regierungsgewalt;* entspr. imperatores (s. a. Wv.). — **consules . . . a consulendo:** Die Etymologie stimmt. Sie wird aber „demokratisch“ oder besser „aristokratisch“ interpretiert. Vgl. z. B. §§ 15 und 50. — **domini:** s. Wv. — Als Satzrest vor dem abgedruckten Text sind die Worte lex illa tota sublata est erhalten. Sie beziehen sich wohl auf ein Gesetz, das eine Milderung der Maßnahmen gegen die **Tarquinier** (§ 46) vorgesehen hatte.

mente: s. § 45. — **innocentem:** prädikativ mit konzessivem Sinn. — **suspicatione cognationis:** (gen. obi.) *aus Argwohn wegen* . . . (zu cognatio s. I 38; und zur Sache II 46). — **offensione nominis:** wie I 6. — **fasces demitti:** zur Person und Sache s. I 62. — **contione:** s. II 20 — **aedes:** (s. § 36) pl.: *Räumlichkeiten, Wohnung, Wohnhaus.* — **eo ipso:** sc. loco, eine attributive Erläuterung zu in (!) excelsiore loco Veliae. — **suspicionem populi:** gen. subi. (suspicionem movere *Verdacht erregen*). — **sensit:** sentire hier *merken.* — **idemque:** vgl. § 26. — **in quo:** neutr. = qua in re. — **Publicola:** Prädikatsnomen. — **centuriatis comitiis:** zu comitia vgl. § 25; centuriata nach der neuen Ordnung des **Servius Tullius** (§ 39); sie schoben sich also gegenüber den patrizischen Kuriatkomitien (§ 25 u. ö.) bereits in den Vordergrund. — **provocationem:** zu Begriff und Sache vgl. I 62.

54 a regibus: *von den Königen her = seit der Königszeit.* — **pontificii libri:** = annales maximi § 28. — **augurales:** sc. libri. Vgl. über die Augurn § 16. — **declarant:** declarare (anders als z. B. I 23) *darlegen, beweisen.* — **significant:** significare *andeuten.* — **XII tabulae:** Das sog. „Zwölftafelgesetz" der Römer war eine Kodifikation des Gewohnheitsrechts (ähnlich wie die „Gesetzgebung" **Drakons** in Athen; s. Ev. II s. v. Dracon); es wurde im Jahre 451 durch eine Kommission von zehn Beauftragten (die im ff. genannten decemviri) zusammengestellt und dann auf 12 Bronzetafeln veröffentlicht. Beim Brande Roms im Jahre 387 wurden die Tafeln vernichtet, jedoch sind eine Reihe Gesetze durch Schriftstellerzitate auf uns gekommen. — **quod:** sog. „faktisches" quod. — **sine provocatione:** = *ohne Recht auf die provocatio.* — **sapienter:** zu popularium i. S. v. *kluger Mäßigung.* — **popularis:** s. § 41. — **consularis lex:** So heißen von Konsuln eingebrachte Gesetze. — **sanxit:** i. a. bedeutet der Ausdruck lege sancire *gesetzlich festlegen, bestimmen, anordnen* (vgl. religione sancire II 31); ausnahmsweise ist hier lex Subjekt. — **sanctionem:** sanctio *Strafbestimmung, Strafartikel.*

55 secures eqs.: Die in den fasces steckenden *Beile*, Symbole dafür, daß der Inhaber des imperium über Leben und Tod entscheiden konnte, wurden entfernt, weil durch die Provokationsgesetze die Blutsgerichtsbarkeit auf das Volk übertragen war (s. o. § 53). — **collegam:** Prädikativum. — **surrogavit:** surrogare *nachwählen lassen.* — **singulis:** singulus *je einer* (vgl. § 37). — **alternis:** alternus *abwechselnd, einer um den andern.* — **insignia:** vgl. § 31. — **imperii:** vgl. § 53. — **in libero populo:** zu populus (weiter unten noch einmal) s. Wv. — **mediocris:** *mittelmäßig, unbedeutend;* haud m.: Litotes. — **quidem:** s. I 35. — **modica libertate:** s. zu § 39. — **tenuit:** s. I 51 **auctoritatem principum:** s. §§ 14 f. — **hace . . . tam vetera et tam obsoleta:** (starkes Hyperbaton) obsoletus *abgenutzt, veraltet; alltäglich.* — **decanto:** decantare *absingen, ableiern, abdreschen (= bis zum Überdruß vortragen)*, „*vorbeten*". — **in:** *an.* — **definio:** definire hier *festlegen* (s. dagegen I 1). — **oratio:** s. Wv. — **dirigatur:** medial.

b) Die Entwicklung der republikanischen Verfassung.

56 tenuit: s. I 51. — **hoc in statu:** status (s. Wv.) hier *Zustand* in starker Verwandtschaft zu *Verfassung.* — **ut:** konsekutiv. — **pauca:** s. § 55 modica libertate. — **instituto ac more:** Hendiadyoin als zweites Glied zu auctoritate (vgl. § 55 auctoritatem principum). — **uti:** = ut (wie oben). — **potestatem:** s. § 50 u. ö. — **dumtaxat:** *höchstens, lediglich, nur.* — **tempore . . . genere . . . iure:** abl. limit. zu den Adjektiven. — **annuus:** (vgl. I 62) *für ein Jahr.* — **genere:** genus potestatis *Art, Wesen* . . . — **quodque:** quod autem vel (steigernd: *wohl*) maximum erat ad . . ., id vehementer retinebatur. Dazu der explikative Satz: populi comitia ne essent eqs. — **potentia:** = potestas. (s. Wv.) — **retinebatur:** s. § 16 u. ö. — **comitia:** Vgl. § 53. Hier sind die *Beschlüsse* dieser comitia gemeint. — **ratus:** (< reri) *gültig, rechtskräftig.* — **approbavisset:** approbare *billigen, bestätigen.* — **patrum auctoritas:** *Gutachten des Senats* (auctoritas also anders als oben und sonst im bisherigen Text).

Zur Sache: Nach wie vor ist der Senat nur eine beratende Körperschaft (vgl. §§ 14 f.), so daß er nicht als verfassungsrechtliche Institution angesehen werden kann. Jedoch sind sein Einfluß und sein Ansehen so groß, daß er nach dem Gewohnheitsrecht letzte Instanz bleibt. Die Demokratisierung ist also immer noch stark „dosiert". Vgl. den Hinweis zu modica libertate in § 55.

dictator eqs.: Vgl. I 63. Die Wahl wurde durch den drohenden Latinerkrieg veranlaßt. — **similitudini:** ungewöhnliche und eigenwillige Ausdrucksweise für proximum similitudine (abl. limit.) regio (sc. imperio). — **sed tamen eqs.:** nochmaliges Unterstreichen des vorher betonten aristokratischen Prinzips. — **omnia:** = *die gesamte Politik.* — **summa cum auctoritate eqs.:** vgl. die Wortwahl in dem gesamten Komplex ab § 55. — **magnaeque res . . . gerebantur:** *bedeutende Taten* . . . (vgl. den Ausdruck res gestae). — **dictatoribus atque consulibus:** Es handelt sich also um eine Zeit, in der das militärische und zivile imperium noch nicht getrennt (vgl. zu I 27), sondern die Diktatoren und Konsuln Herzöge (wie vorher die Könige) geblieben waren. — **belli:** locativus.

57 natura rerum ipsa: ohne philosophische Bedeutung (vgl. z. B. § 30 naturalis). — **ut eqs.:** explikativ zu quod fieri. — **plusculum . . . iuris:** plusculum seltenes, substantivisches Deminutiv zu plus. — **ascisceret:** (etwas anders als § 13) *in Anspruch nehmen.* — **liberatus a regibus:** prädikativ. — **consecutus est:** consequi wie I 28. — **ratio:** (s. Wv.) *Vernunft* (im Sinne der *Berechenbarkeit* und *Einsichtigkeit* einer Entwicklung). Die Wendung ratio defuit ist offensichtlich eine Kritik an den Aristokraten, die den Volkstribunat nicht verhindert haben. **Cicero** schätzte diese Einrichtung wenig, gibt aber auch keinen Hinweis dafür, wie er sich etwa eine andere Möglichkeit zur Entwicklung des Gleichgewichts im Staate hätte denken können. — **rerum publicarum natura:** Im Deutschen würde in einem solchen Zusammenhange eher ein dynamisches Bild geprägt werden: *Das Wesen der Entwicklung von Staaten bzw. Verfassungen.* Aber **Cicero** betont hier wie § 30 das Organische. — **quid initio dixi eqs.:** Diese Formulierung ist uns nicht erhalten, wohl aber läßt sie sich aus den Stellungnahmen **Scipios** rekonstruieren: I 42—45, 65—69 und II (passim): Dabei bleibt nach wie vor der Begriff libertas ungeklärt; vgl. zuletzt § 56 zu pauca und sonstige Hinweise, besonders zu § 39. (Zum ganzen Gedanken s. weiter unten s. v. hunc.).— **aequabilis:** (s. Wv., dort auch aequabilitas) *ausgewogen, gleichmäßig verteilt* (das ist natürlich qualitativ, nicht aber quantitativ gemeint). — **compensatio:** *Gleichgewicht, Ausgewogenheit.* — **officii . . . muneris:** im allgemeinen Sinne: officium *Dienstleistung* (s. § 37), munus *Aufgabe.* — **potestatis . . . auctoritatis . . . libertatis:** s. § 56. — **incommutabilem:** prädikativ zum Hyperbaton hunc statum. — **hunc:** = die „Mischform", die nicht nur mixta, sondern auch temperata sein muß (vgl. § 42).

58 ex: kausativ. — **plebs:** vgl. § 16 (zu den secessiones vgl. I 62).

Der Übergang ist sprunghaft: Die eigentliche Fortsetzung des Gedankens bringt § 59. Das Zwischenstück über die Volksvertreter wird erst ab Mitte § 59 erläutert. — **disciplina:** s. I 50. — **in:** *bei* (s. II 18) — **frenos:** freni (Pl.) *Zügel.* — **ephoros:** (griech. Fw.: ἔφοροι e'phoroi) Die ephori waren ursprünglich diejenigen fünf Männer in Sparta, die die strikte Einhaltung der Gesetze des **Lykurgos** zu überwachen hatten. Sie wurden jährlich gewählt. Im Laufe der Zeit fiel ihnen die gesamte Exekutivgewalt einschließlich der Aufsicht über die Könige zu. — **cosmoe:** (plur.; griech. Fw. κόσμοι ko'smoi) Ordner.

59 fuerat: i. Dt. irreal. — **ratio:** (s. Wv.; anders als § 57) *Art und Weise, Möglichkeit.* — **illo:** s. § 58. — **quae:** = qualis. — **Solonem:** (s. Ev. II) Gemeint ist die Schuldentilgung (σεισάχθεια seisa'chteia = *Lastenabschüttelung*) zur Beseitigung der Schuldversklavung bes. des niedrigen Bauernstandes. Das war gerade 100 Jahre vor der secessio plebis. — **post aliquanto:** = aliquanto *(bedeutend)* postea, im Jahre 326 — **cum:** = tum, cum . . . — **libidinem:** s. I 63. — **nexa:** nexum *Schuldverpflichtung* (vgl. nexus I 27). — **liberata:** liberare hier *beseitigen.* — **nectier:** archaistisch statt necti (Bedeutung wie nexum). — **desitum:** sc. est. — **plebes:** ältere Form für plebs (s. § 58). — **publica calamitate:** Ein nationales Unglück trifft die Ärmsten am härtesten! — **impendiis:**

impendium (oft pl.) *Aufwand, Ausgaben; (auferlegte) Abgaben.* — **debilitata:** debilitare (zu debilis) *lähmen, schwächen.* — **deficere:** (intr. und abs.) *versagen, in Schwierigkeiten geraten;* hier *zahlungsunfähig sein* oder *werden.* — **causa:** Postposition. — **medicina:** s. o. medendi. — **quo:** = eiusdem modi. — **causa . . . nata est, . . . ut . . .:** *Anlaß.* — **populo:** = plebi.

duobus tribunis plebis: Mit der Einrichtung dieses, bereits § 58 erwähnten Amtes (s. dort) änderte sich die Lage der plebs, die bis dahin lediglich auf das dem **Romulus** zugeschriebene Klientelverhältnis (vgl. zu § 16) angewiesen war, grundsätzlich. Das Jahr der ersten Wahl (494 oder 471) und die ursprüngliche Zahl (zwei, vier oder fünf) sind nicht mit Sicherheit aus der Überlieferung festzustellen. Seit 457 waren es zehn Männer. — Die tribuni plebis hatten die Aufgabe, das Volk gegen Übergriffe der patrizischen Magistrate zu schützen. Dazu stand ihnen das Einspruchsrecht (ius oder potestas intercedendi) zur Verfügung („Veto!“). In den concilia plebis (Gegensatz comitia § 31) wurden sie gewählt; dort wurde auch über die Interessen der plebs verhandelt. Die in diesen concilia gefaßten Beschlüsse (plebis scita, vgl. I 43) waren staatsrechtlich für den populus als Gesamtvolk erst durch die lex Hortensia vom Jahre 287 verbindlich. Trotzdem war die Macht der Tribunen groß, vor allem weil sie durch einen Vertrag zwischen plebs und Patriziern (lex sacrata) sakrosankt waren.

per seditionem: vgl. I 60 (per *mit Hilfe von, durch . . .*). — **potentia:** s. § 56. — **gravis:** *bedeutend* (s. dagegen I 24 und 67). — **sapientissimis et fortissimis:** sc. viris. — **cum:** adversativ. — **voluptatibus . . . pecuniis:** (abl. limit.) voluptates *Ansprüche (in der Lebenshaltung);* pecunia s. I 49. — **inferiores . . . superiores:** sc. quam ceteri cives. — **ferme:** s. I 65. — **re:** = re familiari bzw. pecunia; vgl. das ähnliche Verhalten des **Servius Tullius** § 38.

60 quo in statu: vgl. § 56 hoc in statu. — **molientem:** moliri de . . . stärker als cogitare de . . . — **quaestor:** (quaerere) zu dieser Zeit noch *Untersuchungsrichter.* — **ut audistis:** § 49. — **cum eqs.:** in ea culpa esse (sc. eum, i. e. filium suum) = a.c.i. 2. Grades ohne Subjektsakkusativ. — **cedente populo:** vgl. § 56. — **morte mactavit:** morte mactare (anders als I 67) *hinopfern, zugrunde richten, vernichten.* — **multa:** vgl. § 16; s. a. weiter unten. — **sacramento:** (vgl. sanctio § 54) sacramentum *Haftgeld;* eine Summe, die bei Zivilprozessen von beiden Parteien zu hinterlegen war. Die gewinnende Partei erhielt ihr Geld zurück, das der verlierenden konfiszierte als multa die Staatskasse. Die Ausdrücke multa und sacramentum bezeichnen Zivilprozesse, die auf diese Weise ausgetragen wurden. — **comitiis centuriatis:** vgl. § 53. — **ex eo, quod:** *deshalb, weil . . .*

censores: Das Amt des Zensors wird hier im Verlaufe der Verfassungsgeschichte erstmalig erwähnt. Möglicherweise hat in der Lücke vor § 39 oder § 53 bereits etwas darüber gestanden. — Über die Zensur vgl. zu IV 6 die Einzelheiten.

multis dicendis: multam dicere (multa s. o. und im ff.) *eine Geldstrafe aussprechen, ansetzen.* — **armentorum . . . pecudum:** armenta *Zugvieh,* pecus *Vieh* (ganz allgemein). Es handelt sich also um eine sehr bedenkliche Maßnahme der Zensoren, die vor allem den kleinen Landwirt empfindlich treffen konnte.

levis aestimatio eqs.: *herabgesetzter Schätzungswert.* Zur Sache: Die multa (s. o.) bezeichnet ursprünglich eine in Vieh (für geringere Vergehen Schafe, für wiederholte oder größere Übertretungen Rinder) zu erlegende Buße. Das Recht, eine solche Strafe auszusprechen, hatten zunächst die Könige, dann die Konsuln und später die Zensoren, Prätoren, Ädilen, pontifices maximi und die Volkstribunen. (Die Ausdehnung auf die genannten Magistrate wurde durch die lex Aternia Tarpeia vom Jahre 454 festgesetzt.) Die Ablösung durch Geld wurde durch die lex Iulia Papiria vom Jahre 430 näher bestimmt, nachdem sie offenbar vorher schon möglich gewesen war. Der Taxpreis sah 10 Asse für ein Schaf, 100 Asse für ein Rind vor. Damit wurde der Willkür in der Festsetzung des Preises Einhalt geboten. Es bestand ein Einspruchsrecht gegen die multa an die Tribus, die in einem Komitialgericht darüber entschied. — **in multa:** *bei der Zahlung der Strafe.*

c) Rückschläge und endgültige Konstitution.

Zu §§ 61—63: Zur Sache und der im ff. immer wieder angeführten Ausnahme der decemviri vom Provokationsrecht vgl. § 54.

61 inita ratio est: rationem inire *ein Verfahren anwenden.* — **ut eqs.:** explikativ. — **aequitate:** = aequabilitas I 43. — **in annum posterum:** für das Jahr 450. — **surrogaverunt:** (anders als § 55) *als Nachfolger wählen.* — **fides:** (s. I 2) *Redlichkeit, Lauterkeit.* — **non similiter:** Gemeint sind damit vor allem die Übergriffe des führenden Aristokraten **Appius Claudius.** — **quo . . . e collegio:** collegium *Amtsgenossenschaft, Kollegium;* e = *aus dem Bereich;* gemeint ist also der zweite Dezemvirat. — **laus est illa eximia:** illa Attribut, eximia Prädikatsnomen. — **cubiculo:** cubiculum *Schlafzimmer.* — **hominem nobilem . . . vades . . . poposcit:** Der erste Akkusativ ist Person-, der zweite „Sach-"Objekt. — **se praesente:** = C. Iulio. — **cum:** konzessiv. — **decemvirum unus:** = decemvirorum unus (prädikativ). — **esset . . . negaret . . . vetaret:** Modusassimilation. — **de capite . . . statui:** de capite statuere *über Tod und Leben entscheiden.* — **comitiis centuriatis:** s. § 60.

62 Xviralis: = decemvirorum. Es steht dahin, ob diese Regierungszeit der „schlechten“ Dezemvirn nicht eine dem Absinken der Monarchie nachgebildete Erfindung ist. — **consecutus:** = secutus. — **iidem:** sc. decemviri. — **essent:** = manerent. — **surrogare:** s. § 61. — **in hoc statu:** s. § 60 quo in statu. — **quem dixi iam saepe eqs.:** Das bezieht sich offensichtlich nicht auf öftere Erwähnung des Dezemvirats, sondern auf die immer wieder betonte Ausgeglichenheit, die hier durch den Nebensatz quod eqs. ein zu geringes Gewicht erhält. Man erwartet umgekehrt: *Dieser Zustand konnte nicht von Dauer sein; denn er bot keine Gewähr für die civitas temperata (§ 42), die, wie ich schon oft gesagt habe, die Grundlage einer gesunden Verfassung ist.* — **in:** *gegenüber, gegen.* — **ordines:** ordo *Stand.* — **aequabilis:** s. Wv. u. § 57 — **non oppositis . . . relicta:** adversative ablativi abs.

63 commutatio: s. I 65. — **qui eqs.:** Dem abl. abs. duabus additis, der den Hauptsatz qui . . . libidinoseque . . . praefuerunt erweitert, ist folgende Konstruktion subordiniert: quibus (sc. tabulis) illi (= decemviri) inhumanissima lege, quae postea . . . abrogata est, sanxerunt, ut ne plebei cum patribus essent haec (= ea) conubia, quae etiam disiunctis populis tribui solent. — **duabus tabulis adiunctis:** vgl. § 61. — **iniquarum:** s. I 43. — **disiunctis:** disiunctus *getrennt* = *fremd.* — **tribui:** tribuere hier *zugestehen, gestatten.* — **plebei:** plebes s. § 59. — **inhumanissima:** (anders als humanus I 25 und 28) = immanis *unmenschlich, menschenunwürdig.* — **lege sanxerunt:** s. § 54. — **plebei scito:** vgl. plebiscitum § 59. — **abrogata:** legem abrogare *ein Gesetz* (durch Volksbeschluß) *aufheben, beseitigen* (s. III 33). — **libidinose:** s. I 63 libido. — **acerbe:** s. § 44. — **illa res:** illa hier auf das ff. hinweisend. — **monumentis:** s. III 3 — **intemperiem:** intemperies hier *Hemmungslosigkeit.* — **quod erat in manibus:** in manibus esse *gerade etwas tun, mit etw. beschäftigt sein.* — **causa:** (vgl. § 59) *Anlaß.* — **antea:** vgl. § 58.

maiores nostros eqs.: In der Lücke, die diesem Schlußsatz vorausgeht, hat **Scipio** natürlich über die weiteren Ständekämpfe gesprochen. Einzelheiten der Gedankenführung sind nicht bekannt. Die Tatsachen müssen aus anderen Quellen ergänzt werden. Es handelt sich in dieser Zeit bereits nicht mehr um den Existenzkampf armer Proletarier gegen den reichen Adel; denn die führenden Sippen der Plebejer waren wirtschaftlich keineswegs schwächer als die Patrizier. Sondern es ging um die Angleichung an die politischen Vorrechte des Geburtsadels (s. § 16). Wichtige Stufen bei diesem langen und zähen Kampf um den Abbau der auf den Rechten der Geburtsaristokratie beruhenden Verfassung zur „Nobilität“ (dem Amtsadel) sind folgende:

Beseitigung des Dezemvirats, Wiedereinsetzung der Konsuln und Volkstribunen. Die drei leges Valeriae Horatiae (vom

Jahre 449): 1. Verbindlichkeit der Plebiszite für das ganze Volk (ut, quod tributim plebs iussisset, populum teneret), 2. Provokationsrecht, 3. Unverletzbarkeit der tribuni. Gewährung des conubium durch die lex Canuleia vom Jahre 445. Aufnahme von Plebejern (conscripti!) in den Senat und Zulassung zu den Magistraten einschließlich des Konsulats (im wesentlichen durch die leges Liciniae Sestiae aus den Jahren 376—367).

Über diese Entwicklung unterrichtet uns ausführlich **Livius** im II. und IV. Buch seines Werkes. — Auch das Eingreifen des **C. Servilius Ahala**, der den plebejischen Ritter **Sp. Maelius** umbrachte (s. Ev. II beide Namen und **Cicero,** In Catilinam I 3 sowie die Bemerkungen zu § 46), ist erwähnt worden. Ebenfalls hat **Scipio** von **Cn. Flavius** (s. Ev. II) berichtet; das wissen wir aus einem Brief **Ciceros** an **Atticus** (VI 1, 8). — Jedenfalls hat **Scipio** seine Darstellung bis zu dem Punkt fortgeführt, an dem die Idealverfassung nach seiner (bzw. **Ciceros**) Meinung durch das Ausgewogensein der politisch-ständischen Kräfte und der staatsrechtlichen Institutionen erreicht war. Auf diesen status wird sich der Schlußsatz beziehen.

E. Abschluß der Rede Scipios.

1. Zusammenfassung.

64 requirunt: = quaerunt. — **ex me:** *von mir (aus).* — **desiderem:** desiderare *vermissen.* — **quidem:** (sc. audiam) I 58. — **cum:** adversativ. — **omni:** vgl. I 33. — **istam ipsam rem publicam:** vorweggenommenes Objekt zu dem indir. Fragesatz qua disciplina eqs. — **disciplina:** vgl. I 50.

65 aptiorem: aptus *geeignet, passend* (zur Sache vgl. Buch IV §§ 2 ff.). — **locum:** s. § 48 — **numero definieram:** numero definire (s. § 55) *durch Aufzählung abgrenzen.* — **probilia:** vgl. I 42 (tolerabile). — **contraria:** s. I 44. — **modice temperatum:** s. I 45 (zur Formulierung auch I 66 u. ö.); zur Korrektur von I 45 vgl. II 41 mixta . . . temperata. —

66 quod: „faktisch". — **exemplo:** vgl. I 70 und II 3. — **ad definiendum:** (anders als § 65) s. I 1. — **valuit:** valere ad . . . *dienen zu . . .* — **civitate maxima:** vgl. § 52 in amplissima re publica. — **reapse:** s. I 2. — **ratio oratioque:** (*Theorie* und) *theoretischer Vortrag.* — **describeret:** Modusassimilation. — **naturae imagine utendum est nobis:** Dazu sind noch die Worte erhalten: quoniam tu hanc imaginem urbis et populi ni . . Wenn also **Scipio** den optimus status rei publicae an der Natur, d. h. am Kosmos veranschaulichen will, dann kann (unter Benutzung der beiden letzten Buchstaben ni . . .) die Ergänzung etwa nihili putas heißen. Vielleicht hat **Scipio (Cicero) sich** hier an stoische (auf **Heraklit** zurückgehende) Darstellungen von der Weltordnung und dem sie durchdringenden Logos angeschlossen. (Vgl. dazu Buch I z. Vorr. und § 60 und das somnium VI 9 ff.).

2. Der Staatsmann: Wesen und Aufgaben.

Zu §§ 67 und 68: Das Thema ist in § 51 vorbereitet und hat dann wohl seine endgültige Formulierung in Buch V und dem Anfang von Buch VI gefunden. — Der Dialogstil ist wieder besonders zu beachten. — Die Charakteristik des Staatsmanns wird § 69 fortgesetzt. (Zu den Verbindungen s. dort.) Daß die prudentia (s. I 3) bei ihm gesucht wird, überrascht nicht. Die sapientia dürfte im verlorenen Text wohl nicht gefehlt haben.

67 ex eis ipsis: = inter ... — **bella:** bellus *hübsch, fein.* — **ordiare:** *beginnen* (s. exordium II 4). — **pro rata parte:** (ratus anders als § 56) *in bestimmtem* (gemeint ist: *günstigem*) *Verhältnis.* — **vidimus ... vidi:** vgl. das Verhältnis der beiden I 18. — **immani:** immanis s. § 48. — **vastae:** vastus s. § 48. — **insidens:** insidere alci *sitzen auf* ... — **tactu:** tactus *Berührung.* — **feram:** fera = belua. — **docilem:** docilis *gelehrig.* — **humanis moribus assuetam:** Eine im Zusammenhang recht humorvolle Bemerkung: Die beluae sind sozusagen zivilisiert, während der „innere Schweinehund" des Menschen viel schwerer zu bändigen ist. Das Adjektiv humanus korrespondiert hier also begrifflich mit inhumanus § 63, während es mit den Bedeutungen in Buch I (§§ 25 und 28) nicht identisch ist. — **at vero eqs.:** Ähnlich (aber consilium statt mens) ist von der Seelenstruktur I 60 die Rede. Zu mens vgl. I 56. — **frenat:** (vgl. freni § 58) frenare *zügeln.* — **si quando:** *wenn überhaupt einmal.*

68 quae: wahrscheinlich belua nach § 67 als im Menschen befindliche Bestie. — **exsultat:** vgl. § 45. — **acerbis:** hier passivisch; vgl. § 63. — **funeribus:** funera *Bestattung; Tod.* — **libidinoso:** s. § 63. — **volutabundo:** volutabundus *sich herumwälzend.* — **quarta:** prädikativ. — **anxitudo:** *Angst.* — **angores:** angor = anxitudo. — **afflictas:** afflictus *niedergeschlagen, gebeugt.* — **abiectas:** abiectus *mutlos, entmutigt.* — **timiditate:** timiditas *Furchtsamkeit.* — **indoctus:** (nicht wie sonst in I und II) *nicht unterrichtet, ungeübt, ohne Fachkenntnisse.* — **obteritur:** obterere (vgl. tritus § 51) *zertreten, zermalmem.* — **laniatur:** s. I 40. — **eliditur:** elidere *zerschlagen, zerquetschen, zerdrücken.*

3. Das neue Problem: Die Gerechtigkeit.

Die ff. Ausführungen steuern, während sie den (§ 67 begonnenen; s. dort) Entwurf der ausgeglichenen Persönlichkeit (im Sinne **Platons**) des wahren Staatsmannes vorläufig abschließen, auf den Kernbegriff der Politeia **Platons**, die δικαιοσύνη dikaiosy'nē = iustitia, hin. Auch sie hat ihre Vorbereitung schon im ersten Buch (besonders in den Epitheta des rex §§ 42 f. und 54 ff.) gefunden. Hiermit wird das eigentliche Anliegen **Platons**, Politik und Ethik zu verbinden, aufgegriffen. Dies Problem beschäftigt **Platon** schon in seinen frühesten Schriften (Apologie und Kriton), vor allem aber im Gorgias (s. a. Buch I z. Vorr.).

69 officio et muneri: vgl. § 57. — **huic uni:** sc. officio et muneri. — **ut . . . ut . . . ut . . .:** explikativ. — **a se ipso intuendo contemplandoque:** Die Forderung des Orakels in Delphi (Inschrift am Apollontempel) γνῶθι σεαυτόν gnō'thi seauto'n = „Erkenne Dich!" meint nicht Selbstbespiegelung, sondern Erkenntnis des generellen und individuellen Wesens als Mensch, seiner Möglichkeiten und seiner Grenzen. — Die Forderungen an den Staatsmann entsprechen der Charakteristik des „wahren" Königs I 52. — **sui:** gen. obi. — **speculum:** *Spiegel* (vgl. I 52 ut legem). — **fidibus:** fides (meist pl.) *Saite; Saiten-, Leierspiel.* — **tibiis:** tibia (meist pl.) *Flöte; Flötenspiel.* — **in cantu ac vocibus:** *mehrstimmiger Chorgesang.* — **concentus:** (= συμφωνία symphōni'a) *Harmonie.* — **distinctis:** distinctus *verschieden* (s. dagg. I 41). — **immutatum:** prädikativ (immutare *abweichen*, s. I 44). — **discrepantem:** prädikativ (discrepare *disharmonieren*). — **eruditae:** auris erudita *das „geschulte" Ohr.* — **moderatione:** moderatio (vgl. moderari I 45 und moderatus I 52 und 65) *richtige Abstimmung.* — **concors . . . et congruens:** (Hendiadyoin) *harmonisch.*

ex summis et infimis et mediis: Zweifellos eine Erinnerung an **Platon**. Dieser läßt **Sokrates** in der Politeia (IV, Kap. 17) den gerechten Mann seines Idealstaates folgendermaßen beschreiben: „Der Mensch duldet dann nicht, daß die Teile seiner Seele unangemessene oder verschiedenartige Aufgaben erfüllen. Er leistet, was ihm zukommt, beherrscht sich selbst, ordnet seine Seele, befreundet sie mit sich selbst und stimmt ihre drei Teile in harmonischem Verhältnis aufeinander ab, wie in der Musik die höchste, die unterste und die mittlere Saite und solche, die vielleicht noch dazwischen liegen. Um sie alle schlingt er ein Band und wird so zu einer Einheit aus einer Vielheit, wird besonnen und harmonisch und tut sein Werk, sei es Gelderwerb oder Körperpflege, seien es Staatsgeschäfte oder Privatangelegenheiten."

interiectis: interici *dazwischen liegen* (s. I 42). — **ordinibus:** s. § 62. — **moderata . . . civitas:** (moderatio wieder aufnehmend) = temperata § 42. — **ratione:** ratio (s. Wv.) hier *rechtes System.* — **concinit:** s. concentus. — **harmonia:** griech. Fw. = concentus. — **artissimum:** artus *eng.* — **incolumitatis:** s. I 49. —

nullo pacto: = omnino non. — **aliquanto:** s. § 59. — **uberius:** s. I 37. — **suscepit:** suscipere (abs.) *das Wort ergreifen.* — **quaestio:** *Problem.* — **rem publicam eqs.:** explikativ zu illud. — **vulgo:** s. § 28. — **ferebatur:** ferre i. S. v. *verbreiten.*

70 renuntio: renuntiare *(feierlich) erklären.* — **nihil esse:** *bedeutungslos sein.* — **dictum:** sc. recte. — **quo . . . progredi:** quo *in welcher Richtung;* progredi sc. in disputando. Das Nebensatzgefüge wechselt vom Relativ- zum indir. Fragesatz. — **erit confirmatum:** resultativ. — **sine iniuria non posse:** sc. (aus dem ff.) rem publicam geri; explikativ zu illud; der zweite a. c. i. zu hoc. — **in hunc diem hactenus:** *für heute genug.* — **in crastinum:** sc. diem *auf morgen.*

Anm. zu falsum: Es ist keineswegs ausgemacht, daß diese Ansicht vorher schon erwähnt worden ist; sie entspricht der communis opinio und ist der Gegenstand des Angriffs auf Kallikles in **Platons** Gorgias (s. o. zum Eingang von § 69).

BUCH III

Das Buch III ist bereits wesentlich schlechter überliefert als die beiden ersten. Zum Glück helfen aber zahlreiche, teilweise sehr ausführliche Referate aus späterer Zeit, den Zusammenhang weithin wiederherzustellen. Das bedeutet aber zugleich, daß oft nicht unerhebliche Abweichungen von Wortwahl und Satzbau **Ciceros** in Kauf genommen werden müssen. Auf diese Besonderheiten ist bei der Texterklärung das Augenmerk zu richten, vor allem, weil Originalfassung und Zwischenreferate dauernd wechseln.

Die Ordnung des Textes weicht von der sonst üblichen insofern ab, als die Rekapitulation **Augustins** erst nach § 7 abgedruckt ist. Das ist deswegen geschehen, weil sie die Vorrede nicht berücksichtigt, diese aber wie in allen Büchern des Werkes ihre Sonderstellung behauptet.

I. Vorrede Ciceros:

Staatsmann und Philosoph.

Zu §§ 1 und 2: Die beiden §§ ergänzen einander insofern, als § 1 die Unzulänglichkeit, § 2 dagegen die Überlegenheit des Menschen betont.

1 noverca: *Stiefmutter.* — **natura:** Die hypostasierte „*Natur*" wird von **Cicero** oft, wenn sie als Urheberin beim Passiv steht, durch die Präposition a gekennzeichnet; hier ist das wohl wegen der Wiederholung vermieden worden. — **editum:** in vitam edere *zur Welt bringen, gebären.* — **fragili:** fragilis *gebrechlich, hinfällig, kraftlos.* — **infirmo:** infirmus (vgl. I 52 infirmitas) *unzulänglich, schwach.* — **anxio:** zu anxius vgl. II 68 anxitudo. — **ad:** *gegenüber.* — **humili:** humilis *schwach, kleinmütig, verzagt, feige.* — **prono:** zu pronus vgl. II 68. — **libidines:** (hier anders als in Buch I und II) = voluptates. — **in quo:** = in homine. — **obrutus:** (< obruere) *verschüttet, verborgen.* — **ingenii et mentis:** s. Wv.

2 fragilis: s. § 1. — **inbecillus:** = infirmus § 1. — **mutis:** mutus *stumm;* hier sc. animalibus (also substantiviert). — **tutus a:** *sicher vor . . .* — **firmiora:** vgl. infirmus § 1. — **vim caeli:** vis caeli *(gewaltsame) Einflüsse des Klimas.* — **conferat:** (anders als I 30 und 33) conferre alqd alci jm. etw. *zuwenden, zugute kommen lassen.* — **ratio:** *Vernunft* (vgl. § 1 ingenium et mens). — **natura:** (nicht wie in § 1 die „*Allnatur*", sondern)

Naturanlage, natürliche Veranlagung. — **firmitas:** s. o. firmiora. — **quominus:** Das negierte Verb efficere gilt als Ausdruck des Verhinderns. — **subiecta:** subiectum esse *ausgeliefert sein* (man beachte den Wechsel der Aktionsart zu opprimantur). — **potestati:** s. Wv. — **refelleret:** refellere *widerlegen.* — **quod eqs.:** Subjekt ist **Platon** (er), homo ist Prädikativum.

3 Zur Sache: Das Thema Kulturentwicklung, das seit den „Sophisten“ die Dichter und Denker der Antike fasziniert hat, ist bereits in Buch I angedeutet. In der Vorrede zu Buch III ist **Cicero** offensichtlich auf Einzelheiten eingegangen. Der Satzrest am Anfang von § 3 deutet auf die Technik hin. Dann folgt das immer wieder behandelte Problem der Sprache (und Schrift). Einen Niederschlag der Diskussion um dieses Thema finden wir in dem bekannten, unvergänglich schönen Chorlied der Tragödie „Antigone“ des **Sophokles** (332 ff.). Es ist offensichtlich unter dem Eindruck von Anregungen der damaligen („sophistischen“) Wissenschaft verfaßt worden. (Da auch denjenigen, die das Griechische nicht beherrschen, der Zugang zu diesem Lied durch Übersetzungen heute sehr leicht gemacht ist, kann auf einen Abdruck verzichtet werden.) Über die Entstehung der Sprache berichtet uns auch **Herodotos**, ein Freund des **Sophokles**, in einer Anekdote. (Sie kann aus Raummangel nicht in Übersetzung geboten werden. Weitere Hinweise auf Schriftsteller und Werke, die sich mit den genannten Problemen befassen, erübrigen sich hier, weil sie dem Schüler i. a. doch nicht zugänglich sind.) Der dritte Punkt ist die „Erfindung“ der Zahl, ein Gebiet, das im Anschluß an die **Pythagoreer** auch **Platon** in zunehmendem Maße interessiert hat.

et vehiculis tarditati: Das folgende Wort eademque und der Anfang des zweiten Satzes zeigen, daß mens das Subjekt dieses Satzrestes war; vehiculum *Fahrzeug*, tarditas (vgl. tardus) *Langsamkeit.* Das Prädikat wird also die Bedeutung *abhelfen* oder *zu Hilfe kommen* gehabt haben. Vorausgegangen sind sicherlich andere technische Errungenschaften, die die körperliche Unzulänglichkeit des Menschen (§§ 1 und 2) ausgeglichen haben. — **accepisset:** accipere *empfangen, übernehmen; vorfinden.* — **inconditis:** inconditus *ungeordnet, ungeregelt.* — **vocibus:** vox *Laut.* — **inchoatum:** inchoatus *unvollkommen, unentwickelt.* — **sonantes:** sonare (trans.) *ertönen lassen.* — **incidit:** incidere *Einschnitte machen* (gemeint ist die Entwicklung zum artikulierten Einzellaut). — **has:** sc. voces. — **distinxit in partes:** hier i. S. v. *zu Lautgruppen* (Silben usw.) *abgrenzen.* — **signa:** signum *Zeichen, Kennzeichen, Symbol.* — **dissociatos:** vgl. sociare I 39. — **sermonis:** sermo (s. Wv.) *Sprache.*

vocis . . . soni: vox hier *Stimme;* sonus *Laut.* — **infiniti:** infinitus *unbeschränkt, zahllos.* — **notis:** nota *Merkmal,*

Buchstabe (s. dagg. die Verwendung des Wortes im Zusammenhang der Zensur IV 6). — **signata:** s. o. signa. — **quibus tenerentur:** tenere hier *festhalten*. — **indicia voluntatum:** (voluntas hier wie I 69, nicht wie I 64) *Willensäußerungen*. — **monumenta:** (s. II 63) monumentum *Denkmal*. — **eo:** = ad ea. — **ad vitam:** vita = usus vitae (s. z. B. I 30). — **una:** (unus = solus, s. z. B. I 52) prädikativ. — **immutabilis et aeterna:** nach **pythagoreisch-platonischer** Auffassung. — **impulit:** sc. nos. — **suspiceremus:** suspicere hier (von der Grundbedeutung her) *aufblicken*. — **caelum:** (nicht wie in § 2) *Himmel*. — **frustra:** Gemeint ist: *Ohne zu einem klaren Ergebnis zu kommen, ohne wirkliche (wissenschaftliche) Erkenntnis*. — **dinumerationibusque:** dinumeratio *(Auf-)Zählung*. Die Fortsetzung hieß wohl: . . . *zu einer Einteilung der Zeit gekommen sind*.

Zu §§ 4—7: Hier wird das Thema der Vorrede und des Einleitungsgesprächs von Buch I wiederaufgenommen. Vergleiche der Einzelheiten und des Gehaltes bleiben weithin der Initiative des Lesers überlassen.

4 altius se extulerant: eine im Altertum gleicherweise wie heute beliebte Metapher. — **ut ante dixi:** bereits vor § 3. — **efficere . . . excogitare:** Praxis und Theorie. — **sint . . . sint . . . sint:** anaphorische Konjunktive der Einräumung. — **nobis:** (Dat.) *für uns, in unsern Augen*. — **de ratione vivendi:** ratio (s. Wv.) vivendi *Lebensführung, Lebensform*. — **eruditi:** s. I 36 (vgl. a. II 69). — **veritatis et virtutis magistri:** im philosophischen Sinne. — **haec quaedam . . . minime contemnenda:** Unterbrochen ist dieser Satz von den prädikativen Bestimmungen sive . . . inventa, sive . . . tractata res, die zweite mit beigefügtem sicut est. Mit ratio und disciplina wird haec appositionell erklärt, und es schließt sich der Relativsatz quae perficit eqs. mit dem explikativen Finalsatz ut incredibilis quaedam eqs. an, seinerseits von dem Appositionssatz quod . . . perficit unterbrochen. — **rerum publicarum varietate:** i. S. v. *Wechsel im politischen Geschehen*. — **otio ac litteris:** (zu otium vgl. Vorr. zu Buch I) Hendiadyoin = *literarische (Muße) Tätigkeit* — **tractata:** tractare (ähnl. I 27) (ein geistiges Problem) *behandeln*. — **sicut est:** meint die großen Staatstheoretiker der Griechen (vgl. I 36). — **ratio civilis:** (s. Wv.) *Politik*. — **disciplina:** (etwas prägnanter als sonst, z. B. I 50, ganz anders als I 2) *innere Ordnung* (also fast = *Verfassung*).

5 quodsi: s. I 30. — **instrumenta:** instrumentum *Hilfsmittel*. — **natura:** (s. § 2) *Begabung*. — **civilibus institutis:** civilia instituta *politische Einrichtungen* (s. § 4 ratio civilis). — **doctrinam:** s. I 50. — **uberiorem:** uber (hier ohne rhetorischen Nebensinn wie z. B. II 69) *reich*. — **rerum cognitione:** s. I 19. — **versantur:** versari in . . . s. II 45. — **tractatio atque usus:** (tractatio mehr in der Grundbedeutung als tractare § 4;

usus s. § 3) Hendiadyoin = *praktische Behandlung.* — **artium:** s. I 50. — **studiis:** s. I 50. — **pertineret:** (s. I 13) coni. obliquus. — **domesticus:** (s. I 36) *heimisch, von Hause aus gewöhnt.* — **adventiciam:** adventicius a ... *von außen kommend, ausländisch.* — **adhibuerunt:** adhibere ad ... *zusätzlich anwenden, hinzuziehen, hinzunehmen.*

6 ut: explikativ zu utrumque (id est). — **institutis:** s. § 5. — **institueret:** se instituere *sich ausrüsten.* — **ad laudem ... omnia:** *alles, was zum Ruhm gehört.* — **hunc:** = eum. — **consecutum:** s. I 28. — **altera ... utra:** alter uter *einer von beiden.* — **quieta vitae ratio:** (s. ratio vivendi § 4) = otium (βίος σχολαστικός bi'os scholastiko's). — **civilis:** (s. § 5) *politisch.* — **summi viri:** (s. I 36 und 51) nicht philosophisch gemeint. — **quem nemo eqs.:** Zitat aus den Annalen des **Ennius.**

7 Die Lücke dürfte ähnliche Argumente enthalten haben, wie sie in den vor § 4 angeführten Partien von Buch I zu finden sind. **sapientiam:** (vgl. II 67 prudentem) Hier wird also die sapientia als die dem Theoretiker und dem Praktiker gemeinsame, höchste virtus (in Anlehnung an Platons σοφία sophi'a) vorausgesetzt. — **in ratione utriusque generis:** *in der Art beider Typen* (des Theoretikers und des Praktikers). — **quod eqs.:** „faktisch" und explikativ zu hoc. — **verbis et artibus:** (ars s. § 6) *mündliche Erörterung und wissenschaftliche Forschung.* — **principia naturae:** *Grundlehren ...* — **aluerunt:** alere *fördern.* — **institutis:** s. § 6. — **tulit:** ferre = efferre *hervorbringen.* — **sapientes:** hier also beschränkt auf die Theoretiker. — **nomen:** *Begriff.* — **illi:** die Philosophen. — **restricte:** restrictus *genau, streng.* — **tenent:** tenere hier i. S. v. *(festhalten =) einschränken.* — **inventa:** s. I 16. — **in rerum natura:** (ohne terminologische Bedeutung) *in allen Dingen.* — **consilii:** s. Wv. — **constituere eqs.:** explikativ zu id. — **singulos:** sc. viros der beschriebenen Art. — **numeremus ... reperiatur:** coni. potent. — **in singulas:** sc. res publicas (vgl. zu singulus II 55). — **collustrare animo:** *betrachten, am geistigen Auge vorüberziehen lassen.*

II. Fortsetzung des Dialogs.

Zweites Thema:

Streitgespräch über die Gerechtigkeit.

Vorbemerkung.

(Argumentum Augustini)

Der Bericht **Augustins** ist an sprachlicher Prägnanz und inhaltlicher Klarheit ein Musterbeispiel für ein Referat.

quaestionis: quaestio s. II 69. — **explicatio:** vgl. explicare I 13. — **consequentem:** = sequentem, d. i. posterum. —

conflictio: (< confligere) *Heftigkeit.* — **geri rem publicam:** s. II 70. — **purgans:** se purgare *(sich sauber machen) sich gegen einen (den) Vorwurf verwahren.* — **egit:** agere *sich* (als Anwalt) *einsetzen für . . ., sprechen.* — **sedulo:** Adv. zu sedulus. — **ut eqs.:** konsekutiv. — **rationibus:** (s. Wv.) ratio (theoretischer) *Grund;* zum Inhaltlichen (veri similibus rationibus) s. u. zu **Karneades'** Skeptizismus (§ 9). — **velut:** zum ganzen Ausdruck conaretur ostendere. — **asseruitque:** asserere (vgl. disserere I 20 und im argum. Augustini) *behaupten, darlegen.* — **quantum potuit:** relativisch. — **geri aut stare rem publicam:** geri s. o.; stare *Bestand haben.* — **quantum . . . est:** s. o. quantum potuit. — **pertractata:** s. tractata § 4. — **ad intermissa:** intermissum *das Unterbrochene, die unterbrochene Ausführung.* — **recolitque:** recolere *erneuern.* — **commendat:** commendare *empfehlen.* — **rem populi:** fast wörtliches Zitat aus I 39. — **determinare:** = definire. — **definitionis utilitas:** s. I 38. — **colligit:** colligere *den Schluß ziehen, schließen.* — **id est rem populi eqs.:** fast wörtliche Anlehnung an I 42 ff. und II 47 ff. — **vitiosam:** vgl. vitium z. B. I 49. — **ratio . . . conexa:** *(verknüpfter Schluß =) Schlußfolgerung.*

A. Das Einleitungsgespräch:

Verteilung der Rollen.

8 causa: *Sache* (< iurist. t. t. *Prozeßgegenstand*). — **improbitatis:** improbitas = iniuria. — **patrocinium:** (s. patronus II 16) *Anwaltschaft.* — **<non>:** Es ist schwierig nach dem, was folgt, einzusehen, daß **Laelius** unterstellt, **Philus** könne als wahrer Vertreter der Ungerechtigkeit verstanden werden. Daher das eingeschobene non. Immerhin könnte, wenn das zweite Nonius-Zitat in § 32 eine auf **Philus** bezogene Feststellung des **Laelius** sein sollte (doch s. d.), dieser leicht über der Sache die Person vergessen haben. — **sentire:** s. I 65 und 70. — **cum eqs.:** konzessiv-adversativ. — **unicum:** unicus *einzigartig.* — **probitatis:** probitas (vgl. probus u. o. improbitas) *Anständigkeit.* — **fidei:** s. II 61. — **contrarias in partes disserendi:** disserere in contrarias partes *in Rede und Gegenrede die entgegengesetzten Standpunkte vertreten.* Das ist nichts Ungewöhnliches. Bereits die „**Sophisten**" hatten ihre Schüler daran gewöhnt. (Darauf bezieht sich auch ursprünglich das so oft mißverstandene Wort des **Protagoras** Τὸν ἥττω λόγον κρείττω ποιεῖν to'n hē'ttō lo'gon krei'ttō poiei'n *die schwächere Sache zur stärkeren machen.*) In den römischen, auf der griechischen (rhetorischen) Bildung basierenden Rednerschulen wurde diese Technik schon um der juristischen Beweglichkeit willen geübt. (Vgl. das Buch „controversiae" des Redelehrers **Seneca**, des Vaters des „Philosophen". Vgl. a. als Fortwirkung den „advocatus diaboli" in den Kanonischen Heiligsprechungsprozessen.) — Dagegen zeigt der folgende Satz, daß bei **Philus** über das rhetorische hinaus ein echtes „dialektisches" Vermögen vorhanden war, das im Sinne der ursprünglichen Platonischen Dialogtechnik (und der vorhergehenden δισσοὶ λόγοι dissoi' lo'goi der „Sophisten") ein wirkliches Anliegen der Wahrheitsfindung innerhalb einer schon recht differenzierten philosophischen Tradition gewesen sein muß.

Heia vero: *Also, los!* — **geram morem:** morem gerere alci *jdm. den Willen tun, nachgeben.* — **oblinam:** oblinere *beschmieren, beschmutzen.* — **quod:** = se oblinere als Objekt zu recusandum. — **aurum quaerunt:** Der Vergleich stammt von **Platon** (Polit. 450 C). — **quem ad modum:** = ut (. . . sic). — **quod commodum esset:** commodus *passend;* der Konjunktiv bezeichnet die innerliche Abhängigkeit.

B. Die Rede des Philus:

Die Ungerechtigkeit.

1. Die These des Karneades.

9 ingenii calumnia: *geistreiche Rechtsverdrehung, Advokatenkniff.* — **causas:** s. § 8. — **ludificari:** *spotten, verhöhnen, lächerlich machen.*

Zu Karneades: (s. Ev. II) Als Reaktion auf die dogmatischen Systeme und ihre Fortsetzung in den verschiedenen Philosophen-„Schulen" setzt sich schon relativ früh der (mit] dem philosophischen θαυμάζειν thauma'zein eng verbundene) Zweifel am Wahrheitsgehalt der Lehren durch. Es sind Richtungen, die beim σκέπτειν (ske'ptein), dem prüfenden und kritischen Betrachten, stehen bleiben und deren Vertreter daher **„Skeptiker"** genannt werden. Dazu gehört als älteste die von **Pyrrhon** aus Elis (etwa seit 360 bis 270 v. Chr.) inaugurierte, aus demokritischem Lehrgut gespeiste Richtung. Es gehören weiterhin dazu die sog. **„mittlere"** und **„neuere" Akademie** (die erste unter dem Schulhaupt **Arkesilaos** etwa 315—240 v. Chr., die zweite unter **Karneades** etwa 214—128 v. Chr.; s. a. zu I 3) und schließlich der sog **„späte" Skeptizismus** im ersten und zweiten Jahrhundert n. Chr., der an die beiden früheren anknüpfte. Obwohl **Karneades** äußerlich die Tradition der **„Akademie" Platons** fortsetzte, verband ihn mit dem Gründer wenig mehr als die skeptischen Ansätze, die sich bereits bei den **Sophisten**, ihm selbst und seinem Lehrer **Sokrates** finden. Sein eigentliches Angriffsziel war die Dogmatik des sog. „zweiten Begründers" der **Stoa**, des **Chrysippos.** „Wenn Chrysippos nicht wäre, wäre ich nicht", soll er gesagt haben. Jedes dogmatische Wissen hielt er für unmöglich; unmöglich sei auch jeder

Beweis, da die Axiome unbewiesen seien. Trotzdem verfiel er nicht einem absoluten ethischen Subjektivismus, sondern suchte nach einer Norm für das Handeln und fand sie in der Wahrscheinlichkeitslehre. (Vgl. im argumentum Augustini *veri similibus rationibus et exemplis.*) Er meint, vieles sei zwar wissenschaftlich nicht beweisbar, aber unmittelbar evident (δόξαι πιθαναί do'xai pithanai'), wobei er noch drei Grade dieser Wahrscheinlichkeit unterschied. Mit gleicher Heftigkeit wie die ethischen „Gesetze" griff er auch die stoische Theologie und Teleologie an, allerdings nicht, um die Existenz der Götter zu leugnen, sondern um eine seiner Ansicht nach inadäquate Beweisführung für ihr Dasein zu entkräften. — Als Redner besaß er großes Format. Seine Fähigkeit, das pro und contra philosophischer Probleme darzustellen, scheint ein gründliches Studium der vor- und nachsokratischen Eristik vorauszusetzen. **Cicero** nennt ihn „hominem in dicendo, ut ferebant, acerrimum et copiosissimum".

disserendo: s. § 8. — **vis:** hier *Eindruckskraft, Überzeugungskraft.* — **acumen:** *Scharfsinn.* — **ex praedicatione:** praedicatio *rühmende Erwähnung, Lob.* — **explicari:** s. I 13 f. u. explicatio III 7. — **copiose:** (zu disputavit) copiosus *beredt, ausführlich.* — **subvertit:** subvertere *umstürzen, umwerfen; zunichte machen.* — **gravitate:** (vgl. gravis I 24) gravitas hier *Ernst.* — **sententia:** (vgl. z. B. sentire § 8) *Meinung, Ansicht.* — **oratorii exercitii genere . . . disserendi:** *mit geübter rhetorischer Fertigkeit . . . darlegen* (disserere s. § 8). — **in utramque partem disserendi:** vgl. § 8 contrarias in partes disserendi. — **asserentes:** vgl. § 7. — **refutare:** *widerlegen.* — **evertitur:** s. o. subvertere. — **eius:** = iustitiae. — **induceret:** Das Wort inducere kann hier nur *einleiten* oder etwas Ähnliches bedeuten, da **Philus** ja nur für **Laelius** den Boden zur defensio und laudatio der iustitia bereitet. — **sine qua:** = iustitia. — **refelleret:** s. § 2. — **patronos:** (übertr.) vgl. II 16 (s. a. patrocinium § 8). — **evertere:** s. o. (etwa = refutare).

10 asserentes: s. § 9. — **summa laude:** zu den beiden Partizipien. — **aequitatem:** s. Wv. — **tribuat . . . servet:** Die Konjunktive bezeichnen die innerliche Abhängigkeit, wobei dixerunt nicht als präteritales Tempus aufgefaßt ist oder die beiden präsentischen Partizipien eingewirkt haben. — **in:** bei (s. II 18 u. ö.). — **sibi conciliata:** Der Ausdruck läßt, da es sich um einen innerlich abhängigen Satz handelt, zwei Erklärungsmöglichkeiten offen: 1. *nur für sich,* d. h. *um ihrer* (der iustitia) *selbst willen erworben,* 2. *nur für das Individuum erworben.* Zweifellos hat (trotz der nicht seltenen Wortverbindung sibi conciliare *für sich erwerben*) die erste Deutung im Zusammenhang den Vorzug. — **foras:** *nach außen.* — **tota:** prädikativ. — **promineat:** (pleonastisch mit foras verbunden) prominere *herausragen, sich (nach draußen) erstrecken.* — **prona:** s. § 1. — **ut quam plurimis prosit:** Ähnlich (nicht von der Gerechtigkeit speziell, sondern von der Gesamthaltung des Stoikers) schreibt Seneca: „Hoc enim ab homine exigitur, ut prosit hominibus, si fieri potest, multis . . .“ (De otio III 5) und im Abwägen der Leistung großer Stoiker: Nos certe sumus, qui dicimus et Zenonem et Chrysippum maiora egisse, quam si duxissent exercitus, gessissent honores, leges tulissent: quas non uni civitati, sed toti humano generi tulerunt. Quid est ergo, quare tale otium non conveniat viro bono, per quod futura saecula ordinet nec apud paucos contionetur, sed apud omnis omnium gentium homines, quique sunt quique erunt?“ (De otio VI 4.) **in iudicibus . . . atque . . . constitutis:** constitutus maskul. Subst., erweitert durch in potestate aliqua. — **in omnibus:** sc. hominibus.

11 atquin: = atqui I 14. — **infimorum:** vom (sozialen) Stand gemeint. — **mendicorum:** mendicus *Bettler.* — **in quem . . . possit:** konsekutiver Nebensinn. — **cadere:** bildhaft; i. Dt. nicht brauchbar. — **quid . . . haberet:** Subjekt ist iustitia. — **quid operis:** = quod opus (i. S. v. munus). — **summam illam virtutem:** vgl. inhaltlich mit § 10. — **proprias:** *eigen* (d. h. für den Inhaber der iustitia). — **exstitit:** exsistere *auftreten* (nicht wie sonst häufig = esse oder fieri). — **acumine:** vgl. § 9. — **qui eqs.:** finaler Nebensinn. — **refelleret:** s. § 2. — **everteret:** s. § 9. — **sentiebat:** s. sententia § 9. — **foras:** s. § 10. — **proiecta est:** proicere *nach außen richten.* — **eminet:** ähnlich wie promineat § 10. — **praeter:** *(über hinaus =) mehr als.* — **porrigit:** se porrigere *sich erstrecken, reichen; sich hinwenden.* — **explicat:** sc. se; explicare im ursprünglichen Sinne, (anders als z. B. I 13 f.) *entfalten.*

2. Relativität des Rechts.

a) These.

12 Subjekt des Satzrestes ist **Platon**; alter ist **Aristoteles.** — **ipsa:** Die Bücher **Platons** gelten also nicht als Spezialuntersuchungen. — **implevit:** implere libros ist ein gewagter Ausdruck. — **grandes:** grandis *umfangreich.* — **desideravi:** desiderare (nicht wie desiderium II 52 u. ö.) hier etwa = exspectare — **momentis:** momentum *Druck, Gewicht, Wirkung* (also bedeutungsähnlich zu ponderibus; der Schwerpunkt liegt in den Attributen). — **examinet:** examinare *abwägen; prüfen, untersuchen.* — **illorum . . . heroum: Platon** und **Aristoteles.** — **fuit:** i. Dt. irreal. — **una:** prädikativ. — **si modo est:** *wenn sie überhaupt existiert.* — **munifica:** munificus *freigebig, altruistisch.* — **sepse:** (< se + ipse) *sich selbst.* — **excitare . . . collocare:** Infinitive zu illorum fuit heroum. — **iacentem:** Prädikativum zu eam virtutem. — **solio:** solium *Thron* (s. zu II 31).

13 voluntas: s. I 64. — **causa:** *Anlaß.* — **consilium:** (s. Wv.) *Plan, Absicht.* — **ingenium:** (s. Wv.) *Begabung.* — **copiam:** (s. copiosus § 9) *Wort- und Gedankenfülle.* — **causa:** s. § 8 (im Gegensatz zu oben). — **de quo quaerimus:** Der Sprecher engt sein Thema bewußt auf das „positive" Recht (ius civile) ein und leugnet dessen Identität mit dem ius naturale. Die Problematik ist die der **„Sophisten"**, des **Sokrates, Platon, Aristoteles** und **Thukydides** (s. u. a. zu I 2, 39, 41). Der Unterschied besteht nur darin, daß bei **Karneades-Philus** das ius naturale glattweg abgestritten und nicht etwa eine Identifikation beider iura nach der einen oder anderen Seite versucht wird. — **est:** verbum substantivum. — **esset:** wie est (sc. ius naturale). — **ut eqs.:** sc. omnibus eadem sunt. — **eadem:** Prädikatsnominativ.

b) Relativität von Religion und Moral.

14 Entsprechend den sophistischen Kulturentwicklungstheorien (s. I 56) wird auch die Religion — als von Menschen gesetzter „Wert" — in die Argumentation miteinbezogen. — **Pacuviano . . . curru:** s. Ev. II **Pacuvius.** — **alitum:** ales *geflügelt.* — **anguium:** auguis *Schlange; Drache.* — **despicere:** (i. eigentl. Sinne) *von oben schauen.* — **collustrare:** s. § 7. — **maxime:** zu incorrupta. — **saeculorum:** s. II 2. — **eventorum:** eventum *Ereignis.* — **litteris continent:** (litteris continere *schriftlich bewahren*) Gemeint sind die Hieroglyphen. Vgl. **Plinius,** nat. hist. XXXVI 64: „Etenim scalpturae illae effigiesque, quas videmus, Aegyptiae sunt litterae." Entziffert wurden diese Zeichen erst im Anfang des 19. Jahrhunderts durch den Franzosen **Champollion.** — **portenta:** portentum *Ungeheuer, Fabeltier* (s. a. zu I 15) — **cuiusque generis:** Attribut zu beluas. — **numero:** (m. Gen.) *in der Eigenschaft, statt, für, als . . .* — **consecratas:** consecrare *weihen, vergöttern* (numero deorum consecrare pleonast. = *zu den Göttern erheben*); bei der zweiten Verwendung des Wortes liegt eine Akzentverschiebung zum Begriff *weihen* hin vor (consecrata). — **domus . . . omnis hic mundus:** Diese stoische Formulierung (vgl. I 19) wird hier den **Persern** unterstellt.

15 cum Persis: zu bellandi. — **cogitavit:** sc. bellum cum Persis gerere. — **gessit:** sc. id bellum. — **causam bellandi inferebat:** causam . . . inferre (ungewöhnliche Ausdrucksweise) *einen Vorwand angeben, anführen.* — **quod eqs.:** (mit coni. obliqu.) explikativ zu hanc causam. — **poenire:** alqd *Rache nehmen für . . .* — **Galli:** (s. Ev. II) **Caesar** berichtet ausführlicher über die Menschenopfer der Gallier De bello Gallico VI 16. — **Poeni:** Die Punier opferten ihrem Gott **Moloch** Menschen. — **vitae instituta:** *Grundsätze der Lebensführung.* — **distant:** distare *sich unterscheiden.* — **latrocinari:**

s. II 9. — **suos:** Prädikatsakkusativ. — **dictitarint:** (= dictitaverint) dictitare (frequentativ zu dicere) *zu sagen pflegen.* — **spiculo:** spiculum (Deminutiv zu spicum *Ähre*) *Lanzenspitze; Lanze.* — **oleam:** olea *Ölbaum.* — **fruges:** frux *Frucht,* soweit sie von der Erde hervorgebracht wird, bes. *Hülsenfrüchte* und *Getreide;* der Plural zusammenfassend *Feldfrüchte.* — **manu:** *durch Handarbeit* (also Ackerbau). — **demetunt:** demetere *abmähen.*

16 Nos eqs.: Die Ironie verschont auch das eigene Volk nicht. — **vitem:** vitis *Weinstock.* — **pluris sint:** pluris esse *gewinnbringender sein.* — **oliveta:** olivetum *Olivenhain.* — **vineae:** vinea *Weinberg.* — **ut eqs.:** konsekutiv. — **discrepare ab:** *verschieden sein von . . .* — **aequitate:** s. Wv. — **sapientiam:** sapientia hier offensichtlich ohne philosophisch-terminologische Bedeutung (§ 7) = prudentia; vgl. § 24. — **aequissimi:** s. Wv. — **inventor:** vgl. inventum I 16 u. ö.; ähnlich wie auctor I 13 und 17 (nicht dagegen I 16!).

c) Relativität der rechtlichen Stellung der Frau.

Philus verzichtet darauf, griechische Beispiele (die sein Vorbild höchstwahrscheinlich erwähnt hat) für die Relativität der rechtlichen Stellung der Frau heranzuziehen. Der Grund ist wohl darin zu suchen, daß seine Hörer (bzw. Ciceros Leser) daran wenig interessiert waren und daß er (im Gegensatz zu den „historischen“ Argumenten §§ 14 und 15) nur mit sehr unklaren Vorstellungen rechnen konnte. So erweist sich der Übergang in § 16 zur konkreten Gesinnung der Römer als geschickter Griff, um sich auf **Roms** Verhältnisse zu konzentrieren.

In der vorgeschichtlichen Welt der **Griechen** hat die Frau eine bedeutende Rolle gespielt (vgl. die Gestalten der großen Göttinnen, ihren Aufgabenkreis und ihren Einfluß; vgl. auch die Frauen in der Dichtung **Homers** und in der **Tragödie**). Sie war zwar wohl immer dem Manne „untertan“, jedoch als Gehilfin, nicht als Sklavin. Aus unbekannten Motiven (orientalischer Herkunft?) wurde die Frau später aus der Öffentlichkeit verdrängt. Man hielt sie für dumm, bildungsunfähig und charakterlich schlecht (vgl. die **Pandora-Sage**, den „Frauenspiegel“ des **Semonides** u. a. m.). Ausnahmen bestätigten die Regel, so etwa die Dichterin **Sappho** und **Aspasia**, die Gattin des **Perikles**, die nicht nur eine hochgebildete Frau war, sondern sicherlich auch zu Lebzeiten ihres Mannes die Geschicke Athens mitbestimmt hat. Emanzipationsbestrebungen, angeregt von der Aufklärung („**Sophisten**“), finden sich im perikleischen Athen, wahrscheinlich unter der geistigen Führung **Aspasias**. Die „Frauenkomödien“ des **Aristophanes** (Lysistrate, Thesmophoriazusen und Ekklesiazusen) und von den Schriften **Platons** vor allem die „Politeia“ sind der Wider- und Nachhall solcher Versuche. Aber erst in hellenistischer Zeit bekam die Frau allmählich wieder eine unabhängigere und einflußreichere Stellung in der Gesellschaft. — Bei den **Römern** haben Frauen zwar in der Öffentlichkeit erst sehr spät ihre Wirkung entfaltet. Aber im Privatleben waren sie sehr oft als Hausfrauen und Mütter (**Cornelia!**), manchmal auch als politische Intrigantinnen nach den Berichten der Sage und der historischen Überlieferung von sehr großem Einfluß und weitgehender Bewegungsfreiheit. Durch die Möglichkeit, große Vermögen zu erben, konnte eine Frau zu einer politischen Macht, ja Gefahr werden (s. Ev. II **Q. Voconius Saxa**). Vgl. a. die Rollen der Fulvia und Sempronia im bellum Catilinae des **Sallustius**.

17 in tot gentibus: Die vorher erwähnten Völker stehen dem Sprecher noch lebhaft vor Augen. Man erwartet: *bei allen diesen* . . . (zu in s. § 10) — **milliens:** wie das deutsche „*tausendfach*“ i. S. v. *unzählig oft* (doch s. weiter unten). — **hic iuris noster interpres:** s. I 20. — **dicat:** Das Prädikat hat potentialen Nebensinn. — **legatis:** legatum *Vermächtnis* („*Legat*“). — **hereditatibus:** hereditas *Erbschaft;* (konkret) *Erbe.* — **gratia:** (= causa) Neben dem Grund wird auch noch das Anliegen (Interesse) durch diese Formulierung ausgedrückt. — **virgini . . . matri:** dat. auctor. zu dem mit „heres sit“ gemeinten Verbalbegriff *erben.* — **modus:** *Maß* i. S. v. *Grenze, Begrenzung.* — **unica:** prädikativ.

aeris milliens . . . triciens: (milliens in anderer Bedeutung s. o.) Die Berechnungsgrundlage der römischen Geldwirtschaft war die Silbermünze sestertius (sc. nummus); sie wurde später auch als Kupfermünze geprägt. Aber es konnten natürlich auch die andern Münzeinheiten zum Ausdruck von Geldsummen benutzt werden. Das Wort aes wird dann dem as, (s. II 40), der ursprünglich ein römisches Pfund (= 0,327 kg) wiegenden Kupfermünze, oder kollektiv den gemeinten asses gleichgesetzt. Ein Multiplikativadverb in Verbindung mit aeris bedeutet die Anzahl der hunderttausende Asse. Daher ist aeris milliens = milliens centena milia aeris = 100 000 000 asses; triciens milliens = triciens centena milia aeris = 3 000 000 asses. — Der Wert des As betrug ursprünglich etwa 1,50 Goldmark, wurde dann aber mehrfach herabgesetzt, bis er zuletzt 0,04 Goldmark entsprach. Die Tochter des **Crassus** besaß also selbst unter diesen Voraussetzungen ein beachtliches Vermögen. — **salva lege:** formelhafter Ablativ mit prädikativem Adjektiv. — **mea:** sc. filia. — **posset:** sc. habere.

d) Folgerung: Recht und Gerechtigkeitsgefühl sind nicht von Natur gegeben.

Zu §§ 18 und 19: Der erhaltene Text der beiden Paragraphen schließt zunächst die aus der These „Ius enim, de quo quaerimus, civile est aliquod, naturale nullum" (§ 13) entwickelte Argumentation. Und zwar sind es auch hier die bereits seit der „sophistischen" Aufklärung bekannten Probleme (s. u. a. zu I 39), die in ihrer Konsequenz schließlich (so schon bei **Protagoras**, dann aber in voller Klarheit ihres dialektischen Sinnes bei **Sokrates** und **Platon**) zur Frage führen mußten, ob ethische Normen bzw. die „Organe" für ethisch richtiges Verhalten angeboren seien oder nicht.

18 natura: In § 18 wechselt einige Male natura als schöpferische Kraft (s. § 1) mit natura (= φύσει *von Natur*) im Sinne der griechischen Diskussion (s. u. a. I 39). — **sanxisset:** sancire s. II 31. — **alias:** (Adv. *zu anderer Zeit, ein andermal*) Die Verbindung alias aliis (sc. iuribus) ähnlich der Bedeutung anderer Doppelungen mit der gleichen Wurzel (z. B. alii — alii, alii — alibi) etwa = *zu verschiedenen Zeiten verschiedene* ... — **boni . . . viri:** bonus hier mit größerer Betonung des Ethischen (s. I 3). — **an quaecumque erunt?:** Sinn: An eis legibus parere debent, quaecumque aliis temporibus aliis populis (s. o. alias) erunt? — **inconstantiam:** inconstantia *Mangel an Konsequenz, Grundsatz- („Charakter"-)losigkeit.* — **virtus:** s. Vorr. z. Buch I. — **recipit:** recipere hier i. S. v. *sich vertragen mit* ... — **poena . . . iustitia nostra:** Unter iustitia ist die *angeborene Gerechtigkeit*, d. h. *das natürliche Rechtsempfinden* zu verstehen. Die leges sind also menschliche „Erfindung" und erlangen nur durch die für ihre Übertretung angedrohten Strafen Geltung. — **comprobantur:** comprobari (s. probare z. B. I 54, 60 u. a.) *anerkannt, gebilligt werden; gelten.* — **naturale:** Attribut zum Objekt nihil. Wiederholung der „These" (§ 13); s. o. „Zu §§ 18 und 19". — **ex quo . . . efficitur:** Der Ausdruck wird zur Feststellung einer gedanklich-philosophischen Folgerung durch ein Objekt (illud) erweitert, dessen Inhalt durch einen explikativen a. c. i. wiedergegeben wird. — **ne . . . quidem:** s. I 71. — **iustos:** substantiviert. — **esse:** verbum substantivum. — **quae sit:** sit = verbum substantivum.

tribuere: explikativ zu hoc. — Der Gedanke wird in der erhaltenen Literatur der Griechen erstmals von **Platon** mit Nachdruck vertreten und begründet. Er läßt seinen „Athener" in den „Gesetzen" folgendermaßen formulieren: (Zusammenhang: Es wird nach dem richtigen Wahlmodus gesucht, der die Mitte zwischen monarchistischer und demokratischer Verfassung halten soll. — Der Gedanke ist für alle Diskussionen über den Begriff der Gleichheit so wichtig, daß das Wesentliche hier geboten werden muß.) „Denn so wenig Sklaven und despotische Herren jemals Freunde werden können, ebensowenig ist dies bei schlechten und anständigen Männern möglich, die in gleichen öffentlichen Ehren stehen. Denn bei ungleichen Personen werden auch die gleichen Dinge ungleich, wenn es am richtigen Maß fehlt. Aus den beiden genannten Gründen kommen so viele innere Zerwürfnisse in die Staaten. Es ist ein altes, wahres Wort, daß nur Gleichheit die Freundschaft bewirkt ... Welches aber die Gleichheit ist, die so wirkt, das ist nicht so ganz klar; und daher rühren so viele Mißverständnisse. Es gibt nämlich zwei Arten von Gleichheit, die zwar denselben Namen führen, in Wirklichkeit aber oft den größten Gegensatz zueinander bilden. Die eine Art kann jede Stadt und jeder Gesetzgeber leicht bei den Ehrenstellen einführen, nämlich die Gleichheit nach Maß, Zahl und Gewicht, die er bei der Verteilung durch das Los sicherstellt. Dagegen die eigentlich wahrste und beste Gleichheit läßt sich nicht von jedermann so ganz ohne Schwierigkeit erkennen. Hier „liegt die Entscheidung in der Hand des Zeus". Für die Menschen ist sie stets nur in geringem Maße vorhanden; aber so viel oder so wenig davon sich auch bei Staaten oder einzelnen gewöhnlichen Bürgern finden mag, sie bleibt die Quelle von allem denkbaren Guten. Sie teilt dem Größeren mehr, dem Kleineren weniger zu und gibt einem wie dem anderen seinen angemessenen Teil nach seiner Natur. Namentlich verleiht sie auch den an inneren Vorzügen Höherstehenden stets höhere Ehrenauszeichnungen. Leuten, bei denen sich Leistungen und Bildung entgegengesetzt verhalten, verleiht sie gleichfalls, so viel ihnen gebührt, je nach dem richtigen Maßstab ... Auf diese Gleichheit müssen auch wir bei der Einrichtung unserer ... jungen Stadt blicken ... Nicht die Macht von wenigen unbeschränkten Gewalthabern, nicht die Gewalt eines einzigen Menschen oder die Herrschaft der Gemeinde darf sein (sc. des Gesetzgebers) Ziel sein, sondern immer nur die Gerechtigkeit; und diese besteht, wie gesagt, darin, daß ungleichen Leuten jedesmal das ihrer Natur Entsprechende und dadurch wahrhaft Gleiche gegeben wird." (757 a ff.) **Platons** Sprecher verwirft also für das politische Leben das Prinzip der Gleichheit-Gerechtigkeit nach „arithmetischer Proportion", der bloßen Rechnung nach Gewinn und Verlust ohne Berücksichtigung des Wertes der Persönlichkeit. Statt dessen fordert er eine Gleichheit-Gerechtigkeit nach „geometrischer Proportion", d. h. das Verhältnis des Wertes der Personen (A, B, C usw.) muß dem Verhältnis des ihm Zugeteilten (a, b, c usw.) gleich sein (A : B : C = a : b : c). **Aristoteles** nimmt in seine Darstellung der Gerechtigkeit (Nikomachische Ethik Buch V) beide Prinzipien als „austeilende" und „ausgleichende" Gerechtigkeit auf und gibt der zweiten (nach „arithmetischer Proportion") einen Platz im Geschäftsverkehr.

19 ecquid: (Frageartikel) *denn etwa, denn wohl.* — **primum:** *zunächst einmal.* — **tribuemus:** sc. aliquid. — **docti:** vgl. I 11. — **condicionem iuris:** condicio iuris *Rechtsverhältnis*, *Rechtslage*,

Rechtsstellung. — **denuntiant:** = pronuntiant. — **inexpiabiles:** inexpiabilis *unsühnbar.* — Über die Seelenwanderungslehre (Metempsychosis) der **Pythagoreer** sind uns keine eindeutigen Zeugnisse überliefert. Nur wissen wir von zahlreichen kultischen Ge- und Verboten, die u. a. auch den Fleischgenuß untersagten. Höchstwahrscheinlich im Zusammenhang mit den Pythagoreern predigt der „Wunder-Arzt" **Empedokles:** „Der Vater hebt den eigenen Sohn, der seine Gestalt verändert hat, empor und schlachtet ihn, der Erztor, unter Gebet; genau so faßt den Vater der Sohn, fassen die Mutter die Kinder, nehmen ihnen das Leben und essen das eigene Fleisch." (frg. 137 D.) — Die Metempsychosis spielt dann weiter in der Psychologie, Anthropologie und Metaphysik **Platons** eine gewichtige Rolle; sie kann hier nicht einmal andeutungsweise dargestellt werden.

3. Selbstsucht und Eigennutz bestimmen sowohl die Innen- und Außenpolitik als auch das Privatleben.

Zu §§ 20 ff.: Die folgenden Zitate und Referate aus Werken des **Lactantius** und **Tertullianus** gehen z. T. von den in §§ 12 bis 19 erörterten Gedanken aus, lassen dann aber auch Schlaglichter auf den verlorenen Text fallen. Besonderen Hinweis verdient auch hier (s. vor § 17) der Bezug auf die römischen Verhältnisse. Die christlichen Schriftsteller haben diese Motive natürlich gerne als Invektiven gegen die absoluten Machtansprüche der römischen Herrschaft benutzt (und vielleicht noch um einige bereichert). Die Reihenfolge der Fragmente ist umstritten. Für das Textverständnis ist sie ohne Bedeutung.

20 gentis: gens (s. dagegen I 58) hier *(angestammtes) Volk* (s. a. Wv.). — **amplectetur:** amplecti (s. amplexari I 53) *hochhalten; für richtig (verbindlich) halten.* — **utique:** *jedenfalls.* — **tamquam verum ius:** prädikativ zu leges. — **per:** (zur Angabe der Verbreitung) *bei.* — **iura . . . condita:** vgl. leges condere. — **sanxit:** s. § 18. — **recedat:** recedere a *abweichen von . . .* — **fetiales:** (s. II 31 und ausführlich III 34) Hier wird auf einen „wunden Punkt" römischer Religiosität der Finger gelegt: Wenn nur die formalen Riten genau beachtet werden, dann steht das „Recht" auf seiten Roms. Daß das ursprünglich natürlich nicht so gemeint war, zeigt schon der Zusammenhang von II 31. Immerhin ist auch die Religiosität der alten Zeit durch formale Gesichtspunkte stark geprägt. — **quaeritur:** quaerere *sich etw. (zu) verschaffen (suchen).* — **propagatur:** propagare *erweitern.* — **porro:** s. I 26. — **constat:** constare re *bestehen in, beruhen auf.* — **plurimum:** *größtenteils.* — **deorum:** gen.

obiect. — **eaedem:** sc. sunt. — **strages:** (intr.) *Niederstürzen, Einsturz;* (trans.) *Vernichtung, Verwüstung.* — **civium et sacerdotum:** s. deorum. — **sacrilegia:** sacrilegium *Tempelschändung, Tempelraub.* — **tropaea:** tropaeum (gr. Fw. τρόπαιον tro'paion) *Siegesdenkmal.* Während die **Griechen** solche Denkmäler gleich nach dem Kampf auf dem Schlachtfeld zu errichten pflegten und diese daher oft nur provisorischer Art waren, wurden sie von den Römern meist als Säulen, Bögen usw. aus dauerhaftem Material in **Rom** selbst, vorzugsweise auf dem Kapitol, aufgestellt. — **manubiae:** s. II 31. — **manent:** manere (sc. Romae) *noch da sein.*

21 Das folgende Zitat gibt anscheinend recht genau die hauptsächliche Gliederung und Argumentation der Rede des Karneades wieder.

infirma: infirmus (vgl. § 1) *schwach; unbedeutend, wertlos.* — **asserebantur:** iterativ (zur Bedeutung s. argumentum Augustini). — **sumpsit:** sumere hier „*sich herausnehmen*". — **refellendi:** s. § 2. — **summa:** vgl. I 42. — **pro:** (zur Bezeichnung eines Verhältnisses) *nach Maßgabe, gemäß, (je) nach.* — **scilicet:** vgl. I 60. — **proinde:** vgl. I 59. — **restituant:** restituere *zurückerstatten.* — **miseriis:** miseriae (pl.) *Elend.*

22 praeterea patriae prima putare: starke Alliteration. — **sublata . . . discordia:** das christliche Ziel. — **civitatis aut gentis:** s. Wv. (gens § 20). — **propagare:** s. § 20. — **ereptos:** sc. eis finibus, qui aliis erepti sunt, . . . — **imperium:** (s. Wv.) *Machtbereich.* — **meliora:** im Sinne dessen, der sie bekommt, objektiv also: maiora. — **ut ipsi appellant:** sc. ea, i. e. fines propagati, imperium auctum, vectigalia facta meliora. — **acquisierit:** (= acquisiverit) acquirere *hinzuerwerben; erwerben, verschaffen.* — **eversis:** s. § 9. — **aerarium:** *Staatsschatz, Staatsfinanzen.* — **referserit:** refercire *vollstopfen.* — **locupletiores:** s. I 21. — **laudibus fertur:** vgl. I 67. — **populi:** (s. Wv.) populus hier *breite Masse.* — **imperitorum:** vgl. I 23. — **malitiae:** malitia *Bosheit.* — **disciplinae auctoritas:** zu auctoritas s. I 3; zu disciplina I 2 (vgl. dagegen § 4).

23 Die ff. Ausführungen greifen Motive aus **Scipios** Vortrag I 42 ff. auf; vor allem handelt es sich um die kritischen Äußerungen zu den Verfassungsformen mit dem steten Ausblick auf die Entartung zur Tyrannis (I 45, 48, 50, 51).

vitae necisque potentiam: potentia wie potestas I 44 mit gen. obiect. — **nomine:** s. I 50. — **opes:** *Machtmittel* (s. opulentos homines I 51; dagg. ops I 63). — **factio:** I 44. — **optimates:** s. Wv. — **arbitrio:** s. I 42. — **licentia:** s. I 44. — **pactio:** *Vertrag, „Pakt".* — **coniunctum:** vgl. u. a. moderatum et permixtum (I 45), aequatum et temperatum (I 69). — **voluntas:**

(vgl. §§ 3 und 13) ähnlich I 69 etwa *freier Wille.* — **imbecillitas:** vgl. I 39. — **digladiari:** *sich herumschlagen.*

24 scelere: scelus hier *verbrecherischer Trieb.* — **infestum:** alqd infestum habere *etw. unsicher machen.* — **myoparone:** myoparo (gr. Fw.) (leichtes) *Kaperschiff.* — **omni pacto:** *in jeder Weise.* — **sapientia:** vgl. § 16. Hier wird noch nachdrücklicher als dort der philosophische t. t. sapientia ironisiert und persifliert; durch die Wiederholung wird dieser Charakter noch unterstrichen. — **opes:** s. § 23. — **amplificare:** = augere. — **proferre:** = propagare (s. § 20). — **monumentis:** s. § 3. — **imperii:** Vgl. § 22; hier wird jedoch noch mehr der ursprüngliche Sinn des *Einflusses* als das *Gebiet* selbst (fines!) betont. — **propagavit:** s. § 20. — **de alieno:** präpositionales Attribut (zu de vgl. im Text § 23 de tribus unum); alienum (auch pl.; s. u.) *fremdes Eigentum.* — **pollere:** *viel vermögen; stark, mächtig sein.* — **dominari:** *Herr sein;* insbes. *den Herrn spielen, willkürlich herrschen, tyrannisieren* (vgl. Wv., II 50 u. dominatus und dominatio im Wv.). — **praecipit:** Der folgende Infinitiv statt eines konjunktionalen oder verkappten Begehrssatzes ist selten.

parcere omnibus: Hierbei und bei dem Kontext drängt sich die Erinnerung an die so oft zitierten Worte des **Vergilius** über die Weltsendung Roms unmittelbar auf:

„. . . tu regere imperio populos, Romane, memento
— haec tibi erunt artes — pacique imponere morem
parcere subiectis et debellare superbos."
(Aeneis VI 851 ff.)

Hier verträgt sich das „imperialistische" Ziel durchaus mit den Forderungen der iustitia, ja sie werden sogar erst durch das imperium Roms realisierbar. (Zum Begriff iustitia vgl. § 18; zum Imperialismus §§ 36 f.) — **reddere:** = tribuere (§ 18). — **aliena:** (s. o. de alieno) hier im Gegensatz zu sacra, publica — und damit im weiteren Sinne als vorher *das Privateigentum.* — **efficitur:** s. § 18. — **potestas:** vgl. potentia § 23. **vel privatis vel populis:** sc. efficiuntur. — **illustriora:** illustris (s. I 4) *einleuchtend, deutlich, klar.* — **ratio iuris:** (ratio s. Wv.) = condicio iuris § 19. — **in utroque:** *bei beiden* (Individuum und Volk). — **alios:** sc. populos. — **quem . . . repetivit:** quem = *dessen Werdegang;* repetere *sich vergegenwärtigen.* — **a stirpe:** s. I 68. — **tenetur:** (tenere s. z. B. I 31.) Die Behauptung ist zwar etwas übertrieben; immerhin beherrschte **Rom** aber nach der Unterwerfung **Griechenlands, Karthagos** (146) und des größten Teils von Spanien (133) den Mittelmeerraum bis nach Kleinasien.

25 hoc interdictum iustitiae: Prolepsis. Mit dem interdictum muß das *Verbot* dessen gemeint sein, was die „sapientia" nach § 24 verschafft. — **commenti:** comminisci *ausdenken, ersinnen; erdichten, fingieren.*

musculos: musculus Deminutiv zu mus *Maus.* — (Über Autochthonie s. z. II 4.) Die **Arkader** nannten sich προσήληνοι prosē'lēnoi, d. h. früher als der Mond. Zum Anspruch der **Athener** auf Autochthonie schreibt **Thukydides** (I 2): „Attika ... mit seinem mageren Boden, wo seit ältester Zeit keine inneren Kämpfe vorgekommen waren, hat stets dieselbe Bevölkerung gehabt ..." (Kurz vorher bescheinigt übrigens auch er den **Arkadern**, daß sie von Überwanderung verschont geblieben seien.) Und in **Platons** „Menexenos" (p. 245) lesen wir: „So echt und frei, so zuverlässig, gesund und von natürlichem Barbarenhaß erfüllt ist alles in unserer Stadt, weil wir echte Hellenen und unvermischt mit Barbaren sind." **Antisthenes** (Schüler des **Sokrates** und Lehrer des „Kynikers" **Diogenes** von Sinope) — selbst Sohn eines athenischen Vaters, jedoch kein Vollbürger, weil seine Mutter aus Thrazien stammte — dämpfte diesen Stolz der Athener durch die Bemerkung, sie seien γηγενεῖς gēgenei's (der Erde entstammend) wie die Schnecken. Darin steckt also die „Quelle" für die Anmerkung des **Philus.**

26 ab iis: Gemeint sind die **Epikureer,** auf deren grundsätzliches philosophisches Anliegen die negative Bestimmung (s. Vorr. z. Buch I) des „Lust-"Prinzips genau zutrifft (vita vacua metu, cura, sollicitudine, periculo). — **in disserendo:** s. I 20. — **mali:** von ihrer Fähigkeit. — **auctoritatis:** s. I 3. — **de viro bono:** s. I 3. — **apertum:** apertus wie das deutsche „*offen*" = *freimütig, aufrichtig.* — **simplicem:** simplex „*einfältig*", *unkompliziert, aufrichtig.* — **in disputando:** s. I 3. — **vafri:** vafer *schlau.* — **veteratores:** veterator *(in etw. alt geworden) routiniert, durchtrieben.* — **malitiosi:** malitiosus (s. malitia § 22) *boshaft.* — **sua sponte:** die (von **Sokrates** — **Platon** beeinflußte) **stoische** Auffassung. — **bonitas:** von der Gesinnung und dem Verhalten (wie iustitia; vgl. § 18). — **scrupus:** (zum Deminutiv scrupulus <„*Skrupel*") *spitzer Stein; Unruhe.* — **emolumentum:** *Vorteil.* — **timeas ... putes:** = timere ... putare velis. — **damna:** damnum *Nachteil.*

27 Die folgenden Ausführungen sind durch eine Stelle in **Platons** „Staat" angeregt (360 C ff.), wo ebenfalls der Gerechte und der Ungerechte durch den Anschein, der entgegengesetzten Gesinnung zu sein, in ihrem Schicksal verfolgt werden. Dort heißt es u. a.: „Die Leute werden behaupten, daß der Gerechte unter diesen Umständen gegeißelt, gefoltert, geblendet und zuletzt nach allen diesen Martern gekreuzigt wird und dann einsieht, daß man nicht gerecht sein, sondern scheinen muß."

Zur Periode. Sie wird durch ein Verb des Fragens eingeleitet. Die Frage steht in direkter Form am Schluß. Der potentiale Bedingungssatz hat folgende Struktur:

si duo sint (quorum alter . . ., alter . . .)
si in eo sit errore civitas (ut . . . putet, . . . existimat)
proque hac opinione . . . bonus ille (mit teilw. Subj.-Wechsel)
contra autem ille . . . (mit teilw. Subj.-Wechsel).

optimus: hier im ethischen Sinne. — **aequissimus:** s. Wv. — **singulari fide:** s. I 2 (als Charaktereigenschaft).— **scelere:** s. § 24. — **in eo . . . errore:** = in tali errore. — **sceleratum eqs.:** sceleratus, facinorosus, nefarius in enger Bedeutungsverwandtschaft ohne erkennbare Klimax: *verbrecherisch, ruchlos, frevelhaft u. a.* — **contra autem:** sc. eum. — **proque:** zu pro vgl. § 21. — **rapiatur:** rapere kann sowohl *berauben* als auch *mit Gewalt fortschleppen* bedeuten. — **afferantur:** Da dieser Ausdruck keine Steigerung zu vexatur und rapiatur enthält, vermuten manche Herausgeber eine Verschreibung aus manus ei auferantur. Notwendig ist diese Änderung nicht, weil keine unbedingt zwingende Reihenfolge in der Aufzählung zu erkennen ist. — **exterminetur:** exterminare *verbannen.* — **egeat:** egere *in ärmsten (engsten) Verhältnissen leben.* — **imperia:** vgl. I 27 (u. Wv.). — **opes:** vgl. § 23. — **omnium existimatione:** vgl. o. pro . . . opinione omnium civium. — **fortuna:** (äußeres, auf Ansehen und Wohlstand begründetes) *Glück.*

28 in singulis . . . in populis: vgl. § 24. — **nec vero:** vgl. I 5. — **abibo:** longius abire *einen Beweis zu weit herholen.* — **quaesivi:** quaerere de . . . *eine Anfrage über einen Gegenstand stellen, anfragen wegen . . .* — **mihi:** dativ. ethic. — **Mancium:** s. Ev. II s. v. **C. Hostilius Mancinus.** — **rogationem:** rogatio *Antrag* (der durch Billigung des Volkes zum Gesetz wird); rogationem ferre *einen Antrag stellen.* — **ex:** *auf Grund.* — **probitas:** s. § 27. — **fides:** s. § 27 (I 2). — **attulit:** afferre „*mitbringen*“, *zeigen, beweisen.* — **ratio:** s. Wv. — **consilium:** s. Wv. — **prudentia:** s. I 3. — **antistat:** = antecedit.

Zu §§ 29f.: „. . . Deshalb berichtet ja auch die Überlieferung, Sokrates habe immer wieder diejenigen verflucht, die damit den Anfang gemacht hätten, diese ihrem Wesen nach zusammengehörenden Begriffe in der Vorstellung voneinander zu trennen. Ihm haben sich die Stoiker angeschlossen und demgemäß gelehrt, was sittlich gut sei, das sei auch nützlich, und nichts sei nützlich, was nicht auch sittlich gut sei.“ Mit diesen Worten weist **Cicero** De off. III 11 darauf hin, wie intensiv sich die wissenschaftliche Ethik der Griechen um das Problem honestum — utile (ἀγαθόν, καλόν, πρέπον — ὠφέλιμον, συμφέρον agatho'n kalo'n, pre'pon — ōphe'limon symphe'-

ron) bemüht hat. Tatsächlich hat **Sokrates**, wenn wir **Xenophon** und **Platon** vertrauen dürfen, diese Frage sehr ernst genommen; denn schließlich mußte er mit den entsprechenden Vorstellungen der vorwissenschaftlichen Ethik und den Behauptungen der Sophistik über diesen Gegenstand ins reine kommen. Er sah die Lösung (nach **Platon**) auf dem Wege einer „Sublimation" des Begriffs „nützlich". **Cicero** beschwert sich im Zusammenhang der zitierten Stelle darüber, daß **Panaitios**, nach dessen Ethik er die beiden ersten Bücher De officiis abgefaßt habe, auf diese Frage trotz seines Versprechens, sie zu behandeln, nicht eingegangen sei. Er, Cicero, werde aber trotzdem im stoischen Sinne (das stehe ihm als Anhänger der skeptischen Akademie frei) darüber schreiben. Er trägt dann eine „Formel" vor, nach der jeweils bei einem Widerstreit von Nutzen und Sittlichkeit die richtige Entscheidung getroffen werden könne: „Wenn ein Mensch seinem Mitmenschen etwas wegnimmt und sich selbst dadurch auf dessen Kosten einen Vorteil verschafft, so ist das naturwidriger als Tod, Armut, Schmerz und alle anderen Nachteile, die unsern Leib oder Besitz treffen können." (III 21) Diesen Satz beweist er dann unter der Voraussetzung, daß es ein Naturrecht (bzw. ein allgemeines Menschenrecht) gebe (s. § 13). Dann bringt er eine Fülle von Beispielen; und innerhalb dieser „Kasuistik" finden sich auch einige der, wie **Lactantius** berichtet, von **Karneades** behandelten Fälle, die natürlich im entgegengesetzten Sinne gelöst werden. Wir haben es also mit „Topoi" (loci communes, d. h. immer wiederholten und behandelten Themen und Argumenten) der angewandten Ethik zu tun: so der Verkauf der „ungesunden Hauses" (III 54), der unzuverlässige Sklave (leicht abgewandelt III 91), der irrtümliche Verkauf von Gold als Messing (III 92), der Schiffbruch (III 89).

29 propria: = privata. — **pestilentem:** pestilens *verseucht.* — **utrumne . . . an:** = utrum . . . an. — **profitebatur:** profiteri (s. I 11) *bekanntmachen, eingestehen.* — **sapiens:** vgl. zu sapientia § 24. — **rei:** = rei familiari. — **orichalcum:** (gr. Fw.) *Messing.* — **plumbum:** (wahrscheinlich Lehnwort) *Blei.* — **volebat:** sc. **Carneades.** — **et tamen eqs.:** Der Satz erscheint zunächst im Zusammenhang verwirrend und ist daher auch gelegentlich gestrichen worden. Er läßt sich halten, wenn man ihn als Erklärung zu stultum auffaßt. **Karneades** würde dann nebenbei bemerkt haben, daß *Dummheit, mit Bedürfnislosigkeit gepaart, nicht zum Verlust der Existenz führen* müsse. Die Absicht dieser Randbemerkung könnte etwa darin bestehen, die Behauptungen des **Kallikles** in **Platons „Gorgias"** (s. Vorbemerkungen zu I 31) etwas zu mildern; der hatte nämlich dem lebensuntüchtigen Philosophen (gemeint war der Gesprächspartner **Sokrates**) die physische Vernichtung vorausgesagt, wenn er nicht schleunigst die Philosophie andern überlasse und sich mit wichtigeren Dingen (Gesetzeskunde, Rhetorik, Psychologie) befasse, die es ihm ermöglichten, sich in der Öffentlichkeit durchzusetzen (484 D). — Trotzdem bleibt eine logisch-stilistische Härte im Text des **Lactantius**, die sich nicht leugnen läßt.

30 ad maiora: Gemeint sind wichtigere, bedeutendere Fälle als die in § 29 behandelten. — **nempe:** s. I 2. — **prorsus:** s. I 62. — **alienum:** s. § 24. — **naufragium:** vgl. I 28. — **imbecillior:** s. § 2. — **viribus:** abl. limitat. zu imbecillior. — **tabulam:** tabula *Brett, Planke.* — **deturbabit:** deturbare alqa re *von etw. herabstoßen.* — **maxime cum:** = praesertim cum. — **medio mari:** präpositionsloser abl. locat. — **nactus fuerit:** besonders nachdrückliche Unterstreichung der resultativen Aktionsart. — **ut ipse . . . ut ipse:** Die parallel gebauten Sätze zeigen eine Bedeutungsvariante: der erste ist konsekutiv, der zweite final-konsekutiv. — **deiciet:** sc. eum. — **sapiens:** s. § 29. — **. . . sit necesse est:** Der verkappte Begehrssatz bei necesse est ist nicht ungewöhnlich.

31 civilem . . . naturalem: Der Begriff „iustitia naturalis“ kann nach § 18 kaum von **Karneades** benutzt worden sein. (Vgl. a. §§ 13 und 26; das „naturale“ steht immer nur im irrealen Zusammenhang.) Vor allem hat er mit dem (sophistischen) Gegensatzpaar φύσει — νόμῳ (phy'sei — no'mō = von Natur — durch Satzung) nichts gemeinsam. Sondern es handelt sich um eine christliche Interpretation der Vorstellungen des **Karneades**, wobei „civilis“ die „*praktizierte*“ (s. dagegen civilis §§ 4—6), „naturalis“ die „*ideale*“ (und daher nach Ansicht des **Lactantius** angeborene bzw. gottgegebene) Gerechtigkeit bezeichnen. — **subvertit:** s. § 9. — **quod eqs.:** innerlich abhängige („subjektive“) Kausalsätze. — **illa civilis . . . naturalis autem illa:** sc. iustitia. — **iustitia . . . iustitia:** Die beiden Prädikatsnomina bezeichnen die begrifflich vorher festgelegte „Gerechtigkeit“ (§§ 24—26). — **arguta:** argutus *spitzfindig.* — **venenata:** venenatus *vergiftet; giftig, gefährlich.* — **refellere:** s. § 2. — **foveam:** fovea *(Fall-)Grube.* — **praetergressus est:** präsentisch-resultatives Perfekt. — **in crimen venerat:** in crimen ales venire *sich den Vorwurf jmds. zuziehen.* — **sapientia:** s. sapiens § 30.

C. Überleitung.

32 gravarer: gravari *lästig fallen.* — **attingere:** *sich mit etw. beschäftigen, sich an etw. versuchen.* — **id:** Das Wort kann sich kaum auf den letzten Satz beziehen, da **Laelius** ja einen recht umfangreichen Beitrag leistet. Es ist daher wohl ein Einwand des Laelius gemeint, auf den hier geantwortet wird. — Das

Nonius-Zitat meint wohl **Karneades** und nicht **Philus** (s. § 8). — **quippe:** s. I 61. — **impurus:** (charakterlich) *unsauber.* (s. a. I 68). — **immanis:** s. I 9 *(ungeheuerlich).*

D. Die Rede des Laelius: Die Gerechtigkeit.

1. Gerechtigkeit als ewiges Weltgesetz.

33 Das erste Zitat, offensichtlich dem Anfang der Rede des **Laelius** entstammend, beginnt mit **stoischen**, auf dem Gedankengut **Heraklits** basierenden Konzeptionen (s. I 60). Demnach gibt es zwei Prinzipien, die beide materiell gedacht sind: a) das „Leidende" (πάσχον pa'schon) und b) das „Wirkende" (ποιοῦν poiū'n). Vom „Leidenden" unterscheidet sich das „Wirkende" durch seine größere Feinheit. Es wird weiterhin identifiziert mit der Vernunft (λόγος lo'gos) oder der Gottheit. So durchdringt die Vernunft (auch als πῦρ py̅'r *Feuer* und πνεῦμα pneu'ma *Hauch* bezeichnet) das gesamte Sein. Sie ist damit zugleich das weltimmanente Gesetz. Die menschliche Seele ist ein Teil der Weltvernunft; sie löst sich auch in diese wieder auf. Ihr richtiges Verhalten (d. h. die ἀρετή arete') besteht daher in der Übereinstimmung mit dem weltimmanenten Vernunftgesetz (ὁμολογουμένως τῇ φύσει ζῆν homologūme'nōs tē' phy'sei zē'n). **Kleanthes**, das zweite Schulhaupt der **Stoa**, unterschied sich dadurch von seinem Vorgänger **Zenon** und seinem Nachfolger **Chrysippos**, daß er die Gottheit als Person auffaßte. Sonst aber hatte er ähnliche Vorstellungen von der immanenten Gesetzlichkeit des Geschehens, wie der Anfang seines Hymnos auf Zeus zeigt, der hier aus Platzmangel nicht abgedruckt werden kann. (Die gehobene Sprache und einige Wendungen des lateinischen Textes könnten zu der Vermutung anregen, daß der Hymnos des Kleanthes irgendwie von Einfluß auf die Formulierungen gewesen ist.) **Laelius** benutzt diese stoischen Vorstellungen, um ein „natürliches" Rechtsgefühl, eine vom Menschen unabhängige Weltordnung nach dem göttlichen Gesetz der Gerechtigkeit zu postulieren. Daran läßt sich messen, wie weit **Lactantius** mit seiner Kritik (§ 31) im Recht ist. — § 33 richtet sich gegen den Gedanken der Relativität (§§ 12 bis 19). Das Vokabular des ersten Kolons ist ganz im Sinne der Stoa gehalten. Unter recta ratio ist demnach der ὀρθὸς λόγος ortho's lo'gos zu verstehen; das Gegenteil ist stultitia (vgl. dazu I 9). Die weiteren Ausführungen sind dann der Rechts- und Gesetzespraxis Roms entnommen (s. vor §§ 20 ff.). Für die folgenden drei Begriffe ist zu beachten, daß Gesetzesvorschläge und -anträge durch rogatio (s. § 28) immer dem Volk vorgelegt werden mußten.

obrogari: lege obrogare *(einem Gesetz ein anderes als Änderungsantrag entgegenstellen) ein Gesetz ändern.* — **derogari:** derogare alqd ex lege *ein Gesetz teilweise abschaffen.* — **abrogari:** abrogare legem *ein Gesetz beseitigen* (s. II 63). — **quaerendus:** quaerere hier *konsultieren.* — **explanator:** (prädikativ) *Ausleger, Erklärer.* — **interpres:** (prädikativ) s. § 17. — **erit:** Steigerung der Gültigkeit der Aussage durch das Futurum bis zum Abschluß des Satzes. — **unusque erit eqs.:** Obwohl der Sinn des Satzes einigermaßen klar ist, sind die grammatischen Beziehungen es nicht. Über die Auffassung entscheidet die Interpunktion (z. B. Doppelpunkt vor deus), die Deutung von unus als Prädikativum oder Attribut und damit zugleich die Deutung von erit als verbum substant. oder Kopula. — **quasi magister et imperator:** Der Ausdruck (zu magister s. I 38) zielt auf das Doppelamt Gottes als ethischer Unterweiser und als Weltregent. — **disceptator:** *Schiedsrichter.* — **lator:** *Antragsteller* (vgl. legem ferre). Die Reihenfolge ist recht merkwürdig. — **aspernatus:** aspernari = neglegere *unbeachtet lassen.* Das Partizip drückt hier kein Zeitverhältnis aus, sondern hat ausschließlich resultative Bedeutung. — **hoc ipso:** = aspernando. — **luet:** luere poenas *Strafe erleiden, bestraft werden.*

2. Der gerechte Krieg.

Zu §§ 34 f.: Zur Frage des „gerechten Krieges" hat **Cicero** sich bereits andeutungsweise geäußert (s. zu § 20). Eingehend verbreitet er sich auch in seinem Werk De officiis über dieses Thema. Dort sagt er u. a. (I 35 ff.): „Kriege dürfen daher unternommen werden, um in einem sicheren Frieden leben zu können; wenn aber der Sieg erkämpft ist, muß man diejenigen, die sich während des Krieges nicht grausam und unmenschlich verhalten haben, leben lassen ... Nach meiner Meinung muß man immer auf einen Frieden bedacht sein, der jede Hinterlist ausschließt ... Auch auf diejenigen, die gewaltsam bezwungen wurden, muß man Rücksicht nehmen; und wenn der Gegner sich ergeben und unter den Schutz des Siegers gestellt hat, muß man die Kapitulation annehmen, auch wenn der Sturmbock bereits eine Bresche in die feindliche Mauer geschlagen hat. Bei uns ließ man in einem solchen Falle so sehr Gerechtigkeit walten, daß unsere Heerführer nach Sitte der Vorfahren das Patronat über besiegte Staaten und Völker übernahmen. (Vgl. die Anmerkungen zu Massilienses I 43.)

Über das, was im Kriege recht und billig ist, hat das Fetialrecht des römischen Volkes ganz genaue Bestimmungen erlassen. Demnach ist ein Krieg nur dann gerechtfertigt, wenn ihm die Forderung nach Genugtuung vorausgegangen ist und er vorher in feierlicher Form angekündigt und erklärt wurde. Popilius Laenas war Oberbefehlshaber der Provinz, in seinem Heere diente der Sohn des Cato als Rekrut. Popilius beschloß, eine Legion zu entlassen, und zwar die, in der der junge Cato diente, so daß dieser ebenfalls entlassen wurde. Aus Begeisterung für den Kampf blieb er jedoch im Dienst. Daraufhin schrieb Vater Cato an Popilius, er solle ihn, wenn er ihm das Verbleiben beim Heere gestatten wolle, nochmals vereidigen, da er durch die Entlassung nicht mehr unter Fahneneid stehe und also auch nicht mehr rechtmäßig mit dem Feinde kämpfen könne . . . Wenn es in einem Krieg um die Oberherrschaft oder die Geltung des Ansehens geht, dann muß er durch dieselben Gründe gerechtfertigt sein, die ich vorher als rechtmäßig bezeichnete . . ."

Trotz ihrer manchmal brutalen Kriegspraxis waren die Römer also schon früh darauf aus, ihre Kriege kultisch zu „sichern"; in der Zeit aufkommender Bildung und Humanisierung wuchs das Bedürfnis, sie auch sittlich zu rechtfertigen.

34 pro fide: fides hier (allgemeiner als z. B. I 2, 49, 55) *Bündnistreue o. ä.* — **pro salute:** salus *die („nackte") Existenz, der Bestand, die Erhaltung.* — **elabuntur:** elabi *entgleiten, sich entziehen.* — **oblata mortis celeritate:** = data celeris mortis facultate. — **quae:** sc. mors. — **vindicare:** vgl. I 48. — **constituta . . . civitas:** vgl. I 64 per se constituta res publica. — **aeterna:** I 41 wird bescheidener diuturna gesagt. — **in quo:** limitativ (bei . . .); es paßt nur zum ersten Glied, während beim zweiten ein cui vorschwebt. — **quodam modo:** *irgendwie.* — **ut parva magnis conferamus:** bei den Verben des *Vergleichens* (comparare, conferre, componere) fehlt gelegentlich cum.

35 Das Vokabular des Berichts ergibt sich aus dem des Zitats (§ 34).

de: *betreffend, um . . .* — **rebus repetitis:** res repetere *auf Rückgabe von Eigentum* (oder *auf Schadenersatz*) *klagen.* Die Klage muß der Kriegserklärung vorangehen. (Vgl. auch den Auszug aus **Ciceros** De officiis vor § 34.) — **denuntiatum:** s. II 31. — **sociis defendendis:** Eine recht anmaßende und heuchlerische Rechtfertigung des römischen Imperialismus. (Vgl. **Vergils** „debellare superbos" § 24.)

3. Der gerechte Imperialismus.

Zum Gedanken vgl. zu § 24 und den Schluß des Auszugs aus Ciceros Werk De officiis vor § 34.

36 pro . . . partibus: pars (und pl.) *Partei.* — **iniustum esse:** explikativ zu dem vorangehenden hoc. — **ut eqs.:** Der Nebensatz nach dem unpersönlichen Ausdruck statt des a. c. i. ist auch im klassischen Latein gebräuchlich. — **dominantibus:** s. u. dominatum. — **quam . . . iniustitiam:** proleptisch mit relativischem Anschluß. — **imperiosa:** imperiosus *herrschend, mit ausübender Macht versehen* (s. Wv.). — **est:** unklassisch statt des Konjunktivs. — **eam:** sc. civitatem. — **a parte:** (s. o.) *von seiten.* — **ideo:** sc. id = ut homines hominibus dominantibus serviant. — **improbis:** vgl. I 7. — **licentia:** vgl. I 44. — **se habebunt:** se habere *sich befinden* (i. S. v. *sich fühlen usw.*). — **subditum:** subdere (als Argument) *anführen.* — **ratio:** (s. Wv.) hier *Gedanke.*

dominatum: s. Wv. — **ab ipsa natura:** Die Natur ist also persönlich gedacht (s. § 1). — **cum:** (final) *zu* . . . Für diese, den **Römern** an sich selbstverständliche Überzeugung von der natürlichen Bestimmung eines Teils der Menschheit (in ihrem Sinne: der Römer) zur Herrschaft, des anderen zur Knechtschaft fanden die Theoretiker eine Stütze bei **Aristoteles**; er behauptet dasselbe, nur sind bei ihm die **Griechen** diejenigen, die nach Intellekt und Temperament (vorausgesetzt, daß sie eine nationale Einheit fänden) zur Herrschaft über alle anderen Völker geboren sind. — **cur igitur eqs.:** vgl. zum Inhalt I 60. — **ratio:** (s. Wv.) im Gegensatz zu oben *Vernunft.*

Die Ergänzungen ergeben sich aus der § 37 zitierten Wiederholung dieser Stelle in einem anderen Werk **Augustins.**

37 Zum ersten Zitat vgl. § 36. — Zum Inhalt vgl. I 60. **dissimilitudines:** dissimilitudo *Unterschied;* plur. *unterschiedliche Arten.* — **fatigant:** fatigare *jdn. ermüden; jdm. zusetzen.* — **sapientia:** hier = ratio. — **vitiosas:** vgl. zum argumentum Augustini. — **imbecillas:** s. § 30. — **ut libidines eqs.:** Die drei letzten ut kennzeichnen Vergleiche im engeren Sinne, also *wie z. B.* (explikativ zu partes). — **perturbationes:** (s. z. Vorr. Buch I) perturbatio (Übersetzung des griech. πάθος pa'thos) *Affekt, Leidenschaft.* — **alterius . . . sui:** Genetive des Besitzers.

4. Es gibt angeborene sittliche Normen. Beweise aus der römischen Geschichte.

38 aspidem: aspis (gr. Fw.) *Viper, Natter.* — **uspiam:** *irgendwo.* — **occulte latere:** Pleonasmus (Stil der Umgangs- bzw. Briefsprache). — **imprudentem:** imprudens *ahnungslos; unvorsichtig.* — **emolumentum:** s. § 26. — **aequitas, fides, iustitia:** (als virtutes) vgl. I 2. — **a natura:** separativ *von . . . her.* — **omnia haec:** das Verhalten im Sinne der genannten virtutes. — **referantur:** referre ad . . . vgl. I 41. — **admonemus:** admonere *erinnern.* — **honestum:** honestus *sittlich gut, moralisch einwandfrei.* — **turpe:** oppos. zu honestum.

39 delectari: alqo *an jdm. seine Freude haben.* — **probari tibi:** mihi probatur (anders als sonst meist in diesem Werk, z. B. I 10, 54, 60, 61, 65) *es leuchtet mir ein, ich glaube.* — φυσικὴν **esse eqs.:** Gemeint ist: naturalem esse amorem erga liberos. (τὴν tē'n sc. στοργήν storgē'n, Akk. zu στοργή storgē' *zärtliche Liebe*). — **naturae adiunctio:** = naturalis adiunctio. — **vitae societas:** sc. omnis v. s. — **bene eveniat:** „Wohl bekomm's!" — **spurce:** spurcus *unflätig, gemein.* — **prudentius:** So, weil **Karneades** sich als Skeptiker keinen Illusionen hingibt, während die beiden **Epikureer** eine „Ethik" des Egoismus konstruieren und dabei nach **Ciceros** Meinung den Begriff „vir bonus" mißbrauchen. — **referant:** vgl. § 38. — **alterius causa:** Der „andere" ist der „Nächste". — **putent . . . intellegant:** potential. — **ea re:** wird durch ne . . . rectum sit erklärt. — **non quo:** *nicht als ob, nicht als wenn.* — **quos:** sc. libros Objekt (relativischer Anschluß) zu laudando. — **animos . . . addidisti:** alci animum (od. animos) addere *jdm. Mut machen; jds.* Selbstvertrauen stärken.

5. Belohnung des gerechten Staatsmannes.

40 Die folgenden Ausführungen weisen bereits deutlich auf das **somnium Scipionis** hin. Ihre fragmentarische Gestalt ist daher besonders bedauerlich.

honorem: honor *die* (äußere, durch die anderen Menschen bestätigte) *Ehre* (= griech. τιμή timē'). — Der Anspruch auf Bestätigung der eigenen Leistung durch die Umwelt ist wie heute und gestern bei uns, so vor allem in den „ritterlichen" Zeiten der **homerischen** Helden etwas ganz Natürliches gewesen (ja, war für sie weitgehend das treibende Motiv ihres Handelns) und hat die vorwissenschaftlichen Vorstellungen der **Griechen** des 5. Jahrhunderts genau so beherrscht wie das Selbstwertgefühl der **Römer.** Lediglich die **Philosophie** „sublimierte" in ihrem engeren Bereich diese Gedankenwelt. Doch die **Römer** haben sich nie ernsthaft davon befreit. So durchzieht auch das ganze Leben **Ciceros** dieses Streben (s. Einleitung), und der schwache Versuch, an dieser Stelle und an anderen, das ehrgeizige Verlangen nach manifesten Ehrenbezeigungen zu überwinden, ist im Grunde nur die Bestätigung der Grundhaltung. (Deshalb führt **Lactantius** den Sprecher auch mühelos ad absurdum.) — Selbstverständlich handelt es sich um ein höchst komplexes Phänomen. Das Problem der Glückseligkeit, des Nachruhms, der Art des Weiterlebens nach dem Tode und andere Fragen sind, je nach Zeit und Aspekt, aufs engste damit verbunden.

quam: sc. mercedem. — **illa:** sc. virtus. — **facile:** *ohne Nachdruck.* — **exigit:** exigere *fordern.* — **huic . . . viro:** d. i. der verdiente, gerechte Staatsmann. — **obicies:** = offeres. — **imperia:** s. Wv. — **universi:** *breite Masse.* — **ne:** (nicht Verneinung, sondern) Partikel mit affirmativer Bedeutung (vgl. griech. μὴ τὸν ϑεόν mē to'n theo'n), *wirklich, ja, doch.* — **decore:** decus bezeichnet (nach dem Zusammenhang) hier *den inneren Wert, die innere Wertgeltung.* — **se . . . sustentat:** se sustentare *sich aufrichten an* . . . — **videlicet:** vgl. I 29. — **largitas:** *Freigebigkeit, Großzügigkeit.* **Cicero** zitiert im Zusammenhang des vor § 34 gebotenen Auszugs aus De officiis (I 38) eine Stelle aus dem Werk des **Ennius.** Dort verwahrt sich **Pyrrhus** gegen jeden Versuch, den Krieg durch Geldzuwendungen zu beenden. Gleichzeitig sichert er jedem Gefangenen freie Rückkehr ohne Lösegeld zu. — **copiae:** vgl. I 1; zur Sache vgl. § 6. — **focum:** focus *Herd.* — **cum venerat:** iterativ. — **visere:** *besuchen.* — **ille:** sc. Curius. — **clientium:** s. zu II 16. — **relegaverat:** relegare *zurückweisen.*

41 nominis Latini: vgl. I 31 (dort auch zur Sache). — **licentia:** vgl. I 44. — **manare:** *sich ausbreiten, um sich greifen.* — **imperium:** s. Wv. — **voluntate:** (s. § 23 und Hinweise) *freier Wille.* — **teneantur:** s. I 31. — **nobis . . . evigilatum . . . est:** evigilare *wachen; unermüdlich tätig sein, sorgen;* nobis ist dat. auctor. — Der Gedanke: Die alte Generation hat ihre Pflicht getan — wird es die junge auch so halten? — **aetatis:** s. II 19. — **immortalitate:** vgl. § 34 aeterna. — **poterat:** Indikativ mit irrealer Funktion. — **perpetua:** s. zu immortalitate.

E. Überleitung.

42 quasi: zu elatus. — **quodam:** quidam *ganz wahrhaftig, förmlich, außerordentlich.* — **elatus:** (vgl. efferre I 22 und ferre I 67) efferri (von einem Gefühl) *fort-, hingerissen werden.* —

F. Zusammenfassung durch Scipio:
Die Gerechtigkeit in den Verfassungsformen.

1. Die Entartungsformen.

a) Tyrannis.

Zu den folgenden Ausführungen: Es versteht sich von selbst, daß **Scipio** auf seine eigene Darstellung der Verfassungsformen in Buch I zurückgreift. Die thematischen und lexikalischen Anklänge können hier nur zum Teil gestreift werden. Es bleibt Aufgabe des Lesers, sie im einzelnen zu verfolgen.

Die beiden Zitate machen es wahrscheinlich, daß **Scipio,** von der Bedeutung der Rhetorik für den wahren Staatsmann ausgehend (§ 42), ihr Fehlen bei dem Tyrannen **Phalaris** (s. I 44) festgestellt hat. Der erhaltene Text betrifft zunächst auch noch diesen Mann.

43 rem populi: vgl. I 39. — **unius:** Gemeint ist **Phalaris.** — **essent . . . esset:** Die Konjunktive erklären sich durch Modusassimilation. — **universi:** s. § 40. — **unum vinculum eqs.:** vgl. I 39. — **quod est populus:** erklärend zum vorhergehenden Satz (= id, quod est populus). — **urbs illa eqs.:** Es handelt sich um ein Schlagwort. So sagt **Cicero** im Prozeß gegen **Verres** (act. II, lib. IV 117) mit fast den gleichen Worten: „Urbem Syracusas maximam esse Graecarum, pulcherrimam omnium saepe audistis ..." Auch die Beschreibung der Einzelheiten erinnert aufs deutlichste an unsere Stelle (s. I 21). — **visere:** vgl. § 40; visendus *sehenswert.* — **portus: Syrakus** hatte zwei Häfen (portus magnus und portus parvus); zwischen ihnen lag die Insel **Ortygia**, die durch einen Damm mit dem Festland verbunden war. — **sinus:** *Einbuchtung, Bucht.* — **oppidi . . . urbis:** Unter oppidum ist hier offenbar das gesamte Stadtgebiet, unter urbs der auf dem Festland liegende Teil zu verstehen. (Ähnlich in der Rede gegen **Verres.**) — **nihilo magis:** *trotzdem nicht.* — **illa:** sc. urbs (Subjekt). — **nihil:** Das Volk hat weder unantastbares Eigentum noch Rechte. — **populi . . . unius:** Genetive des Besitzers. — **tenente:** s. § 41. — **vitiosus:** s. § 37. — **ut heri dicebam:** in der Rede vom Vortage, d. h. in Buch II (§ 43 f.). — **ratio:** (s. Wv.) *Überlegung.*

b) Oligarchie.

44 oratio: s. I 37. — **factionis:** s. I 44. — **res:** = condicio (s. I 39). — **triginta viri:** s. I 44. — **illi:** zu urbi. — **species:** = adspectus. — **theatrum:** Das auch schon damals weltberühmte Theater des **Dionysos** am Fuße der Akropolis (im SO), das die Uraufführung der großen Dramen in der Blütezeit **Athens** sah. — **porticus:** vor allem auf dem Markt (ἀγορά agora'). — **propylaea:** gr. Fw. προπύλαια propy'laia: die großartigen Vor- und Umbauten des Eingangstores zur Akropolis (im W). — **arx:** die Akropolis. — **populi res:** s. § 43 (I 39). — **decemviri . . . sine provocatione:** s. II 54, 62. — **vindicias:** vindiciae (jurist. t. t.; vindicare I 27) *Rechtsanspruch.* — **rem suam:** Anspielung auf rem populi, also seine „*Sache*", sein *Recht.*

c) Ochlokratie.

45 genus: vgl. I 54 u. ö. — **angustiae:** *Schwierigkeiten.* — **supplicium:** supplicium sumere de alqo *hinrichten.* — **agunt:** agere *wegtreiben, plündern.* — **dissipant:** dissipare *vergeuden, verschleudern.* — **rem eqs.:** = illam esse rem publicam. — **cum:** kausal. Es schwebt etwa vor: „*Das müßte doch eine res publica sein, da . . .*" — **populi esse eqs.:** s. § 43. — **citius:** *schneller, eher = nachdrücklicher.* — **placebat:** vgl. § 43 (**Syracusae**), § 44 (**Athenae**). — **qui:** vgl. I 7. — **rei publicae nomen:** („appositionaler" Genetiv) *das Wort res publica.* — **ut tu optime definisti:** s. I 39. — **tyrannus:** = tyrannicus; zum Gedanken s. I 66 ff. — **hoc:** = eo. — **quia eqs.:** quia nihil immanius est quam ista belua, quae . . . — **immanius:** s. § 32. — **speciem:** s. § 44. — **convenit:** *es paßt (zusammen).* — **agnatus:** (s. cognatio I 38) *Blutsverwandter* (väterlicherseits).

2. Die gesunden Systeme.

a) (Monarchie).

b) Aristokratie.

46 Am Anfang ist etwa zu ergänzen: de optimatium dominatione eadem fere dici possint, . . ., quae . . .
similitudo: s. I 64. — **vitiosissimae:** s. § 43. Der Ausdruck überrascht zunächst, weil ja hier von den gesunden Verfassungsformen gesprochen wird. Er erklärt sich aber leicht, wenn man sich an die grundsätzliche Einstellung zur Demokratie erinnert, wie sie **Scipio** — wohl charakteristisch für die Einstellung seiner Kreise — bereits u. a. I 42 mit den Worten angedeutet hat: „. . . vel ipse populus, quamquam id est minime probandum, . . .“. Vgl. auch (§ 45: tyrannus) I 66 ff. und die Stellungnahme **Scipios** § 47.

c) Demokratie.

47 morem: mos *Art, Gesinnung* (s. I 2). — **aversum:** aversus a . . . *jdm. abgeneigt.* — **a ratione populari:** etwas allgemeiner als civitas popularis I 42. — **lenius:** lenis *gelassen, nachsichtig.* — **ferri:** ferre = tolerare (anders als § 42). — **quod sit probandum minus:** probare wie I 10, 54, 60 u. ö.; zum Inhalt vgl. § 46. — **non assentior:** vgl. zum Inhalt I 54 ff. — **optimates:** s. Wv. — **praestabilius:** praestabilis *vorzüglich.* — **mentio:** mentionem facere *erwähnen.* — **iniustus:** Zum Ressentiment der Römer gegen das Wort „König“ vgl. zu I 50. — **cogitato:** 2. Pers. Sing. Imper. II. — **regem:** Prädikativum. — **paenitebit:** paenitet me alcs rei *ich bin unzufrieden mit . . ., lehne etw. ab.*

48 relinquis: **Mummius** ist nicht überzeugt. — **populari rei publicae:** s. § 47. — **iidem:** omnes iidem *alle zugleich, alle in gleicher Weise.* — **de plebe:** adverbialer Ausdruck in der Funktion eines Prädikatsnomens, parallel zu senatores, also = plebeii (vgl. das präpositionale Attribut mit de § 24). — **vicissitudines:** vgl. I 45. — **utrubique:** *auf beiden Seiten, in beiden Fällen.* — **conventicium:** *Sitzungsdiäten.* — **in theatro:** Das Volksgericht tagte also im Theater.

BUCH IV

Vorbemerkung: In §§ 9—13 sind nur die Worte Ciceros, nicht aber die Rahmenworte der Quellenautoren kommentiert.

G. Überleitung:

Die Größe des menschlichen Geistes.

Das Thema der Überleitung, bereits im Einleitungsgespräch von Buch I (vgl. §§ 19 ff.) und in der Vorrede zu Buch III berührt, durchzieht das Denken der Antike seit dem Augenblick, in dem man sich der Eigenart des Menschen gegenüber den anderen belebten Geschöpfen bewußt wurde und ihm seinen richtigen Platz im Kosmos anweisen, sein Verhältnis zu den „niederen" und „höheren" Wesen bestimmen wollte. Die Begründungen, Voraussetzungen und Argumentationsweisen sind je nach der weltanschaulichen Richtung des Verfassers unterschiedlicher (theologischer, psychologischer, geistesgeschichtlicher) Art. Auch die Motive zeigen gewisse Varianten. Gleichfalls können Absicht und Zusammenhang (Ethik-Politik, Kulturentwicklung, Schöpfungsgedanke, Metaphysik, Jenseitshoffnungen, Unsterblichkeitsbeweise usw.) verschieden sein. Aber der Kern, das eigentliche Anliegen, bleibt sich gleich: Die Sonderstellung und die Würde des Menschen als eines geistbegabten Wesens. Es handelt sich also um Anthropologie, um die Deutung der Herkunft des Menschen, seiner Aufgabe im Ganzen der Schöpfung, des Zweckes und Sinnes seiner Existenz. Es ist bezeichnend, daß fast alle Darstellungen dieser Art emphatischen, pathetischen und deklamatorischen Charakters sind. Das erklärt sich wohl daher, daß es sich nicht nur um ein zentrales Gebiet alles Philosophierens der Antike handelt, sondern daß die anthropologische Fragestellung, zugleich Begründung des Philosophierens als eigentümlich menschlicher Betätigung, immer wieder im Zusammenhang „protreptischer", d. h. zur Philosophie „bekehrender" Literatur einen hervorragenden Platz einnahm. Die sog. „mittlere" Stoa (s. Vorr. zu Buch I), vertreten in erster Linie durch **Poseidonios** und **Panaitios**, hat sich besonders mit diesem Problemkomplex beschäftigt. Daher hat wohl auch **Cicero** als geistiger Nachfahre des „Scipionen-Kreises" das Thema in vielen seiner philosophischen Werke (z. B. De officiis, De legibus, De finibus, De natura deorum) je nach seiner konkreten Absicht in kürzerer oder breiterer

Form behandelt. Eigenes kann man dabei, abgesehen von der jeweiligen Auswahl der Motive, kaum von ihm erwarten. Aber alle Stellen, an denen er sich mit solchen Fragen beschäftigt, zeigen den erwähnten bekenntnishaften Stil und Stimmungsgehalt.

Zur Absicht der ff. Ausführungen paßt am besten die Darstellung De legibus I 58 ff. Damit man sich ein Bild von der Art der Argumentation, die in unserm Text nicht erhalten ist, machen kann, wird ein Auszug der Stelle hier abgedruckt.

Quintus, **Ciceros** Bruder, hat nach Gesetzen und Lebensregeln allgemeiner Gültigkeit gefragt. **Cicero** antwortet darauf, daß man die Lebensregeln vom Gesetz ableiten müsse. Daher sei die mater omnium bonarum rerum die sapientia. Sie führe vor allem und neben allem zur Selbsterkenntnis, der schwersten Aufgabe des Menschen. Er fährt fort: „Denn wer sich selbst kennengelernt hat, wird zuerst fühlen, daß etwas Göttliches in ihm wohne; er wird den Geist in sich als geweihtes Götterbild ansehen und stets eines so großen Geschenkes der Gottheit würdig handeln und denken. Er wird, wenn er sich selbst durchschaut und vollkommen geprüft hat, einsehen, wie reich von der Natur ausgestattet er in dieses Leben gekommen sei und welch bedeutende Mittel er besitze, die Weisheit zu erlangen und sich zu eigen zu machen.“ Bezeichnend ist schließlich die Antwort **Ciceros** auf den Einwand seines Freundes **Atticus**, was diese an sich richtige Überlegung mit dem Gesprächsthema zu tun habe. Er sagt: „Erstens gehört es zu dem, was ich gleich behandeln will und von dem ich wünsche, daß es euch recht wichtig sei; das wird es aber nicht sein, wenn nicht auch seine Quellen die herrlichsten sind. Weiterhin finde ich — wie ich hoffe: mit Recht — ein Vergnügen daran, die Philosophie, deren Pflege mich fesselt und die mich zu dem, was ich bin (sei es viel oder wenig) gemacht hat, nicht mit Stillschweigen zu übergehen.“

1 mentio: vgl. III 47. — **rationem:** (s. Wv.) *Wesen.* — **pusillitas:** (unklassisch < pusillus) *Beschränktheit.* — **intelligentia:** (meist intellegentia) *Einsichtsfähigkeit, Fassungskraft, Intelligenz.* — **explicare:** vgl. I 13. — **officium:** (vgl. I 4, 33) *Aufgabe.* — **materiam:** materia *Gegenstand, Stoff* (einer Erörterung). — **patentem:** late patere *einen weiten Umfang haben, sehr differenziert sein.* — **terminavit:** angustis finibus terminare *eng begrenzen.* — **leviter:** *mit leichter Hand, obenhin; oberflächlich.* — **summa quaeque decerpens:** summa decerpere *die Spitzen abpflücken = das Wichtigste heraussuchen.* — **locus:** (vgl. I 4 und locus communis zu III „Zu §§ 29f.“) *Motiv, Stoff* (ähnlich materia). — **fuerit executus:** (nachdrückliche Betonung der resultativen Aktionsart) exsequi *gründlich, erschöpfend behandeln.* — **voluntatem:** s. I 64 (vgl. auch III 41). — **stringeret:** stringere *streifen; abstreifen, (ab-)pflücken* (der

Ausdruck summatim stringere variiert also summa decerpere). — **summatim:** *unter Betonung der Hauptpunkte, (nur) in allgemeinen Zügen, kurz (zusammenfassend).* — **converti:** convertere = mutare. — **animo . . . efferato:** ablat. qualitat. als Prädikatsnomen. — **efferato:** efferatus (< efferare) *verwildert, vertiert.* — **tanto videtur:** sc. esse miserius in hominis figura. — **praestabilior:** s. III 47. — **quodam loco:** locus hier *Stelle eines Buches.* — **arietis:** aries *Widder.* — **obiectu:** obiectus, -us *das Entgegenstellen.* — **mutuo:** mutuus *wechselseitig, abwechselnd.* — **numerum:** numerus hier *Zählung.*

H. Die Struktur des römischen Staates und der römische Volkscharakter als Voraussetzung der auf Gerechtigkeit gegründeten Verfassung.

1. Die ständische Gliederung Roms.

Wie positiv **Cicero** diese innere Struktur Roms beurteilt, erhellt ein Satz aus De legibus III 44: „. . . discriptus enim populus censu, ordinibus, aetatibus plus adhibet ad suffragium consilii quam fuse in tribus convocatus."

Zum Inhalt und Vokabular vgl. II 36 und besonders 39.

2 commode: commodus *angemessen, passend, zweckmäßig.* — **discripti:** vgl. discriptio I 70. — **aetates:** aetas (vgl. III 41) *Jahrgang, Altersstufe.* Anspielung auf die ursprünglich strenge Ordnung, nach der die verschiedenen Altersstufen zum Wehrdienst herangezogen und zur Ämterlaufbahn zugelassen wurden (vgl. z. B. zu I 18). — **in quo eqs.:** Gemeint ist, daß die Ritterschaft auch an den Senatsabstimmungen beteiligt ist. — **hanc utilitatem:** = utilitatem huius constitutionis. — **cupientibus:** Anhänger der **Gracchen.** — **largitionem:** largitio *Schenkung.* — **scito:** vgl. I 43.

2. Jugenderziehung in Rom und in Griechenland.

3 prima causa coeundi: vgl. I 39. — **id:** inhaltlich wie ea. — **alia:** Korrespondiert prädikativ mit id und ist bedeutungsgleich mit partim. — **disciplinam:** (hier anders als früher, z. B. I 2 und 50) *Unterricht* und zugleich *Erziehung.* — **ingenuis:** ingenuus *freigeboren* (hier substantiviert). — **multum frustra:** Über Schulwesen, Schulpflicht usw. in **Griechenland** ist heute nicht wenig bekannt. Hier sei nur so viel erwähnt, daß es schon frühzeitig dort öffentliche (private oder staatliche) Elementarschulen gegeben hat. Ein verpflichtendes Erziehungswesen findet sich zuerst bei den **Dorern.** In **Athen** sorgten Gesetze dafür, daß die Eltern den Kindern eine angemessene Erziehung zuteil werden ließen, wenn sie nicht auf spätere Unterstützung verzichten wollten. So läßt **Platon** im „Kriton" die hypostasierten Gesetze den **Sokrates** u. a. (im Zusammenhang der z. Vorr. von Buch I S. 81 f. zitierten Stelle) fragen: „Tadelst du etwa die Vorschriften über Aufzucht und Ausbildung des Kindes, die auch du genossen hast? Haben nicht diejenigen Gesetze von uns, die dafür eingesetzt sind, richtige Anordnungen getroffen, wenn sie deinem Vater auftrugen, dich in musischen und gymnastischen Fächern ausbilden zu lassen?" Auch bei den **Römern** finden sich sehr früh Schulen; jedoch trugen sie ausschließlich privaten Charakter. — Daß die griechischen Ethiker und Staatstheoretiker, voran **Platon** und **Aristoteles**, an dieser Frage brennend interessiert waren, versteht sich von selbst. Aber es geht hier, wie der Zusammenhang und der Tadel des **Polybios** beweisen, um die Praxis, nicht um die Theorie. — **destinatam:** destinare *festsetzen, bestimmen.* — **expositam:** publice exponere *veröffentlichen.* — **unam omnium:** *eine für alle; für alle die gleiche.* — **clepere:** (archaistisches Wort; vgl. griech. κλέπτειν kle'ptein) *stehlen.* — Zu den beiden **Servius-Zitaten** vgl. § 4.

4 Bereits die beiden Servius-Zitate zeigen, daß in der Erziehung griechischer Stämme die sog. „Knabenliebe" ganz besonders heftig von den Römern kritisiert wurde. Sie wird in engstem Zusammenhang mit der „Nacktkultur" ihrer „gymnastischen" Übungen gesehen. Dem Römer war der griechische Brauch so fremd wie uns. Er verletzte sein Anstands- und Schamgefühl (verecundia) so weit, daß auch diejenigen, die sonst begeisterte Philhellenen waren, diese Seite griechischen Lebens strikte ablehnten. — Es würde viel zu weit führen, die Geschichte und Bedeutung des Nacktturnens und der Päderastie (die ursprünglich nichts Gemeinsames haben müssen) darzustellen. Selbstverständlich ist es widersinnig, aus den Vorstellungen der eigenen Kultur und Sitte heraus solche Erscheinungen zu be- oder verurteilen. Hier sei nur so viel bemerkt: Die Auswüchse der Päderastie gehören keineswegs zu ihrem Wesen und wurden daher auch in Griechenland von den führenden Köpfen als Entartung angesehen. Andererseits hat der Eros als wesentliches Motiv zur Festigung der spartanischen (teilweise auch der thebanischen) Lebensordnung beigetragen und wurde daher von allen Griechen, die in Sparta ihr Vorbild sahen, entsprechend gewertet. Nach **Platons** Ansicht ist er der entscheidende Faktor in Erziehung und Bildung. Das bezeugt vor allem das „Symposion" (Rede des **Phaidros** und des **Pausanias**; dann im vergeistigten Sinne das Referat des **Sokrates** über die von Diotima vermittelten Einsichten). Es kann daher nur dringend geraten werden, zum Verständnis der griechischen Päderastie dieses Werk heranzuziehen. Man wird die erstaunliche Feststellung machen, daß z. B. **Phaidros** das gleiche Ziel wie **Cicero** (beate et honeste vivere § 3) im Auge hat, wenn er den Eros als die treibende Kraft einer durch das männliche Element bestimmten Lebensform preist. Pausanias verurteilt auch die Zügellosigkeit von Eleern und Thebanern auf diesem Gebiet. Übrigens ist die sog. „heilige Schar“ der Thebaner auf der Grundlage der Päderastie entstanden. (Zu verecundia vgl. § 6 und V. 6.)

puberem: pubes (s. I 21; hier substantiviert) *Erwachsener.* — **alte repetita:** alte repetere *weit* (d. h. aus alten Zeiten) *ab-, herleiten, herholen; auf ferne Vergangenheit zurückführen.* — **verecundiae:** s. o. — **absurde:** absurdus *widersinnig.* — **ephebi:** (Plur. zu dem Fw. ephebus = ἔφηβος e'phēbos; das Wort wird nur im Hinblick auf Griechenland gebraucht) *Ephebe* = junger Mann zwischen 16—20 Jahren. In **Athen** werden so die Wehrpflichtigen im ersten Ausbildungsjahr (mit 18 Jahren) genannt, in dem sie im Waffengebrauch und Exerzieren unterwiesen wurden. (Im zweiten Ausbildungsjahr hießen sie περίπολοι peri'poloi, weil sie zum Wachdienst verwandt wurden.) Die Art der Ausbildung galt als sehr großzügig. **Thukydides** läßt **Perikles** darüber in der Gedenkrede auf die Gefallenen des ersten Kriegsjahres mit einem Seitenblick auf Sparta sagen: „. . . Wir verlassen uns nicht so sehr auf Vorsichtsmaßregeln als auf den im Kampf erprobten persönlichen Mut. Während man bei ihnen (den Spartanern) die Jungen schon von klein auf durch Strapazen und Abhärtung zur Tapferkeit zu erziehen für notwendig hält, gehen wir auch ohne solche harte Zucht nicht weniger entschlossen in den Kampf und können es durchaus mit ihnen aufnehmen.“ (II 39.)

contrectationes: contrectatio *(unzüchtige) Berührung.* — **soluti:** solutus *ungebunden, ungeniert.* — **liberi:** liber *ungehindert, ungehemmt.* — **mitto eqs.:** = praetermitto id apud E. et Th. ita fuisse. — **ingenuorum:** s. § 3. — **libido:** (vgl. I 63 u. ö.) *sinnliche Liebe, Ausschweifung.* — **permissam:** entspricht oben liberi. — **licentiam:** vgl. I 44. — **stuprum:** *Unzucht.* — **dissaepiunt:** (vgl. saepire I 41 und 68) *abzäunen, trennen.* — **complexus:** *Umarmung.* — **concubitus:** *Zusammenliegen, -schlafen.* — **palliis:** pallium *griechischer Mantel, Überwurf.* — **populis:** populus (s. Wv.) hier i. S. v. *Stamm* (vgl. gens III 20). — **cum tuo Platone: Scipio** ist bis jetzt nicht auf **Platons** Erziehungstheorie eingegangen (s. zu § 3), sondern hat sich auf die empirischen Sitten Griechenlands beschränkt. Da aber der Staatsentwurf Platons einige — nicht nur für Römer — recht „eigenwillige“ Konzeptionen enthält, kann auch der Akademiker **Cicero** einer Kritik an seinem verehrten Meister nicht ausweichen (s. § 5). — **luctari:** *ringen, kämpfen; gegen jdn. polemisieren.*

3. Kritik an Platons „Staat" (Güter- und Weibergemeinschaft).

Auch an dieser Stelle kann zu den Vorstellungen und Absichten **Platons** nur weniges angedeutet werden. Verständlich wird sein Verfassungsentwurf nur aus seiner persönlichen Erfahrung in Athen und Sizilien (s. z. I 16), aus seiner Begegnung mit **Sokrates** und von den Impulsen her, die er von ihm erhielt, sowie aus der danach allmählich sich entwickelnden Psychologie und Ethik. Es geht ihm um die Verwirklichung der Gerechtigkeit im Staate, wobei ihm das Ganze wichtiger ist als der einzelne; denn nur das Glück der Gesamtheit verbürgt das Glück des Individuums. Man muß hinzunehmen, daß Platon ein Bewunderer spartanischer Lebensordnung ist (s. o. zu § 4), daß Frauen in seinem Leben keine Rolle gespielt haben, daß er kommunistische Ideen und Versuche zur Frauenemanzipation (s. Bemerkungen vor III 17) bereits vorfand. — Der Grundsatz der Gerechtigkeit („seine persönliche Aufgabe zu erfüllen"; s. I 69) schließt jede gewerbliche Tätigkeit der beiden führenden Schichten (Regenten und Krieger-Wächter) aus. (Soweit konnte übrigens auch ein Römer folgen, da dem Senatorenstand außer der Landwirtschaft jede wirtschaftliche Funktion untersagt war.) Weil nun einerseits der dritte Stand für den Unterhalt der beiden andern zu sorgen hatte, andrerseits jedes persönliche materielle Interesse der Führenden ausgeschaltet werden sollte, ergab sich konsequent das Verbot des Privateigentums für sie. Gleichgeartete Überlegungen führen auch zur Frauen- und Kindergemeinschaft. Es solle, meint Platon, ausschließlich auf den persönlichen Wert, auf die Begabung und Leistungsfähigkeit des Individuums ankommen, wenn ihm sein Platz in der sozialen Rangordnung zugewiesen werde. Damit verbunden sind Fragen der Eugenik — immer im Hinblick auf das Ganze. Der Begriff „Familie" sagt Platon nichts. Er hatte für die Griechen seiner Zeit kaum eine Bedeutung. Höchstens insofern, als sich aus der Abstammung gewisse soziale Vorrechte herleiteten, besaß der Sippengedanke in der breiten Öffentlichkeit eine Relevanz. (Man vergleiche die Bemühungen des **Kleisthenes**, zur Demokratisierung Attikas die Nomenklatur dahin zu ändern, daß statt des Vaternamens der Demos zum Individualnamen genannt wurde (Aristoteles, Athenaiuo politeia 21, 4). Natürlich kümmerten sich die aristokratischen Cliquen Athens nicht um diese Vorschrift.) Und gerade die ererbten Vorrechte wollte der Aristokrat Platon beseitigen (s. das Zitat zu I 51). So stellte er die Anonymität der Herkunft durch staatliche Regelung von Zeugung, Aufzucht und Erziehung her. Zudem war er überzeugt, daß Frauen und Männer außer in ihrer biologischen Funktion gleich seien. Daher können nach seiner Meinung auch beide in gleicher

Weise zum Wächter-(Krieger-)Amt und zur Staatsführung geeignet sein.

Man kann diese ökonomische und soziale Seite von Platons Verfassungsentwurf kritisieren, und man hat es seit eh und je bis heute getan. Platon selbst hat in den „Gesetzen", dem Entwurf der „zweitbesten" Verfassung, wie er sagt, beides wesentlich eingeschränkt, jedoch mit dem Vorbehalt, daß die in der „Politeia" vorgeschlagene Ordnung die eigentlich wünschenswerte sei und nur, weil sie im menschlichen Bereich nicht zu realisieren sei, auf den Staat der Götter beschränkt bleiben müsse. — Die Römer hatten eine wesentlich andere Stellung zur Frau (s. Bemerkungen vor III 17) und zum Privateigentum. Keiner der geistig führenden Männer hat sich jemals von den angestammten Vorstellungen emanzipiert. (Man darf nebenbei auch nicht vergessen, daß schließlich auch Platon nicht die Ansicht des Alltagsgriechen seiner Zeit wiedergegeben hat.) **Cicero** mit seinem ausgesprochenen Familiensinn (außer dem Hinweis in III 39 haben wir manche Zeugnisse seiner echten und herzlichen, manchmal sogar übersteigerten Verbundenheit mit seinen Angehörigen) und seine Stellung zum Privateigentum (s. zu I 49) kann Platons Thesen nicht unwidersprochen lassen, zumal da er ja selbst gegen den „Sozialreformer" Catilina mit allen Mitteln vorgegangen ist. Schließlich sollte man bei der Beurteilung der Gedanken Platons und Ciceros nicht übersehen, wieweit tatsächlich im Laufe der Geschichte der sog. „abendländischen" Völker Familie, Frauen und Kinder berücksichtigt worden sind und Ideen von der Gleichheit der Menschen und des Privateigentums (es sei nur an das frühe Christentum und die französische Revolution erinnert) gesellschaftsbildende Kraft besessen haben. Gewiß, wenn man die Motive einer Konzeption kennt und versteht, muß man sie noch lange nicht billigen. Es bleibe dahingestellt, ob Platon, der doch in der Aristophanes-Rede des „Symposion" durchaus die Kraft der Liebe zwischen Mann und Frau in ihrem tiefsten Wesen erfaßt zu haben scheint, diesen Teil seiner Erörterungen im „Staat" mit ungemischten Gefühlen geschrieben hat. Man sollte aber nicht verkennen, daß die Konsequenz seiner Gedanken und das leidenschaftliche Ringen um die Gestaltung einer ethisch vollkommenen Polis ein großartiger Versuch ist, ein Versuch, der am Ende wie alle theoretischen Verfassungsentwürfe dieser Art daran scheitern muß, daß er nicht alle Wesenszüge der polaren menschlichen Natur zu berücksichtigen vermag. — Es muß übrigens beachtet werden, daß in der folgenden Kritik in erster Linie **Lactantius** spricht.

5 deterius: (Adv.) *schlimmer.* — **imprimis quod:** = praesertim cum. — **patrimoniis:** patrimonium *väterliches Erbgut, ererbtes Vermögen.* — **ferri:** = tolerari. — **distinctio:** *Unter-*

schied. — **cognationes:** vgl. I 38. — **affinitates:** s. I 38. — **indiscreta:** indiscretus *ungeschieden.* — **pudicitia:** (s. pudor I 2) *Schamhaftigkeit, Keuschheit.* — **in utrisque:** = in viris et feminis. — **affectus:** *Leidenschaft, Zuneigung.* — **pius:** s. pietas I 2. — **magistratus et imperia:** s. I 28. — **quanta erit eqs.:** Gerade dieser Satz zeigt die völlig andere Gedankenwelt, aus der heraus **Lactantius** seine Kritik übt. — **officia:** s. § 1. — **occupabunt:** occupare *sich aneignen, in Beschlag nehmen, an sich reißen.* — **prorsus:** s. I 62. — **propriam aut suam:** Prädikative. — **queat:** s. I 9. — **dicere:** *nennen, bezeichnen.* — **eodem:** sc. ibo. — **redimitum:** redimere *umbinden, umhüllen, bekränzen.* — **delibutum:** delibutus *gesalbt.* — **unguentis:** unguentum *Salbe, Salböl.* — Zum Inhalt des letzten **Nonius-Zitats** vgl. die Bemerkungen zu §§ 9 ff.

4. Die Zensur.

6 censoris: Zu censor vgl. II 60. — Die durch **Servius Tullius** eingerichtete Ständeordnung nach Vermögensklassen machte eine periodische Überprüfung des Besitzes notwendig. Sie wurde anfangs durch die Könige, dann durch Konsuln, Konsulartribunen oder Diktatoren durchgeführt. Im Jahre 443 v. Chr. wurde dann eine besondere patrizische Magistratur, das Amt des Zensors, geschaffen. Man wählte alle zwei Jahre in den Zenturiatkomitien (s. I 47) zwei Zensoren; ihre Amtszeit betrug zunächst fünf, später eineinhalb Jahre. Da das Amt (es galt als das vornehmste) wegen seiner Wichtigkeit und seines Ansehens große Fähigkeiten, reiche Erfahrung und hervorragende Leistung voraussetzte, wurden fast ausschließlich patrizische Konsulare gewählt. Die Kolonien und Munizipien hatten eigene Zensoren, die ihre Listen in Rom einreichten. — **Augustus** übernahm mit dem Titel eines praefectus morum die Funktionen der Zensoren. Damit wurde auch das Amt beseitigt.

Die Aufgaben der Zensoren waren folgende:

1. Durchführung der Vermögensschätzung (census) und Einteilung der Bürger nach Vermögensklassen.
2. Damit verbunden das Amt des Sittenrichters. Sie hatten nämlich dafür zu sorgen, daß auch diejenigen Vergehen, die juristisch nicht zu fassen waren, gerügt und bestraft wurden, z. B. schlechte Kindererziehung, schlampige Haushaltführung, anstößiger Lebenswandel, Ehelosigkeit (!), Scheidung usw. Die Strafe hieß nota (s. dagg. III 3) oder ignominia, da es sich um eine Ehrenstrafe (nicht wie bei poena und multa um eine gerichtliche Ahndung; s. zu II 60) handelte. Sie bestand u. a. in einer Rüge, in der Versetzung in einen niedrigeren Stand (senatu movere, equum adimere) oder in eine weniger geachtete Tribus (tribu movere). Die Urteile der Zensoren waren also keineswegs so harmlos, wie das erste Nonius-Zitat

will. Der Prototyp für den strengen, unerbittlichen Zensor wurde für die Römer der „alte" **Cato** (Cato censorius).

3. Schließlich waren die Zensoren als Experten der Staatsfinanzen mit der Verpachtung öffentlichen Eigentums, der Ausschreibung öffentlicher Bauvorhaben, der Finanzierung aller vom Fiskus zu bezahlenden Planungen usw. beauftragt.

ruborem: rubor *Röte; Schamröte.* — **offert:** offerre *einbringen.* — **iudicatio:** = iudicium *Urteil, Entscheidung.* — **versatur:** versari *sich bewegen, sich befinden, sein* (s. III 5). — **in nomine:** Nämlich dadurch, daß der Name genannt, oder auch bei Verlesen der Standesliste ausgelassen wurde. — **animadversio:** = nota *Tadel, Rüge.* — **ignominia:** (S. o. die Strafen der Zensoren.) Es ist nicht, wie das Nonius-Zitat nahelegt, *Namenlosigkeit,* sondern *Mangel an gutem Namen,* daher *Schimpf* usw. Zum Etymologisierungsversuch vgl. § 7 (fides). — **inhoruisse:** inhorrescere *erschauern, sich entsetzen* (meist mit abl., hier mit acc.).

5. Die sittliche Haltung der Frauen.

moderari: vgl. I 45. — **disciplina:** vgl. § 3 (I 50). — **verecundiae:** s. § 4. — **temeto:** temetum *Wein.* — **famosa:** famosus *berüchtigt, in schlechtem Rufe stehend.* — **cognati:** s. cognatio § 5. — **osculum:** *Kuß;* osculum ferre alci *jdn. küssen.* — **petulantia:** *Ausgelassenheit, Frechheit.* — **procando:** Das Verb existiert nicht im Vokabular des klassischen Latein. — **procacitas:** *Zudringlichkeit.* — Zu den Etymologisierungsversuchen s. § 7 (fides).

6. Einzelforderungen an den Charakter.

7 portitorum: portitor *Zöllner, Zolleinnehmer.* — **vectigal:** *Steuer;* hier (im Hinblick auf das Wort portitor) *Einkommensquelle.* — **parsimoniam:** parsimonia *Sparsamkeit.* — **fides:** (vgl. I 2) Schon sehr früh haben die Griechen sich an etymologischen Studien versucht. So wird z. B. bei Homer der Name Odysseus mit ὀδύσσεσθαι ody'ssesthai *zürnen* in Verbindung gebracht. Aber der Mangel an sprachvergleichendem Material führte nur selten zu richtigen Ergebnissen (z. B. § 6 petulantia, procacitas). Meistens handelte es sich um sehr gewagte (vgl. § 6 ignominia; vgl. auch lucus a non lucendo) oder völlig abwegige Deutungen (z. B. aqua < a qua iuvamur; caelebs < caeles). Die Motive für das Bemühen um die „richtige" (!) Herleitung der Wörter sind verschieden. Neben ursprünglich magischen Vorstellungen (Namenszauber: „Mit dem Namen beherrsche ich auch das Benannte!", vgl. Rumpelstilzchen) ist es wissenschaftlicher Drang. Oft sind auch Weltanschauung und Forschung gekoppelt. So haben die **Stoiker** besonders intensiv die Etymologie betrieben, weil nach ihrer Auffassung der menschliche λόγος lo'gos ein Teil des universalen sei (s. III 33) und zugleich das Gedachte wie auch das Gesprochene bezeichne; mit der Klärung der Wortherkunft hoffte man also zugleich den Begriff und den Sinn zu erfassen und dadurch in das Wesen des Alls tiefer einzudringen. — **Cicero** bringt — nicht ohne gelegentliche Skepsis — oft Worterklärungen dieser Art (vgl. auch VI 1 providere und seditio; wie ja auch die Erklärung von res publica I 39 in diese Richtung zielt: s. außerdem zu I 63, II 4, 16, 40, 53). Der vielseitige, hoch gelehrte **M. Terentius Varro** (116—27 v. Chr.) hat in seinem leider nur zum geringen Teil erhaltenen Werk De lingua Latina viele solcher etymologischen Ableitungen niedergelegt.

excelso: excelsus *hervorragend.* — **ostentationem:** ostentatio *Prahlen, Prahlerei.* — **ambitionem:** ambitio *Streben nach Popularität.* — **levitatis:** s. levis § 1. — **affectum:** s. § 5. — **amantissimi:** sc. patriae. — **ebibisti:** ebibere *(austrinken) schöpfen.* — **quod . . . sit eqs.:** innerlich abhängiger Kausalsatz. — **bonis:** sc. viris. — **frugalitas:** *bescheidene Lebensführung.* — **praedicetur:** praedicare *preisen, rühmen.* — **coniugale:** coniugalis *ehelich.* — **casti:** castus *keusch.*

8 Im ersten Zitat ist das **Zwölftafelgesetz** gemeint. — **rerum:** res hier *Stoff* (der Darstellung; vgl. materia und locus § 1). — **elegantiam:** elegantia verborum *glänzende, „elegante“ Wortwahl.* — **si iurgant** Zitat aus dem Zwölftafelgesetz. (iurgare *zanken, streiten*). — **benevolorum:** benevolus *wohlwollend; befreundet.* — **concertatio:** *Wortstreit, Disput.* — **terminos:** s. terminare § 1. — **pontificio:** pontificius Adjektiv zu pontifex. — Die Bestattung war wie bei den Griechen (vgl. **Sophokles**' „Antigone“) eine religiöse Pflicht. Die Toten konnten nur so in den Hades gelangen. Daher oblag die Aufsicht über das Bestattungswesen den pontifices (s. II 26). — **sanctitudo:** (archaisch, im klassischen Latein selten) = sanctitas *Heiligkeit, Unverletzlichkeit* (vgl. sancire § 12). — **sepulturae:** sepultura *Bestattung.* In alter Zeit wurden die Leichen durch Erdbestattung beigesetzt. Während der Republik war die Verbrennung häufiger.

insepultos: insepultus *unbestattet.* — Gemeint sind die athenischen Admirale, die im Jahre 406 nach der Seeschlacht bei den **Arginusen** angeblich nicht für die Bergung der Schiffbrüchigen und die (symbolische) Bestattung der Gefallenen und Ertrunkenen gesorgt hatten. Nachweislich haben sie alles getan, um zugleich der religiösen Pflicht und der militärischen Aufgabe gerecht zu werden. Dennoch wurden sie gegen jedes athenische Gesetz und Recht von den demoralisierten und aufgebrachten Athenern in einem Kollektivverfahren zum Tode verurteilt. **Platon** läßt **Sokrates** in der „Apologie“ (32 B) nachdrücklich darauf hinweisen, daß er, Sokrates, sich als einziger Prytane dieser gesetzwidrigen Handlung entgegengestellt habe; er kann seine Landsleute auch sieben Jahre später mit Genugtuung daran erinnern, daß sie längst eingesehen haben, daß das Recht damals auf seiner Seite war. — **bonorum:** s. Wv. — **impertitas:** Zum Wort (impartire statt impertire) und zur Sache vgl. I 69 und II 57.

7. Schauspiel (insbesondere Komödie).

Zu §§ 9—13: Die folgenden Fragmente beziehen sich nur zum geringen Teil auf die Kunsttheorie, zum größeren wie §§ 3 und 4 auf die Praxis. — Soweit die Theorie mitspricht, sind natürlich die Griechen, vor allem **Platon**, die Anreger. Platon hat sich in einer Reihe von Werken, z. T. auf älteren Forschungen basierend, zu vielen Formen der Kunst (Poesie, Gesang, Tanz usw.) und zum Wesen des Dichters geäußert; jedoch läßt sich daraus keine auf bestimmten Prinzipien beruhende Ästhetik ableiten. In seinem Staatsentwurf (wir übergehen hier die erkenntnistheoretischen und psychologischen Voraussetzungen wie die sachlichen Einzelheiten) haben ausschließlich die Hymnendichtung auf Götter und die Preislieder auf hervorragende Menschen Platz. Alles andere (Epos, Tragödie, Komödie) muß weichen. Und so verbannt er auch **Homer** aus dem Idealstaat (s. o. § 5). Das wird ihm, der einmal in der Jugend selbst Dichter werden wollte und Homer geliebt hat, nicht leicht. Aber wie in allen Fragen steht auch hier das Gesamtwohl des Staates im Vordergrund; Homer hat ethisch recht fragwürdige Dinge geschrieben und keinen allgemeinen Nutzen gestiftet. (Manche Übertreibung hat Platon in den „Gesetzen" gemildert.) Ähnliches gilt von der Gesangs- und Tanzkunst. In jedem Falle wird mit eiserner Konsequenz das Ästhetische in den Dienst des Ethisch-Politischen gestellt. — Von der **Komödie** der klassischen Zeit **Athens**, vor allem von den Leistungen ihres Hauptvertreters **Aristophanes** kann man nicht mit wenigen Worten ein Bild entwerfen. Abgesehen von ihrem dichterischen Glanz und ihrer Absicht, mit allen Mitteln das Publikum zu belustigen, wuchs sie aus der Mitte der Polis, schuf für die Polis und fühlte sich auch für sie verantwortlich. Nichts war ihr „heilig": keine Persönlichkeit des öffentlichen und privaten Lebens, keine Institution, nicht Götter und Philosophen, Dichter und Heerführer, Staatsmänner und Demagogen. Alles, was Kritik herausforderte, wurde auf die Bühne gebracht. Dabei wurde jeder namentlich genannt (ὀνομαστὶ κωμῳδεῖν onomasti' kōmōdei'n = nominatim dicere § 11) und so ins Lächerliche gezogen. Die Komödie des Aristophanes setzt ein Publikum voraus, das nicht nur derbsten und feinsten Späßen zugänglich, sondern auch im Vollbewußtsein seiner moralischen und geistigen Überlegenheit bereit war, die Karikatur der extremen Demokratie mit Humor hinzunehmen; es mußte fähig sein, mitten in seinem Existenzkampf gegen den Peloponnesischen Bund den Ruf nach Frieden und Versöhnung zu hören; es mußte — nicht zuletzt — eine hohe Bildung besitzen, um die Kunst der Dichtung zu genießen und die unendliche Fülle von Anspielungen auf alle möglichen Wissensgebiete verstehen zu können. Ein solches Publikum hat es wohl nie wieder in der Weltgeschichte gegeben. — Den **Römern** fehlte jedes Organ für diese Kunstgattung. Sie fanden nur an der mehr oder weniger geglückten Nachahmung der hellenistischen Gesellschaftskomödie Gefallen. Die namentliche Verhöhnung eines bedeutenden Mannes vollends widersprach allen ihren Vorstellungen von dignitas, auctoritas usw. und war ihnen daher unerträglich.

Die Schauspieler waren in **Athen** geachtete und oft mit hohen Auszeichnungen (Denkmälern usw.) geehrte Bürger. Noch **Sophokles** trat in seinen ersten Stücken selbst als Akteur auf. Später wurden die Schauspieler nach ihren Fähigkeiten gewählt. — In **Rom** setzte sich dieser Stand aus Sklaven und Freigelassenen zusammen. Er war entsprechend wenig geachtet. Wer diesem Gewerbe nachging, verlor die bürgerlichen Ehrenrechte. Trotz dieser Mißachtung in der Öffentlichkeit waren Schauspieler, die durch ihre Leistung zur Berühmtheit gelangt waren, schon am Ende der Republik, besonders aber in der Kaiserzeit bei den Damen der Gesellschaft sehr beliebt und — umworben. Eine der wenigen Ausnahmen war Q. Roscius Gallus, von dessen Kunst Cicero und mit ihm ganz Rom hingerissen waren (s. Ev. II und § 14).

9 approbatio: *Beifall.* — **obducunt:** obducere *davor ziehen, vor ets. ziehen; aus-, verbreiten.* — **tenebras:** tenebrae (nur Plur.) *Dunkelheit; Unklarheit, Undeutlichkeit.* — **invehunt:** invehere *hineinführen; herbeiführen* (von Übeln). — **aetas:** hier *Leben* (vgl. dgg. § 2).

10 artem ludicram: ars ludicra *Schauspielkunst.* — **scaenam:** scaena (gr. Fw.) *Bühne.* — **probro:** probrum *Schande, Schimpf;* probro ducere (= habere) *etw. für Schande halten.* — **tribu moveri:** s. zu § 6. — **notatione:** notatio *Erteilung der nota durch den Zensor* (s. zu § 6).

11 probare: alci alqd *jdm. etw. als annehmbar* oder *beifallswert erscheinen lassen* (vgl. II 47). — **flagitia:** flagitium (ehrabschneidende) *Niedertracht.* — **illa:** sc. comoedia. — **populares:** popularis *demokratisch* (hier im abschätzenden Sinne). — **seditiosos:** seditiosus *aufrührerisch, revolutionär.* — **notari:** notare (als Zensor) *rügen, bestrafen* (s. nota zu § 6). — **et:** steigernd. — **eos:** sc. versus. — **agi:** agere (auf der Bühne) *aufführen, vortragen.*

12 sanxissent: (s. II 31, III 18 u. ö.) capite sancire *mit der Todesstrafe bedrohen.* — **hanc:** sc. rem. — **occentavisset:** occentare *ein Spottlied singen.* — **faceret:** = efficeret. —

disceptationibus: disceptatio *Erörterung; Verhandlung; Urteil, Entscheidung, Spruch.* — **propositam:** propositus *bloßgestellt; ausgeliefert; ausgesetzt.* — **ea lege:** *unter der Bedingung.* — **iudicio:** iudicium hier *Prozeß.*

13 speculum: *Spiegel.* — **actitavisset:** agitare intens. zu agere (s. § 11). — **actorem:** actor *Schauspieler.*

8. Musik.

14 Auf eine Einzelinterpretation des Abschnittes über Musik wird verzichtet, weil die Übersetzung beigefügt ist. — Die griechische Musiktheorie war weithin ähnlich, wie es oben (zu §§ 9 ff.) für **Platons** Kunsttheorie dargelegt wurde, sehr an der emotionalen und ethischen Wirkung interessiert (nicht ohne sich damit gelegentlich auch starker Kritik auszusetzen). Natürlich beruhten solche Theorien schon auf vorwissenschaftlichen Beobachtungen. Bereits die Tonart selbst (ohne Rücksicht auf Melodie, Takt, Tempo und Harmonie) galt als Ausdruck der Stimmungen. Das erklärt sich aus der großen Einfachheit der griechischen Musik. **Damon,** der Musiklehrer des **Perikles,** hatte eine solche Theorie über die moralische bzw. demoralisierende Kraft der den Griechen bekannten Tonarten verfaßt. **Platon** läßt in der „Politeia" für die Elementarausbildung der Wächter-Krieger und Regenten nur diejenigen Tonarten zu, die zur Tapferkeit und Besonnenheit erziehen könnten. — Im Leben der **Römer** spielt die Musik nur eine untergeordnete Rolle. Sie waren eben nicht „musisch". Musik und Gesang pflegten sie nur, soweit sie kultischen und militärischen Zwecken dienten oder von den Griechen übernommen werden konnten. (Es muß hinzugefügt werden, daß das griechische Wort μουσική musikē' (sc. τέχνη te'chnē = Musenkunst) nicht allein die Tonkunst jeder Art, sondern auch alle damit zusammenhängenden Künste (Tanz, Dichtung), ja darüber hinaus jede edle geistige Beschäftigung bzw. Geistesbildung bezeichnen kann. Daher erklärt sich der Zusammenhang von §§ 9—14, die Verbindung von Musik und rhythmischer Bewegung in § 14 und die komplexe Behandlung des Themas in **Platons** „Staat".

BUCH V

Vorbemerkung: In §§ 1, 8 und 11 sind nur die Worte Ciceros, nicht aber die Rahmenworte der Quellenautoren kommentiert.

I. Vorrede Ciceros:

Die Ursachen für den Verfall der politischen Kraft Roms.

1 Mit dem Namen **Sallustius** gibt **Augustinus** das Stichwort für den Vergleich, der sich, abgesehen von anderen Äußerungen **Ciceros**, zum Thema dieser Vorrede des dritten Gesprächstages anbietet. Da die Stellen, auf die der Kirchenlehrer anspielt, dem Leser bekannt sein dürften, ihm aber zum mindesten leicht zugänglich sind, erübrigt es sich, sie hier anzuführen.

Dasselbe gilt für die Zeit des **Augustus**. Das Vorwort des **Livius** zu seinem (Geschichts-?) Werk, die politischen Gedichte des **Horatius** und das politische Gedankengut in der Poesie des **Vergilius** gehören, wenn nicht in ihrer Fülle, so doch in ihren repräsentativen Aussagen nach wie vor zum „Kanon" der Schullektüre.

Das von **Cicero** zitierte Wort des **Ennius** enthält tatsächlich die Grundüberzeugung aller dieser Männer: Roms Macht beruht auf der moralischen Kraft der Vorfahren; die innere Auflösung ist eine Folge von Zivilisation, Machthunger, Egoismus, Habgier, Verweichlichung, kurz des Zerfalls von Sitte und Sittlichkeit.

So sehen es **Cicero** und sein 20 Jahre jüngerer Zeitgenosse **Sallustius**, wenn auch die Konsequenzen, die sie daraus für ihr politisches Leitbild ziehen, verschieden sind. Begonnen hat der Verfall mit der Unterwerfung Karthagos und Griechenlands. Die revolutionären Umsturzversuche der **Gracchenzeit**, die durch die Namen **Sulla** und **Marius** gekennzeichneten inneren Auseinandersetzungen, der **Gladiatoren- und Sklavenaufstand**, der Putschversuch des **Catilina**: das sind die sichtbaren Etappen auf dem Wege zum Niedergang.

Es folgen dann (nach der Abfassung von De re publica) die Bürgerkriege zwischen **Caesar** und **Pompeius**, zwischen **Octavianus** und **Antonius**. Den endgültigen Sieg des **Augustus** hat **Sallustius** auch nicht mehr erlebt. Bei **Horatius** aber lassen sich noch das Entsetzen über die generationenlange Selbstzerfleischung, die keimende Hoffnung auf innere Befriedung und die Freude über die endgültige Konsolidierung der Verhältnisse in Rom fassen und nacherleben. Auch der Wille, durch einen Appell an die sittlichen Kräfte dem neuen Staatsgefüge beizustehen, findet in seinem Werk Ausdruck. **Vergilius** und **Livius** verfolgen ähnliche Absichten durch die Darstellung von Roms Werden und seiner Größe.

Gewiß handelt es sich nicht um historische Einsichten im streng wissenschaftlichen Sinne. Ein romantischer Zug, der wenig zum Bild des sonst als illusionslos-nüchtern vorgestellten Römers zu passen scheint, geht — in verstärktem Maße bei den Augusteern — durch alle diese Versuche, das eigene römische Wesen, seine Erfolge und Gefahren zu deuten. Die Geschichtsforschung wird sich nicht mit diesen Ergebnissen begnügen können. Sie wird aber auch nicht leugnen, daß wenigstens ein Zipfel der Wahrheit damit erfaßt ist. Sie wird sich auch erinnern, daß Männer wie **Thukydides, Aristophanes, Sokrates** und **Platon** den Zusammenbruch **Athens** in ähnlicher Weise zu erklären versuchten.

Allerdings darf man rückblickend über allen Klagen um die verlorene virtus Romana nicht vergessen, daß während der ganzen Zeit, von der oben die Rede war, die äußere Macht **Roms** ständig gewachsen ist und gestärkt wurde, ja daß das imperium Romanum immerhin noch einige Jahrhunderte überdauerte.

Vgl. die Andeutung des Themas in III 41 in der Schlußbemerkung des **Laelius**, die einen etwas resignierenden Ton hat.

An dieser Stelle entzündet sich natürlich vor allem die Frage, ob der Grundzug des Werkes De re publica pessimistisch oder optimistisch ist (s. Einleitung). Jedenfalls ist der Verlust der Vorrede recht schmerzlich.

ille: sc. Ennius. — **brevitate . . . veritate:** ablat. limitat. — **effatus:** effari (archaistisch-religiöses Wort, besonders in der Auguralsprache gebräuchlich) *aussprechen.* — **morata:** moratus *gesittet, charaktervoll.* — **fundare:** *begründen, mit festem Grund* („Fundament") *versehen.* — **tenere:** vgl. z. B. I 31. — **fuse:** fusus *ausgedehnt.* — **memoriam:** vgl. I 1. — **nostram:** plural. modest. — **adhibebat:** (iterativ) sc. ad rem publicam gerendam (adhibere *heranziehen*). —

2 aetas: vgl. z. B. II 2, 19 und III 41. — **picturam:** Eine Reminiszenz an **Platons „Politeia"** (500 E.). Dort heißt es: „(Das Volk) wird uns glauben, wenn wir behaupten, ein glücklicher Staat sei nur dadurch möglich, daß Maler ihn entwerfen, die das Göttliche zum Vorbild nehmen." — **evanescentem:** evanescere *verschwinden, entschwinden; verblassen.* — **saltem:** *wenigstens.* — **liniamenta:** liniamentum *Zeichnung*, plur. *Umriß;* extrema l—a *Konturen.* — **obsoletos:** obsoletus *abgenutzt, schäbig, unscheinbar;* oblivione o—s *in Vergessenheit geraten.* — **viro-**

rum: betont = *wirkliche M.* — **penuria:** *Mangel, Fehlen.* — **cuius:** relativischer Anschluß. — **ratio:** (s. Wv.) rationem reddere *Rechenschaft ablegen.* — **reis:** reus capitis *ein Angeklagter, für den die Todesstrafe beantragt ist.* — **causa:** causam dicere *sich verantworten.* — **verbo:** *dem Wort (Namen) nach.* — **retinemus:** vgl. I 45. — **re ipsa:** *tatsächlich.*

II. Fortsetzung des Dialogs.

Drittes Thema: Wesen, Aufgaben und Schicksal des führenden Staatsmannes.

A. Die Gestalt des Staatenlenkers.

Bedauerlicher noch als die schlechte Überlieferung der Vorrede (s. zu § 1) ist die fragmentarische Gestalt des Hauptteils.

Fast genau in der Mitte von **Platons „Politeia"** (V 473 D) steht der berühmte und immer wieder zitierte Satz: „Wenn nicht im Staate die Philosophen Könige werden oder die heutigen sogenannten Könige und Fürsten sich nicht aufrichtig der Philosophie ergeben, wenn nicht beides eins wird, politische Macht und Philosophie, und alle die einseitigen Naturen von heute, die nur nach dem einen oder anderen streben, zwangsweise ausgeschlossen werden, dann hört das Elend nicht auf, das Elend im Staate und wohl auch das der Menschheit." (S. z. Vorr. zu Buch I.) Zu diesem Satz, den **Platon** bekanntlich auch in seinem Rechenschaftsbericht über sein Leben, dem VII. Buch, wiederholt, konvergiert die gesamte voraufgehende Unterredung. Es handelt sich für ihn also weit mehr um die Ausbildung und Bildung der Menschen, die den Staat ausmachen, und vor allem derjenigen, die ihn leiten, als um die Form, die sie sich schaffen. Die Untersuchung des Verhältnisses von „Idealstaat" und empirischen Verfassungsformen beginnt erst im VIII. Buch. So überrascht es den Leser nicht, daß **Sokrates** auf die Frage, welche der damaligen Staatsverfassungen zum Philosophen passe, im VI. Buch die Antwort gibt: „Gar keine. Ich erhebe vielmehr den Vorwurf, daß keine unter den heute bestehenden Verfassungen dem Philosophen gemäß ist. Darum wird er auch ein anderer und büßt sein eigentliches Wesen ein. Wie ein Samenkorn (s. zu I 41), das in fremde Erde gesät wird, von den dort heimischen Pflanzen überwältigt zu werden und sich selber umzuformen pflegt, so verlieren auch diese Menschen ihre Kräfte und wandeln ihr Wesen. Trifft eine solche vollkommenste Natur aber mit dem vollkommensten Staat zusammen, dann zeigt sich, daß ihre Anlage und ihr Streben wahrhaft göttlich, das der anderen aber menschlich ist." Kurz darauf wird dann noch einmal eindringlich die Forderung nach dem Philosophen-Königtum erhoben. Es ist dabei bezeichnend für **Platons** Denken, daß die Philosophen gezwungen werden müssen, sich von der Betrachtung des Wesens des Seins loszureißen, um sich der konkreten Staats- und Menschenführung zu widmen. (Ein Anklang daran findet sich in § 5; vgl. auch das **somnium Scipionis** und **Scipios** merkwürdige Stellungnahme I 26 f).

Ein Blick auf die Gliederung von **Ciceros** Werk zeigt bereits die fundamentalen Unterschiede der Komposition — und damit auch der Konzeption. Zugleich zeichnen sich aber auch die Verbindungslinien zu **Platons** Werk ab. Auch **Cicero** wußte, daß es schließlich auf die führenden Männer ankommt. Diese Einsicht durchzieht tatsächlich das ganze Werk: so, wenn er die Eigenschaften des wahren Königs immer wieder von **Scipio** unterstreichen läßt (Buch I), wenn er die Könige der Vorzeit und ihre Leistungen charakterisiert (Buch II), wenn er bereits gegen Ende von Buch II nach dem Wesen und den Aufgaben des wahren Staatsmannes fragen läßt (§§ 67 f.), wenn er in Buch III die angeborenen sittlichen Normen verteidigen läßt und wenn er schließlich in Buch IV die mores, virtutes und die Erziehung (vgl. verecundia IV 4 und V 6) als Voraussetzungen einer wahren res publica ins Bewußtsein erhebt. Von alledem, ob es sich dabei um vorläufige, skizzierende Andeutungen oder um ausführliche Darstellungen handelt, ist vieles in Buch V eingeflossen und zusammenhängend in das Bild des wahren Staatsmannes eingeordnet. So viel wenigstens läßt sich aus den geringen Resten erkennen. Auch die im Verhältnis zu **Platon** „realistischere", auf den Erfahrungen des praktischen Politikers und Juristen **Cicero** beruhende Sicht, die immer die konkreten Aufgaben des Staatsmannes im Auge behält, ist deutlich.

Andererseits zeigt sich auch hier wieder das Tasten und Suchen **Ciceros**, das sich aus seinem ganzen Leben, aus seinen Erlebnissen, Hoffnungen, Enttäuschungen und aus der persönlichen und politischen Lage, in der er sein Werk verfaßt hat, erklärt (s. Einleitung). Immer mehr nähert er sich dem monarchischen Prinzip. Die Ausführungen seines Idols **Scipio** (Buch I) und sonstige gelegentliche Bemerkungen (z. B. III 47) sind auch dafür die Vorbereitung. Wir wissen nicht, ob er sich konsequent dafür entschieden hat. Wir wissen auch nicht, ob er für die Gestalt des Staatsmannes, der ihm vorschwebte, bereits einen endgültigen Begriff festgelegt hat. (Man hat an **princeps** gedacht und eine Verbindung zur Wahl dieses Titels durch Augustus gesucht. Die Fragmente enthalten verschiedene Ausdrücke, nur gerade nicht das Wort princeps, das sich durch seine Verwendung in Buch I empfohlen hätte; es taucht nur in den Referaten auf, z. B. § 9; s. unten.) Wir wissen weiterhin nicht, ob dieser Staatsmann ein generelles oder individuelles Leitbild sein soll, ob es die Repräsentation einer Führerschicht oder eines Alleinherrschers ist. Wir wissen schließlich auch nicht, ob, wie man gelegentlich vermutet hat, **Pompeius** zu diesem Bild Modell gestanden hat. Aber die unbedingte Anerkennung der Nobilitätsaristokratie ist offensichtlich nicht mehr unbestritten.

Vielleicht, so gibt der verbindende Text der Ausgabe an, hat **Cicero** auch hier vom Lohn des Staatsmannes gesprochen. Dann könnte es sich allerdings nur um provisorische Aussagen wie III 40 handeln; denn die eigentliche Auseinandersetzung mit diesem Thema bringt das **somnium Scipionis** (VI 9 ff.). Zu **Ciceros** persönlichem, der gloria und dem honor verpflichteten Lebensgefühl und zu den Motiven, die ihn zu ganz anderen Aussagen veranlaßt haben, vgl. die beiden genannten Stellen.

1. Das königliche Amt des Richters.

3 Der Gesprächsteilnehmer (**Manilius?**) ist offensichtlich von alten griechischen Einrichtungen ausgegangen. — **explanationem:** explanatio *Verdeutlichung, Auslegung.* — **aequitatis:** vgl. I 2. — **interpretatio:** (s. interpretari I 29 und interpres III 17) *Erklärung.* — **privati:** privatus (sc. homo) *Privatmann.* — **arvi:** arvus *zum Pflügen bestimmt.* — **arbusti:** arbustus *mit Bäumen bepflanzt.* — **pascui:** pascuus *zur Weide bestimmt.* — **definiebantur:** definire (vgl. u. a. I 1, hier konkret) *festlegen, bestimmen.* — **disceptator:** s. III 33 — **arbiter:** (s. I 28) *Schiedsrichter.* — **Numa:** Über ihn und seine segensreiche Tätigkeit vgl. II 25 ff. und IV 14. — **tenuisse:** vgl. I 51. — **magnam . . . partem:** *großenteils.* — **huius civis proprium:** Über die Einschränkung durch **Scipio** vgl. § 5.

2. Die Ausbildung des Staatsmannes.

4 ratiocinandi: ratiocinari *(be)rechnen.*

5 vilicum: s. I 59. — **radicum seminumque:** sc. (etwa) naturam (s. u. naturam agri). — **offendet:** offendit me (anders als I 59) *ich nehme Anstoß.* — **exstabit:** opus exstat *ein Werk (eine Arbeit, Leistung) ist sichtbar, ist vorhanden, besteht.* — **id studium:** Gemeint ist die Theorie der Landwirtschaft. — **quippe cum:** (vgl. I 48) *da ja.* Der Satz ist potential gedacht. — **opera:** *das Tun, die tatkräftige Bemühung.* — **dispensator:** (s. I 61) *Rechnungsführer, Buchhalter.* — **refert:** se referre ab . . . ad . . . *sich zurückwenden, sich hinwenden von . . . zu . . .* — **studuerit . . . perspexerit:** konzessiv. — **utique:** *durchaus.* — **responsitando:** responsitare (frequentativ und intensiv wie die beiden folgenden Verben) *immer wieder* (od. *zu viel*) *Rechtsgutachten erteilen.* — **ne impediat:** prohibitiv. — **dispensare:** (s. o. dispensator) hier übertr. *finanziell verwalten.* — **vilicare:**

(s. o. vilicus) hier übertr. *organisatorisch verwalten.* — **summi iuris:** (= civilis) vgl. III 13. — **civilis:** sc. iuris. — **ut:** sc. periti sunt. — **gubernator . . . medicus:** Zum Vergleich s. I 62. — **physicorum:** physica (plur.; griech. Fw.) *Naturkunde.* — **se impedit:** = impeditur (kausativ).

3. Ehre und Ehrfurcht als politische Kräfte.

6 Vgl. zum ff. IV, bes. § 4 (verecundia) und oben die Ausführungen zu V 3. — Der Sinn des Hauptsatzes läßt sich nicht mit Sicherheit rekonstruieren. — **ignominiam:** vgl. IV 6. — **quam . . . quam:** Das erste quam ist Korrelativadverb zu tam, das zweite ist Relativpronomen. — **vercundia** :(s. o.) Ähnlich läßt **Thukydides** den **Perikles** in der bereits wiederholt zitierten Gedenkrede (z. B. IV 3) sagen: „Im öffentlichen Leben schämen wir uns jeder Ungesetzlichkeit und gehorchen den jeweiligen Behörden und Gesetzen, vorzüglich denen, die zum Schutz der Bedrängten gegeben sind, und denen, die zwar nicht kodifiziert sind, deren Übertretung aber jedermann für Schande hält.“ (c. 37). — **auxit . . . perfecit:** Man hat wegen des Perfekts eine historische Gestalt hinter ille rector vermutet. Das ist aber nicht zwingend. Auch bei **Platon** wird gelegentlich für das, was eigentlich Forderung ist, ein komplexiv-konstatierender Aorist verwandt. — **opinionibus:** opinio (plur.) *Meinungsbildung* bei der Öffentlichkeit. — **ad laudem:** sc. rectoris. — **uberius:** vgl. I 37 (dagg. konkret V 3).

4. Die Familie.

7 Aus den allgemeinen Voraussetzungen von § 6 ergeben sich die ff. praktischen Einrichtungen. — **ad . . . usum vivendi:** s. I 30. — **ratio:** (s. Wv.) rationem discribere *Anordnungen treffen.* — **nuptiis:** Zu den oft zerrütteten Eheverhältnissen vgl. IV 6.

5. Gestalt und Aufgabe des Staatsmannes.

Zum ff. vgl. die Attribute des Königs I 54 ff. — **Politia:** nach dem Titel von **Platons** Verfassungsentwurf **„Politeia“**. — **ut eqs.:** final zu eloquens. — **facile:** Adverb zu exprimere. — **animi secreta:** *(Geheimnisse des Geistes = geheime Gedanken)* Er muß sie so darzustellen verstehen, daß das Volk willig gehorcht. — **probatur:** vgl. I 61 u. ö.

8 gubernatori . . . medico: s. § 5. — **cursus secundus:** *gute Fahrt.* — **moderatori:** (vgl. moderari I 45) moderator statt rector in den vorausgehenden Bruchstücken. — **proposita est:** proponere *zur Aufgabe machen.* — **opibus:** s. III 23 — **copiis:** s. I 1. — **locuples:** s. I 21. — **ampla:** s. I 5. — **perfectorem:** perfector: *Vollender, Vollbringer.* — **voluntati:** Vgl.

I 69. Die Meinungen darüber, wer der „Willensträger" sei (der rector oder das Volk) gehen auseinander. Es ist aber wohl wahrscheinlicher, daß es sich um das Volk handelt.

6. Einzelzüge des Staatenlenkers.

9 Zum Ruhmesgedanken vgl. III 40 und VI 9 ff. — **hinc:** *hierauf.* — **dissimulare:** *sich verstellen; etw. verheimlichen, verleugnen, zurückhalten.* — **exhiberetur:** = haberetur. — **virtute eqs.:** drei ablat. limitat. — **indolem:** indoles *Anlage.* — **magnitudo animi:** (Übersetzung von μεγαλοψυχία megalopsychi'a) Der Begriff stammt von **Aristoteles.** Dieser hat seine Ethik teils auf die empirische Beobachtung menschlicher Verhaltungsweisen (vgl. die „Charaktere" seines Schülers **Theophrast)** gegründet, teils an den Vorstellungen und Leitbildern altgriechischer Adelsethik orientiert. Daher wird der Kanon von vier „Kardinaltugenden" **Platons** gesprengt und eine Reihe anderer Aretai in die Darstellung des richtigen Verhaltens miteinbezogen. Die magnitudo animi ist dabei etwa das „zivile" Gegenstück der Tapferkeit. Es wird von ihr festgestellt, daß auch sie es vor allem mit der Ehre zu tun habe. (Das Wort läßt sich nur unbefriedigend übersetzen, z. B. durch *Seelengröße, Hochsinn* o. ä.) Nach der aristotelischen Definition der „Tugend" als einer Mitte zwischen zwei fehlerhaften Haltungen wird sie bestimmt als die Mitte zwischen Aufgeblasenheit und Kleinmut. **Aristoteles** selbst schildert den Vertreter der magnitudo animi im IV. Buch der Nikomachischen Ethik mit großer Anteilnahme. Vielleicht (?) hat er dabei nicht so sehr an homerische Helden als an seinen Schüler **Alexander den Großen** gedacht. Die sog. „mittlere" Stoa hat den Begriff übernommen. **Panaitios**, selbst Adliger von Geburt und Gesinnung, hat in seiner Ethik darüber geschrieben. Daher findet er sich auch in **Ciceros** Werk De officiis wieder (s. Einleitung). **Cicero** schreibt dort u. a.: „Nunmehr gilt es zu verstehen, daß unter allen menschlichen Eigenschaften sich keine als so glänzend erweist wie die der magnitudo animi, die über das Allzumenschliche erhaben ist und von stolzer Warte darauf herabblickt." (§ 61) Es ist also leicht einzusehen, daß der Begriff nach seiner Herkunft und seiner Bedeutung in das Bild des Staatsmannes, wie **Scipio—Cicero** ihn sich vorstellen, gehört.

10 consideratus: *bedächtig.*

7. Die Rhetorik.

11 Das Problem „Rhetorik und Ethik" hat **Platon** sehr stark beschäftigt und ihn schließlich dazu gebracht, die Gesamtheit der Rhetoren als „Sophisten" für alle Zeit zu verfemen. (Vgl. I 50.) Der Vertreter der Rhetorik, meint er, hat eine erzieherische Aufgabe. Er müsse also nicht nur selbst über Gerechtigkeit usw. etwas wissen, sondern auch darüber Auskunft geben können. Sonst sei die Verführung zu groß, daß sie ihre Macht mißbrauche. Darüber handelt ausführlich der Dialog **„Gorgias"**.

suaviloquens iucunditas: *mit angenehmer Sprechweise verbundene Liebenswürdigkeit.* — **suffragium:** s. I 47. — **sententia:** s. III 9. — **ea:** (= suffragium et sententia) neutr. plural. — **pudentem:** s. pudor § 6. — **imbutus:** imbuere *benetzen, eintauchen;* odio imbutus *von tiefer Abneigung.*

BUCH VI

B. Überleitung:

Bewährung des Staatsmannes in Krisenzeiten.

1 Zum **Thema der Überleitung** vgl. II 67 f. — Zu den **Etymologien** des ersten und dritten Zitats vgl. IV 7.

comparare: se comparare *sich rüsten.* — **seorsum:** (< se — vorsus < vertere; klass. selten) *abgesondert, getrennt.* — **boni . . . multi:** vgl. IV 8 (Nonius p. 519) populi . . . bonorum. — **dominae:** (s. Wv.) vgl. u. a. I 60, II 63, 67 f. — **illecebris:** s. II 8. — **contuderit:** contundere *zerschlagen.* — **effrenatam:** s. I 53.

2 quod: relativischer Anschluß. — **causa pari:** *in gleicher Lage, unter gleichen Umständen.* — **invidia:** *Haß, Verhaßtsein.* — **caritas:** *Hochschätzung, Verehrung.* — **deprecabatur:** deprecari *(durch Bitten) abzuwenden suchen, abwehren, beseitigen.* — **levissimae:** s. I 15. — **et aere congesto:** (congerere *zusammentragen*) Der Ausdruck erscheint zwar syntaktisch concursu beigeordnet, bezieht sich aber inhaltlich auf die multitudo und ist somit als ein weiteres Attribut neben levissimae aufzufassen *(und dazu noch nachdem . . .).* — **desubito:** (altlat., klass. selten) *urplötzlich.* — **ornatum:** ornatus *prunkvoll, prächtig.*

C. Der Lohn des Staatsmannes:

Somnium Scipionis.

1. Der Anlaß zur Erzählung Scipios.

8 Zum **Thema des Zitats** vgl. III 40 f. und den überleitenden Text vor V 3. — **silentio:** silentio condere *verschweigen.* — **testatus est:** testari *bezeugen.* — **in publico:** *in der Öffentlichkeit.* — **in remunerationem:** in *für, zu;* remuneratio alcs rei *Erwiderung, Erkenntlichkeit, Belohnung für . . .* — **locatas:** = collocatas. — **in haec verba:** (spätlat. =) haec verba. — **conscientia:** *Bewußtsein.* — **divina:** s. z. I 18 ut deum — **inhaerentes:** inhaerere alci rei *an etw. haften, festsitzen;* plumbo inhaerere *mit Blei verklammert sein* — **arescentibus:** (arescere *trocken werden; vertrocknen, verdorren*) Der Ausdruck arescentibus laureis ist attributiv zu triumphos. — **stabiliora:** stabilis *dauerhaft.* — **viridiora:** viridis *grün, frisch.* — **feriati:** s. I 20. — **in caelo:** adverbiale Bestimmung zu servata. — **servata:** vgl. I 69.

2. Auseinandersetzung mit Platons Mythos vom Pamphylier Er.

Zu §§ 3 ff.: Platon führt gegen Ende seiner **„Politeia“** aus, welche Belohnungen dem Gerechten durch seine Leistungen und sein Ansehen im Staate zuteil werden. Aber damit begnügt er sich nicht. Das letzte Motiv für sittliche Entscheidungen ist die Unsterblichkeit der Seele. Sie zu beweisen, war das Anliegen des Dialogs **„Phaidon“**. Von ihr spricht er ausführlich in Werken aller seiner Schaffensperioden (z. B. **„Phaidros“, „Timaios“**). Im **„Gorgias“** bereits läßt er **Sokrates** einen Mythos vom Totengericht erzählen. In ähnlicher Grundeinstellung, wenn auch mit anderen Mitteln, wird in der **„Politeia“** das Schicksal der Menschen im Jenseits dargestellt.

Ein Soldat namens **Er** aus Pamphylien fällt in einer Schlacht. Als er nach 12 Tagen bestattet werden soll, wird er wieder lebendig. Er ist mit dem Auftrag ins Erdenleben zurückgekehrt, seine Erlebnisse im Jenseits zu berichten.

Die Seelen der Toten werden an eine Stelle geführt, an der je zwei Öffnungen in die Erde hinab- und in den Himmel hinaufführen. Richter scheiden die Gerechten von den Ungerechten. Die Gerechten ziehen für 1000 Jahre in den Himmel, die Ungerechten in die Erde. Durch die zweite Öffnung kommen die Seelen von ihrem Aufenthalt zurück. Sie erzählen entweder von den herrlichen Eindrücken der Himmelsregion oder von den Strafen für ihre früheren Vergehen, die sie unter der Erde verbüßt haben.

Der Soldat **Er** wanderte mit den Seelen, die erneut auf die Erde zurückkehren sollten, zu einem Ort, von dem aus sie die Struktur des Kosmos erblicken konnten. Er berichtet: „Wir gingen noch eine Tagesreise, standen nun mitten in dem Lichte und sahen, wie vom Himmel aus seine Enden wie die eines Bandes ausgespannt sind. Das Licht verknüpft nämlich die Seiten des Himmels miteinander und hält das ganze Gewölbe zusammen wie der Gürtel den Dreiruderer. Von einem Ende zum andern erstreckt sich die Spindel der Notwendigkeit, durch die sich sämtliche Umdrehungen vollziehen. Die Stange und der Haken der Spindel sind aus Erz, der Wirbel ist aus einer Mischung von Erz und anderen Stoffen. Dieser Wirbel hat dieselbe Gestalt wie ein irdischer Wirbel; doch muß man ihn sich so vorstellen, daß in einem großen, hohlen, ausgemeißelten Wirbel ein zweiter, kleinerer liegt, der in ihn hineinpaßt wie ein Eimer in einen anderen. In dem zweiten liegt ein dritter, ein vierter und noch weitere vier. So liegen also acht Wirbel ineinander. Die Ränder oben sind kreisförmig, und um die Spindelstange herum entsteht ein zusammenhängender Wirbelrücken. Diese Stange ist mitten durch den achten Wirbel hindurchgetrieben. Der erste und äußerste Wirbel hat den weitesten Randkreis, der sechste hat den zweitweitesten, der vierte den dritten, der achte den vierten, der siebente den fünften, der fünfte den sechsten, der dritte den siebenten, der zweite den achten. Der Kreis des größten Wirbels ist von bunter Farbe; der des siebenten ist der hellste von allen; der des achten erhält sein Licht von dem siebenten, der ihn bestrahlt. Die Farbe des zweiten hat mit der des fünften Ähnlichkeit: sie sind gelber als die anderen. Der dritte ist weißer als alle anderen. Der vierte ist rötlich, der sechste steht an Weißheit an zweiter Stelle. Die Spindel im ganzen dreht sich im Kreise. Innerhalb dieser Drehung aber drehen sich die inneren sieben Wirbelringe langsam in der dem Ganzen entgegengesetzten Richtung; und zwar dreht sich der achte am schnellsten, dann folgen der siebente, sechste und fünfte in gleichem Schnelligkeitsgrade. An dritter Stelle steht, wie es uns schien, die Umdrehungsdauer des vierten, an vierter Stelle die des dritten und an fünfter die des zweiten. Die Spindel selbst dreht sich im Schoße der Notwendigkeit. Auf jedem Kreise aber steht oben eine Sirene, die die Drehung mitmacht und einen Ton, und zwar jede ihren besonderen, erklingen läßt. Alle acht zusammen ergeben eine Harmonie. Ringsherum sitzen, in gleichem Abstand voneinander, drei andere Frauen auf Thronen. Es sind die Moiren, die Töchter der Notwendigkeit: Lachesis, Klotho und Atropos; sie haben weiße Kleider und tragen Binden um das Haupt. Sie singen zu den Tönen der Sirenen. Lachesis singt vom Vergangenen, Klotho von der Gegenwart und Atropos von der Zukunft. Klotho greift von Zeit zu Zeit mit der rechten Hand an die Spindel und hilft der äußeren Drehung nach. Ebenso unterstützt Atropos mit der linken Hand die inneren Umdrehungen, und Lachesis greift mit beiden Händen abwechselnd nach dem äußeren und nach den inneren Wirbelringen."

[Natürlich kann diese Stelle hier nicht ausführlich kommentiert werden. Sie ist nur als Vergleichsmaterial zitiert. Einige Hinweise mögen das recht schwierige Bild vielleicht dem Leser etwas klarer erscheinen lassen. Mit dem „Licht" ist wahrscheinlich die Milchstraße gemeint. Der Vergleich mit den Wirbeln ist wohl folgendermaßen aufzufassen: Um die Welt bewegen sich acht durchsichtige Himmelskugeln. Die größte ist der Fixsternhimmel; die anderen tragen die „Planeten" Mond, Sonne, Venus, Merkur, Mars, Jupiter, Saturn (s. I 21). Die Zwischenräume der Sphären entsprechen den musikalischen Intervallen, und so entsteht die Sphärenharmonie (vgl. dazu die Vorbemerkungen zu §§ 17 ff.). Die Himmelsachse geht durch die im Mittelpunkt befindliche, unbewegliche

Erde. Wieweit Platon seine Vorstellungen von den Pythagoreern entlehnt hat, läßt sich nicht mit Sicherheit feststellen. Näheres zum Verhältnis dieses (dem Ptolemäischen ähnlichen) Weltbildes zu den Ansätzen des Kopernikanischen im Altertum s. VI „Zu §§ 17ff".]

Nach diesem Blick auf das Universum mußten die Seelen ihre neue Lebensform wählen. Dabei zeigte sich, wie wichtig die philosophische Bildung ist; denn nur der Philosoph, meint **Er**, könne die richtige d. h. zur Gerechtigkeit führende Lebensform erkennen.

Der Bericht über die Strafen, die den Ungerechten auferlegt werden, erinnert lebhaft an Hölle und Fegefeuer, an **Dantes** Inferno; auch die Teufel fehlen nicht.

Betrachtet man das Ganze, so nimmt die Belohnung der Gerechten nur einen sehr geringen Raum in der Erzählung des **Er** ein. Breiter ausgeführt sind die Strafen, die Darstellung des Kosmos und vor allem die Wahl der neuen Lebensform.

3 locum: IV 1 — **rogo:** rogus *Scheiterhaufen.* — **assimilatione:** assimilatio (unklass.) *Ähnlichmachung, Gleichstellung, Angleichung.* — **commentus:** commentari (s. commentarius I 16) *überlegen; niederschreiben, zu Papier bringen.* — **sollertis:** sollers (vgl. sollertia I 25) hier *klug erdacht.* — **rationabili:** rationabilis (unklass.) *vernünftig, der Vernunft angepaßt.* — **imaginatione:** imaginatio *Vorstellung, Phantasie, Traum.* — **videlicet:** s. I 29. — **scite:** scitus *geschickt, klug.* — **somniantium:** somniare *träumen.* — **commenta:** commentum (s. o. commentus) *Erdichtung, Einfall.* — **coniecturas:** s. I 15. — **insinuat:** insinuare (in klass. ungebräuchlicher Bedeutung) *einführen; mitteilen.* — **subiugata:** subiugare (spätlat.) *unter das Joch schicken, unterwerfen.* — **familiae:** s. II 12. — **huic Scipioni:** Mit der Wiederaufnahme des Namens wechselt die Satzkonstruktion. — **fatalis:** *schicksalbestimmt, verhängnisvoll.* — **metae:** meta *Spitzsäule* an den Enden der Rennbahn; *Wendepunkt; Ziel, Grenze, Endpunkt.* — **coartetur:** coartare *zusammendrängen.* — **aetatis:** s. II 2. — **acceperat:** accipere *vernehmen.* — **animi mentisque substantia:** (s. Wv.) animus und mens für die Gesamtheit des seelisch-geistigen Bereichs; substantia (nachkl.) *Bestand, „Substanz".* — **lactei circuli:** lacteus circulus *Milchstraße* (Attribut zu habitatio). — **habitatio:** *das Bewohnen, der Aufenthalt.* — **deberetur:** debere hier *schulden.*

4 propter . . . et propter . . .: zu amantes. — **veraciter:** verax *wahrredend; wahrhaftig, der Wahrheit entsprechend, wahr.* — **resurrectione:** resurrectio (nachklass.) *Auferstehung.* — **sensisse:** s. I 65. — **revexisse:** revehere *zurückfahren; zurückkehren.* — **disputationibus:** s. I 12.

5 in hoc: *in diesem Punkt; darin.* — **voluminis:** volumen *(Schrift-) Werk.* — **conclusione:** conclusio *Schluß.* — **quam:** sc. vitam. — **exutarum:** exutus alqa re *entblößt von ...* — **status:** (s. Wv.) hier *Zustand.* — **sphaira:** (griech. Fw. s. I 21) *Kugel; Weltkugel; Kreisbahn* (der Planeten). — **otiosa:** (vgl. I 14) hier *gleichgültig, nachlässig.* — **ingesta:** ingerere *hineindrängen; zufügen, beibringen.*

6 iudicio: iudicium hier *Urteilskraft.* — **reservans:** reservare *beibehalten.* — **otio ac negotio:** s. Vorr. zu Buch I. — **palmam:** palma *Palme, Palmenzweig; Preis, Lohn.* — **disputando:** s. I 53. — **arcana:** = secreta V 7. — **consumati:** consumatum opus *Gesamtwerk.* — **prudentia, iustitia, fortitudine ac moderatione:** die vier platonischen „Kardinaltugenden" (s. Vorr. zu Buch I). — **relator:** *Berichterstatter, Erzähler* (secretorum s. o. arcana). — **officio:** officium hier *Beruf.* — **peremptos:** perimere *vernichten, töten.* — **retenta:** retinere (s. z. B. I 45) hier *behalten.* — **emensis ... diebus:** emetiri *ausmessen; durchmessen, durchwandern, zurücklegen* (emensus hier unklass. als Passivum). — **professus:** s. I 11 und III 29. — **indoctis:** s. Wv. — **quasi ... conscius:** in gleicher Funktion wie tamquam professus (zu conscius vgl. conscientia § 8; zu professus § 7 professoribus). — **exemplum:** alcs rei *Beispiel für ...* (s. a. I 5). — **stolidae:** stolidus *töricht.* — **excitari:** excitare *wecken, auferwecken.* — **reviviscere:** *wieder aufleben, wieder lebendig werden.*

7 verba: (plur.) *Wortlaut.* — **consulamus:** consulere *befragen* (vgl. consultatio I 36). — **enodandum:** enodare *entknoten; erklären.* — **memoret:** = commemoret. — **his verbis:** die Erklärung Ciceros. — **imperitum:** s. I 23. — **intelligi:** intellegere hier *verstehen.* — **peritiae:** peritia (unklass.) *Kenntnis.* — **ostentatione:** ostentatio *Prahlen.* — **quippe quos:** s. I 48. — **constaret:** Der Konjunktiv Imperfekti wird verwandt, weil vult im Hauptsatz Vergangenheitsbedeutung hat. — **censurae:** s. IV 6. — **exercuisse:** exercere hier *„verüben", zeigen.* — **levitatem:** s. I 15 levissimae. — **factio:** (s. I 44) *Clique.* — **devia:** devius *abwegig, fern von ...* — **volumen:** s. § 5. — **augustissima:** augustus *erhaben.* — **famosior:** vgl. IV 6. — **rettulit:** in librum referre *in einem Buch* (bzw. *schriftlich*) *niederlegen.* — **de hoc:** sc. Platone. — **cavillatus:** cavillari *sich über etw. lustig machen, etw. verhöhnen* (die Ergänzung durch de m. Abl. ist unklass.) — **notavit:** s. IV 11 (hier übertragen verallgemeinert). — **siquidem:** (s. I 19) *wenn wenigstens; soweit wenigstens.* — **procedit:** sermo procedit de ... *das Gespräch geht über ..., befaßt sich mit ...* — **calumniam:** calumnia *Rechtsverdrehung; Verleumdung, verleumderische Behauptung* — **supplodetur:** supplodere klass. *aufstampfen;* hier *zerstampfen, vernichten.*

confingi: = fingi. — **figmenti:** figmentum (< fingere; unklass.) *Erdichtung, Erfindung.* — **veri professoribus:** professor (s. § 6 professus) *Verkünder.* — **notionem:** notio *Kenntnis.* — **absoluta:** absolutus *uneingeschränkt.* — **insinuatione:** insinuatio (vgl. § 3 insinuare; Bedeutung ebenfalls unklass.) *(eindringliche) Darstellung.* — **curatum:** curare hier *besorgen.* — **quaesita:** quaesitus *gesucht* = *weit hergeholt.* — **casus excogitata novitas:** = novus casus excogitatus. — **advocati . . . figmenti:** advocatus *herbeigerufen, zur Hilfe gerufen.* — **quaerendi:** ohne die Nebenbedeutung von quaesita. — **mendacio:** mendacium *Lüge.* — **polluerunt:** polluere *besudeln.* — **iactantur:** iactare *(wiederholt) zur Sprache bringen, vorbringen.* — **somniantis:** s. § 3. — **incusant:** (= accusant) Es ist gemeint: ea etiam somnium quieti Africani nostri (zur Schwergewichtsverlagerung der Begriffe vgl. u. a. oben casus excogitata novitas). — **urgenti:** urgens (substantiv.) *der Bedränger.* — **frustra:** zu arguens. — **refellatur:** s. III 2. — **retineat:** s. § 6.

3. Scipios Bericht.

Zu §§ 9 ff.: (Zu den folgenden Ausführungen vgl. auch die entsprechenden Partien der allgemeinen Einleitung. Einiges davon muß hier wiederholt werden, ohne daß in jedem Falle auf die frühere Darstellung verwiesen wird.)

Die Traumerzählung ist zwar der am besten überlieferte und (durch den Kommentar des Macrobius und die moderne Wissenschaft) am sorgfältigsten erklärte Teil des Staatswerks. Trotzdem gibt er den heutigen Interpreten in jeder Hinsicht eine große Zahl ungeklärter Probleme und Rätsel auf. Diese hier zu erläutern ist nicht nur aus Raummangel völlig unmöglich; der Primaner, der sich mit dem „Traum" beschäftigt, ist schließlich kein Altphilologe. Daher bringt er weder die wissenschaftlichen Voraussetzungen zu ihrem Verständnis mit, noch verfügt er über die antiken Texte und die „Sekundärliteratur", die ihm beim Vergleichen und Einordnen helfen könnten.

Wir müssen uns daher auf einige grundsätzliche Hinweise beschränken. Sie sollen einerseits das Notwendige zum Erfassen der geistesgeschichtlichen Herkunft und Stellung der Gesamtkonzeption enthalten, anderseits als Anregung zur persönlichen Arbeit (vor allem in stilistischen Dingen) anregen.

Daß **Cicero** den Entwurf als Ganzes dem platonischen Mythos vom Pamphylier **Er** verdankt, haben bereits die vorhergehenden Zitate gezeigt (s. zu §§ 3 ff.). Aus ihnen ergibt sich auch, daß er sich die Kritik an **Platon** insofern zu eigen gemacht hat, als er statt des unmittelbaren Berichts aus dem Jenseits einen Traum als Rahmen verwendet.

Die Grundstimmung der Diesseitsflucht findet sich zwar auch in dem Mythos der platonischen **„Politeia"**, hat aber ihre wesentlich konsequentere Gestaltung in **Platons** Dialog **„Phaidon"**. In Anlehnung an ihn sind daher auch die §§ 15, 26 (Anfang) und 29 verfaßt. Der Unsterblichkeitsbeweis in § 27 ist eine Übersetzung aus **Platons „Phaidros"**. Als Ergänzung dienen Motive, die, z. T. wieder auf Anregungen **Platons** zurückgehend, dem Einfluß des **Aristoteles** oder der **Stoiker**, unter ihnen vor allem des **Poseidonios**, verdankt werden. (Genaueres dazu ist, wo es zum Textverständnis erforderlich erscheint, an Ort und Stelle angegeben.) Es ist wahrscheinlich ein ebenso unfruchtbares wie unnützes Unterfangen, für jeden einzelnen Gedanken eine bestimmte „Quelle" ausfindig machen zu wollen, da **Cicero** natürlich im Besitz einer umfassenden Kenntnis der griechischen Literatur aus dem vollen schöpfen konnte und da auch außerdem viele Motive in gleicher Weise von verschiedenen philosophischen Richtungen („Schulen") aufgenommen und tradiert worden waren; sie tauchen dann als loci communes (s. III „Zu §§ 29 f.") innerhalb gleicher oder ähnlicher Gedankengänge immer wieder auf. Schließlich sei noch auf die Möglichkeit hingewiesen, daß das Werk des **Ennius** (§ 10), aus dem **Cicero** in De re publica ja vielfach zitiert, unsern Autor inspiriert hat.

Vieles von dem, was **Cicero** über die Unsterblichkeit der Seele dem **Scipio** in den Mund legt, hat er im ersten Buch seines fünfbändigen Werkes **„Gespräche in Tusculum"** wiederholt. Auch die Übersetzung der Phaidros-Stelle findet sich dort (§§ 53 ff.).

Auch die äußere Form der Traumerzählung ist nicht von **Cicero** „erfunden" worden. (Vgl. das zu **Ennius** § 10 Angemerkte.) Abgesehen von allen Ansätzen der älteren griechischen Literatur, hat die hellenistische Zeit für prophetisch-apokalyptische und eschatologische Berichte zwar variable, aber doch in vieler Hinsicht einheitliche Schemata ausgebildet, die sowohl in einzelnen Wortformeln als auch in der Gliederung des Ganzen traditionsbildende Kraft besessen haben. Dahin gehört etwa die Verteilung der Offenbarung auf zwei Personen, die Fragestellung des „Jüngers", also desjenigen, der „eingeweiht" werden soll; es gehören ferner die Beschreibung dessen, was man sieht, und die Aufforderung zu einem bestimmten Verhalten oder Tun dahin. Auch das Gebet, die Begrüßungs- und Erkennungsszenen und die Apotheose haben ihre festen literarischen Grundformen. Näheres kann darüber hier nicht gesagt werden. Dem Schüler stehen gewisse Vergleichsmöglichkeiten nach der Lektüre des VI. Buches der **Aeneis** des **Vergilius** offen.

Trotz aller Abhängigkeit von griechischen Impulsen hat **Cicero** es verstanden, dem „Traum" ein ausgesprochen römisches Kolorit zu geben (z. B. die Eingangsszene, die Erinnerung an **Ennius**, die Besinnung auf das Schicksal **Scipios**, die Erwähnung des imperium, die Anspielung auf die römischen Kulturbegriffe, der Ansatz des Weltjahrs durch den Tod des **Romulus** und die gelegentliche Erwähnung der Griechen zur Hervorhebung des Eigenständigen.) Dazu kommt eine weihevolle, tiefreligiöse Stimmung, die das Ganze durchzieht und ihm die Erhaltung unabhängig vom übrigen Werk gesichert hat. So bleibt hier noch mehr als für das Gesamtwerk der Gesichtspunkt maßgebend, daß das Ganze immer mehr ist als seine Teile und daß der Eindruck, der von diesem Ganzen ausgeht, darüber entscheidet, ob man dem Entwurf an sich Selbständigkeit zubilligt oder nicht.

Gedanken und größere Gedankenkomplexe sind dupliziert. Stilmittel aller Art (bes. Alliteration, Homoioteleuton, Chiasmus, Parallelismus, Metapher, Metonymie u. a.) sind äußerst kunstvoll verwandt. Die Sprache ist sowohl durch Isokola als auch durch die Quantitätenabfolge am Satzende (bes. Creticus—v— und Doppelcreticus —v— —v—) stark rhythmisiert. Wie in allen philosophischen Werken, so ist auch hier die Übersetzung griechischer Begriffe in die spröde lateinische Sprache eines der Hauptverdienste **Ciceros**. Das läßt sich fast Satz für Satz nachweisen. Der Primaner bekommt eine Ahnung davon, wenn er die Übersetzung der Phaidros-Stelle mit dem griechischen Original vergleicht. (Für Wortwahl und Ausdrucksvarianten vgl. man z. B. die Verben, die in den Bereich *des Sehens* gehören.)

Wie viele Leitgedanken des Gesamtwerkes im „Traum" wieder aufgenommen und miteinander verknüpft werden, wird die Einzelinterpretation zeigen. Hier sei nur (als Beispiel) an die Ausführungen **Scipios** I 26 ff. erinnert.

Für die Sonde des Wissenschaftlers ist demnach der „Traum" ein recht schwieriges und kompliziertes Objekt. Für den Leser aber, der ihn unmittelbar und unbefangen auf sich wirken läßt, strahlt er eine selbst bei dem Sprachgenie Cicero ungewöhnliche Bildkraft aus.

Zweifellos besitzt er einen bekenntnishaften Charakter. Das gilt besonders für die echte Vaterlandsliebe und das tief eingewurzelte Bemühen Ciceros um den Nachweis der sittlichen Aufgabe staatsmännischer Tätigkeit.

Dagegen melden sich in anderer Hinsicht ernsthafte Zweifel an. Dem irdischen Ruhm zu entsagen und überhaupt das Diesseits zu entwerten, entspricht weder der Natur **Ciceros** noch der allgemeinen Lebensauffassung der Römer (s. z. B. Einleitung und zu III 40). Nur seine konkrete Lage zur Zeit der Abfassung der Schrift erklärt solche Äußerungen. Ähnliches gilt für den Glauben an die Unsterblichkeit der Seele. Der Schüler der skeptischen Akademie ist in metaphysischen Fragen, wie wir aus anderen Werken wissen, durchaus nicht immer bereit, seinem großen Leitstern **Platon** zu folgen (s. zu § 13), sondern scheint bei grundsätzlicher Unsicherheit auf diesem Gebiet stark von der Stimmung des Augenblicks abhängig zu sein. Auch die Apotheose gehört keineswegs zu seinen festen Überzeugungen (s. zu § 13). Schließlich ist er sonst gar nicht geneigt, Träumen einen Offenbarungscharakter zuzubilligen. (Seine Stellung zur Mantik an sich vgl. z. I 15 und IV 18.)

Die Komposition läßt ebenfalls einige Fragen offen. So ist z. B. die widersprüchliche Spannung zwischen den Forderungen „haec caelestia spectato" (§ 20) und „Sunt autem optimae curae de salute patriae" (§ 29) nicht zu einem befriedigenden Ausgleich geführt worden. Weiterhin erscheint es merkwürdig, wenn der ältere **Africanus**, dessen jenseitige Existenz ja gerade vorausgesetzt wird, nun den rationalen Beweis für die Unsterblichkeit der Seele nach **Platons „Phaidros"** vorträgt. Diese und ähnliche Einwände gegen Ciceros Arbeit lassen sich nicht einfach beiseite schieben.

Man darf aber nicht vergessen, daß es sich um einen „Mythos" handelt. (Übrigens hat man ähnliche Einwände auch gegen **Platons** Erzählung vom Pamphylier **Er** und andere seiner Mythen erhoben.) Überzeugungskraft und „Wahrheitsgehalt" eines Mythos liegen aber ja gerade nicht in seiner logischen Konsequenz und diskursiven Klarheit, sondern in der Eindrucksfülle seiner Bilder und der dichterischen Gestaltung, die über die Grenze des menschlichen Erfahrungs- und Erkenntnisbereichs ahnend hinausweisen. Es kommt also mehr auf die „erzieherische" Absicht und Wirkung an.

Damit sollen nur einige Kriterien zur Beurteilung der Leistung **Ciceros** skizziert sein. Die Gesamtinterpretation muß dem Unterricht, die endgültige Stellungnahme, das Abwägen des Für und Wider dem Leser überlassen bleiben.

a) Einleitung: Africanus maior über Scipios Zukunft.

9 M'. Manilio consuli: Die Konstruktion erklärt sich aus der ursprünglichen Bedeutung von tribunus *(dem . . . zugeteilt)*. — **ad:** (militär.) = apud. — **tribunus . . . militum:** (oder trib. militaris) *Kriegs-, Militärtribun.* Zu jeder Legion gehörten sechs Tribunen. Sie bildeten mit dem Quaestor, den Legaten und den Präfekten der Bundesgenossen denStab des Feldherrn. Je zwei von ihnen taten jeweils für zwei Monate Dienst bei der Legion, wobei sie sich alle zwei Tage ablösten. So war jeder von ihnen zweimal jährlich auf zwei Monate, und zwar einmal (im Sommer) für den Felddienst und einmal (im Winter) für den Lagerdienst, mit der Kommandoführung beauftragt. Sie trugen als Rangabzeichen einen goldenen Ring und hatten im Lager eine Wache. — Sie waren meist junge Leute aus vornehmen Familien. Ihre Ernennung geschah durch den Konsul, später wurden sie von der Volksversammlung gewählt. Sie waren keine Berufssoldaten und sahen oft in ihrer Ernennung die erste Stufe zu einer Laufbahn im öffentlichen Leben. — **potius:** nihil mihi est potius *nichts ist (erscheint)* *mir dringlicher.* — **iustis de causis:** *(aus triftigen Gründen)* Gemeint ist seine Hilfeleistung (s. Ev. II). — **ut veni:** vgl. Ev. II **Mas(s)inissa.** — **complexus:** Die *Umarmung* gehörte zur Begrüßungsgeste unter Freunden (wie auch heute noch bei südeuropäischen Völkern). Das Partizip drückt kein Zeitverhältnis aus. — **collacrimavit:** (collacrimare *in Tränen ausbrechen*). Die zu complexus alliterierende Vorsilbe läßt zugleich die zeitliche Übereinstimmung der Geschehnisse anklingen, obwohl diese im „normalen" Gebrauch des Wortes nicht gegeben ist. — **suspexit:** suspicere ad ... *aufblicken zu ...*

grates: grates agere = gratias agere. Der Ausdruck findet sich in feierlicher Sprache, die sich an Götter oder besonders hochstehende Personen wendet. Die Gebete sind nach Wortwahl und Form bestimmten Regeln unterworfen (wie ja auch heute in den Liturgien der christlichen Kirchen). — **summe Sol:** Der Sonnengott ist für den **Numidier** der höchste unter den Göttern. — **reliqui caelites:** (caeles vor- und nachklass., poetisch *himmlisch*, subst. *Gott.*) Die Gesamtheit der Götter muß angerufen werden, nachdem zunächst die für den besonderen Zweck des Gebetes „zuständigen" genannt worden sind. So hielten es auch die Griechen. — **migro:** Hinweis auf die „*Seelenwanderung*". — **ipso:** vgl. I 14. — **percontatus est:** percontari de ... *ausfragen über ..., sich erkundigen nach ...* — **suo:** statt eius. Scipio vergegenwärtigt sich die Szene so lebhaft, daß ihm zugleich das Fragen und Antworten vor Augen steht. Es kommt der nachdrückliche Parallelismus hinzu, der ihm im Hinblick auf nostra bereits suo in den Mund legt. — **verbis ... habitis:** verba habere (gewählter Ausdruck; vgl. orationem habere) *sprechen, reden.* Die Erläuterung durch ultro citroque *(hin und her)* kennzeichnet das temperamentvolle Wechselgespräch.

10 apparatu: apparatus *Pracht, Gepränge, Prunk, Aufwand.* — **accepti:** accipere (anders als § 3) *aufnehmen, empfangen, bewirten.* Das Partizip paßt eigentlich nur auf Scipio. Er sieht sich mit dem König an der Tafel. — **produximus:** producere *hinziehen.* — **dicta:** dictum (vgl. I 61) *Ausspruch* (oft i. S. v. *Sentenz*, z. B. dicta Catonis als Sammlung von Sentenzen Catos). — **deinde:** Die Träume, die man nach Mitternacht hat, gelten als wahr und prophetisch. So hat **Penelope**, als sie in tiefem Kummer um das Schicksal ihres Sohnes endlich Schlaf gefunden hat, eine von **Athene** geschickte Traumerscheinung ihrer Schwester, durch die ihr Mut zugesprochen wird. **Homer** schließt diese nächtliche „Aussprache" mit den Versen (Odyssee IV 839 ff.):

„. . . Doch die Tochter des Ikarios fuhr aus
dem Schlaf auf und freute sich innig,
daß ein deutlicher Traum im Dunkel
der Nacht zu ihr geeilt war."

Daß diese Ansicht der Griechen, die uns auch sonst bestätigt wird, bei den Römern ebenfalls galt, bezeugt **Horatius** (sat. I 10, 33):

„. . . post mediam noctem, cum somnia vera".

Daher ist die Angabe des Textes, die Nacht sei schon sehr vorgeschritten gewesen, bedeutungsvoll. — **et . . . et:** Zum Objekt me gehören ein prädikatives Partizip und ein Relativsatz, die beide kausalen Nebensinn haben. — **fessum:** fessus *erschöpft.* — **vigilassem:** vigilare (vgl. I 4 vigilans und III 41 evigilatum est) *wachen, wach sein, wach bleiben.* — **artior:** artus *eng, fest* (vom Bild des complecti).

equidem: *ich meinerseits.* — **fere:** hier *in der Regel, gewöhnlich.* — **cogitationes sermonesque:** cogitatio (vgl. u. cogitare) s. I 35; sermo s. Wv. — **videlicet:** (s. I 29). — **vigilans:** s. o. vigilassem (dagg. § 26). — **Ennius,** der Anhänger des **Euhemeros** (s. I 56), ist trotz seines Rationalismus von der (pythagoreischen) Seelenwanderungslehre überzeugt. Daher kommt es, daß er, der sich offenbar sehr viel mit seiner eigenen Person befaßte, im Eingang der annales berichtet, **Homer** sei ihm im Traum erschienen und habe ihm verkündet, seine Seele, die ein Zwischenleben als Pfau geführt habe, fahre nun in ihn, Ennius, ein. Wahrscheinlich hat der römische Dichter dann Homer ein Weltbild entwerfen lassen, in dem von den Himmelsregionen gesprochen und zugleich die Herkunft der Menschen, deren Seele überirdischer, deren Leib aber irdischer Natur sei, dargestellt wurde. Es sind also ähnliche Vorstellungen wie bei den **Pythagoreern,** bei **Platon** (vgl. die Vorbemerkungen zu §§ 9 ff.) und im vorliegenden Text. Möglicherweise hat also **Cicero** auch von **Ennius** nachhaltige Eindrücke empfangen (vgl. auch hierzu die Vorbemerkungen zu §§ 9 ff.).

se ostendit: Über den Ort des Treffens vgl. §§ 11 und 16. — **ex imagine:** (imago *Bild*) Gemeint ist das *Ahnenbild,* eine Wachsmaske. Diese Masken der Verstorbenen, auch cerae genannt, hingen in kleinen Schreinen im Atrium römischer Häuser. Sie waren mit Inschriften versehen, die die Namen, Taten und Auszeichnungen der Toten enthielten. Das Recht, solche Masken anzubringen, besaß ein Römer allerdings nur dann, wenn wenigstens einer seiner Ahnen ein kurulisches (d. h. den Patriziern vorbehaltenes) Amt innegehabt hatte. Der Ahnenkult, der einer Sippe (gens) hohes Ansehen verlieh, wurde sehr ernst genommen. Bei Leichenbegängnissen schritten Leute, die sich die Masken vor das Gesicht gebunden hatten, vorauf, um die ehrwürdige Tradition der Sippe zu versinnbildlichen. — **ex ipso:** Da der jüngere **Scipio** beim Tode des älteren (vgl. Ev. I und II) höchstens zwei Jahre alt war, kann er sich kaum an ihn, in dessen Sippe er zudem erst durch Adoption aufgenommen wurde, erinnert haben. Die historischen „Proportionen" sind hier genau so wie in der Begegnung mit dem **Numiderkönig** (s. Ev. II) verschoben. —

equidem: s. o. — **cohorrui:** cohorrescere *zusammenschaudern, erschrecken.* — **ades . . . animo:** animo (s. Wv.) adesse *Mut fassen, sich fassen.* — **trade memoriae:** Der Ausdruck memoriae tradere meint gewöhnlich die mündliche oder schriftliche Überlieferung an nachfolgende Generationen (vgl. § 23 posteris prodere). Der Zusammenhang (Aufforderung, sich zu fassen und die Furcht, die die Aufmerksamkeit stört, zu beseitigen) legt jedoch nahe, daß tradere hier gewählt statt mandare gebraucht ist und der Ausdruck daher *sich einprägen* bedeutet.

11 per me: (bescheiden statt a me) zu coacta. — **pristina:** pristinus *vorig, ehemalig, früher, alt* (im Gegensatz zu „jetzig" oder „damalig"). — **quiescere:** *(zur Ruhe kommen; Ruhe halten)* Es gehört zur römischen Tradition, dem verhaßten **Karthago** in jedem Zusammenhang und unter allen Umständen die Kriegsschuld aufzuladen. — **excelso:** excelsus *erhaben, hoch.* — **quodam:** (hier steigernd) *ganz.* — **loco:** Gemeint ist die Milchstraße (vgl. § 3 lacteus circulus und § 16). — **paene miles:** Das sagt der berühmte Schlachtenlenker zum „kleinen" Tribunen (s. § 9). — **hoc biennio:** (zu consul; vgl. Ev. I) *innerhalb von zwei Jahren* (vgl. I 58). — **cognomen:** **Livius** schreibt, daß der ältere **Scipio** als erster Römer seinen Beinamen nach dem von ihm besiegten Volk erhielt. — **per te:** (s. o. per me) *durch deine eigene Leistung.* — **hereditarium:** (vgl. hereditas III 17) hereditarius *ererbt.* — **censor:** zum Amt s. zu IV 6. — **legatus:** Das Wort („Gesandter") bezeichnet Amtsträger in Sonderfunktionen. Jeder, der das imperium besaß, hatte das Recht, Legaten für besondere Aufgaben, die zeitlich eng begrenzt waren, einzusetzen. Davon machten Feldherren im Kriege oft Gebrauch. Weiterhin wurden auf Senatsbeschluß vom Konsul Legaten zu diplomatischen Zwecken und zu Friedensverhandlungen ernannt; i. a. bestanden solche Kommissionen aus zehn Senatoren. Seit dem 2. Jahrhundert pflegte der Senat Feldherren und Statthaltern Legaten zur Unterstützung zuzuweisen, ehemaligen Prätoren einen, ehemaligen Konsuln drei. Sie verdrängten als erfahrene Leute allmählich auch die Tribunen (s. zu § 9), die eigentlichen Offiziere, aus der Führung selbständiger Unterkommandos im Felde (vgl. Labienus bei Caesar). Die Legaten in den provinciae pacatae waren gegen Ende der Republik keine außerordentliche, sondern ständige Amtsträger. Sie besorgten die Rechtsprechung oder traten an die Stelle des Quästors, des stellvertretenden Statthalters. — **deligēre:** = deligeris. — **bellum maximum:** Kriege in Spanien (teils gegen die Karthager, teils gegen spanische Stämme) wurden mit Unterbrechungen seit dem Ende des 3. Jahrhunderts geführt. Der hier gemeinte Entscheidungskampf, in dem Spanien endgültig unterworfen wurde, dauerte 21 Jahre (s. Ev. II Numantia). —

exscindes: exscindere *ausrotten, zerstören, vernichten.* — **curru:** Mit currus wird der *Triumphwagen* bezeichnet. — **offendes:** s. I 59. — **nepotis mei:** Über das Verwandtschaftsverhältnis vgl. Ev. II Ti. Sempronius Gracchus.

12 hic: s. § 10. — **oportebit:** oportet m. Konj. häufig statt a. c. i. — **patriae:** s. § 13. — **animi, ingenii, consilii:** s. Wv. — **eius temporis:** Der Ausdruck gehört als Genetiv des (weiteren, zeitlichen) Bereichs zu fatorum viam: *für* . . . — **ancipitem:** (anceps *doppelseitig, doppelt, zweifach; bedenklich, gefährlich*) Der Begriff enthält hier beide Bedeutungen. Der ältere **Scipio** weiß noch nicht, ob sein Adoptionsenkel ermordet wird oder als Diktator den Staat restaurieren kann. So ist es ein zweifacher und zugleich gefährlicher Lebensweg. — **fatorum viam:** fatorum via *Schicksalsweg.* — **aetas:** s. u. a. II 2, 19. — **anfractus:** (*Biegung, Krümmung; Umlauf* im Gegensatz zu reditus) Die Neigung der Römer, aus Himmelserscheinungen Prognosen zu stellen (s. zu I 15), kam zur Zeit **Ciceros** der Astrologie sehr entgegen und fand namhafte Vertreter zunächst in **Nigidius Figulus**, dann, zur Zeit des **Tiberius** (dessen Abhängigkeit von seinem Hofastrologen **Thrasyllos** bekannt ist), in **Manilius**. Daß die Gestirne bzw. ihre „Konstellation" einen schicksalbestimmenden Einfluß auf den Menschen haben, behaupteten zuerst die Babylonier. Damit verband sich der Glaube an Gestirngottheiten und Gestirnseelen, der auch von **Platon** in seinen Alterswerken vertreten wird. Schließlich gehört auch die (pythagoreisch-platonische) Zahlenmystik hinzu. Welche dieser Vorstellungen die Griechen aus dem Orient übernommen haben, ist unsicher. Jedenfalls findet sich trotz scharfer Gegnerschaft immer wieder in Zeiten, die zur Symbolik und Mystik neigen, der Einfluß der Astrologie.

converterit: = convertendo confecerit. — **duoque hi numeri eqs.: Scipio** lebte acht mal sieben = 56 Jahre. Das Lebensalter wird aus Gründen der Zahlensymbolik nach dem Vorgang der **Pythagoreer** in dieser Art umschrieben. Durch Zahlen und Zahlenverhältnisse wurden u. a. auch ethische und metaphysische Begriffe symbolisiert. Als „vollkommene" (pleni) Zahlen galten nach **Macrobius** die, ". . . qui aut vim vinculorum obtinent, aut corpora rursus efficiuntur, aut corpus efficiunt, sed corpus, quod intelligendo, non sentiendo concipias" (I 5, 4). Es sind also solche Zahlen, die entweder als vinculum andere bedeutungsvolle Zahlen zusammenfassen oder (als Potenz einer anderen Zahl, d. h. als Kubikzahl) zu einem mathematischen Raum werden oder (durch Potenzierung mit sich selbst) einen solchen Raum herstellen. Die Acht erfüllt eine solche Bedingung als erste Kubikzahl (2 mal 2 mal 2). Sie läßt sich außerdem in gleiche Teile zerlegen (8 : 2 = 4; 4 : 2 = 2; 2 : 2 = 1); daher galt sie den

Pythagoreern als Symbol der Gerechtigkeit. Die Sieben spielte bereits im Orient eine große Rolle und tut es auch heute noch im Denken vieler abergläubischer Menschen. Nach **Macrobius** gilt sie als vinculum hochbedeutsamer Zahlen (1 + 6; 2 + 5; 3 + 4), unter **denen** die Drei und die Vier hervorragen. Dafür werden verschiedene Gründe genannt; so ist z. B. die Drei die erste geometrische Fläche in der Reihe der ungeraden (Dreieck), die Vier in der Reihe der geraden Zahlen (Viereck). Bei der Vier, die auch die vier Elemente enthält, leisteten die Pythagoreer ihren Eid. Die Sieben hat ihre Bedeutung u. a. im Planetensystem, in der Einteilung des Monats usw. **Solon** charakterisiert in einer Elegie zehn Lebensphasen des Menschen zu je sieben Jahren; diese „Hebdomadenlehre" einer biologischen Lebensordnung findet sich bei einer Reihe griechischer Philosophen und Ärzte.

circuitu: vgl. I 45. — **summam:** sc. annorum (vgl. I 67). — **fatalem:** s. § 3. — **convertet:** se convertere in alqm *sich an jm. wenden.* — **boni:** (s. Wv.) hier als politischer Begriff. — **socii . . . Latini:** s. I 31. — **ne multa:** sc. dicam. — **dictator:** s. I 63. — **impias:** s. I 2 pietas. — **propinquorum: Cicero** scheint dem Gerücht Glauben zu schenken, wonach **Scipio** (s. Ev. I) nicht nur von Anhängern der **Gracchen**, sondern auch von seiner Gattin **Sempronia** oder seiner Schwiegermutter **Cornelia** umgebracht worden sei. — **exclamasset:** exclamare *aufschreien* — **ingemuissent:** ingemescere *aufseufzen.* — **arridens:** arridere *zulächeln;* leniter *ruhig, gelassen.* — Man beachte die feine Ironie dieser Stelle, die als einzige den Bericht Scipios unterbricht. — **quaeso:** s. I 61. — **excitetis:** s. § 6. — **parumper:** s. I 12.

b) Hauptteil:
Lohn des Staatsmannes im Jenseits.

α) Der Ort der Seligen.

13 alacrior: alacer *eifrig, entschlossen, begeistert, tatkräftig;* alacrem esse *sich mit Energie einsetzen.* — **sic habeto:** = scito (2. Pers.). — **patriam:** s. I 4 und unten § 16. — **definitum:** s. u. a. I 1; hier konkret. — **aevo:** (aevum = aetas; s. § 12) Die gottähnliche Stellung der Staatsmänner ist bereits I 12 angedeutet. Daß sie für Cicero im Grunde keinen Wirklichkeitsgehalt hat, zeigen seine skeptischen Äußerungen zur Herkunft des Romulus II 4 und seiner Apotheose II 17. Zweifellos kannte er die in der hellenistischen Welt geübte Vergottung von Fürsten. Genau so sicher aber ist es, daß für ihn selbst, wenn er hier scheinbar Ähnliches proklamiert, eher die „Gottähnlichkeit" oder „Göttergleichheit" homerischer Helden in ihrer religiösen Unverbindlichkeit (s. I 18 und die Hinweise dort) maßgebend ist. Es muß also dringend davor gewarnt werden, in dieser Stelle eine endgültige Stellungnahme Ciceros zur Frage der Unsterblichkeit finden zu wollen. (Vgl. auch die Vorbemerkungen zu §§ 9 ff.) — **principi deo:** s. § 17 summus deus und § 26 princeps deus. — **quod quidem:** (s. I 2) zu nihil. — **acceptius:** acceptus (zum Adjektiv geworden; vgl. accipere § 10) *willkommen, erwünscht, lieb.* — **concilia eqs.:** Vgl. die Definitionen von res publica und civitas I 39 und 41. — **hinc profecti huc revertuntur:** Auf Grund der Seelenwanderungslehre nach der platonischen Konzeption (s. o. „Zu §§ 3 ff.") entworfen, aber auf den Staatsmann übertragen, unterstreicht diese Stelle den göttlichen Auftrag des Politikers.

14 a meis: präpositionales Attribut statt meorum. — **immo vero:** s. I 20. — **e carcere:** Das Bild, das § 15 fortgesetzt wird, verwendet **Platon** in seinem Dialog **„Phaidon"**. Sokrates stellt dort die Behauptung auf, daß der Philosoph nichts mehr wünsche als den Tod; denn erst nach dem Tode könne die Seele unbehindert von dem lästigen und oft störenden Körper zur wahren Erkenntnis kommen. Er fährt fort: „Im Leben aber werden wir ganz folgerichtig der Erkenntnis dann am nächsten sein, wenn wir so streng wie möglich mit dem Körper keinerlei Beziehung und die Gemeinschaft nur soweit nötig pflegen, . . . bis uns die Gottheit selbst von ihm befreit." (67 A) Das führt er noch weiter aus und kommt zu der Formulierung: „(Wir müssen die Seele daran gewöhnen, daß sie . . .) im Dasein jetzt und hernach einsam für sich lebt, vom Leibe wie aus Fesseln frei geworden." (67 D.) Das Motiv stammt wahrscheinlich von den Pythagoreern. Im **„Gorgias"** (493 A; s. u. zu mors) wird noch schärfer vom *Leib* als *Grab* der Seele gesprochen (σῶμα — σῆμα sō'ma — sē'ma). Vorher (62 B) zitiert Sokrates ein Wort aus den Mysterien: „Wir Menschen befinden uns in einem Wachtturm; man darf sich nicht selbst aus ihm befreien und auch nicht entweichen." — Diese und ähnliche Vergleiche tauchen dann immer wieder im Zusammenhang mit Unsterblichkeitshoffnungen in der philosophischen bzw. religiös orientierten Literatur auf. — **mors:** Kurz vor der oben angeführten Stelle aus **Platons „Gorgias"** zitiert **Sokrates** eineinhalb Verse aus der uns verlorenen Tragödie **„Polyidos"** des Euripides: „Wer weiß denn, ob (nicht) das Leben Totsein ist, das Totsein aber Leben?" (492 E.) Daher das Oxymoron vita mors. — **evolaverunt:** Man stellte sich vor, daß die Seelen Flügel hätten. — **quin:** *wie nicht, warum nicht?* (s. qui I 7 u. ö.). — **equidem:** s. § 10. — **vim:** = copiam. — **complexus atque osculans:** s. § 9; hier als tröstende Geste. — **prohibebat:** Imperf. de conatu.

15 quaeso: s. § 12. — **sanctissime:** sanctus *ehrwürdig.* — **haec est vita:** = haec (vestra) vita est vera vita. — **quin:** s. § 14. — **non ita est:** Sinn: non fas est. — **templum:** In gehobener Sprache findet sich öfters das Bild templum deorum statt caelum oder mundus. Das Etymon *(abgetrennter* *heiliger Bezirk)* klingt dabei mit. — **liberavit:** Der Selbstmord wird von den Pythagoreern und von Platon verurteilt (ebenfalls im **„Phaidon"**, u. a. mit der Begründung, die Menschen gehörten den Göttern und hätten kein Verfügungsrecht über ihr Leben; 62 B; s. a. die zu e carcere zitierten Worte aus 62 B). Zur stoischen Auffassung vgl. zu II 1. — **homines eqs.:** Der Satz fällt durch die Fülle seiner relativischen Bestimmungen auf. Sie sind alle attributiv bis auf den ersten; dieser hat finalen Nebensinn.

hac lege: s. I 38 ea lege. — **tuerentur:** tueri *schützen, verwalten* (vgl. über die Stellung des Menschen in der Schöpfung zu III 1 ff.). — **globum:** globus *Kugel.* — **animus eqs.:** Über die Vorstellung der Stoiker von der (Feuer-) Seele als weltimmanenter und individueller Kraft vgl. III 33 und die dort angegebenen Hinweise. — **sidera . . . stellas:** sidus *Sternbild;* stella *(einzelnes) Gestirn.* — **globosae:** globosus Adjektiv zu globus (s. o.). — **rotundae:** rotundus *rund.* — **animatae:** animare *beleben, beseelen.* — **mentibus:** s. Wv. — **circos suos orbesque:** Hendiadyoin wie I 45 orbis et quasi circuitus; circus *Kreis, Kreislinie, (Renn-) Bahn.* — **piis:** s. impius § 12. — **animus:** s. Wv. — **munus:** *Aufgabe.* — **assignatum:** assignare (bes. in der Militärsprache) *anweisen, zuweisen.* — **a deo:** zu assignatum; vgl. die Stellung von per me in § 11. — **defugisse:** Die Vorsilbe de- ist intensivierend gemeint. — Zu den Bildern (bes. custodiae und defugisse) s. § 14.

16 avus: Gemeint ist der Adoptivgroßvater. — **pietatem:** (vgl. piis § 15) I 4. — **patria:** s. § 13 — **maxima:** magnus hier *wichtig.* — **coetus:** s. § 13 concilia eqs. — **laxati:** (s. relaxare I 14) laxare *erleichtern, befreien.* — **locum:** s. § 11. — **candore:** candor *weiße Farbe; Glanz.* — **circus:** s. § 15. — **inter flammas:** sc. stellarum. — **orbis lacteus:** *Milchstraße* (vgl. § 11 loco). — **nuncupatis:** nuncupare (als sehr gewähltes Wort der Kultsprache) *feierlich aussprechen; (mit einem besonders feierlichen Ausdruck) benennen.* — **ex quo:** sc. orbe lacteo. — **contemplanti:** contemplari *ruhig und aufmerksam betrachten, sich in die Betrachtung* einer Sache *versenken* (Konkret und aufs Geistige übertragen); das Verb, das aus der Auguralsprache stammt, verstärkt durch seine Verwandtschaft mit templum (§ 15) den religiösen Charakter der Stelle. (Es ist das Wort, mit dem θεωρεῖν [theorei'n] übersetzt wird und meint in philosophischen Zusammenhängen die im eigentlichen Sinne *geistige,* also nicht nur rationale *Betrachtung;* daher vita contemplativa s. z. Vorr. von Buch I.) — **cetera:** Gemeint ist alles außer der von seinem Standpunkt aus winzigen Erde (s. u.). — **eae:** = tales. — **stellae:** s. § 15. — **ex hoc loco:** = e terra. — **suspicati:** suspicari, hier *vermuten, ahnen.* — **ea:** Gemeint ist der Mond (luna). — **citima:** citimus (seltener Superlativ zu citra, citerior) *der nächste.* — **terris:** poet. Plural. — **globi:**

s. § 15. — **facile:** (adv.) *bei weitem, durchaus, entschieden.* — **eius:** = terrae. — **paeniteret:** = pigeret. — **punctum eius:** (sc. terrae) Auch dieses Motiv findet sich in **Platons „Phaidon‘**, (110 B); dort erzählt **Sokrates** seinen Freunden, wie die Erde, vom Himmelsall betrachtet, aussehe: „...wie ein zwölfteiliger Lederball...“ Cicero läßt das imperium Romanum zu einer ähnlichen relativen Bedeutungslosigkeit zusammenschrumpfen wie nachher (s. bes. zu §§ 20 u. 23) den menschlichen Ruhm. — **attingimus:** attigere alqd *etw. an-(be-)rühren; angrenzen an* ... — Nach diesen Worten verschwindet offensichtlich die Erscheinung des **Paullus.**

β) Planetenzonen und Sphärenharmonie.

Zu §§ 17 ff.: Zu diesem Abschnitt vgl. Referat und Auszug aus dem Mythos vom Pamphylier **Er in** den Vorbemerkungen zu §§ 3 ff. — Die wissenschaftliche **Astronomie**, fachlich im Altertum nicht gegen die Astrologie (s. § 12) abgegrenzt, ist von den Griechen, die orientalische, vorwiegend babylonische Erkenntnisse übernahmen, zu einer „zweckfreien“, d. h. nicht an praktische Bedürfnisse gebundenen Wissenschaft entwickelt und erhoben worden. Bereits die **Vorsokratiker** überwanden allmählich durch spekulative Forschung das **homerische** Weltbild von der Erdscheibe mit dem umgebenden Okeanos und dem darüber wie eine „Käseglocke“ gestülpten Himmel. Bis zu **Platon** und **Aristoteles** war die Kugelgestalt der Erde bereits bekannt, ihre Achsendrehung diskutiert. Aber die Erde galt noch als der Mittelpunkt des Alls, das Weltbild war geozentrisch. (Vgl. die Interpretationshinweise zu **Platons** Mythos in den Vorbemerkungen zu §§ 3 ff. Angeblich ist **Platon** in einer späteren Periode seines Lebens von der geozentrischen Weltsicht abgegangen, vielleicht durch Einfluß von **Pythagoreern**; aber **Aristoteles** hat die Entwicklung, die sich damit anzubahnen schien, aufgehalten.) Der Hellenismus brachte die Entdeckung der Ekliptik und andere wesentliche Einsichten. Z. T. auf Vorarbeiten der **Pythagoreer** fußend, wurde dann durch **Aristarchos** von Samos (etwa 320—250 v. Chr.) und **Seleukos** von Seleukia (im 2. Jhdt. v. Chr.) mit mathematischen Mitteln die heliozentrische Theorie bewiesen. Es war **Klaudios Ptolemaios** (um 150 n. Chr.) aus Ptolemais in Ägypten, einem sonst sehr verdienten alexandrinischen Geographen und Astronomen, vorbehalten, den Streit um die beiden Weltbilder für fast 1500 Jahre zugunsten des geozentrischen zu entscheiden. Das **Christentum** unterstützte diese Lehre, weil sie der des Alten Testaments entsprach. **Kopernikus** (1473—1543) griff, wie er selbst berichtet, auf die vorptolemäischen Philosophen und Astronomen zurück, um der Theorie von der heliozentrischen Organisation des Weltalls zum endgültigen Siege zu verhelfen. — **Cicero** waren, wie wir wissen, beide Theorien bekannt. Das

Problem dürfte ihm allerdings nicht sehr nahe gegangen sein, weil er sich höchstens aus theologischen und ethischen Gründen gelegentlich dafür interessierte, und ihm wegen seiner anthropozentrischen Vorstellungen (s. zu III 1ff.) das geozentrische Weltbild mehr zusagte. Aus solchen und anderen Beweggründen heraus (Anlehnung an **Platon**, die **Stoiker** usw.) hat er sich auch hier für dieses entschieden. — Die Konzeption, die **Cicero** vortragen läßt, ist in vielem der des Mythos in **Platons „Politeia"** (s. Vorbemerkungen zu §§ 3 ff.) ähnlich. Die kugelförmige, aber unbewegliche Erde befindet sich in der Mitte des Kosmos. Als konzentrische Sphären umschließen sie die Bahnen der sieben „Planeten" (s. zu I 22) in der Reihenfolge: Mond, Merkur, Venus, Sonne, Mars, Jupiter, Saturn. Das Ganze ist von der Hohlkugel des Himmelsgewölbes, an der die Fixsterne haften, umgeben. Gemäß den Lehren der alten Stoa, der sich auch maßgebende Vertreter der „mittleren" Stoa angeschlossen haben, besteht es aus dem reinsten, göttlichen Feuer (s. III 33) und wird demnach im Sinne des Pantheismus dieser philosophischen Richtung mit dem höchsten Gott identifiziert. Es entspricht auch dieser Theologie, wenn die vom Körper befreite Seele den Kosmos schaut (s. § 16). (Das tut zwar **Er** in **Platons** Mythos ebenfalls. Aber er kommt ja nicht in den „Himmel", sondern nur in eine Zwischenregion. Das eigentliche Ziel wird in der **„Politeia"** nur angedeutet: „Wer aus dem Himmel kam, erzählte von frohen Erlebnissen und Anblicken von unnennbarer Schönheit. All das wiederzugeben, würde viel Zeit kosten." In seinem Dialog **„Phaidros"** sagt **Platon** ausdrücklich, daß die Glückseligkeit der dem Irdischen entronnenen Seele in der Schau der Ideen liege.) Bis zum Mond erstreckt sich die Region des Vergänglichen und Sterblichen. Von allen irdischen Dingen und Wesen ist nur die menschliche Seele unsterblich und kann in die Sphären des Geistigen, Unvergänglichen aufsteigen, sobald sie sich vom Körper löst (§ 14).

Die Vorstellung von der Sphärenharmonie ist der des platonischen Mythos in vielem ähnlich. Demnach dreht sich der Fixsternhimmel in 24 Stunden von Osten nach Westen um die Erde, die Bewegung der „Planeten" verläuft in entgegengesetzter Richtung. Nach mathematisch-musikalischen Theorien der **Pythagoreer** wurden die Töne auf Zahlenverhältnisse zurückgeführt (vgl. die Zahlenspekulationen für die Ethik zu § 12). Das wird auf den Kosmos übertragen. Die Abstände der acht Sphären entsprechen dem Verhältnis der Saitenlänge zur Tonhöhe auf den Musikinstrumenten. Mit dem Abstand von der Erde nimmt die Geschwindigkeit der rotierenden Sphären und damit auch die Tonhöhe zu. Die Himmelssphäre ist sodann die Oktav zur Mondsphäre. — Die Frage, warum **Cicero** zwar von acht Sphären, aber nur von sieben Tönen spricht, wartet immer noch auf eine endgültige Erklärung. Daher hat schon **Macrobius** einen Zusammenhang zwischen dem „Traum" und der pythagoreischen Lehre geleugnet (vgl. die Vorbemerkungen zu §§ 23 ff.). (Er wollte „in quibus eadem vis est duorum" § 18 auf Venus und Merkur (§ 17 „. . . alter, alter . . .") beziehen. Dann bliebe die Frage offen, warum die Sonne (§ 17 „. . . ut comites") nicht auch die gleiche Tonhöhe aufweise.) Andeutungsweise sei hier erwähnt, daß man sich gegen die Behauptung des Kommentators mit der Vermutung, Cicero zähle die Oktav nicht als besonderen Ton, zufrieden gegeben hat. Es bleiben dann aber weitere Schwierigkeiten, die hier nicht erörtert werden können. Das Problem ist auch für das Anliegen des „Traumes" bedeutungslos (vgl. den Schluß der Vorbemerkungen zu §§ 9 ff.). — Es sei noch darauf hingewiesen, daß auch hier astrologische Vorstellungen sich mit astronomischen verbinden (vgl. bes. die Attribute der „Planeten"). — Zur Sonderstellung der Sonne s. u. § 17.

17 magis: *eindringlicher*, *„genauer"*. — **quaeso:** s. § 12. — **quousque:** *wie lange ?* — **mens:** s. Wv. — **aspicis:** (= adspicis) Das Objekt templa erscheint erst im Relativsatz. — **templa:** s. § 15; der Plural ist „poetisch". — **tibi:** dativ. ethic. — **orbis:** (s. § 15) *Kreis.* — **globis:** (s. § 15) hier also *Hohlkugeln, Sphären.* — **omnia:** *das All, der Kosmos.* — **extimus:** seltener Superlativ statt extremus (vgl. citima § 16). — **arcens et continens:** Während complectitur nur das räumliche Umfassen ausdrückt, wird hier der summus deus (=Fixsternhimmel) als derjenige bezeichnet, der die Ordnung des Kosmos verbürgt: Er sorgt dafür, daß die Bahnen der „Planeten" nicht verkürzt werden und daß sie den rechten Abstand nicht überschreiten. (Vgl. die Tätigkeit der Moiren in Platons Mythos „Zu § 3 ff."; s. a. princeps deus § 13 u. 26.) — **in quo sunt eqs.:** = infixae illae stellae, quae cursibus sempiternis volvuntur. — **stellarum:** s. § 15. — **versantur:** frequentativ zu vertere. — **contrario . . . atque:** vgl. idem (similis, alius) atque. — **illa:** sc. stella.

prosperus: *glückbringend, günstig.* — **salutaris:** *heilbringend, heilsam.* — **ille fulgor, qui . . .:** (s. o. in quo sunt) = fulgor illius stellae, quae stella Jovis (i. e. Jupiter) dicitur. — **rutilus:** *rötlich.* — **terris:** = hominibus. — **Martium:** Die Beziehung auf fulgor (wie bei rutilis und horribilis) als adjektivisches Attribut wie oben das Genetivattribut Jovis. — **subter:** (Adv.) *darunter.* — **fere:** wegen der verschiedenen Abstände (s. o. Vorbemerkungen zu 17 ff.). — **regionem:** regio *Raum, Bezirk.* — **Sol:** Die Sonne bekommt die Ordnungsfunktionen innerhalb des „Planetensystems", die der Staatsmann innerhalb der res publica besitzt. — **moderator:** s. V 8 (moderari I 45). — **temperatio:** (s. u. a. I 66 temperatus) wohl wegen mens feminin statt temperator: *Ordnerin.* — **mens:** s. Wv. — **lustret:** = illustret (s. illustris I 4). — **consequuntur:** = sequuntur. — **ut comites:** wegen der Sonnennähe: *Trabanten.* — **accensa:** accensus *erhellt, beleuchtet.* — **convertitur:** (s. conversio § 18 und I 22) s. volvuntur, versantur (vorher). — **infra:** (s. o. subter) *unterhalb* (gemeint ist: unterhalb der Mondsphäre). — **caducum:** caducus *hinfällig, vergänglich.* — **animos:** s. Wv. — **Tellus:** (poet.) = terra. — **neque . . . et:** *einerseits nicht . . . andererseits.* — **feruntur:** ferri sich rasch bewegen, sich stürzen, streben. — **nutu:** nutus hier *Neigung, Schwerkraft* (s. dagg. I 43 und 56). — **pondera:** pondus *Gewicht, Masse.*

18 stupens: stupere *staunen, überrascht sein.* — **me recepi:** se recipere *sich erholen, sich fassen, sich sammeln.* — **intervallis:** sc. globorum; intervallum *Zwischenraum, Abstand.* — **disiunctus:** *getrennt, verschieden.* — **pro rata parte:** *in bestimmtem Verhältnis.* — **ratione distinctis:** ratio (s. Wv.) hier zugleich *Berechnung* (s. o. zu §§ 17 ff.: das Mathematische als Grundlage) und *Gesetzmäßigkeit;* distinctus (vgl. I 41) *(an)geordnet, gegliedert.* — **orbium:** s. § 15. — **acuta:** acutus (von Tönen) *hoch.* — **gravibus:** gravis (von Tönen) *tief.* — **temperans:** s. temperatio § 17. — **concentus:** *Harmonie.* — **aequabiliter:** (s. Wv. und I 43 aequabilitas) *gleichmäßig.* — **silentio:** ablat. modi. — **natura fert, ut . . .:** *die Natur bringt es mit sich, daß . . .; es ist natürlich, daß . . .* — **extrema eqs.:** Was gemeint ist, erklärt der nächste Satz: Mond- und Himmelssphäre.

stellifer: (s. § 15 stella) *gestirnt* (poet. zu cursus statt zu caeli). — **conversio:** s. I 22. — **concitatior:** concitatus *beschleunigt, schnell.* — **excitato:** excitatus *durchdringend, schrill.* — **nona:** prädikativ. — **duorum:** vgl. die Vorbemerkungen zu §§ 17 ff. — **qui numerus:** sc. septem (vgl. die Vorbemerkungen zu §§ 17 ff.). — **nodus:** (s. enodare § 7) *Knoten; Band.* — **docti homines:** s. Wv.; Cicero stellt also hier beiläufig Künstler und Philosophen, wenn nicht den Staatsmännern gleich, so doch in ihre Nähe (vgl. reditum zu § 13 huc revertuntur). — **nervis:** (nervus *Saite*) Hier wird also die Aufeinanderfolge der Erkenntnisse umgekehrt dargestellt (s. Vorbemerkungen zu §§ 17 ff.): Die menschliche Instrumental- und Vokalmusik ist eine Nachahmung der kosmischen. — Der lesbische Musiker **Terpandros** hat angeblich die Lyra, die ursprünglich mit vier Saiten bespannt war, als erster mit sieben Saiten versehen. — **praestantibus ingeniis:** (ingenium s. Wv.; praestans *hervorragend;* s. I 69) instrumentalkausal. — **divina studia:** Die Gegenstände der Philosophie, vor allem Metaphysik. Zu divinus vgl. I 18 und die dort gegebenen Hinweise; hier kennzeichnet es Beschäftigungen mit Dingen, die *göttlichen Wesens* bzw. *Ursprungs* sind.

19 oppletae: = completae. — **obsurduerunt:** obsurdescere *taub werden.* — **hebetior:** hebes *abgestumpft, stumpf.* — **sicut eqs.:** Der Vergleich entstammt den „Wanderlegenden", die man sich auf Grund übertriebener Berichte reisender Kaufleute usw. im Altertum von wenig bekannten Volksstämmen erzählte. — **ubi:** = ibi, ubi . . . — **accolit:** accolere *Anwohner sein, in der Nähe wohnen.* — **hic:** zu sonitus = die Sphärenharmonie. — **incitatissima conversione:** s. § 18 conversio . . . concitatior. — **nequitis:** nequeo negativ zu queo I 9. — **acies:** hier *Sehschärfe.*

γ) Begrenzung des irdischen Ruhmes durch Raum und Zeit.

20 tamen: Trotz des überwältigenden Einblickes in die Struktur des Kosmos geht es **Scipio** doch vor allem um das Geschehen auf der Erde. — **identidem:** *immer wieder.* — **etiam nunc:** *auch jetzt noch, immer noch.* — **sedem . . . ac domum:** s. z. B. I 41. — **contemplari:** s. § 16. — **ut est, ita . . .:** sicut est. — **haec caelestia:** s. I 26. — **celebritatem sermonis hominum:** *Berühmtheit im Munde der Menschen* (sermo s. Wv.). — **consequi:** s. I 28. — **gloriam:** (s. a. unten noch einmal) vgl. zu III 40 u. o. „Zu §§ 9 ff." — **Vides habitari eqs.:** Das, was folgt, entspricht den geographischen Vorstellungen und den Reiseerfahrungen des Altertums: Nur die gemäßigten Zonen sind bewohnbar, sie sind dazu nur zum Teil besiedelt. Ein Verkehr zwischen den zerstreuten Ansammlungen ist schwierig, wenn nicht gar unmöglich. — **habitari . . . habitatur:** medial *(man wohnt).* — **maculis:** macula *Fleck.* — **solitudines:** solitudo *Einöde, Wüste.* — **interiectas:** interiectus *dazwischenliegend, -befindlich* (s. dagg. I 42). — **interruptos:** interruptus *getrennt* (sc. illis maculis). — **manare:** *fließen; sich verbreiten, gelangen.* — **obliquos:** obliquus (ἄντοικος a'ntoikos) „*Gegenbewohner*" (= ein Mensch, der auf dem gleichen Meridian, aber in der gemäßigten Zone der südlichen Erdhalbkugel wohnt). — **transversos:** transversus (περίοικος peri'oikos) „*Nebenbewohner*" (= ein Mensch, der auf demselben Breitengrad, aber dem entgegengesetzten Meridian wohnt). — **adversos:** adversus (ἀντίπους anti'pūs) „*Antipode*" (= ein Mensch, der auf dem entgegengesetzten Meridian und Breitengrad wohnt).

21 quibusdam . . . cingulis: cingulus (Erd-)Gürtel, Zone. Über die Kugelgestalt der Erde s. Vorbemerkungen zu §§ 17 ff. — Die uns geläufige Zoneneinteilung (in fünf Zonen) liegt bereits den Einsichten der eleatischen Philosophenschule zugrunde, deren Hauptvertreter **Parmenides** behauptet hatte, nur die gemäßigten Zonen seien für Menschen bewohnbar (s. o. § 20 und **Ovidius**, Metamorph. I 46 ff.). — **redimitam:** redimire *umbinden, umwinden.* — **diversos:** diversus hier *getrennt, entgegengesetzt.* — **verticibus:** vertex *(Drehpunkt) Scheitel, Pol.* — **subnixos:** subniti alqa re *sich auf etw. stützen.* —

obriguisse: obrigescere *erstarren.* — **pruina:** *Reif; Frost.* — **torreri:** torrere *ausdörren, versengen.*

australis: (< auster *Südwind*) *südlich.* — **insistunt:** wie § 20 stare (Text). — **urgunt:** = premunt. — **nihil ad vestrum genus:** sc. pertinet *hat nichts zu tun mit . . .* — **hic eqs.:** Das Subjekt des indirekten Fragesatzes ist vorweggenommen. — **subiectus:** (vom Bild her zu verstehen: dem aquilo *unterworfen* =) *nach . . . gelegen.* — **aquiloni:** aquilo *Nordwind; Norden.* — **quem:** Das Beziehungswort ist hic . . . alter. — **tenui . . . parte:** tenuis pars *schmaler Streifen.* — **contingat:** contingere alqm alqa re *jdn. berühren, in Beziehung zu jdm. stehen.* (Wahrscheinlicher ist die Lesart contineat = *beschränken auf . . .*) — **angustata:** angustari *sich verengen.* — **qui:** Das Subjekt des indirekten Fragesatzes ist in der Form des relativischen Anschlusses an die Spitze gerückt. — **tanto nomine:** konzessiv *(bei . . ., trotz . . .).*

22 **cultis:** cultus (s. § 19 accolit, § 21 incolitis und colitur u. a. m.) *bebaut; bewohnt.* — **nostrum:** genetiv. partitiv. — **Caucasum . . . Gangem:** Symbole für die Grenzen der „Welt" (s. Ev. II). — **quis eqs.:** = quis in reliquis ultimis partibus orientis aut occidentis solis aut aquilonis austrive . . . — **quibus:** sc. partibus. — **amputatis:** amputare *abschneiden; abziehen.* — **profecto:** *wirklich, (erst) richtig.* — **angustiis:** angustiae (Plur.; vgl. angustari § 21) *Engpaß; enger, beschränkter Raum.* — **gloria:** s. zu § 20 — **dilatari:** dilatare *ausbreiten.* (Das Passiv ist medial gemeint.) — **quam:** zu diu.

23 **proles:** s. II 13. — **deinceps:** (zu prodere) *der Reihe nach, von Generation zu Generation.* — **nostrum:** s. § 22. — **laudes:** (Plur.) *Ruhmestaten.* (Zum Ahnenstolz und -kult vgl. § 16.) — **a patribus:** Gemeint ist die jeweilige Vätergeneration, die der Jugend von den großen Taten erzählt. — **posteris prodere:** (vgl. zu trade memoriae § 10) *der Nachwelt, den nachfolgenden Generationen überliefern.*

eluviones exustionesque terrarum: (eluvio *Überschwemmung;* exustio *Verbrennung, Zerstörung durch Brand*) Der Gedanke entstammt Lehren, die von den meisten Anhängern der **Stoa** vertreten wurden. In Anlehnung an **Herakleitos** (s. III 33 u. o. „Zu §§ 17 ff.") war die feinste und zugleich schöpferische Substanz der Welt das (vernunftbegabte) Feuer, aus dem sich alle andern Elemente (und aus diesen wieder alle lebenden und toten „Dinge") entwickelt haben. In bestimmten Perioden wandeln sich die konkreten Dinge und die Elemente durch einen Weltbrand (ἐκπύρωσις ekpy'rōsis) wieder in das Urfeuer zurück. Danach entsteht die Welt wieder genau so, wie sie vorher war (παλινγενεσία palingenesi'a). — Im Zusammenhang mit vorwissenschaftlichen Vorstellungen von sintflutartigen Überschwemmungen, wie wir sie u. a. aus dem

Babylonischen, aus der **Bibel** und aus den Metamorphosen des **Ovidius** kennen, nahmen manche **Stoiker** auch als Zwischenstadium beim Umwandeln der Elemente die teilweise Vernichtung der Erde durch Überflutungen an. — Der Zeitraum zwischen zwei Weltbränden wurde „Weltjahr" genannt (vgl. § 24). — Diese stoischen Dogmen lassen die menschliche Existenz und die menschlich-irdischen Angelegenheiten räumlich (§ 22), individuell-zeitlich (§ 22 Ende) und schließlich generell-zeitlich zu einer Bedeutungslosigkeit zusammenschrumpfen, die ähnliche Bemühungen in **Platons** Mythos noch übertrifft. Daher hat **Cicero** sie hier verwandt. — **gloriam:** s. § 20. — **sermonem:** s. § 20. — **cum:** adversativ. — **nullus:** sc. sermo de te. (Die Erklärung ergibt sich aus dem nächsten Satz; § 24.)

Die Folgerichtigkeit des Gedankenganges erscheint etwas rätselhaft. Offensichtlich ist folgendes gemeint: „Im Munde der Nachwelt zu sein, bedeutet nichts, wenn die früheren Generationen nicht von uns gesprochen haben, zumal wir bei denen, die (jetzt und später) von uns hören, nicht für ein einziges Weltjahr in Erinnerung bleiben können." Diese Auffassung des Textes ist aber nur dann möglich, wenn der Satz „praesertim cum eqs." an den letzten Satz von § 23 anschließt. Dagegen kann er unmöglich eine Begründung für „Qui nec pauciores . . . viri" sein. Es bleibt daher nichts anderes übrig, als diesen Satz entgegen der üblichen Interpunktion entweder als Parenthese oder als Apposition zu „qui ante nati sunt" aufzufassen. — Aber auch dann, wenn man sich zu einer dieser Lösungen, die wenigstens den Sinnzusammenhang wahren, entschließt, behält das so entstandene Satzgefüge eine gewisse Schwerfälligkeit, die gerade im „Traum", dem sonst so hochstilisierten Text, auffällig wirken muß. — Die Notwendigkeit einer solchen Textgestaltung entfällt, wenn man sich (entgegen der allgemein üblichen Interpretation; s. u.) bereit findet, meliores mit *brauchbarer* oder *nützlicher* o. ä. zu übersetzen, und zwar in dem Sinne, daß die früheren Generationen wegen der längeren Zeitdauer innerhalb des Weltjahres dem Träger des Ruhmes genehmer sein müßten. Diese Erklärung liegt zwar im Bereich der Bedeutungsmöglichkeiten von meliores, würde aber doch etwas verkrampft wirken. — Gleichgültig, ob man die Stelle so oder so auffaßt, es bleibt ein Rest. Denn im Anschluß an den behandelten Satz wird der Begriff des Weltjahres (s. u.) erklärt; und diese Darstellung schließt (§ 24 Ende) mit der Feststellung, daß vom laufenden Weltjahr erst der zwanzigste Teil verflossen sei. Dadurch verlieren die nachdrückliche Betonung der Bedeutungslosigkeit des Ruhmes bei den Nachfahren und ihre Begründung durch praesertim cum eqs. sehr an Gewicht. Es kommt schließlich hinzu, daß die stoische Lehre von der Wiederkehr alles Geschehens

(s. § 23) die Generationsfrage recht zweitrangig erscheinen läßt. — Somit bleibt das Problem der kompositorischen Konsequenz des Abschnittes in jedem Falle offen. Da aber Mängel dieser bzw. ähnlicher Art auch sonst im „Traum" festzustellen sind (s. Vorbemerkungen zu §§ 9 ff.), bleibt vorläufig die (immerhin nicht befriedigende) Ausflucht, daß für **Cicero** die poetische Kraft der beschworenen Bilder wichtiger als die fugenlose Struktur der Gedanken gewesen ist.

24 nec . . . et . . .: s. § 17. — **meliores:** Man hat hier eine Andeutung der pessimistischen Anthropologie (stufenweiser sittlicher Verfall der Menschheit), die zuerst **Hesiodos** in der Darstellung der vier Kulturepochen, dann nachdrücklich die **Stoa** vertreten haben, zu sehen geglaubt. In der römischen Literatur begegnet sie dem Schüler in den geschichtsphilosophischen Gedankengängen des **Sallustius** (s. zu V 1) und in den Metamorphosen des **Ovidius**. — **unius anni:** Gemeint ist das Weltjahr (s. § 23) der **Stoiker**. Es beträgt, wie **Cicero** in einem anderen Werk berichtet, 12954 Zeitjahre (s. u. nondum vicesimam partem). — **memoriam:** hier (anders als z. B. I 1 und VI 10) *Erinnerung, Gedenken* im passivischen Sinne: *an sich.* — **consequi:** s. § 20. — **populariter:** (ähnl. vulgo *nach Art des Volkes*) *allgemein, gewöhnlich* (s. dagg. popularis z. B. I 42). — **astri:** astrum (griech. Fw.) *Gestirn, Sternbild* (s. sidus und stella § 15). — **reditu:** reditus hier *Umlauf, Umlaufszeit.* — **re ipsa:** = reapse (I 2) oder re vera (I 51). — **ad idem:** *zu demselben Punkt, derselben Stellung.* — **discriptionem:** (discriptio *Verteilung, Ordnung;* vgl. I 70). Manche Herausgeber schreiben descriptionem (vgl. I 22); jedoch kann discriptio durchaus im Sinne von descriptio gebraucht werden, so daß sich kein Bedeutungsunterschied ergibt. — **rettulerint:** referre *zurückbringen, wieder herbeiführen.* — **ille:** sc. annus. — **vertens:** vertere (hier intrans.) *sich wenden, umlaufen.* (s. § 17 versantur, volvuntur, convertitur). — **saecula:** saeculum (s. II 2) *Menschenalter, Generation* (im Altertum meist als Zeitraum von $33^1/_3$ Jahren gerechnet). — **teneantur:** = contineantur.

deficere sol: Zum Begriff vgl. I 23, zur Sache I 25 und II 17. — **animus:** s. Wv. — **templa:** s. § 15 und (zum Plural) § 16. — **penetravit:** penetrare *eindringen; (durch die Himmelsregionen) dringen zu . . .* — **quandoque:** = cum aliquando entsprechend dem fg. tum. — **ab eadem parte:** = eodem loco. — **signis:** signum = sidus (s. § 15). — **principium:** *Ausgangspunkt* (wie oben cum ad idem, unde semel profecta sunt, cuncta astra redierint). — **revocatis:** revocare *zurückführen.* (Die Grundbedeutung weist auf die Vorstellung von der Beseeltheit der Gestirne hin; s. zu § 12.) — **expletum:** prädikativ. — **habeto . . scito:** s. § 13. — **nondum vicesimam partem:** Der Zeitraum vom Tode des **Romulus (716) bis zum „Traum" Scipios** (149) ergibt

567 Jahre, mal zwanzig 11340 Jahre; also noch kein volles Weltjahr (s. o. unius anni). — **conversam:** s. o. vertens und § 12.

25 quocirca: *daher.* — **in hunc locum:** Ort der Seligen, an dem sie sich befinden. — **desperaveris:** (potential) Gemeint ist (vgl. §§ 17 und 19): „Du könntest vielleicht zu stark an irdische Dinge und Ruhm unter den Menschen gebunden sein." — **in quo eqs.:** Der Satz läßt sich mit dem Dativ der beteiligten Person durchaus verstehen, wenn man „omnia sunt" als das auffaßt, was „*von wirklicher Bedeutung*" ist. — Jedoch hat man die sprachliche Formulierung als schwerfällig empfunden und deshalb entweder „posita" ergänzt oder „magnis . . . viris" als Ablativ erklärt und „omnia" durch „plena" ersetzt. — **praestantibus:** s. § 18; s. o. — **quanti:** *wie wenig, wie gering, wie klein!* — **unius anni:** s. § 24. — **alte:** *nach oben, aufwärts.* — **sedem et . . . domum:** s. zu § 20 — **contueri:** = intueri. — **sermonibus vulgi:** noch verächtlicher als § 20 sermonis hominum. — **neque . . . dederis . . . nec . . . posueris:** prohibitiv. — **te sermonibus . . . dederis:** vgl. se litteris dare. — **illecebris:** s. II 8. — **virtus:** (s. z. Vorr. zu Buch I) „Wollten diese Philosophenschulen (gemeint sind die **Epikureer, Aristipeer** usw.) also nicht mit sich selbst in Widerspruch geraten, so könnten sie eigentlich über Pflicht (officium) gar nichts aussagen; und feste, unumstößliche und naturgemäße Vorschriften darüber können nur von solchen Philosophen weitergegeben werden, die behaupten, die honestas (= virtus) sei ausschließlich oder vornehmlich um ihrer selbst willen zu erstreben. Daher sind Vorschriften auf diesem Gebiet nur Sache der **Stoiker, Akademiker** und **Peripatetiker . . .**" So formuliert **Cicero** De officiis I 6 und stellt damit die Verwandtschaft im Denken seiner Schule, der **Akademiker**, zu dem der **Stoiker** fest. — **verum decus:** = vera gloria. — **ille:** = vulgi (s. vorher: et loquentur tamen). — **angustiis:** vgl. § 20. — **cingitur:** cingere (s. cingulus § 21) *umgürten; beschränken auf . . .* — **perennis:** (s. II 10) *(an-)dauernd.* — **posteritatis:** posteritas = posteri (§ 23); abstractum pro concreto.

δ) Unsterblichkeit der Seele (nach Platons „Phaidros").

26 siquidem: s. I 19. — **patria:** s. § 13 — **limes:** *(Grenzweg) Weg.* — **a pueritia:** vgl. I 36. — **defui:** non deesse alci *sich bemühen um . . .* — **decori:** s. § 25. — **enitar:** (s. § 12 nitatur) intrans. absolut *sich anstrengen.* — **vigilantius:** (s. § 10 vigilassem und vigilans) vigilans hier *wachsam.* — **habeto:** s. § 13 und 24. — **declarat:** declarare *darstellen.* — **mens:** (s. Wv.) Das Wort ist als Übersetzung von λόγος (lo'gos) statt animus (s. Ende des nächsten Satzes) gewählt, um die ff. Aussagen vorzubereiten. Sie gehen wieder auf die **stoische** Lehre von der im „Makro-" und „Mikrokosmos" gleicherweise wirkenden

Allvernunft, von der die individuelle ein Teil ist, zurück (s. III 33 u. o. zu § 23). Und damit ist der Mensch zugleich Gott. — **is:** *dás* (hervorhebend = mens, formal auf quisque bezogen). — **Deum:** (s. o. zu mens) Der Mensch als Gott ist also hier nicht im Sinne der mehr oder weniger unverbindlichen Attribute divinus, dius (s. zu § 13 u. I 64) und die dort gegebenen Hinweise zu verstehen, wie die Relativsätze beweisen, sondern mit den Stoikern als Teilhaber an der Allvernunft. Allerdings wird die Bezeichnung nachdrücklich auf den Staatsmann beschränkt; auch die Stoiker behielten diese Identifikation ihrem utopischen „vollendeten Weisen" vor. Jedoch sollte man nicht verkennen, daß eine gewisse, wenn auch weitläufige Verwandtschaft zwischen der volkstümlichen und der stoischen Vorstellung besteht: Ein wesenhafter, qualitativer Unterschied zwischen Gott und Mensch besteht nicht, und Menschen von ausgezeichnetem Charakter, überdurchschnittlichen geistigen Fähigkeiten und höchsten Leistungen unterscheiden sich kaum noch von Gott. Für den Skeptiker **Cicero** sind das im Grunde gewagte Bilder, ganz bestimmt nicht persönliche Glaubensbekenntnisse. Doch ihrer poetischen und religiösen Wirkung kann er gewiß sein. (Zu den Prädikaten der Relativsätze vgl. die Attribute des princeps u. a. § 13 u. V 8; zu providere s. II 5.) — **scito:** s. o. habeto. — **qui eqs.:** Die Relativsätze sind Subjekte zu est deus. — **viget:** vigere *Lebenskraft besitzen.* — **regit eqs.:** Das Bild von der den Körper regierenden Seele, ebenso platonisch wie stoisch, ist die Voraussetzung für das Modell der strukturierten Seele (s. I 60 regale imperium; zwar nur vom Gesamtseelischen gesagt, aber da die Triebe und Affekte dem Körperlichen zugeordnet, zugleich auch von diesen; s. weiter zu III 33 und den dort angegebenen Stellen); hier ist es über den staatlichen Bereich hinaus in den kosmischen gerückt. Es verflicht sich mit dem Bild des „Organismus" beim Individuum und Staat (z. B. I 62 Menenius Agrippa und I 60 „De re publica"). — **moderatur:** s. z. B. I 45. — **ex quadam parte:** *teilweise, in gewisser Hinsicht* (nämlich soweit sie ihre Gestalt nach dem Weltjahr im Brand wieder verliert). — **fragile:** fragilis *gebrechlich; vergänglich.* — **animus:** s. Wv.

Zu §§ 27 f.: Der jetzt folgende Beweis für die Unsterblichkeit der Seele ist eine fast wortgetreue Übersetzung aus **Platons „Phaidros"** (245 C — 246 A). Er paßt sich gut in die stoische Makro-Mikrokosmos-Vorstellung (§ 26) ein.

Der griechische Text wird für solche Leser, die ihn verstehen und mit dem lateinischen vergleichen können, abgedruckt. Auf weitere Erklärungen kann verzichtet werden.

(Ψυχὴ πᾶσα ἀθάνατος.) Τό γὰρ ἀεικίνητον ἀθάνατον· τὸ δ'ἄλλο κινοῦν καὶ ὑπ ἄλλου κινούμενον, παῦλαν ἔχον κινήσεως, παῦλαν ἔχει ζωῆς. Μόνον δὴ τὸ αὑτὸ κινοῦν, ἅτε οὐκ ἀπολεῖπον ἑαυτό, οὔποτε λήγει κινούμενον, ἀλλὰ καὶ τοῖς ἄλλοις, ὅσα κινεῖται, τοῦτο πηγὴ καὶ ἀρχὴ κινήσεως. Ἀρχὴ δὲ ἀγένητον. Ἐξ ἀρχῆς γὰρ ἀνάγκη πᾶν τὸ γιγνόμενον γίγνεσθαι, αὐτὴν δὲ μηδ' ἐξ ἑνός· εἰ γὰρ ἔκ του ἀρχὴ γίγνοιτο, οὐκ ἂν ἔτι ἀρχὴ γίγνοιτο. Ἐπειδὴ δὲ ἀγένητόν ἐστιν, καὶ ἀδιάφορον αὐτὸ ἀνάγκη εἶναι. Ἀρχῆς γὰρ ἤδη ἀπολομένης οὔτε αὐτή ποτε ἔκ του οὔτε ἄλλο ἐξ ἐκείνης γενήσεται, εἴπερ ἐξ ἀρχῆς δεῖ τὰ πάντα γίγνεσθαι. Οὕτω δὴ κινήσεως μὲν ἀρχὴ τὸ αὐτὸ αὑτὸ κινοῦν. Τοῦτο δὲ οὔτ' ἀπόλλυσθαι οὔτε γίγνεσθαι δυνατόν, ἢ πάντα τε οὐρανὸν πᾶσάν τε γῆν εἰς ἓν συμπεσοῦσαν στῆναι καὶ μήποτε αὖθις ἔχειν, ὅθεν κινηθέντα γενήσεται. Ἀθανάτου δὲ πεφασμένου τοῦ ὑφ' ἑαυτοῦ κινουμένου, ψυχῆς οὐσίαν τε καὶ λόγον τοῦτον αὐτόν τις λέγων οὐκ αἰσχυνεῖται. Πᾶν γὰρ σῶμα, ᾧ μὲν ἔξωθεν τὸ κινεῖσθαι, ἄψυχον· ᾧ δὲ ἔνδοθεν αὐτῷ ἐξ αὑτοῦ, ἔμψυχον, ὡς ταύτης οὔσης φύσεως ψυχῆς· εἰ δ' ἔστιν τοῦτο οὕτως ἔχον, μὴ ἄλλο τι εἶναι τὸ αὐτὸ ἑαυτὸ κινοῦν ἢ ψυχήν, ἐξ ἀνάγκης ἀγένητόν τε καὶ ἀθάνατον ψυχὴ ἂν εἴη.

27 **movetur:** medial-reflexiv. — **motum affert:** = movet. — **quodque:** = et quod. — **agitatur:** (intens. zu agere) passivisch. — **aliunde:** = alicunde *von etwas anderem.* — **quando:** s. § 24 quandoque. — **umquam deseritur a se:** meint die Kontinuität der Bewegung. — **ne . . . quidem:** s. I 71. — **moveri:** wie o. movetur. — **moventur:** passivisch. — **hic . . . hoc:** Subjekte. — **principium:** (s. § 24) *Anfang, Urgrund, Ursprung, (Prinzip).* — **quodsi:** s. I 30. — **ne . . . quidem:** s. o. — **exstinctum:** kondizional. — **creabit:** creare *schaffen.* — **siquidem:** s. § 26. — **ita fit, ut . . .:** (formelhaft für den logischen Schluß) *so ergibt sich, daß . . .* (s. efficere mit a. c. i. III 18) — **motus:** = movendi. — **ex eo sit, quod . . .:** *von dem ausgeht, was . . .; sich in dem findet, was . . .* — **vel:** *außer* (= sin aliter; im Gegensatz zu seinem sonstigen Charakter als berichtigende Partikel ohne ausschließende Funktion). — **et . . . nec:** (vgl. nec . . . et § 24) *einerseits (wohl) . . . andererseits nicht.* — **consistat:** consistere *stehen bleiben, zum Stillstand kommen.* — **qua:** sc. vi. — **a primo:** *von Anfang an, noch einmal, wieder, aufs neue.* —

28 **pateat:** = apertum sit. — **moveat:** Modusassimilation. — **naturam:** hier (im Gegensatz zu dem weiter gefaßten Begriff § 27: Allnatur) *Beschaffenheit, Wesen* (vgl. z. B. I 47). — **animis:** (und weiter unten animi) s. Wv. — **inanimum:** inanimus *unbeseelt.* — **pulsu:** = impulsu (s. § 27 impulsa). — **agitatur:** s. § 27. — **animal:** = animatum. — **cietur:** ciere *bewegen.* — **natura:** wie oben. — **quae:** formal auf natura atque vis statt auf animi bezogen. — **de omnibus:** sc. rebus (bzw. neutral). — **quae moveat:** konsekutiver Nebensinn. — **neque . . . et:** s. o. et . . . nec. — **rebus:** res *Taten.*

c) Schluß: Das Schicksal der Seelen.

29 optimae: sc. curae (Prädikatsnomen). — **de salute patriae:** präpositionales Attribut zum Subjekt curae.. (zum Wort s. § 13). — **animus:** (und weiter unten animi) s. Wv. — **in hanc sedem et domum:** s. §§ 20 u. 25 — **ocius:** ocior = velocior. — **eminebit foras:** foras eminere *nach außen* (hier i. S. v. *nach oben*) *streben.* — **contemplans:** s. § 16 — **se . . . abstrahet:** se abstrahere *sich lösen.* — **se . . . dediderunt:** vgl. § 25 te sermonibus dederis. — **libidinum voluptatibus oboedientium:** libidines *die* (psychologischen) *Triebe;* voluptates *die* (aktuellen) *Genüsse.* — **deorum et hominum iura:** die ungeschriebenen und die kodifizierten Rechtsgrundsätze, kultisches und positives Recht. — **volutantur:** (volutare intens. zu volvere) *sich fortwälzen.* — **hunc in locum:** s. § 18. — **exagitati:** = agitati (s. § 27).

saeculis: s. § 24. **Platon** erzählt im „**Phaidros**" den Mythos vom „Seelengespann". Danach müssen die Seelen der Menschen, die nicht als Philosophen gelebt haben, eine Läuterungszeit von 10000 Jahren durchmachen (248 E); erst dann können sie in die himmlische Heimat zurückkehren. (Die Stelle weist einige verwandte Züge mit dem Mythos vom Pamphylier **Er** auf, zeigt aber auch wesentliche Unterschiede. Näher darauf einzugehen, ist hier nicht möglich. Am Rande sei auch noch auf den Begriff der Läuterung in **Platons** Dialog „**Phaidon**" 67 D und 81 C f. hingewiesen.) Man vergleiche auch aus der **Aeneis** des **Vergilius** VI 730—747. — **Ille discessit; ego somno solutus sum:** Die überraschende Knappheit des Schlusses führt **Scipio** und den **Leser** auf die Erde zurück. Den einen zum Abschied von seinen Freunden und zum Tode — den andern zum Nachdenken über das Verhältnis von Tod und Leben, Leistung und Anerkennung, Individuum und Staat.

Stammtafel der gens Cornelia

(beschränkt auf die Beziehungen der Personen des Dialogs)

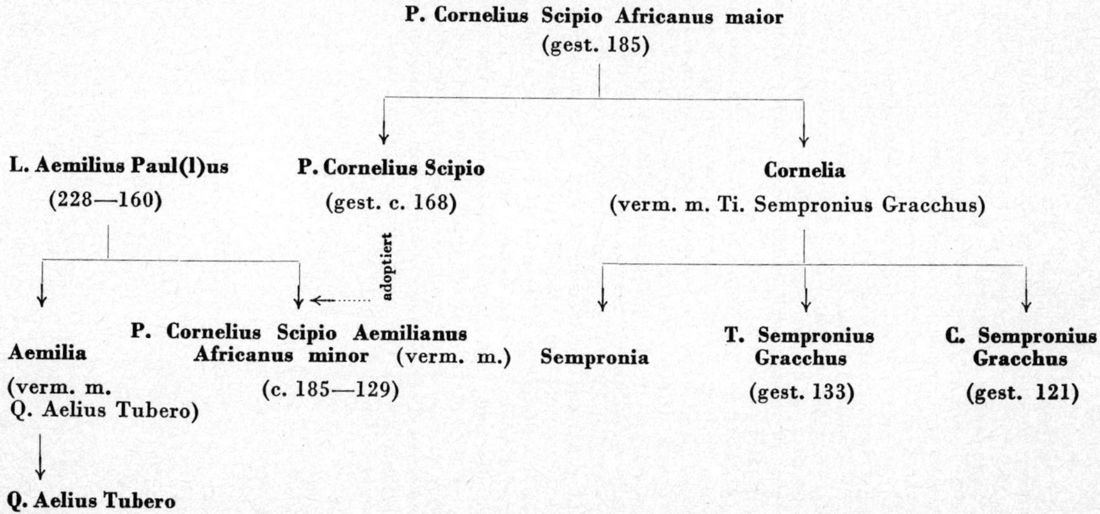